Classroom in a Book

Adobe
After Effects 5.5/5.0

Classroom in a Book

Adobe After Effects 5.5/5.0

Markt+Technik Verlag

Die Deutsche Bibliothek – CIP-Einheitsaufnahme

Ein Titeldatensatz für diese Publikation ist bei
Der Deutschen Bibliothek erhältlich.

Die Informationen in diesem Produkt werden ohne Rücksicht auf einen eventuellen Patentschutz veröffentlicht.
Warennamen werden ohne Gewährleistung der freien Verwendbarkeit benutzt.
Bei der Zusammenstellung von Texten und Abbildungen wurde mit größter Sorgfalt vorgegangen.
Trotzdem können Fehler nicht vollständig ausgeschlossen werden.
Verlag, Herausgeber und Autoren können für fehlerhafte Angaben und deren Folgen
weder eine juristische Verantwortung noch irgendeine Haftung übernehmen.
Für Verbesserungsvorschläge und Hinweise auf Fehler sind Verlag und Herausgeber dankbar.

Titel der amerikanischen Originalausgabe: Adobe After Effects 5.0 – Classroom in a Book
© 2001 by Adobe Systems Incorporated

Alle Rechte vorbehalten, auch die der fotomechanischen Wiedergabe und der Speicherung in elektronischen Medien.
Die gewerbliche Nutzung der in diesem Produkt gezeigten Modelle und Arbeiten ist nicht zulässig.
Fast alle Hard- und Softwarebezeichnungen, die in diesem Buch erwähnt werden, sind gleichzeitig auch eingetragene
Warenzeichen oder sollten als solche betrachtet werden.

10 9 8 7 6 5 4 3 2 1
05 04 03 02

ISBN 3-8272-6421-9

© 2002 by Markt+Technik Verlag,
ein Imprint der Pearson Education Deutschland GmbH
Martin-Kollar-Str. 10-12, 81829 München/Germany
Alle Rechte vorbehalten
Einbandgestaltung: Adobe Press
Lektorat: Cornelia Karl, ckarl@pearson.de
Herstellung: Anna Plenk, aplenk@pearson.de
Übersetzung und Satz: Frank Baeseler, Börm und Maik-Felix Gomm, Güby
Druck: Kösel Druck, Kempten (www.koeselbuch.de)
Dieses Buch wurde mit Adobe FrameMaker, Adobe Photoshop und Adobe Illustrator
auf dem Macintosh erstellt und auf chlorfrei gebleichtem Papier gedruckt.
Die Einschrumpfungsfolie – zum Schutz vor Verschmutzung – ist aus umweltverträglichem
und recyclingfähigem PE-Material.
Printed in Germany

Inhalt

Einführung	**Über dieses Buch**	9
	Voraussetzungen	10
	Kopieren der Classroom-in-a-Book-Dateien	13
	Vorgehen bei den Lektionen	16
	Konventionen	17
	Zusätzliche Quellen	17
	Adobe-Zertifizierung	17
2D-Elemente aus Sechsecken	**Lektion 1**	21
	Vorbereitungen	23
	Die erste Sechseck-Komposition erstellen	26
	Das Bild transformieren	32
	Ein animiertes Muster aus einem einfachen Bild erstellen	39
	Die Animation wird komplexer	47
	Eine Unterkompositionsebene transformieren	53
	Zusätzliche Bewegung und andere Feinheiten	59
	Aus der bisherigen Arbeit ein zweites Element erstellen	68
	Kompositionen rendern	72
Elemente aus Quadraten	**Lektion 2**	81
	Vorbereitungen	82
	Tanzende Quadrate erstellen	84
	Pulsierende Streifen mit Quadraten	104
	Blendenfleck erstellen	120
	Komponenten für die Komposition Box Lights kombinieren	127
	Das zweite Element BoxLights Line Comp erstellen	130

Kreise animieren	**Lektion 3**	139
	Vorbereitungen	140
	Linienkreise erstellen	141
	Kreise aus gepunkteten Strichlinien erstellen	150
	Mehrfache Ringe als erstes Element erstellen	154
	Weitere Elemente mit mehrfachen Linien und Punkten	163
Elemente mit Sternen	**Lektion 4**	171
	Vorbereitungen	172
	Ein Audio-Stern als erstes Element	173
	Lichtstrahlen als zweites Element	191
Text und Zahlen	**Lektion 5**	201
	Vorbereitungen	202
	Eine Textzeile als erstes Element	203
	Rundtext als zweites Element	214
	Zahlen als drittes Element	226
Sechseckige 3D-Elemente	**Lektion 6**	241
	Vorbereitungen	242
	3D-Sechsecke als erstes Element	243
	3D-Sechseck-Konturen als zweites Element	267
Komposition mit 2D-Elementen	**Lektion 7**	275
	Vorbereitungen	276
	Eine neue Komposition erstellen	279
	Eine zweite Komposition erstellen	287
Mit der 3D-Komposition beginnen	**Lektion 8**	301
	Vorbereitungen	302
	Eine Komposition erstellen	305
	Mit Kameras arbeiten	310
	Die Sechseck-Ebene hinzufügen	317
	Footage mit der Liveaction anpassen	322

Die 3D-Komposition fertig stellen	Lektion 9	333
	Vorbereitungen	334
	Vorbereitetes 3D-Footage hinzufügen	336
	Das TextCircle-Element hinzufügen	339
	Das TextLine-Element hinzufügen und eine Position einstellen	342
	Die BoxLightsLine-Elemente hinzufügen	347
	Rendern der Komposition 3D Composite	350
Die fertige Animation zusammenstellen	Lektion 10	355
	Vorbereitungen	357
	Eine Reflexion erstellen	361
	Die fertige Komposition erstellen	375
	Die Schluss-Szene zusammenstellen	397
Renderliste und Ausgabeformate	Lektion 11	405
	Vorbereitungen	406
	Vorlagen für das Rendern erstellen	407
	Vorlagen für Ausgabemodule erstellen	411
	Für verschiedene Ausgabemedien rendern	415
	Index	426

Einführung

Adobe® After Effects® ist ein leistungsfähiges Werkzeug für zwei- und dreidimensionale Kompositionen, Animationen und visuelle Effekte, die von Filmemachern, Web-Designern und Videoprofis benötigt werden. After Effects wird bei der digitalen Nachbearbeitung in den Bereichen Film, bewegte Grafik, Video, Multimedia und World Wide Web häufig eingesetzt. Mit diesem Programm komponieren Sie in unterschiedlicher Weise Ebenen, kombinieren anspruchsvolle Video- und Audioeffekte und animieren Objekte und Effekte.

Über dieses Buch

Adobe After Effects 5.5/5.0 Classroom in a Book® gehört zu den offiziellen Trainingsbüchern für Adobe-Grafik- und Satzprogramme und wurde von Experten im Hause Adobe Systems entwickelt. Die Lektionen sind so angelegt, dass Sie Ihren Lernrhythmus selbst bestimmen können. Wenn Sie mit Adobe After Effects noch nicht vertraut sind, lernen Sie alle wichtigen Grundlagen und Möglichkeiten kennen, die Sie für die Arbeit mit dem Programm benötigen. Arbeiten Sie bereits mit Adobe After Effects, finden Sie in *Classroom in a Book* viele wichtige weitergehende Techniken und Tipps für die aktuelle Version dieses Programms.

Die Lektionen enthalten unter anderem Informationen über die erweiterte Adobe-After-Effects-Bedienerschnittstelle, die neuen Möglichkeiten für den Einsatz von zusammengesetzten Ebenen im 2D- und 3D-Raum, für eine 3D-Ansicht aus verschiedenen Perspektiven, das Erstellen und Bearbeiten von Expressionen, das Bearbeiten von Masken sowie das Definieren von Abhängigkeiten zwischen Ebenen, animiertem Licht und Kameras.

Ihre Meinung interessiert uns: *Schreiben Sie uns an* mfgomm@mut.de, *wenn Sie Lob oder Kritik loswerden möchten.*
Wir haben ein offenes Ohr für Ihre Meinung! Bitte haben Sie Verständnis, wenn die Beantwortung Ihrer Mail aufgrund der eingegangenen Nachrichten einige Tage dauern kann.

Voraussetzungen

Bevor Sie mit *Adobe After Effects 5.5/5.0 Classroom in a Book* beginnen, sollten Sie sicherstellen, dass Ihr Computer richtig eingerichtet ist und Sie die benötigte Soft- und Hardware installiert haben. Sie sollten mit dem Betriebssystem Ihres Computers vertraut sein. Natürlich sollten Sie auch wissen, wie mit der Maus und den standardmäßigen Menüs und Befehlen umgegangen wird. Ihnen sollte außerdem bekannt sein, wie man Dateien öffnet, speichert und schließt. Um diese Techniken noch einmal aufzufrischen, können Sie die Dokumentation oder das Online-Handbuch lesen, das mit Ihrem Computer ausgeliefert wurde.

Installieren von Adobe After Effects

Sie müssen das Programm *Adobe After Effects 5.5* bzw. *5.0* gesondert erwerben. Hinweise für die Systemvoraussetzungen sowie Anweisungen für die Installation finden Sie in der Datei *Installation - Bitte lesen.wri* (Windows) bzw. *Installation - Bitte lesen.txt* (Mac OS) auf der Programm-CD. Außerdem müssen Sie *QuickTime 4.0* (oder aktueller) installieren. Dieses Programm finden Sie ebenfalls auf der Programm-CD.

Installieren Sie die Programme *After Effects* und *QuickTime* von der Adobe-After-Effects-5.5/5.0-CD auf Ihre Festplatte – das Programm kann nicht direkt von der CD gestartet werden. Befolgen Sie die Installationsanweisungen auf dem Bildschirm.

Halten Sie die Seriennummer bereit. Die Seriennummer befindet sich auf der CD-Hülle.

Arbeitsspeicher zuweisen

Das Erstellen von Filmen ist eine speicherintensive Aufgabe für einen Desktop-Computer. Je mehr Arbeitsspeicher (RAM) Sie After Effects zur Verfügung stellen, desto schneller wird das Programm ausgeführt. Für die Lektionen in diesem Buch sollte mindestens 128 Mbyte Arbeitsspeicher für After Effects reserviert werden.

Windows Schließen Sie möglichst alle Programme, während Sie mit After Effects arbeiten. Windows weist dem Programm automatisch Arbeitsspeicher zu.

Mac OS Die standardmäßige Speicherzuteilung beträgt 30 Mbyte. Diesen Wert müssen Sie manuell ändern. Falls After Effects gerade ausgeführt wird, müssen Sie erst das Programm beenden. Wählen Sie anschließend das After-Effects-Programmsymbol (keinen Alias) im Finder. Befolgen Sie nun die Standardprozedur, um im Informationsfenster die bevorzugte Größe für die Speicherzuteilung einzustellen. Hinweise für das Einstellen der Speicherzuteilung finden Sie in der Mac-OS-Online-Hilfe.

Mac OS X Schließen Sie möglichst alle Programme, während Sie mit After Effects arbeiten. Mac OS X weist dem Programm automatisch Arbeitsspeicher zu.

Weitere Informationen über das Optimieren der Leistungsfähigkeit finden Sie auf der Adobe-Website unter *After Effects Support Knowledgebase »Top Issues«*.

Installieren der Classroom-in-a-Book-Zeichensätze

Um sicherzustellen, dass die Lektionsdateien mit den korrekten Schriften auf Ihrem System dargestellt werden, müssen Sie die Zeichensatzdateien von der CD-ROM dieses *Classroom in a Book* installieren. Falls Sie diese Zeichensätze bereits auf Ihrem System installiert haben, brauchen Sie sie natürlich nicht noch einmal zu installieren. Wenn Sie Adobe Type Manager® (ATM®) besitzen, finden Sie in der zugehörigen Dokumentation eine Anleitung zum Installieren von Zeichensätzen. Wenn Sie ATM nicht besitzen, können Sie mit Hilfe der Version von dieser *Classroom in a Book*-CD die notwendigen Zeichensätze automatisch installieren.

💡 *Sie können die Classroom-in-a-Book-Schriften auch installieren, indem Sie alle Dateien aus dem Ordner* Fonts *auf der Buch-CD in den Ordner* Programme/Gemeinsame Dateien/Adobe/Fonts *(Windows) bzw.* Systemordner/Application Support/Adobe/Fonts *(Mac OS) bzw.* Privat/Library/Fonts *(Mac OS X) kopieren. Wenn Sie eine Schrift in den Formaten Type 1, TrueType, OpenType oder CID in diese lokalen Schriftenordner kopieren, steht die Schrift unter Windows und Mac OS nur in Adobe-Programmen und unter Mac OS X nur dem angemeldeten Anwender zur Verfügung.*

Wiederherstellen der Standardeinstellungen

Die Voreinstellungen-Datei bestimmt, wie die After-Effects-Bedienerschnittstelle auf Ihrem Bildschirm angezeigt wird. Die Anweisungen in diesem Buch gehen davon aus, dass die standardmäßige Bedienerschnittstelle angezeigt wird, wenn Werkzeuge, Optionen, Fenster, Paletten usw. beschrieben werden. Deshalb sollten Sie die Standardeinstellungen wiederherstellen, besonders wenn Sie mit After Effects noch nicht so vertraut sind.

Sobald Sie After Effects beenden, werden die Palettenpositionen sowie die Einstellungen bestimmter Befehle in der Voreinstellungen-Datei gespeichert. Wenn Sie die Standardeinstellungen für die Paletten wiederherstellen wollen, können Sie die aktuelle Voreinstellungen-Datei von After Effects löschen. (Sobald Sie das Programm das nächste Mal starten, erstellt After Effects eine neue Voreinstellungen-Datei.)

Das Wiederherstellen der Standardeinstellungen kann besonders hilfreich sein, wenn jemand anders After Effects auf Ihrem Computer für sich angepasst hat. Wenn After Effects noch nie benutzt wurde, ist diese Voreinstellungen-Datei jedoch noch nicht vorhanden und muss deshalb auch nicht wiederhergestellt werden.

Wichtig: *Wenn Sie die aktuellen Einstellungen speichern wollen, benennen Sie die Voreinstellungen-Datei lieber um statt sie zu löschen. Wenn Sie diese Einstellungen wiederherstellen wollen, benennen Sie die Datei wieder mit dem ursprünglichen Namen und achten Sie darauf, dass sich die Datei im* Prefs-*Ordner innerhalb des Ordners, in dem Sie After Effects installiert haben (Windows) oder im* Preferences-*Ordner innerhalb des Systemordners (Mac OS) befindet.*

1   Suchen Sie die After-Effects-Voreinstellungen-Ordner auf Ihrem Computer:

- Windows 2000: *…/Documents and Settings/*<user name>*/Anwendungsdaten/Adobe/After Effects/Prefs.*

- Windows 98 und Windows ME: *…/Windows/Anwendungsdaten/Adobe/After Effects/Prefs.*

- Windows NT: *…/Winnt/Profiles/*<user name>*/Anwendungsdaten/Adobe/After Effects/Prefs.*

- Windows XP: *.../Dokumente und Einstellungen/<user name>/Anwendungsdaten/Adobe/After Effects/Prefs.*
- Mac OS: *.../Systemordner/Preferences.*
- Mac OS X: *.../<user name>/Library/Preferences.*

2   Löschen Sie für After Effects 5.5 die Datei *AE 5.5 Einstellungen.txt* (Windows) bzw. *After Effects 5.5 Einstellungen* (Mac OS) bzw. für After Effects 5 die Datei *AE 5 Einstellungen.txt* (Windows) bzw. *After Effects 5 Einstellungen* (Mac OS) oder benennen Sie die Datei neu.

3   Starten Sie Adobe After Effects.

Hinweis: (Nur für Windows) Wenn die Datei Prefs *nicht angezeigt wird, stellen Sie sicher, dass im Dialogfeld* Ordneroptionen *im Register* Ansicht *für* Versteckte Dateien und Ordner *die Option* Alle Dateien und Ordner anzeigen *ausgewählt ist.*

Kopieren der Classroom-in-a-Book-Dateien

Die Lektionen in *Adobe After Effects 5.5/5.0 Classroom in a Book* greifen auf bestimmte Quelldateien zu, z.B. auf mit Adobe Photoshop und in Adobe Illustrator erstellte Bilddateien, Audio-Dateien und QuickTime-Filme. Um in den Lektionen arbeiten zu können, müssen Sie diese Dateien von der Buch-CD *After Effects Classroom in a Book* auf Ihre Festplatte kopieren.

Die Ordner-Struktur einrichten

Bevor Sie die Quelldateien auf Ihre Festplatte kopieren, sollten Sie für die Arbeit mit den Lektionen eine Ordnerstruktur einrichten. Da die einzelnen Lektionen aufeinander aufbauen, ist diese Struktur äußerst wichtig für das Vorankommen in diesem Buch. Es ist sinnvoll, sich jetzt die Zeit für das Einrichten zu nehmen.

Erstellen Sie auf Ihrer Festplatte einen neuen Ordner mit dem Namen **AE_CIB job** gemäß der standardmäßigen Vorgehensweise für Ihr Betriebssystem:

Windows Wählen Sie im Explorer den Ordner oder das Laufwerk für den neuen Ordner und dann den Befehl **Datei: Neu: Ordner**. Geben Sie anschließend den neuen Namen ein.

Mac OS Wählen Sie im Finder bzw. auf dem Desktop den Befehl **Ablage: Neuer Ordner**, geben Sie den neuen Namen ein und ziehen Sie anschließend den Ordner an den gewünschten Speicherort.

Erstellen Sie innerhalb des Ordners *AE_CIB job* acht weitere Ordner mit folgenden Bezeichnungen:

- _aep
- _ai
- _audio
- _mov
- _psd
- _txt
- Sample_Movies
- Finished_Projects

Anschließend ordnen (speichern) Sie in diesen Ordnern die Dateien nach Typ, also Adobe-Illustrator-Dateien im Ordner *_ai*, After-Effects-Projektdateien im Ordner *_aep* usw. Wenn Sie After Effects auf einem Windows-Computer einsetzen, müssen die Dateien nach dem Kopieren auf Ihre Festplatte entsperrt werden.

Die Quelldateien kopieren

Die Quelldateien für die einzelnen Lektionen sind relativ klein. Sie können diese Dateien jetzt in die neu angelegten Ordner kopieren. Die *Sample_Movie*-Dateien sind dagegen groß. Wenn die Festplattenkapazität auf Ihrem Computer begrenzt ist, sollten Sie diese Beispielfilme erst dann kopieren, wenn Sie sie für die jeweilige Lektion brauchen. Nach Abschluss der Lektion sollten Sie diese Dateien auf der Festplatte wieder löschen.

Wenn Sie After Effects auf einem Windows-Computer einsetzen, müssen die Dateien erst entsperrt werden. Auf einem Macintosh-Computer ist dieser Schritt nicht erforderlich.

1. Legen Sie die *Adobe After Effects Classroom in a Book*-CD in Ihr CD-ROM-Laufwerk ein.

2. Kopieren Sie die Quelldateien aus den folgenden fünf Ordnern auf der Buch-CD in die gleichnamigen Ordner auf Ihrer Festplatte: _ai, _audio, _mov, _psd und _txt. Für den Ordner *no _aep* muss nichts kopiert werden, da Sie diesen Ordner für die in die einzelnen Lektionen erstellten Projektordner verwenden.

3. Entsperren Sie die kopierten Dateien (nur unter Windows) wie folgt:

   - Wenn Sie alle Lektionen kopiert haben, doppelklicken Sie auf die Datei *unlock.bat* im Ordner *AE_CIB/Lektionen*.

   - Wenn Sie eine einzelne Lektion kopiert haben, ziehen Sie die Datei *unlock.bat* aus dem *Lektionen*-Ordner auf der Buch-CD in den Ordner *AE_CIB job* auf der Festplatte. Doppelklicken Sie anschließend auf die Datei *unlock.bat* in diesem Ordner.

   - Wenn Sie die Dateien einzeln entsperren wollen, klicken Sie mit der rechten Maustaste auf die Datei und wählen Sie aus dem Kontextmenü die Option »Eigenschaften«. Deaktivieren Sie im Dialogfeld unter »Dateiattribute« die Option »Schreibgeschützt«.

Über das Kopieren der Beispiel-Movies und Projekte

In den meisten Lektionen in diesem Buch erstellen und rendern Sie einen oder mehrere Quick-Time-Movies. Die Dateien im Ordner *Sample_Movies* sind niedrig auflösende Beispiele, die Sie zur Ansicht des Endproduktes jeder Lektion benutzen können. Damit haben Sie jederzeit einen Vergleich mit Ihren eigenen Arbeitsergebnissen. Da diese Dateien meist größer sind, sollten Sie sie bei begrenzter Festplattenkapazität erst dann kopieren, wenn sie benötigt werden. Bevor Sie mit einer Lektion beginnen, suchen Sie den jeweiligen Lektionsordner im Ordner *Sample_Movies* auf der Buch-CD und kopieren Sie die darin enthaltenen Dateien in den *Sample_Movies*-Ordner auf der Festplatte. (Sie können Filme bzw. Movies nicht direkt von der CD abspielen.) Nachdem Sie sich das Movie angesehen haben, können Sie es auf der Festplatte löschen.

Die *Finished_Projects*-Dateien sind Beispiele für die fertigen Projekte in den einzelnen Lektionen. Verwenden Sie diese Dateien, um Ihre Arbeit mit den Dateien zu vergleichen, mit denen die Beispiel-Movies erzeugt wurden. Diese Dateien sind unterschiedlich groß, so dass Sie entweder alle Dateien kopieren können (sofern die Festplattenkapazität ausreicht) oder nur die Dateien, die für die jeweilige Lektion benötigt werden. Nach Abschluss der Lektion können Sie die Beispieldateien wieder löschen.

Vorgehen bei den Lektionen

Das gesamte Buch dreht sich um ein einzelnes Projekt ausgehend von einem hypothetischen Szenario, in dem Adobe Systems Ihre Firma beauftragt, einen 18 Sekunden langen Film zu erstellen, der über Fernsehanstalten und im Web gesendet werden soll. Der Gestalter dieses Projekts hat es in über ein Dutzend voneinander unabhängiger Elemente aufgesplittet, die Sie einzeln erstellen und rendern werden. In den späteren Lektionen dieses Buchs werden Sie die einzelnen Elemente zusammenfügen, um die endgültige Komposition zu erstellen, und diese dann in den vom Kunden benötigten Formaten rendern.

In jeder Lektion erstellen Sie Schritt für Schritt eines oder mehrere Elemente für dieses Projekt. Die Lektionen bauen bezüglich der Konzeption, Ihrer bereits erworbenen Fähigkeiten und der jeweiligen Arbeitsdateien aufeinander auf, weshalb Sie eine Lektion nach der anderen durcharbeiten sollten. In diesem Buch werden Techniken und Prozesse nur dann in allen Einzelheiten erklärt, wenn sie das erste Mal auftauchen.

Hinweis: Viele Funktionen in After Effects lassen sich über verschiedene Techniken steuern, wie über einen Menübefehl, eine Schaltfläche, durch Ziehen oder über einen Kurzbefehl. Bei der jeweiligen Vorgehensweise werden jeweils eine oder zwei dieser Methoden beschrieben, so dass Sie unterschiedliche Arbeitstechniken kennen lernen, selbst wenn Sie die Aufgabe schon vorher ausgeführt haben.

Die Zusammenstellung der Lektionen richtet sich außerdem an der Gestaltung und nicht an den Möglichkeiten des Programms aus. So arbeiten Sie beispielsweise mit dreidimensionalen Effekten und Ebenen unterschiedlich in mehreren Kapiteln und nicht nur in einem Kapitel, das sich ausschließlich um 3D dreht (wie z.B. im *After Effects 5.5* bzw. *5.0 Handbuch*).

Konventionen

Die Lektionen gelten plattformübergreifend sowohl für Windows als auch für Mac OS (Macintosh). Beide Programmversionen sind weitestgehend identisch. Auf vorhandene Unterschiede wird hingewiesen. Im Buch werden generell die Begriffe *Datei* statt *Ablage* (Mac OS und Mac OS X), *Speichern* statt *Sichern* (Mac OS und Mac OS X) und *Einfügen* statt *Einsetzen* (Mac OS und Mac OS X) verwendet.

Zusätzliche Quellen

Adobe After Effects Classroom in a Book kann und soll nicht die Dokumentation ersetzen, die zusammen mit dem Programm ausgeliefert wird. In diesem Buch werden nur die in den Lektionen verwendeten Befehle erklärt – es gibt also noch viel mehr über After Effects zu lernen. Das *Classroom in a Book* wird Ihnen die grundlegenden Funktionen und Möglichkeiten des Programms vermitteln und Sie in die Lage versetzen, eigene Projekte zu entwickeln. Ausführliche Informationen über das Programm finden Sie in folgenden Quellen:

- *Adobe After Effects 5.5* bzw. *5.0 Handbuch*. Das Handbuch gehört zum Lieferumfang von Adobe After Effects 5.5 bzw. 5.0 und umfasst die vollständige Beschreibung aller Programmfunktionen.
- Die *Online Hilfe* als Online-Version des Handbuchs, auf die Sie aus After Effects heraus mit dem Befehl **Hilfe: Inhalt** (Windows) bzw. **Hilfe: Hilfe-Inhalt** (Mac OS) zugreifen können.
- Die *Adobe Website* (www.adobe.com), die Sie über den Befehl **Hilfe: Adobe-Online** aufrufen können, sofern Sie über einen Internet-Zugang verfügen.

Adobe-Zertifizierung

Das Adobe-Zertifizierungsprogramm bietet Anwendern und Schulungszentren die Möglichkeit, ihre Professionalität im Umgang mit dem Programm darzustellen und sich als *Adobe Certified Experts*, *Adobe Certified Instructors* oder *Adobe Authorized Learning Providers* zu qualifizieren. Informationen über dieses Zertifizierungsprogramm finden Sie auf der Website *http://partners.adobe.com*.

Einführung

Ein Hinweis von Belief

Als Adobe das für das Fernsehen spezialisierte Gestaltungsstudio Belief in Santa Monica, Kalifornien, bat, dieses After Effects 5.0 Classroom in a Book zu schreiben, fühlte ich mich richtig geehrt. Belief ist seit langem eine der führenden Adressen für Filmgrafik per Desktop-Computer und hatte schon mit After Effects gearbeitet, als das Programm noch den Namen CoSA hatte. Als mein Partner Steve Kazanjian zusammen mit mir die Firma Belief startete, mussten wir für die damalige Zeit etwas schier Unmögliches auf die Beine stellen, d.h., wir bauten das komplette Studio um ein Desktop-System herum. Heutzutage gehört eine derartige Vorgehensweise schon fast zum Alltag, da es den Künstlern irrsinnig hilft, mit noch mehr Möglichkeiten ihre Vorstellungen zu visualisieren.

Belief hat immer eng mit Gestaltern und Grafikern zusammengearbeitet. So war die Arbeit an dem vorliegenden Buch eine gute Gelegenheit, diese Tradition fortzusetzen. Wir haben mit der Serie »Untitled« die experimentelle Filmgrafik unserer und anderer weltweit ansässiger Künstler inspiriert. Steve und ich haben unterrichtet und viele Künstler ermutigt, in diesen neuen Bereich der Filmindustrie einzusteigen. Ich bin von dem Potenzial, was in After Effects steckt, hundertprozentig überzeugt und war immer beeindruckt davon, wie das Adobe-Team das Programm von Version zu Version erweitert hat. Es wurden viele neue Features hinzugefügt, ohne dabei jedoch die Stammanwender zu verunsichern. Ich hoffe, dass dieses Buch den Leser nicht nur inspiriert, sondern auch neue Möglichkeiten für den Umgang mit Projekten aufzeigt. Relativ preiswerte Werkzeuge wie After Effects helfen bei der Umsetzung von Visionen, die sich so über die Leinwand, den Fernsehschirm und mit Hilfe des Internets über unsere Computerbildschirme bewegen.

Der Schlüssel für die Vorgehensweise von Belief liegt darin, dass Projekte in Elemente aufgesplittet werden. Modulare Projekte vereinfachen die Arbeit und bereiten weniger Probleme bei kurzfristigen Änderungen durch den Kunden. Das Erstellen von Filmgrafik auf kommerzieller Basis ist dennoch eine Kunstform, obwohl die Kunden das letzte Sagen haben. Das bedeutet jedoch nicht, dass die Arbeiten deshalb weniger wert und überzeugend sind. Ich habe viele Studenten dabei beobachtet, wie sie Animationen nur mit einer mehrere Hundert Ebenen starken Komposition erzeugt haben. Diejenigen, die auf diese Weise an ein Projekt herangehen, sollten schnell das bisher Erlernte vergessen und ganz frisch mit einer neuen Sichtweise beginnen. Sie werden im weiteren Verlauf des Buches feststellen, dass die Arbeit mit modularen Elementen viel effektiver ist.

Dieses Classroom in a Book ist einzigartig, da die Lektionen aufeinander aufbauen und so die Elemente für eine komplette Animation erstellt werden. Am Ende des Buches können Sie viele dieser grundlegenden Dinge auf eigene Projekte anwenden. Die Technik ist der Schlüssel: Sie lernen nicht, von A nach Z zu fahren, sondern die Navigation. Arbeiten Sie so lange in der Lektion, bis Ihnen klar ist, was Sie getan haben und warum. Und lassen Sie sich in keinem Falle frustrieren – Sie werden die vielen neuen Tricks schon lernen. Halten Sie sich vor Augen, dass überzeugende Animationen IMMER ein überzeugendes Design als Grundlage haben!

Mike Goedecke, Partner
Belief
www.belief.com

Lektion 1

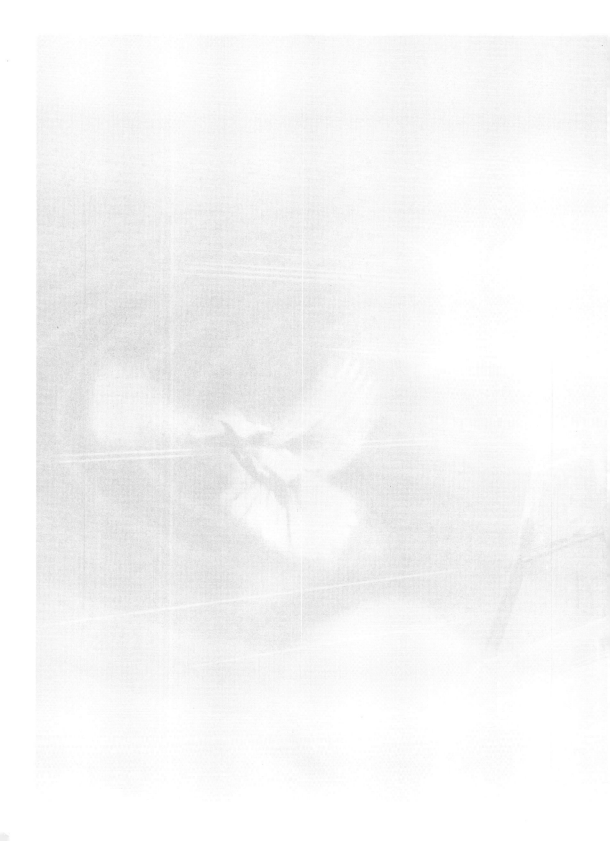

1 | 2D-Elemente aus Sechsecken

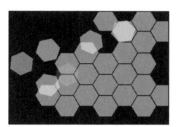 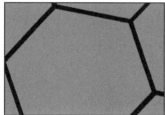 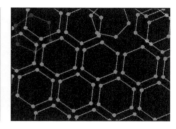

In dieser Lektion tauchen Sie sofort in die Arbeit ein, indem Sie ein komplettes Element erstellen – vom Import einer einfachen geometrischen Figur bis hin zum Rendern eines QuickTime-Films. Die Grafik ist abstrakt, wird aber dadurch interessant, dass sich die Sechsecke zu Mustern formen und sich in komplexen Bewegungen drehen, einblenden und vergrößern. Dabei lernen Sie die grundlegenden und fortgeschrittenen Transformationseigenschaften in After Effects kennen.

LEKTION 1
2D-Elemente aus Sechsecken

In dieser Lektion lernen Sie Folgendes:

- After-Effects-Projektdateien erstellen
- Adobe-Photoshop-Dateien importieren
- Importierte Alphakanäle interpretieren
- Kompositionen erstellen und Ebenen hinzufügen
- Hintergrundfarbe einer Komposition ändern
- Mit Transformationseigenschaften arbeiten
- Keyframes für Animationen erstellen und einstellen
- Ebenen duplizieren
- In-Points (Startpunkte) von Ebenen ändern
- Footage-Ebenen ersetzen
- RAM-Vorschauen erzeugen
- Ebenen umbenennen
- Unterkomposition aus mehreren Ebenen erstellen
- Geschwindigkeitskurven einstellen
- Elemente rendern

Sie beginnen die Arbeit an zwei Elementen für den fertigen Streifen. Anschließend animieren Sie beide Elemente, so dass eine Wabe aus Sechsecken geformt wird, die zu verschiedenen Zeiten und in verschiedene Richtungen auf den Bildschirm fliegen. Für diese Arbeit benutzen Sie zwei Standbilder.

Anschließend arbeiten Sie an diesem Projekt weiter und machen die Wabenform noch komplexer. Dann ersetzen Sie die Grafik, um ein zweites eigenständiges Element für die fertige Animation zu erstellen.

Für diese Lektion benötigen Sie mindestens zwei Stunden. Die Lektion ist jedoch so unterteilt, dass Sie auch in drei Sitzungen mit einer Länge von jeweils 30 bis 45 Minuten arbeiten können.

Vorbereitungen

Im einführenden Teil haben Sie auf Ihrer Festplatte eine Ordnerstruktur angelegt und die Quelldateien für alle Lektionen in den Ordner *AE_CIB job* kopiert. Wenn Sie die Struktur noch nicht angelegt haben, sollten Sie das jetzt tun (siehe »Die Ordner-Struktur einrichten« auf Seite 13).

Kopieren Sie zuerst alle Beispielfilme und die fertigen Projektdateien von Lektion 1 auf Ihre Festplatte.

1   Legen Sie die Buch-CD-ROM in Ihr CD-ROM-Laufwerk.

2   Öffnen Sie im Windows Explorer (Windows) oder im Finder (Mac OS) den Ordner *AE_CIB job* auf Ihrer Festplatte.

3   Doppelklicken Sie im Windows Explorer (Windows) bzw. auf dem Desktop (Mac OS) auf das CD-Symbol, um den Inhalt anzuzeigen. Öffnen Sie den Ordner *Lektionen* auf der CD und dann den Ordner *Sample_Movies*.

4   Ziehen Sie den Ordner *Lektion01* von der CD in den Ordner *Sample_Movies* auf Ihrer Festplatte.

5   Öffnen Sie auf der CD den Ordner *Finished_Projects* und ziehen Sie die Datei *Hexagons01_finished.aep* in den Ordner *Finished_Projects* auf Ihrer Festplatte.

In dieser Lektion benutzen Sie diese beiden Quelldateien aus dem Ordner *_psd* der Buch-CD-ROM:

- *Hexagon01.psd*
- *Hexagon02.psd*

Prüfen Sie, ob sich diese beiden Dateien bereits im Verzeichnis *AE_CIB job/_psd* auf Ihrer Festplatte befinden. Wenn nicht, müssen Sie die Dateien jetzt entsprechend kopieren. Die Dateistruktur auf Ihrer Festplatte ist äußerst wichtig – Sie dürfen diese Aufgabe weder übersehen noch überspringen.

Schließen Sie das CD-Fenster und entnehmen Sie die CD. Bewahren Sie die Buch-CD gut auf, da Sie jeweils zu Beginn der anderen Lektionen weitere Beispielfilme und fertige Projektdateien kopieren werden.

Den Beispielfilm ansehen

Der Ordner *Sample_Movies* enthält jetzt fertige Versionen der Animationen, die Sie in dieser Lektion erstellen werden. Spielen Sie die Filme also erst einmal ab.

1 Öffnen Sie den Ordner *Lektion01* innerhalb des Ordners *Sample_Movies* und doppelklicken Sie auf die Datei *Hexagons_final.mov*, um sie im QuickTime-Player zu öffnen.

2 Klicken Sie auf die Abspielen-Schaltfläche, um den Film zu starten.

3 Klicken Sie jetzt auf die Datei *HexOutlines_final.mov*, um auch diese Datei zu öffnen und den Film im QuickTime-Player abzuspielen.

4 Wenn Sie sich alles angesehen haben, schließen Sie alle Fenster und beenden Sie den QuickTime-Player.

💡 *Ihr Prozessor versucht, die Filme möglichst in Realzeit abzuspielen. Um die Filme schneller abzuspielen, sollten Sie das QuickTime-Fenster um die Hälfte verkleinern.*

Falls Sie mehr Platz auf Ihrer Festplatte benötigen, können Sie die Dateien *Hexagons_final.mov* und *HexOutlines_final.mov* im Ordner *Sample_Movies* jetzt löschen.

Ein Projekt erstellen

After-Effects-Dateien werden als *Projekte* bezeichnet und besitzen die Dateierweiterung *.aep*. Sie werden als erste Aufgabe ein neues Projekt erstellen. Sie können immer nur ein Projekt gleichzeitig in After Effects öffnen.

1 Starten Sie After Effects, falls das Programm noch nicht geöffnet ist. Wenn noch ein anderes After-Effects-Projekt geöffnet ist, speichern und schließen Sie es. Wählen Sie dazu die Befehle **Datei: Speichern** und anschließend **Datei: Schließen**.

2 Wählen Sie **Datei: Neu: Neues Projekt**. In der Titelleiste des Projektfensters steht jetzt die Bezeichnung *Projekt ohne Titel.aep*.

Bei allen Übungsdateien handelt es sich um ein Projekt, das in den USA für die dort verwendete NTSC-Fernsehnorm erstellt wird. Deshalb wird im Buch durchgängig mit einer Timecodebasis von 30 gearbeitet. Hierzulande würden Sie entsprechend der PAL-Norm mit einer Timecodebasis von 25 arbeiten.

3   Wählen Sie **Datei: Projekteinstellungen**. Das Dialogfeld »Projekteinstellungen« wird angezeigt. Wählen Sie aus dem Einblendmenü »Timecodebasis« die Option »30 fps« und aus dem Einblendmenü »NTSC« die Option »Non-Drop-Frame«. Klicken Sie auf OK.

4   Wählen Sie **Datei: Speichern unter**.

5   Öffnen Sie im Dialogfeld »Projekt speichern unter« den bereits erstellten Ordner _aep im Ordner *AE_CIB job*.

6   Geben Sie den Dateinamen **Hexagons01_work.aep** ein.

Hinweis: Indem Sie das Projekt im Dateinamen mit den Zusatz _work *versehen, unterscheidet sich der Projektname von der Datei* Hexagons01_finished.aep *(fertiges Beispiel), die Sie von der Buch-CD in Ihren Ordner* Finished_Projects *kopiert haben.*

7   Klicken Sie auf »Speichern«.

Das Dialogfeld wird geschlossen und in der Titelleiste des Projektfensters steht jetzt der neue Projektname.

Achten Sie darauf, dass die Informations- und die Zeitsteuerungspalette geöffnet sind. Falls diese Paletten nicht angezeigt werden, wählen Sie die Paletten im Menü »Fenster« aus (die Palettennamen müssen mit einem Häkchen versehen sein).

Die erste Sechseck-Komposition erstellen

Sie werden in diesem Abschnitt ausgiebig mit den Transformationseigenschaften arbeiten und so eine komplexe animierte Komposition erstellen. Indem Sie einfach Bilder duplizieren, benötigt Ihre Komposition wenig Speicherplatz und ist dennoch flexibel.

Footage für die erste Komposition importieren

Sie müssen die Quelldatei importieren. Dieses Bild wurde in Photoshop erstellt und enthält einen *Alphakanal* für die Definition einer einfachen sechseckigen Form. Alphakanäle sind Bereiche mit Transparenz, die im jeweiligen Erstellungsprogramm definiert werden. Wenn Sie eine Datei mit einem Alphakanal ohne Bezeichnung importieren, müssen Sie angeben, wie After Effects diesen Alphakanal interpretieren soll.

1   Wählen Sie **Datei: Importieren: Datei**.
2   Öffnen Sie im Dialogfeld »Importieren Datei« den Ordner *_psd* innerhalb des Ordners *AE_CIB job* und wählen Sie die Datei *Hexagon01.psd*.
3   Klicken Sie auf »Öffnen« (Windows) bzw. »Importieren« (Mac OS).
4   Wählen Sie im Dialogfeld »Footage interpretieren« bzw. »Footage einstellen« die Option »Direkt- ohne Maske« und klicken Sie auf OK.

Die Datei *Hexagon01.psd* wird jetzt in der Liste im Projektfenster angezeigt. Falls die Datei noch nicht ausgewählt ist, klicken Sie auf den Dateinamen, um eine Miniaturansicht (Thumbnail) des Bildes und entsprechende Informationen oben im Projektfenster anzuzeigen. Die Informationen umfassen die Bildgröße (400 x 400 Pixel), die Farbtiefe (über 16,7 Mill. Farben) und die Interpretation des Alphakanals (direkt).

Interpretieren von Alphakanälen

Alphakanäle haben in After Effects eine Schlüsselfunktion, um interessante und gleichzeitig professionelle Filmgrafiken zu erstellen. Sie können zwar alle Lektionen durcharbeiten, ohne viel über Alphakanäle zu wissen, Sie sollten sich aber für die spätere Erstellung eigener Projekte entsprechendes Hintergrundwissen aneignen. Sie können entscheiden, ob Sie sich bereits jetzt oder zu einem späteren Zeitpunkt mit Alphakanälen auseinander setzen möchten.

Wenn Sie eine Datei mit einem unbenannten Alphakanal in ein Projekt importieren, wird in einer Meldung gefragt, wie der Alphakanal behandelt werden soll. Die Interpretationsmethoden für einen Alphakanal wirken sich auf die Ebene in der Komposition und im fertigen Element aus. Ihre Wahl ist nun davon abhängig, wie der Alphakanal im Original erstellt wurde, da nur so der Alphakanal richtig interpretiert werden kann.

Hier die wichtigsten Wahlmöglichkeiten im Dialogfeld »Footage interpretieren«:

- Ignorieren
- Direkt - ohne Maske
- Integriert - maskiert mit Farbe

Direkt - ohne Maske: Im Fall der Datei Hexagon01.psd in der Lektion 1 ist die Transparenz nur im Alphakanal definiert. Die RGB-Kanäle dienen als weiße »Füllung« für den Alpha- bzw. Maskierungskanal. Diese Kanäle verhalten sich im Grunde genommen so wie ausgerollter Plätzchenteig unter einer Plätzchenform. Ein derartiger Alphakanal wird auch als »direktes Alpha« bezeichnet. Deshalb sollte beim Import dieser Datei in After Effects der Alphakanal als »Direkt - ohne Maske« interpretiert werden.

Ignorieren: Diese Interpretationsmethode entfernt jede in der Originaldatei vorhandene Alphakanalinformation (Transparenz) und weist der Ebene einen 100% deckenden Volltonhintergrund zu. Die Methode »Ignorieren« lernen Sie in Lektion 8 kennen.

Integriert - maskiert mit Farbe: Mit dieser Wahlmöglichkeit wird die ursprüngliche Hintergrundfarbe in den halbtransparenten Kanten (auch als »Halos« bezeichnet) eines Bildes entfernt.

Hinweis: Einige Dateien lassen sich entweder mit »Direkt - ohne Maske« oder mit »Integriert - maskiert mit Farbe« korrekt interpretieren.

Wenn Sie nicht wissen, wie ein Alphakanal für eine Datei erstellt wurde, klicken Sie auf die Schaltfläche »Ermitteln«. Danach schlägt After Effects die passende Interpretationsmethode vor. Kann die Methode nicht ermittelt werden, erklingt ein Warnton.

Im Dialogfeld »Footage interpretieren« ist außerdem noch die Option »Alpha umkehren« enthalten, über die ein vorhandener Alphakanal umgekehrt wird.

Mehr über Alphakanäle finden Sie in der After-Effects-5.0-Online-Hilfe und in den Dokumentationen für Adobe Photoshop, Adobe Illustrator, Adobe Premiere und andere Programme, mit denen sich Alphakanäle erstellen lassen.

Das Projekt organisieren

Die Organisation der Dateien in einem After-Effects-Projekt ist wichtig. So wie bei der Erstellung der einzelnen Ordner auf Ihrer Festplatte zu Beginn dieser Lektion (siehe »Die Ordner-Struktur einrichten« auf Seite 13) richten Sie jetzt Ordner für das vorliegende After-Effects-Projekt ein.

1. Wählen Sie **Datei: Neu: Neuer Ordner.** Oder klicken Sie auf das Symbol für das Erstellen von Ordnern (☐) unten im Projektfenster. Ein Ordner ohne Titel wird im Projektfenster angezeigt.
2. Geben Sie **psd files** ein und drücken Sie die Eingabetaste.
3. Ziehen Sie die Datei *Hexagon01.psd* auf den Ordner *psd files*.
4. Klicken Sie auf den Pfeil links neben dem Ordner, um *psd files* zu erweitern bzw. zu öffnen. Die Datei *Hexagon01.psd* in diesem Ordner wird angezeigt.

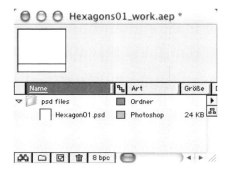

In dieser Lektion importieren Sie ausschließlich *.psd*-Dateien, d.h., Sie benötigen keine weiteren Ordner. Allerdings werden Sie später bei komplexeren Projekten mit unterschiedlichen Dateitypen für jeden importierten Typ einen eigenen Ordner im Projektfenster einrichten.

Die erste Komposition erstellen

Sie erzeugen Ihre Animation, indem Sie eine neue Komposition erstellen. Kompositionen sind die Basiselemente eines After-Effects-Projekts, in denen Sie Bilder, Filme, Audio und selbst andere Kompositionen platzieren und manipulieren.

1. Wählen Sie **Komposition: Neue Komposition**.

> **Lieferformate**
>
> An dieser Stelle des Projekts ist die Überlegung wichtig, in welchem Format das fertige Projekt abgeliefert werden soll (z.B. als Film, für das Web oder für das Fernsehen). Das Format wirkt sich auf die Größe Ihrer Elemente aus. Die Einstellungen werden in der Komposition festgelegt.
>
> Sie wissen aus dem Job-Szenario in der Einführung, dass die Animation vorrangig für das Fernsehen im NTSC-Format vorgesehen ist. Dehalb sollte die fertige Animation in der D1-Auflösung mit 720 x 486 Pixel gerendert werden (in Europa PAL D1/DV mit 720 x 576 Pixel). Die in den Kompositionen enthaltenen Elemente müssen also groß genug für die in der endgültigen Animation geforderte Größe sein.
>
> Bei der D1-Auflösung handelt es sich um ein nicht-quadratisches Pixelformat. In den vorliegenden Lektionen erstellen Sie jedoch Elemente mit quadratischen Pixeln und platzieren dann die fertige Komposition in eine Komposition mit dem Format 720 x 486 D1 NTSC. Erst dann rendern Sie die fertige Animation für die Auslieferung.

2   Geben Sie im Dialogfeld »Kompositionseinstellungen« unter »Name der Komposition« den Namen **Hexagon Final Comp** ein.

Hinweis: Final *(Ende) deutet darauf hin, dass Sie diese Komposition zum Ende der Lektion rendern möchten. Damit unterscheidet sich dieser Namen von den Kompositionen, die Sie zwischenzeitlich in dieser Lektion erstellen werden.*

3   Wählen Sie aus dem Einblendmenü »Voreinstellung« die Option »NTSC D1 Quad. Pixel, 720 x 540«.

4   Achten Sie darauf, dass die folgenden Einstellungen angezeigt werden:

- Breite: 720
- Höhe: 540
- Seitenverhältnis einschränken auf 4:3: deaktiviert (kein Häkchen)
- Pixel-Seitenverhältnis: Quadratische Pixel
- Framerate: 29,97
- Auflösung: Voll. (Sie können auch eine niedrige Auflösung wählen. Wählen Sie »Halb« oder noch niedriger, wenn Sie über wenig Arbeitsspeicher, einen kleinen Bildschirm oder über einen langsamen Prozessor verfügen.)
- Timecode startet: 0:00:00:00

5   Geben Sie im Feld »Dauer« den Wert **400** für vier Sekunden ein.

6 Wenn alle Optionen eingestellt sind, klicken Sie auf OK.

Der Name *Hexagon Final Comp* wird jetzt sowohl im Projektfenster als auch in der Titelleiste von zwei neuen Fenstern angezeigt: im *Kompositionsfenster* und im Fenster mit der *Zeitleiste*. Eventuell müssen Sie die Größe dieser Fenster so anpassen, dass sie auf Ihren Bildschirm passen. Das Kompositionsfenster, es zeigt normalerweise das Aussehen Ihrer Komposition an, ist leer (schwarz bzw. die gerade aktuell gewählte Hintergrundfarbe). Grund: In Ihrer neuen Komposition ist noch kein Bild vorhanden.

Die Zeitleiste ist ebenfalls leer, enthält aber bereits zahlreiche Kontrollmöglichkeiten, mit denen sich die Elemente in den Kompositionen manipulieren lassen. Beachten Sie, dass rechts oben in der Zeitleiste die von Ihnen angegebene Dauer von vier Sekunden angezeigt wird.

💡 *Um mit der Zeitleiste effektiver arbeiten zu können, schließen Sie in dieser Lektion die Spalte »Übergeordnet«. Klicken Sie mit der rechten Maustaste (Windows) bzw. mit gedrückter Control-Taste (Mac OS) auf die Spaltenüberschrift »Übergeordnet« und wählen Sie aus dem Kontextmenü die Option »Ausblenden«.*

Footage in einer Komposition platzieren

Wenn Sie Footage bzw. Rohmaterial einer Komposition hinzufügen, geschieht das hinsichtlich Anordnung und Zeit. Sie können die Anordnung bzw. Position jederzeit ändern, obwohl es effektiver ist, sofort die gewünschte Platzierung auszuwählen.

Der *In-Point* ist der Zeitpunkt, zu dem das Footage erstmalig in der Komposition angezeigt bzw. abgespielt wird. Der Ebenen-In-Point wird automatisch an der Position der *Zeitmarke* (⛳) gesetzt, sobald Sie die Ebene in die Kompositionen einfügen. Das Bild soll mit dem ersten Frame (00:00:00:00) starten, d.h., Sie möchten, dass diese Zahl als *aktueller Zeitpunkt* (die unterstrichene Zeitangabe oben links in der Zeitleiste) angezeigt wird. Es gibt verschiedene Methoden, mit denen Sie die Position der Zeitmarke ändern können.

1   Falls die Zeitmarke nicht auf 0:00 steht, führen Sie einen der folgenden Schritte aus:

   • Klicken Sie auf den aktuellen Zeitpunkt, um das Dialogfeld »Gehe zu Zeitpunkt« zu öffnen. Geben Sie den Wert **0** ein und klicken Sie auf OK.

   • Ziehen Sie die Zeitmarke so weit nach links wie möglich.

   • Drücken Sie die Pos1- bzw. Home-Taste.

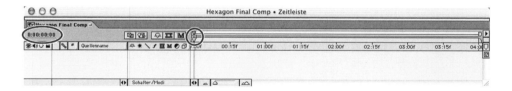

2   Wählen Sie im Projektfenster die Datei *Hexagon01.psd* und ziehen Sie die Datei in das Kompositionsfenster.

3   Ziehen Sie weiter, bis der Begrenzungsrahmen (die Kontur für die Bildabmessungen) sich etwas über der Mitte in der rechten Seite des Kompositionsfensters befindet.

Sobald Sie die Maustaste loslassen, wird das Sechseck im Kompositionsfenster angezeigt. Die Datei ist außerdem in der Zeitleiste als *Ebene 1* (in der Ebenengliederung) mit dem Namen der Quelldatei (*Hexagon01.psd*) aufgelistet.

Hinweis: Wenn der Hintergrund im Kompositionsfenster weiß ist, können Sie das Sechseck nicht sehen, da es ebenfalls weiß ist. Dieses Problem lösen Sie, indem Sie den Befehl »Komposition: Hintergrundfarbe« wählen, um das Dialogfeld »Hintergrundfarbe« anzuzeigen. Klicken Sie im Farbfeld, um den Farbwähler zu öffnen und die Farbe Schwarz aufzunehmen (auszuwählen). Klicken Sie anschließend auf OK, um beide Dialogfelder wieder zu schließen.

Das Bild transformieren

After Effects benutzt den Begriff *Transformieren* für bestimmte Ebeneneigenschaften wie Position, Skalierung, Deckkraft und Platzierung des Ankerpunkts. Sobald Sie die Arbeit an dem Sechseck abgeschlossen haben, werden Sie diese Transformationseigenschaften mindestens einmal (meistens jedoch öfter) in den verschiedensten Situationen und Kombinationen zuweisen.

Das Bild an die genaue Position verschieben

Da Sie unter Verwendung der Datei *Hexagon01.psd* ein präzises Muster erstellen, müssen Sie die Position der Datei in der Komposition ganz genau einstellen.

1   Wenn die Ebene noch nicht gewählt ist, klicken Sie auf das Bild im Kompositionsfenster oder auf den Ebenennamen in der Zeitleiste.

💡 *Um ohne Rollen ein Bild im Kompositionsfenster anzuzeigen, benutzen Sie das Einblendmenü »Zoomstufen« unten links im Fenster oder drücken Sie die Komma-Taste (,), um auszuzoomen bzw. eine kleinere Zoomstufe zu wählen. Um die Anzeige- und Verarbeitungsgeschwindigkeit während der Arbeit zu erhöhen, können Sie die Auflösung des Kompositionsfensters von »Voll« in einen niedrigeren Wert (z.B. »Halb« oder »Drittel«) ändern. Benutzen Sie dazu das entsprechende Einblendmenü unten im Kompositionsfenster. Diese Einstellungen beeinflussen nur die Arbeitsansicht und nicht die Größe oder Qualität der fertigen Ausgabe.*

Transformationseigenschaften

Die Transformationseigenschaften sind der Kern von After Effects. Wenn Sie erst einmal die Techniken für diese Einstellungen und das Setzen von Keyframes für diese fünf Eigenschaften beherrschen, verfügen Sie über nahezu unbegrenzte Gestaltungsmöglichkeiten. In diesem Buch basiert fast jede Einstellung, die Sie für Ebenen in After Effects durchführen, auf den Techniken, die Sie sich bei der Arbeit mit Transformationseigenschaften aneignen.

Um auf die Transformationseigenschaften für eine Ebene zuzugreifen, stehen Ihnen zwei Optionen zur Verfügung. Sie können auf den Pfeil links neben dem Ebenennamen klicken, um die Kategorien Masken, Effekte und Transformieren anzuzeigen. Klicken Sie anschließend auf den Pfeil neben Transformieren, um die fünf Transformationseigenschaften für diese Ebene anzuzeigen: Ankerpunkt, Position, Skalierung, Drehung und Deckkraft. Wenn Sie die hier angezeigten Werte ändern, wirkt sich das sofort auf Ihre Ebene aus.

Häufig möchten Sie nur bestimmte Transformationseigenschaften angezeigt bekommen und sind an den Kategorien Masken und Effekt überhaupt nicht interessiert. Denn die Anzeige aller Kategorien macht die Liste so lang und unübersichtlich, dass Sie immer erst rollen müssen, um eine bestimmte Eigenschaft zu finden und anzuzeigen. Die Lösung sind Tastaturbefehle, mit denen sich nur eine bestimmte Transformationseigenschaft öffnen lässt. Die Zeitleiste lässt sich also viel einfacher verwenden. Hier eine Aufstellung der Tastaturbefehle:

A = Ankerpunkt

P = Position

S = Skalieren

R = Drehung

T = Deckkraft

Sobald Sie einen weiteren Tastaturbefehl benutzen, ersetzt die gewählte Transformationseigenschaft die zuvor geöffnete Eigenschaft. Die Zeitleiste bleibt damit übersichtlich, d.h., Sie können effektiv in ihr arbeiten. Um mehrere Transformationseigenschaften für eine Ebene anzuzeigen, drücken Sie die Umschalttaste und anschließend zusätzliche Tastaturbefehle für Eigenschaften.

Sie werden im weiteren Verlauf dieses Buches noch recht häufig daran erinnert, welcher Tastaturbefehl für die Anzeige bestimmter Transformationseigenschaften benutzt werden soll. Weitere Informationen finden Sie unter »Anzeigen von Ebeneneigenschaft« in der After-Effects-Online-Hilfe.

LEKTION 1
2D-Elemente aus Sechsecken

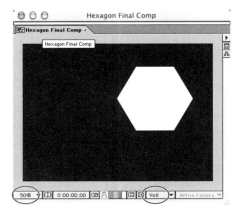

*Vergrößerung bzw. Zoomstufe (links)
und Auflösung (rechts)*

2 Drücken Sie die Taste P. Die Transformationseigenschaft »Position« wird unterhalb der Ebene in der Zeitleiste angezeigt.

3 Verschieben Sie die Ebene auf die X/Y-Koordinaten 468/242, indem Sie folgende Schritte ausführen:

- Ziehen Sie im Kompositionsfenster die Ebene, indem Sie die Anzeige der Koordinaten in der Informationspalette oder die Eigenschaft »Position« in der Zeitleiste zu Hilfe nehmen.

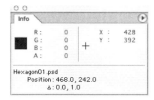

💡 *Wenn Sie nur annähernd und nicht exakt die Werte 468 und 242 erzielen können, sollten Sie mit den Pfeiltasten auf Ihrer Tastatur arbeiten, um das Bild pixelweise zu verschieben.*

- Ziehen Sie in der Zeitleiste den Mauszeiger über die unterstrichenen Koordinatenwerte der Eigenschaft »Position« (diese Technik wird auch als *scrubben* bezeichnet). Ziehen Sie nach rechts, um den Wert zu vergrößern und nach links, um ihn zu verkleinern.

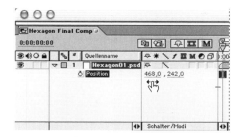

- Klicken Sie auf die Positionskoordinaten in der Zeitleiste und geben Sie **468** für X und **242** für Y ein.

Hinweis: *Die X/Y-Koordinaten markieren die Position des Ankerpunkts der Ebene innerhalb des Kompositionsfensters. After Effects stellt den Ankerpunkt standardmäßig im Mittelpunkt der Ebene ein.*

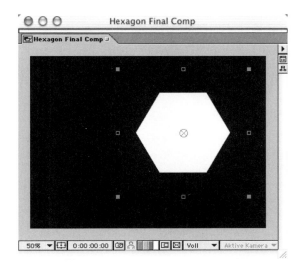

Ankerpunkt und Ebenengriffe

Bildgröße einstellen

Sie werden häufig mit Bildern arbeiten, deren Größe für Ihre Komposition alles andere als ideal ist. In derartigen Fällen verringern Sie die Größe der Sechsecke, so dass sie in den Kompositionsframe passen.

1   Wählen Sie im Kompositionsfenster oder in der Zeitleiste die Ebene *Hexagon01.psd*.

2   Drücken Sie die S-Taste. Die Skalierungseigenschaft wird unterhalb der Ebene in der Zeitleiste angezeigt und ersetzt die Positionseigenschaft.

3   Ändern Sie den Skalierungswert in 57%, indem Sie über den Wert ziehen oder ihn wählen, den neuen Wert eingeben und dann die Eingabetaste drücken.

Das Sechseck wird im Kompositionsfenster in der reduzierten Größe angezeigt.

Keyframes für die Drehung des Bilds einstellen

Sie möchten, dass sich das Sechseck während der Bewegung in die Endposition dreht. Dafür animieren Sie das Sechseck so, dass es sich im Verlauf der ersten 15 Frames der vier Sekunden langen Komposition um 180° dreht.

Sie bestimmen mit zwei oder mehr *Keyframes*, wie sich etwas in einer bestimmten Zeitspanne innerhalb der Komposition ändert. Ein Keyframe ist ein Bezugspunkt, der den Wert einer Ebeneneigenschaft mit einem Zeitpunkt verknüpft. Damit sich das Bild dreht, müssen Sie einen Keyframe für den Anfangs-Drehungswert und einen anderen Keyframe für den End-Drehungswert einstellen. After Effects berechnet automatisch die dazwischen liegenden Drehungswerte – Sie müssen also nicht jeden einzelnen Frame zwischen den beiden Bezugspunkten gesondert einstellen.

1   Falls erforderlich bewegen Sie die Zeitmarke auf 0:00. Drücken Sie dazu die Pos1- bzw. Home-Taste, ziehen Sie die Zeitmarke oder klicken Sie auf den aktuellen Zeitpunkt und geben Sie im Dialogfeld »Gehe zu Zeitpunkt« den Wert **0** ein.

2   Wählen Sie die Ebene *Hexagon01.psd* in der Zeitleiste.

3   Drücken Sie die R-Taste, um die Drehen-Eigenschaft für die Ebene anzuzeigen. Für diese Eigenschaft gibt es zwei unterstrichene Zahlenwerte. Der erste Wert bestimmt die Anzahl der Drehungen, während der zweite Wert für zusätzliche Drehwinkel (Grad) steht.

4   Belassen Sie den ersten Wert (Drehungen) auf null. Ändern Sie den zweiten Wert (Grad): Ziehen Sie oder geben Sie den Wert **-180°** ein (die Zahl muss negativ sein).

5   Klicken Sie auf das Stoppuhrsymbol links neben der Drehen-Eigenschaft. Das Stoppuhrsymbol enthält jetzt Zeiger (⌛). Ein rautenförmiges Symbol (◆), es steht für einen Keyframe, erscheint in der Zeitleiste an der Position der Zeitmarke (0:00).

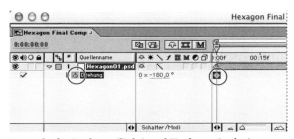

Stoppuhr für Drehung (links) und Keyframe (rechts)

6   Ziehen Sie die Zeitmarke auf 0:15 oder klicken Sie auf den aktuellen Zeitpunkt und geben Sie im Dialogfeld »Gehe zu Zeitpunkt« den Wert **15** ein.

7   Ändern Sie den zweiten Drehungswert durch Ziehen oder die Eingabe von **0°** (null). Ein neuer Keyframe wird automatisch an der Position der Zeitmarke (0:15) eingefügt.

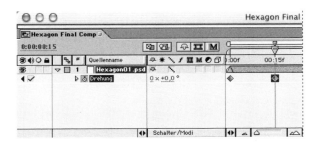

Wichtig: Wenn Sie Keyframes für eine Eigenschaft in After Effects einstellen, achten Sie darauf, dass Sie nur einmal auf das Stoppuhrsymbol klicken. Die Zeiger im Stoppuhrsymbol weisen darauf hin, das sich die Eigenschaft über einen Zeitraum verändern lässt. Deshalb fügt After Effects automatisch Keyframes hinzu, sobald Sie die Zeitmarke verschieben und einen Wert für die jeweilige Eigenschaft ändern. Wenn Sie ein zweites Mal auf das Stoppuhrsymbol klicken, bleibt die Eigenschaft in der Komposition gleich, d.h., After Effects entfernt alle Keyframes für diese Eigenschaft (das Symbol enthält jetzt keine Zeiger). Sollten Sie ein ausgewähltes Stoppuhrsymbol versehentlich löschen, wählen Sie »Bearbeiten: Rückgängig« oder drücken Sie die Tasten Strg+Z (Windows) bzw. Befehl+Z (Mac OS), um diese Aktion zu widerrufen. Sie müssen die gelöschten Keyframes also nicht neu erstellen. Wenn Sie einen bestimmen Keyframe entfernen möchten, wählen Sie einfach diesen Keyframe und drücken Sie die Entf.-Taste.

Vorschau der ersten Animation

Sie können eine Vorschau Ihrer Komposition erhalten, um das Ergebnis der Einstellung der Keyframes zu sehen.

1 Drücken Sie die Pos1- bzw. Home-Taste, um die Zeitmarke auf 0:00 zu bewegen.

2 Drücken Sie die Leertaste oder klicken Sie auf die Abspielen-Schaltfläche (▶) in der Zeitsteuerungspalette, um die Animation abzuspielen.

Hinweis: Während des Abspielens der Vorschau bewegt sich die Zeitmarke in der Zeitleiste und es wird eine grüne Linie angezeigt. Nachdem die Marke 0:15 passiert hat, bewegt sich das Sechseck erst dann wieder, wenn die Vorschau am Anfangspunkt neu begonnen wird.

3 Nachdem Sie sich die Vorschau angesehen haben, klicken Sie erneut auf die Abspielen-Schaltfläche, um die Vorschau pausieren zu lassen. Oder drücken Sie die Leertaste, um die Vorschau anzuhalten.

Damit ist die Arbeit mit der Drehen-Eigenschaft erst einmal abgeschlossen. Drücken Sie die R-Taste, um diese Eigenschaft auszublenden.

💡 *Viele Steuerungsmöglichkeiten in After Effects, einschließlich die Schaltflächen in der Zeitsteuerungenpalette besitzen so genannte* Quickinfos, *d.h. kleine Fenster, die für einige Sekunden angezeigt werden, sobald sich der Mauszeiger über einer Schaltfläche, einem Werkzeug oder einer Option befindet. Falls diese Werkzeugtipps nicht zu sehen sind, wählen Sie* **Bearbeiten: Voreinstellungen: Allgemein** *und prüfen Sie, ob die Option »Quickinfo« aktiviert ist (die Option muss mit einem Häkchen versehen sein).*

Ein animiertes Muster aus einem einfachen Bild erstellen

Sie benötigen viele weitere Sechseck-Ebenen, um das grafische Element zu erzeugen. Statt alle an der ersten Ebene vorgenommenen Änderungen für jedes zusätzliche Sechseck erneut vorzunehmen, kopieren Sie die erste Ebene einfach mehrmals. Damit wird nicht nur die Ebene selbst kopiert, sondern auch jede Änderung, die für die Keyframes der Eigenschaften Skalierung, Position und Drehung durchgeführt wurde. Das ist äußerst zeitsparend. Zuerst erstellen Sie nun die Duplikate.

1   Ziehen Sie die Zeitmarke auf 0:0 oder drücken Sie die Pos1- bzw. Home-Taste.

2   Wählen Sie in der Zeitleiste oder im Kompositionsfenster die Ebene *Hexagon01.psd* und dann den Befehl **Bearbeiten: Duplizieren**. Unter der ursprünglichen Ebene in der Zeitleiste erscheint eine neue Ebene.

3   Duplizieren Sie die Originalebene weitere acht Mal. Wählen Sie dazu den Befehl **Bearbeiten: Duplizieren** oder drücken Sie die Tasten Strg+D (Windows) bzw. Befehl+D (Mac OS).

Beachten Sie, wie das Duplizieren der ersten Ebene die Fenster beeinflusst:

- Das Kompositionsfenster bleibt unverändert, und zwar deshalb, weil die zehn Bilder an der gleichen Position übereinander gestapelt sind.

- Die Zeitleiste zeigt alle zehn Ebenen als *Hexagon01.psd*, da diese Ebenen dieselbe Quelldatei verwenden. Die Zahl links neben dem Namen identifiziert jede Ebene entsprechend ihrer Position im *Ebenenstapel* (von oben nach unten bzw. von vorne nach hinten).

- Alle Ebenen besitzen dieselben Einstellungen für Drehung, Skalierung und Position wie die erste Ebene. Um das zu prüfen, wählen Sie eine oder mehrere Ebenen aus und drücken Sie dann die R-, S- oder P-Taste.

Ebenen zu einem Muster verschieben

Im nächsten Schritt müssen die zehn Sechsecke so angeordnet werden, dass sie genau eine wabenförmige Struktur bilden. Ordnen Sie die Ebenen in der Reihenfolge wie in der folgenden Abbildung an.

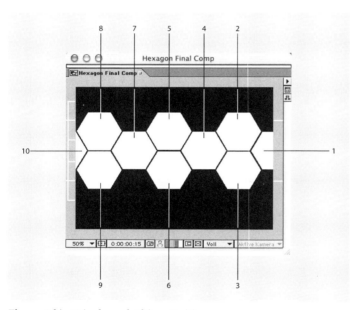

Ebenen 1 bis 10 in der endgültigen Position

Sie müssen nicht genau die Koordinaten wie in der folgenden Prozedur verwenden. Wenn Sie jedoch diese Koordinaten benutzen, achten Sie darauf, dass die aktuellen Ebenenkoordinaten auf 468/242 eingestellt sind. Ansonsten können Sie die Sechsecke nach Sicht so anordnen, dass sie ein Kachelmuster mit gleichmäßigen Abständen zwischen den einzelnen Sechsecken bilden.

1 Wählen Sie in der Zeitleiste die oberste Ebene (Ebene 1). Beachten Sie, dass die Ebenengriffe (kleine Rechtecke an den Ecken des Begrenzungsrahmens)

im Kompositionsfenster angezeigt werden. Drücken Sie die P-Taste, um die Positionseigenschaften für die Ebenen anzuzeigen.

Hinweis: Gehen Sie folgendermaßen vor, falls die Ebenengriffe nicht angezeigt werden: Klicken Sie auf den nach rechts weisenden Pfeil oben im Kompositionsfenster, um das Kompositionsfenster-Menü zu öffnen. After Effects 5.5: Wählen Sie dort den Eintrag »Anzeigeoptionen« und aktivieren Sie im gleichnamigen aufgerufenen Fenster im Bereich »Ebene« das Kontrollkästchen vor »Griffe« (das Häkchen muss sichtbar sein). After Effects 5: Wählen Sie im Kompositionsfenster-Menü die Option »Ebenengriffe«.

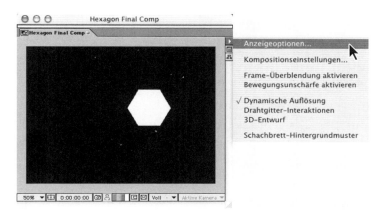

2   Ziehen Sie Ebene 1 in der Komposition ganz nach rechts. Die meisten Sechsecke sollten sich jetzt außerhalb des Kompositionsrahmens befinden und es ist nur noch ein Teil zu sehen.

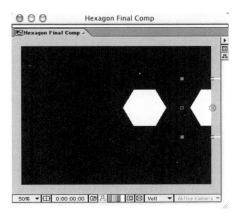

3. Prüfen Sie in der Zeitleiste die Positionskoordinaten für Ebene 1.

4. Wenn Sie dieselben Positionskoordinaten wie im Beispiel verwenden möchten, ziehen Sie das Bild im Kompositionsfenster, bis die Koordinaten 723/242 angezeigt werden. Oder ändern Sie durch Ziehen bzw. Eingeben diese Positionskoordinaten in der Zeitleiste. Um eine Ebene präzise zu verschieben, probieren Sie die folgenden Techniken aus:

   - Wenn Sie mit dem Ziehen einer Ebene begonnen haben, drücken Sie die Umschalttaste, um die Bewegung vertikal oder horizontal einzuschränken. Achten Sie darauf, dass Sie die Umschalttaste nicht vor dem Ziehen drücken, da Sie dann die Größe des Bildes ändern und es nicht bewegt wird.
   - Drücken Sie die Pfeiltasten, um das Bild in kleinen Schritten zu bewegen.
   - Benutzen Sie für die Eingabe die Tabulator-Taste, um im Ebenenstapel von einem Koordinatenwert zum anderen nach unten zu springen.

5. Wählen Sie nacheinander die Ebenen aus und verschieben Sie diese entsprechend der Abbildung zu Anfang dieser Prozedur. Wenn Sie die gleichen Koordinaten wie im Beispiel benutzen möchten, orientieren Sie sich an folgender Aufstellung:

Ebene 1	723/242
Ebene 2	595/169
Ebene 3	595/316
Ebene 4	Originalposition (468/242)
Ebene 5	341/169
Ebene 6	341/ 316
Ebene 7	214/242
Ebene 8	87/169
Ebene 9	87/316
Ebene 10	-40/242

6. Wählen Sie **Datei: Speichern**.

Neue Animation mit Keyframes starten

Die zehn Sechsecke sind jetzt wabenförmig angeordnet. Setzen Sie nun einen Positions-Keyframe für jede Ebene.

1   Bringen Sie durch Ziehen oder Eingabe die Zeitmarke auf 0:15.

2   Wählen Sie **Bearbeiten: Alles auswählen**, um alle Ebenen auszuwählen. Oder drücken Sie die Tasten Strg+A (Windows) bzw. Befehl+A (Mac OS). Sollte die Positionseigenschaft noch nicht geöffnet sein, drücken Sie die P-Taste, um diese Eigenschaft für alle Ebenen zu öffnen.

3   Drücken Sie die Tasten Alt+P (Windows) bzw. Wahl+P (Mac OS), um einen Positions-Keyframe für alle Ebenen gleichzeitig zu setzen. Beachten Sie, dass die Stoppuhr-Symbole (links neben Position) jetzt mit Zeigern versehen sind. Außerdem werden in der Zeitleiste diamantförmige Keyframe-Symbole für jede Ebene bei 0:15 angezeigt.

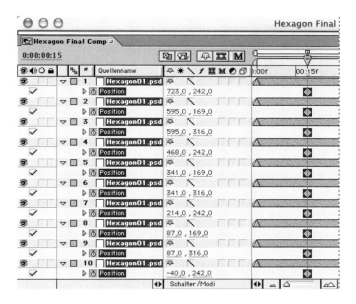

4   Wählen Sie **Bearbeiten: Auswahl aufheben** oder drücken Sie die Tasten Strg+ Umschalt+A (Windows) bzw. Befehl+Umschalt+A (Mac OS), um alle Ebenen abzuwählen. Lassen Sie die Positionseigenschaften geöffnet.

Die jetzige Anordnung der Sechsecke steht für die endgültige Position des animierten Sechseckmusters.

Weiteres Animieren der Sechsecke

Sie können jetzt für jedes Sechseck die Anfangsposition festlegen. Die einzelnen Sechsecke sollen in die Komposition »hineinfliegen«, sich drehen und dann ein präzises Wabenmuster formen. Dazu werden Sie jeder Ebene einen Anfangspunkt zuweisen, der sich außerhalb des Kompositionsrahmens befindet. Um mehr von der Montagefläche (der graue Bereich außerhalb der Komposition selber) zu sehen, zoomen Sie erst einmal aus. Das Auszoomen ändert nur die Arbeitsansicht, d.h., die Objekte im gerenderten Film werden weder verkleinert noch vergrößert.

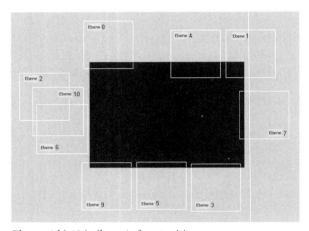

Ebenen 1 bis 10 in ihren Anfangspositionen

Falls Sie die hier gezeigten Anfangspositionen nicht ganz exakt einstellen möchten, ziehen Sie die jeweilige Datei einfach an eine Stelle, die in etwa der obigen Abbildung entspricht. Die Ausrichtung der Anfangspositionen ist für die Genauigkeit des späteren Wabenmusters nicht allzu kritisch.

1   Wählen Sie im Kompositionsfenster aus dem Einblendmenü unten links die Zoomstufe 50% (oder geringer). Oder drücken Sie die Komma-Taste, um schrittweise auszuzoomen.

2   Bewegen Sie die Zeitmarke auf 0:00.

3   Bewegen Sie die einzelnen Sechsecke in etwa an die gewünschte Position (siehe vorherige Abbildung). Die ganz exakten Koordinaten finden Sie in der folgenden Aufstellung:

Ebene 1	723/-51
Ebene 2	-192/169
Ebene 3	595/607
Ebene 4	468/-49
Ebene 5	341/594
Ebene 6	-125/316
Ebene 7	825/242
Ebene 8	87/-94
Ebene 9	87/595
Ebene 10	-140/242

Für jede Ebene werden die Keyframes angezeigt (bei 0:00), sobald Sie die neuen Positionen festlegen.

4   Um eine Vorschau Ihrer Animation zu erhalten, drücken Sie die Leertaste oder die 0 (Null) auf dem Zahlenfeld, um eine RAM-Vorschau zu erzeugen. Wenn Sie sich die Vorschau angesehen haben, drücken Sie zum Anhalten die Leertaste.

5   Die Zeitleiste ist aktiviert. Drücken Sie die Tasten Strg+A (Windows) bzw. Befehl+A (Mac OS), um alle Ebenen auszuwählen. Drücken Sie dann die P-Taste, um die Positionseigenschaften auszublenden. Wählen Sie **Bearbeiten: Auswahl aufheben**, um alle Ebenen abzuwählen.

6   Wählen Sie **Datei: Speichern**, um Ihre Arbeit zu sichern.

Nachdem Sie eine RAM-Vorschau erstellt haben, können Sie die Zeitmarke ziehen, um durch die Komposition zu »scrubben«. Wenn Sie die Zeitmarke ziehen, ohne eine RAM-Vorschau zu erstellen, aktualisiert After Effects das Kompositionsfenster so schnell wie möglich (abhängig von der Prozessorgeschwindigkeit, dem verfügbaren Arbeitsspeicher und der Geschwindigkeit der Grafikkarte). Weitere Informationen finden Sie unter »Arbeitsspeicher zuweisen« auf Seite 10. Informationen finden Sie auch unter »Sichern einer RAM-Vorschau als gerenderter Film« und »Techniken für effizientes Arbeiten« in der After-Effects-Online-Hilfe.

RAM-Vorschau

Was ist eine RAM-Vorschau? Wenn Sie sich eine Vorschau durch Drücken der Leertaste oder durch Klicken auf die Abspielen-Schaltfläche in der Zeitsteuerungen-Palette ansehen, erfolgt die Wiedergabe nicht in Realzeit. Dennoch wird die Komposition möglichst realitätsgetreu wiedergegeben. Die tatsächliche Geschwindigkeit variiert je nach Prozessorgeschwindigkeit, dem verfügbaren Arbeitsspeicher und der Grafikkarte. Sie können jedoch die Komposition in Realzeit abspielen, indem Sie eine RAM-Vorschau erstellen.

Um eine RAM-Vorschau zu erstellen, lädt After Effects die Frames zuerst in den Arbeitsspeicher (RAM) und spielt sie danach ab. Die erste Vorschau ist dabei viel langsamer. Grund: After Effects erstellt die RAM-Vorschau (was an der sich aufbauenden grünen Linie in der Zeitleiste zu sehen ist). Sobald die Vorschau in den Arbeitsspeicher geladen ist, wird die Animation weitestgehend in Echtzeit (abhängig von Ihrem System) wiedergegeben.

Die Anzahl der in einer RAM-Vorschau gezeigten Frames ist abhängig vom verfügbaren Arbeitsspeicher. Ist die Vorschau größer als der Arbeitsspeicher, erstellt After Effects eine RAM-Vorschau mit den möglichen Frames und spielt diese in Echtzeit ab. Wenn die Komposition sehr groß und komplex ist, wird vielleicht nur ein kurzes Segment der Zeitleiste angezeigt.

Die Zeit für den Aufbau einer RAM-Vorschau hängt von der Prozessorgeschwindigkeit ab, während die Framerate der Wiedergabe vom verfügbaren Arbeitsspeicher und der Geschwindigkeit der Grafikkarte beeinflusst wird.

Es gibt verschiedene Möglichkeiten, um eine RAM-Vorschau zu erstellen:

- Wählen Sie »Komposition: Vorschau: RAM-Vorschau«.
- Klicken Sie auf die Schaltfläche »RAM-Vorschau« in der Zeitsteuerungen-Palette.
- Drücken Sie die 0 (Null) auf dem Zahlenfeld.

Maximieren der RAM-Vorschau Wenn es sich um eine einfache Komposition handelt, ist das Erstellen einer RAM-Vorschau fast so schnell wie eine einfache Vorschau. Sind die Kompositionen jedoch komplexer, wird das Erstellen einer RAM-Vorschau zeitaufwendiger und die Anzahl der angezeigten Frames kann abhängig von dem für After Effects verfügbaren Arbeitsspeicher begrenzt sein. Folgende Möglichkeiten gibt es für eine möglichst effektive RAM-Vorschau:

- Schließen Sie alle anderen Programme (Windows) oder weisen Sie After Effects mehr Speicher zu (Mac OS).
- Verringern Sie die Auflösung (im Kompositionsfenster oder in der Zeitsteuerungenpalette) auf »Halb« oder »Drittel«. Damit wird nur die Vorschau beeinflusst – sobald Sie die Komposition rendern, wird auch das Bild in voller Auflösung gerendert.
- Verringern Sie die Vergrößerung des Kompositionsfensters auf 50% oder weniger.

(Fortsetzung nächste Seite)

> - *Stellen Sie die Qualität auf »Entwurf« statt »Beste« ein.*
> - *Schalten Sie den Video-Schalter für alle Ebenen aus, die Sie in der Vorschau nicht sehen möchten.*
> - *Begrenzen Sie den Arbeitsbereich, um kleinere Vorschauabschnitte zu erhalten.*
>
> *RAM-Vorschau Optionen Sie können für die RAM-Vorschau bestimmte Optionen wählen, wie Framerate, Überspringen von Frames, Auflösung und andere. Diese Optionen werden im unteren Teil der Zeitsteuerungen-Palette im Bereich »Optionen für RAM-Vorschau« angezeigt. Falls die Optionen nicht angezeigt werden, klicken Sie auf den Pfeil in der oberen rechten Ecke der Zeitsteuerungen-Palette, um das dazugehörige Menü zu öffnen. Wählen Sie die Option »Optionen für Umschalttaste+RAM-Vorschau einblenden«. Weitere Informationen über die Einstellung der Vorschau finden Sie unter »Einstellen der Vorschauoptionen« in der After-Effects-Online-Hilfe.*

Die Animation wird komplexer

Sie haben bis jetzt schon eine ziemlich anspruchsvolle Animation für Ihre Sechsecke erstellt, doch Sie können diese Animation noch interessanter machen, indem Sie einige weitere Eigenschaften ändern. Sie werden zuerst die Anfangspunkte der Ebenen so versetzen, dass jedes Sechseck in der Komposition zu einem anderen Zeitpunkt angezeigt wird. Danach werden Sie die Deckkraft der Sechsecke so einstellen, dass sie eingeblendet werden und teilweise transparent bleiben.

Versetzen der In-Points

Der *In-Point* einer Ebene ist der Zeitpunkt, an dem die Ebene erstmalig in der Komposition angezeigt wird. Zurzeit beginnen alle Ebenen bei 0:00, was aus dem farbigen Zeitdiagramm der einzelnen Ebenen in der Zeitleiste ersichtlich ist. Um eine flüssigere Animation zu erhalten, werden Sie in der Zeitleiste die In-Points der Ebenen versetzen.

1   Klicken Sie unten etwa in der Mitte der Zeitleiste auf den Doppelpfeil (⇄), um die In/Out-Spalte auszuklappen.

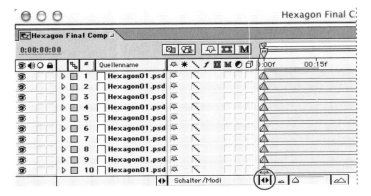

Schaltfläche für Aus- und Einklappen der In/Out-Spalte

2 Klicken Sie für jede Ebene auf den unterstrichenen In-Wert und geben Sie im Dialogfeld »In-Point der Ebene« einen neuen Wert ein. Klicken Sie anschließend auf OK, um die In-Points der Ebenen um jeweils drei Frames zu versetzen (siehe folgende Abbildung):

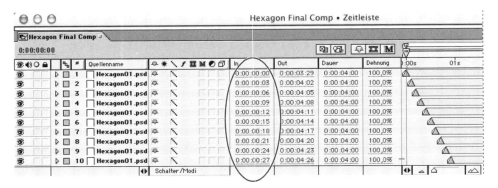

In-Point-Werte

3 Drücken Sie die Pos1- bzw. Home-Taste, um die Zeitmarke auf 0:00 zu setzen. Drücken Sie dann die Leertaste oder die 0 (Null) auf dem Zahlenfeld, um eine Vorschau Ihrer Animation zu erhalten.

4 Nachdem Sie sich die Vorschau angesehen haben, klicken Sie wieder auf den Doppelpfeil, um die In/Out-Spalte in der Zeitleiste einzuklappen. Wählen Sie anschließend **Datei: Speichern**, um Ihre Arbeit zu sichern.

Die Sechsecke fallen nacheinander von links nach rechts an ihre vorgesehenen Positionen.

Deckkraft für eine Ebene einstellen

Indem Sie die Sechsecke halbtransparent machen, erzeugen Sie ein interessanteres Zusammenspiel während des Drehens und dem Formen der Wabenstruktur. Zuerst stellen Sie für jede Ebene die Deckkraft so ein, dass sie sich über neun Frames von 0% auf 50% verstärkt (Einblend-Effekt).

1   Drücken Sie die Pos1-Taste, um die Zeitmarke auf 0:00 zu setzen.
2   Wählen Sie in der Zeitleiste die Ebene 1 und drücken Sie die T-Taste, um die Deckkraft-Eigenschaft anzuzeigen. Der aktuelle Wert beträgt 100%.
3   Stellen Sie durch Ziehen oder per Eingabe den Deckkraftwert auf 0 (Null) ein.
4   Klicken Sie auf das Stoppuhrsymbol, um die Deckkraft zu animieren und den ersten Deckkraft-Keyframe auf 0:00 zu setzen.
5   Verschieben Sie die Zeitmarke auf 0:09.
6   Stellen Sie den Deckkraftwert auf **50%** ein. Ein zweiter Keyframe wird bei 0:09 angezeigt.
7   Drücken Sie die Pos1- bzw. Home-Taste, um die Zeitmarke auf 0:00 zu setzen. Drücken Sie die Leertaste oder die 0 (Null) auf dem Zahlenfeld, um eine Vorschau der Komposition zu erhalten.

Das Sechseck auf der Ebene 1 wird langsam eingeblendet und behält dann die Deckkraft von 50%.

Um den Tastaturbefehl für die Deckkraft-Eigenschaft zu behalten, merken Sie sich einfach den Buchstaben T für Transparenz.

Die Deckkraft-Keyframes in andere Ebenen einfügen

Sie können jetzt den gleichen Einblend-Effekt für die anderen Sechsecke einrichten. Am einfachsten und schnellsten versehen Sie die verbleibenden neun Ebenen mit den Befehlen *Kopieren* und *Einfügen* ebenfalls mit Deckkraft-Keyframes.

1   Wählen Sie die Deckkraft-Keyframes in der ersten Ebene, indem Sie vorsichtig ein Auswahlrechteck um die beiden Keyframes ziehen (siehe

folgende Abbildung). Oder klicken Sie auf das Wort *Deckkraft*, um beide Keyframes auszuwählen.

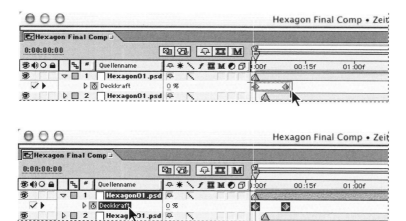

2 Wählen Sie **Bearbeiten: Kopieren** oder drücken Sie die Tasten Strg+C (Windows) bzw. Befehl+C (Mac OS), um die Keyframes zu kopieren.

3 Wählen Sie die Ebene 2 und drücken Sie I (Buchstabe *i*), um die Zeitmarke auf den In-Point dieser Ebene (bei 0:03) zu setzen.

4 Wählen Sie **Bearbeiten: Einfügen** oder drücken Sie die Tasten Strg+V (Windows) bzw. Befehl+V (Mac OS), um die Deckkraft-Keyframes in Ebene 2 einzufügen.

5 Die Ebene 2 ist ausgewählt. Drücken Sie die T-Taste, um die neuen Deckkraft-Keyframes anzuzeigen. Die Keyframes werden an Zeitpositionen mit gleicher Relation zur Zeitmarke angezeigt, d.h. der erste Keyframe bei 0:03 und der zweite bei 0:12. Drücken Sie erneut die T-Taste, um die Keyframe wieder auszublenden.

6 Wiederholen Sie die Schritte 3 und 4 für die anderen acht Ebenen.

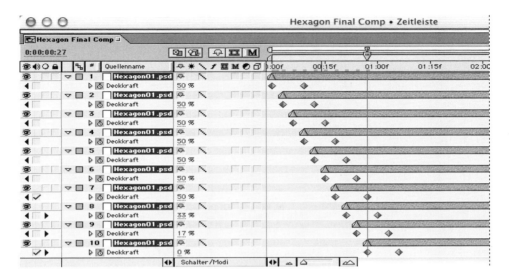

7   Sehen Sie sich die Vorschau der Animation an und speichern Sie das Projekt.

Unterkomposition aus mehreren Ebenen erstellen

Jetzt vereinen Sie die zehn Ebenen über eine so genannte Unterkomposition zu einer einzelnen Ebene. Durch diesen Prozess lässt sich Ihr Projekt besser verwalten und Sie können außerdem der kompletten Gruppe Transformationen hinzufügen.

1   Die Zeitleiste oder das Kompositionsfenster ist aktiviert. Wählen Sie **Bearbeiten: Alles auswählen**, um alle zehn Ebenen auszuwählen.

2   Wählen Sie **Ebene: Unterkomposition erstellen**.

3   Geben Sie im Dialogfeld »Unterkomposition erstellen« einen beschreibenden Namen wie **Hexagons Build Pre-comp** (Unterkomposition der Sechsecke) ein. So wissen Sie, was innerhalb der Unterkomposition passiert.

4   Die Option »Alle Attribute in die neue Komposition verschieben« ist aktiviert, die Option »Neue Komposition öffnen« ist deaktiviert. Klicken Sie auf OK.

Hinweis: Die erste Option (»Alle Attribute in 'Hexagon Final Comp' lassen«) sollte abgeblendet sein. Sie ist nicht verfügbar, sobald mehrere Ebenen ausgewählt sind.

Die Ebene *Hexagons Build Pre-comp* ersetzt in der Zeitleiste die zehn einzelnen Sechseck-Ebenen.

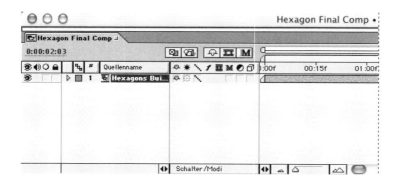

5   Wählen Sie **Datei: Speichern**, um das Projekt zu sichern.

Hinweis: Sie können weiterhin auf die zehn Original-Ebenen zugreifen und diese ändern, indem Sie auf das Element Hexagons Build Pre-comp *doppelklicken. Die einzelnen Änderungen werden sofort in die entsprechende Unterkomposition aufgenommen.*

Damit haben Sie die erste Konstruktionsphase für das Sechseck-Element abgeschlossen und bereits die Hälfte der Lektion 1 durchgearbeitet – der richtige Zeitpunkt, um vielleicht eine Pause einzulegen. Sie könnten jetzt das Projekt schließen und After Effects beenden.

Eine Unterkompositionsebene transformieren

Bis jetzt haben Sie einen animierten Satz mit Sechsecken erstellt, die in den Bildschirm fliegen und dann eine Wabenformation bilden. Sie werden jetzt diese Arbeit verfeinern und die Frames mit dem Sechseckmuster füllen sowie weitere Änderungen vornehmen, damit das Ergebnis noch professioneller aussieht.

Anschließend transformieren Sie die Gruppe mit den bereits erstellten Sechsecken weiter. Als Gesamteffekt ergibt sich dann eine komplexe Bewegung, in der die Objekte so animiert sind, als würde der Betrachter durch das Zentrum eines der Sechsecke »reisen«.

Sie können nun alle Sechsecke als eine Einheit transformieren, ohne dabei die Transformationen zu verlieren, die Sie bereits früher den zehn Originalebenen zugewiesen haben. Die neuen Transformationen ergänzen die bereits vorhandenen Bewegungen und bewirken komplexe Kombinationen permanenter Veränderungen.

Erneutes Öffnen des Projekts nach einer Pause

Falls Sie nach Beendigung des vorherigen Abschnitts das Programm After Effects verlassen haben, müssen Sie das Programm neu starten und die entsprechende Arbeitsdatei wieder öffnen.

1 Starten Sie After Effects und wählen Sie **Datei: Projekt öffnen**.
2 Suchen Sie den Ordner *_aep* innerhalb des Ordners *AE_CIB job* (die Ordner haben Sie zu Beginn dieser Lektion angelegt).
3 Wählen Sie die Datei *Hexagons01_work.aep* und klicken Sie auf »Öffnen«.

💡 *Sie können die Datei* Hexagons01_work.aep *auch öffnen, indem Sie den Befehl »Datei: Letzte Projekte öffnen« aufrufen und dann aus der Liste den jeweiligen Pfad nebst Projektdatei wählen. After Effects führt die zehn zuletzt geöffneten Projekte im Untermenü »Letzte Projekte öffnen« auf.*

4 Doppelklicken Sie im Projektfenster auf *Hexagon Final Comp*, um die Komposition im Kompositionsfenster und in der Zeitleiste zu öffnen.

💡 *Falls die Namen im Projektfenster abgeschnitten und schwer zu lesen sind, können Sie den reliefartigen Balken rechts neben der Spaltenüberschrift ziehen und so die Spalte größer einstellen.*

Die Unterkompositonsebene skalieren und einklappen

Zuerst werden Sie die Größe der Sechsecke ändern und dann die Transformationen für die Unterkompositonsebene zusammenklappen, um die Bildqualität zu bewahren. Für die Skalierung brauchen Sie diesmal keine Keyframes einzurichten, da sich die Skalierungseigenschaft über die gesamte Zeitspanne nicht ändern soll.

1   Falls erforderlich klicken Sie auf das Register »Hexagon Final Comp« in der Zeitleiste, um es nach vorne zu stellen.

2   Bewegen Sie die Zeitmarke ungefähr auf 1:00, so dass Sie beim Zuweisen die Änderung der Skalierung beobachten können.

3   Wählen Sie in der Zeitleiste die Ebene *Hexagons Build Pre-comp* und drücken Sie die S-Taste, um die Skalierungseigenschaft zu öffnen.

4   Stellen Sie durch Ziehen oder per Eingabe den Wert **68%** ein. Im Kompositionsfenster markieren die Ebenengriffe den Begrenzungsrahmen der Ebene. Die Ränder einiger Sechsecke sind zurzeit noch nicht zu sehen.

5   Die Ebene *Hexagons Build Pre-comp* ist noch gewählt. Wählen Sie **Ebene: Schalter: Zusammenfalten**. Oder klicken Sie auf den Ebenenschalter »Transformationen falten« in der Zeitleiste (standardmäßig rechts neben dem Ebenennamen), um ihn von Aus (⌇) in Ein (✦) umzuschalten. Sie können jetzt die Grafik außerhalb des Begrenzungsrahmens sehen. Außerdem verbessert sich die Bildqualität der Ebene.

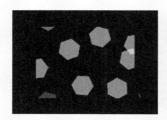 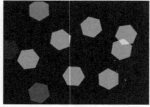

Vor (links) und nach (rechts) dem Einschalten von »Zusammenfalten«

Hinweis: Zusammenfalten (Aktivieren des Schalters »Transformationen falten«) bezieht sich auf die Weise, wie After Effects die Informationen für Ebenen berechnet. Wenn Sie Transformationen für eine verschachtelte Unterkompositionsebene zusammenfalten, verbessert sich die Bildqualität. Außerdem wird der Zeitaufwand verringert, der beim Rendern des fertigen Films anfällt. Weitere Informationen finden Sie unter »Erhalten der Bildqualität in verschachtelten Kompositionen« und unter »Zusammenfalten von Transformationseigenschaften« in der After-Effects-Online-Hilfe.

Unterkompositionsebenen duplizieren und umbenennen

Die einfachste Möglichkeit, den Kompositionsframe mit Sechsecken zu füllen, ist das Erstellen von Kopien der Unterkompositionsebene.

1   Wählen Sie die Ebene *Hexagons Build Pre-comp* und drücken Sie die S-Taste, um die Skalierungseigenschaft auszublenden.

2   Die Ebene ist noch ausgewählt. Wählen Sie **Bearbeiten: Duplizieren**. Oder drücken Sie die Tasten Strg+D (Windows) bzw. Befehl+D (Mac OS).

3   Wählen Sie erneut **Bearbeiten: Duplizieren**. Drei Ebenen sind jetzt in der Zeitleiste aufgeführt.

4   Wählen Sie Ebene 1 und drücken Sie die Eingabetaste. Die Ebenen sind aktiviert und es wird der Mauszeiger angezeigt.

5   Geben Sie **Top** (Oben) ein und drücken Sie die Eingabetaste.

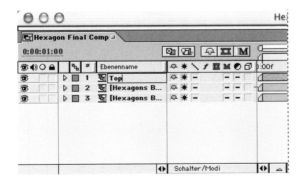

6   Wählen Sie Ebene 2 und wiederholen Sie die Schritte 3 und 4. Geben Sie den Ebenennamen **Middle** (Mitte) ein.

7 Wählen Sie Ebene 3 und wiederholen Sie die Schritte 3 und 4. Geben Sie den Ebenennamen **Bottom** (Unten) ein.

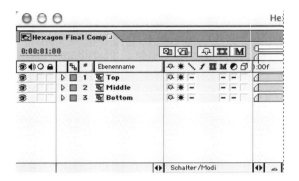

Unterkompositionsebenen verschieben

Die drei Ebenen sind direkt übereinander gestapelt, so dass nur die oberste Ebene im Kompositionsfenster zu sehen ist. Verschieben Sie jetzt die Ebenen an ihre genauen Positionen, so dass Sie ein vollständiges Muster erhalten, das den Kompositionsframe ausfüllt.

1 Bewegen Sie die Zeitmarke auf ungefähr 2:00, damit Sie das Ergebnis Ihrer Arbeit sehen können.

2 Wählen Sie **Bearbeiten: Alles auswählen**, um alle Ebenen auszuwählen. Drücken Sie die P-Taste, um die Positionseigenschaften zu öffnen.

3 Wählen Sie **Bearbeiten: Auswahl aufheben** oder drücken Sie die Tasten Strg+A (Windows) bzw. Befehl+Umschalt+A (Mac OS), um alle drei Ebenen abzuwählen.

4 Verschieben Sie die einzelnen Ebenen so, dass sie sauber aneinander passen – entweder durch Ziehen (siehe folgende Abbildung) oder durch Ändern der Positionskoordinaten entsprechend den folgenden Werten:

- Top: 449/113
- Middle: 363/263
- Bottom: 449/413

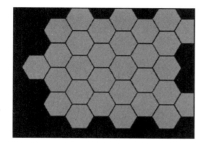

5   Wählen Sie erneut **Bearbeiten: Alles auswählen** und drücken Sie die P-Taste, um die Positionseigenschaften für alle Ebenen auszublenden. Wählen Sie anschließend **Bearbeiten: Auswahl aufheben**.

6   Drücken Sie die Pos1- bzw. Home-Taste, um die Zeitmarke an der Anfang der Komposition zu verschieben. Drücken Sie jetzt die Leertaste oder die 0 (Null) auf dem Zahlenfeld, um eine Vorschau Ihrer Arbeit zu erhalten.

7   Speichern Sie das Projekt.

Ändern der In-Points

Ihre nächste Aufgabe wird sein, einen progressiveren Beginn für die Sechsecke zu gestalten. Dazu versetzen Sie die In-Points der drei Ebenen so, wie Sie es bereits bei den zehn Originalebenen getan haben.

1   Klicken Sie in der Zeitleiste unten im Fenster auf den Doppelpfeil, um die In/Out-Spalte zu öffnen.

2 Geben Sie die folgenden Werte für die Ebenen-In-Points ein:
- Top: **0:20**
- Middle: **0:12**
- Bottom: **0:04**

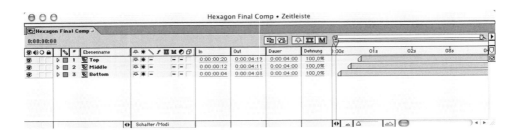

3 Klicken Sie erneut auf die Schaltfläche, um die In/Out-Spalte zu schließen.

Speichern Sie wieder Ihr Projekt und sehen Sie sich die Vorschau an, indem Sie die Leertaste oder die 0 (Null) im Zahlenfeld drücken, um eine RAM-Vorschau zu erzeugen. Das Muster baut sich jetzt nicht nur von rechts nach links, sondern auch von unten nach oben auf.

Unterkomposition der drei Ebenen erzeugen

Sie werden nun diese drei Ebenen zu einer einzelnen Unterkompositionsebene zusammenführen und danach weitere Veränderungen vornehmen.

1 Die Zeitleiste ist aktiviert. Wählen Sie **Bearbeiten: Alles auswählen**, um die drei Ebenen auszuwählen.

2 Wählen Sie **Ebene: Unterkomposition erstellen**. In dem Dialogfeld »Unterkomposition erstellen« ist die Option »Alle Attribute in die neue Komposition verschieben« aktiviert.

3 Geben Sie als Namen der neuen Komposition **Hexagon 3 Bars Pre-comp** (3 Reihen Sechsecke Unterkomposition) ein und klicken Sie auf OK.

Hinweis: Es ist eine gute Angewohnheit, eine Unterkomposition mit einer Beschreibung dessen zu benennen, was in der Komposition abläuft. Damit behalten Sie den Überblick bei komplexen Objekten mit Kompositionen und Unterkompositionen.

Die Ebene *Hexagon 3 Bars Pre-comp* ersetzt in der Zeitleiste die Ebenen *Top*, *Middle* und *Bottom*. Wieder können Sie auf die einzelnen Ebenen weiterhin zugreifen, indem Sie zum Öffnen auf *Hexagon 3 Bars Pre-comp* im Projektfenster klicken. Achten Sie beim Öffnen der Unterkomposition darauf, sie anschließend wieder zu schließen.

Zusätzliche Bewegung und andere Feinheiten

Sie haben bis jetzt zwei Bewegungsarten für die einzelnen Sechsecke erzeugt, d.h. das Bilden einer Formation und die Bewegung der drei Unterkompositionen zu unterschiedlichen Zeiten und an verschiedenen Positionen. Sie werden jetzt die neue Unterkompositionsebene transformieren, und zwar mit allen Einzelteilen. Die Transformationen, die Sie den verschachtelten Ebenen in dieser Komposition zugewiesen haben, sind weder verloren und wurden auch nicht überschrieben, sondern sind weiterhin als Bewegungen innerhalb von Bewegungen vorhanden.

Anschließend weisen Sie dieser Ebene drei weitere Effekte zu: Versetzen des Ankerpunkts, Abdriften und beschleunigter Zoomeffekt.

Zoomeffekt erstellen

Einen Eindruck, als würde sich eine Kamera in das Bild einzoomen, erzeugen Sie, indem Sie die Skalierung im Zeitablauf dramatisch vergrößern.

1   Drücken Sie die Pos1- bzw. Home-Taste, um die Zeitmarke auf 0:00 zu verschieben, und wählen Sie die Ebene *Hexagon 3 Bars Pre-comp* in der Zeitleiste.

2   Drücken Sie die S-Taste, um die Skalierungseigenschaft zu öffnen, und stellen Sie den Skalierungswert durch Ziehen (Scrubben) oder per Eingabe auf **92%** ein.

3   Klicken Sie auf das Stoppuhrsymbol für einen Keyframe.

4   Setzen Sie die Zeitmarke auf 3:29 mit einer der folgenden Methoden:

   • Ziehen Sie die Zeitmarke ganz nach rechts.

   • Klicken Sie auf den aktuellen Zeitpunkt (oben links im Schnittfenster) und geben Sie im Dialogfeld »Gehe zu Zeitpunkt« den Wert **329** ein.

- Drücken Sie die Ende-Taste (3:29 ist der letzte Frame in der Komposition).
- Klicken Sie auf das rechte Ende der Zeitlinie (die Zahlen über dem Zeitdiagramm in der Zeitleiste) bei 3:29.

5   Stellen Sie den Skalierungswert durch Ziehen oder per Eingabe auf **1156%** ein. Ein neuer Keyframe wird in der Zeitleiste angezeigt, und zwar ausgerichtet an der Zeitmarke. Lassen Sie die Skalierungseigenschaften eingeblendet. Das Kompositionsfenster ist nahezu grau, da eine Nahaufnahme von einem der Sechsecke angezeigt wird.

6   Verschieben Sie die Zeitmarke auf 1:15. Die Kanten des Sechsecks sehen jetzt auf Grund der extremen Vergrößerung recht ausgefranst aus.

7   Klicken Sie in der Schalter-Spalte auf den Schalter »Transformationen falten« (✦), um die Transformationen zusammenzufalten und die Bildqualität zu bewahren. Die Kanten des Sechsecks werden geglättet, sobald die Ebene zusammengefaltet wird.

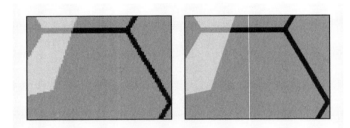

Ohne (links) und mit (rechts) dem Schalter »Transformationen falten«

Hinweis: *Wenn die Auflösung im Kompositionsfenster auf »Halb« oder weniger eingestellt ist, könnten noch immer ausgefranste Kanten zu sehen sein. Um sicherzustellen, dass die Kanten tatsächlich geglättet sind, sollten Sie zwischendurch auf die Auflösung »Voll« umschalten.*

8   Verschieben Sie die Zeitmarke auf 0:00 und drücken Sie anschließend die Leertaste oder die 0 (Null) auf der Zahleneingabe, um eine RAM-Vorschau Ihrer Arbeit zu erstellen bzw. zu erhalten.

Jetzt werden die Sechsecke beim Eintreten in den Kompositionsframe schnell sehr groß. Sie werden weitere Einstellungen vornehmen, die das Aussehen der Sechsecke beim Eintritt bzw. Hineinfliegen beeinflussen.

Hinweis: *Die Sechsecke könnten in diesem Stadium vielleicht größer sein, als Sie erwartet haben. Das können Sie etwas später noch korrigieren, damit Ihr Ergebnis eher dem Beispielfilm entspricht.*

Wenn Sie jetzt die Transformationen zusammenfalten, benutzt After Effects die Skalierung der Quelldatei und berechnet nicht die Skalierung ausgehend von der reduzierten Größe der Sechseck-Ebenen in der vorherigen Komposition (*Hexagon Build Pre-comp*). Die Quelldatei *Hexagon01.psd* ist groß genug, um das Bild in dieser Größe ohne Verlust der Bildqualität anzeigen zu können.

Drehen der kompletten Wabenform

Im nächsten Schritt fügen Sie eine Drehung hinzu, die vom Anfang (0:00) bis zum Ende (3:29) der Komposition reicht. Sie benötigen die Drehungs-Keyframes an denselben Zeitpunkten wie die gerade hinzugefügten Skalierungs-Keyframes. Mit neuen Techniken vereinfachen Sie diese Aufgabe.

1 Die Ebene *Hexagon 3 Bars Pre-comp* ist aktiviert und die Skalierungseigenschaft ist noch geöffnet. Drücken Sie die Tasten Umschalt+R. Die Drehungseigenschaft wird geöffnet, ohne dass dabei die Anzeige der Skalierungseigenschaft ersetzt wird.

2 Setzen Sie die Zeitmarke auf 0:00 und probieren Sie diesmal eine der folgenden Techniken aus:

- Klicken Sie auf den linken *Keyframe-Navigator-Pfeil* für die Skalierungseigenschaft, um die Zeitmarke auf den ersten Skalierungs-Keyframe bei 0:00 zu setzen. Klicken Sie nicht im Kontrollkästchen rechts daneben.

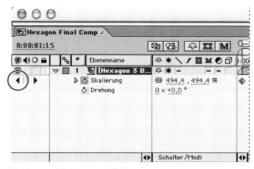

Keyframe-Navigator-Pfeil

- Drücken Sie die J-Taste.

LEKTION 1
2D-Elemente aus Sechsecken

3. Klicken Sie auf das Stoppuhrsymbol für die Drehungseigenschaft und setzen Sie einen Keyframe mit den Werten **0 x 0°** (bei 0:00).

4. Klicken Sie in der Skalierungseigenschaft auf den rechten Keyframe-Navigator-Pfeil, um die Zeitmarke auf den nächsten Skalierungs-Keyframe bei 3:29 zu verschieben. Sie können auch die K- oder Ende-Taste drücken.

5. Ändern Sie den Drehungswert in **90°**. Unter den Drehungseigenschaften wird ein zweiter Keyframe angezeigt.

6. Drücken Sie die J- oder Pos1-Taste, um die Zeitmarke zurück auf 0:00 zu setzen.

7. Speichern Sie Ihr Projekt und sehen Sie sich die Vorschau der Animation an. Falls erforderlich, müssen Sie die Auflösung des Kompositionsfensters ändern, um mehr Frames in der RAM-Vorschau sehen zu können.

Den Ankerpunkt verschieben

Ihre Komposition wird nun so lange vergrößert, bis die Mitte der Komposition den kompletten Frame ausfüllt. Der *Ankerpunkt* liegt im Mittelpunkt der Vergrößerung und der Drehung. Sie können diesen Mittelpunkt versetzen, indem Sie den Ankerpunkt verschieben. (Damit ergibt sich auch eine gute Möglichkeit für den Übergang zu einer neuen Szene später in diesem Projekt.) Sie brauchen für die Position des Ankerpunkts keinen Keyframe zu setzen, da der Ankerpunkt an denselben Koordinaten innerhalb der Komposition verbleiben soll.

1. Setzen Sie die Zeitmarke auf 3:00.

2. Doppelklicken Sie in der Zeitleiste oder im Kompositionsfenster auf *Hexagon 3 Bars Pre-comp*, um das Ebenenfenster zu öffnen.

3. Wählen Sie aus dem Menü des Ebenenfensters die Option »Ankerpunktpfad«.

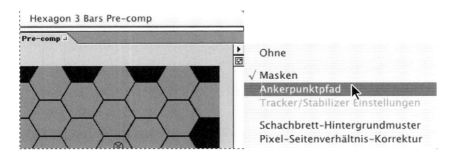

Die aktuelle Position des Ankerpunkts wird als Kreis mit einem X darin (⊗) angezeigt.

4   Die Ebene ist noch ausgewählt. Drücken Sie die Tasten Umschalt+A, um die Ankerpunkt-Eigenschaft der Ebene in der Zeitleiste zu öffnen.

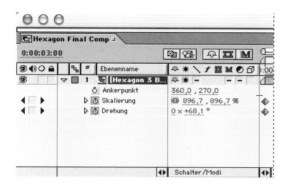

5   Ziehen Sie im Ebenenfenster den Ankerpunkt nach unten und nach rechts auf die Koordinaten 550/295. Orientieren Sie sich an der Anzeige in der Infopalette. Sie können die Ankerpunkt-Werte aber auch durch Ziehen oder per Eingabe in der Zeitleiste ändern.

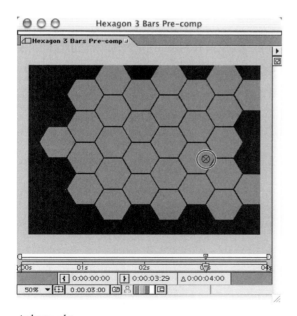

Ankerpunkt

6 Schließen Sie das Ebenenfenster, speichern Sie die Arbeit und sehen Sie sich die Vorschau der Animation an.

Die Ebene dreht sich jetzt um den neuen Ankerpunkt und wird vom Mittelpunkt des angegebenen Sechsecks aus vergrößert.

Position erneut ändern

Während die Ebene gedreht und vergrößert wird, kann sie gleichzeitig auch seitwärts sowie nach oben und unten verschoben werden. Sie gestalten nun über eine kleine Positionsveränderung die Gesamtbewegung der Ebene natürlicher, d.h., die Bewegung sieht weniger mechanisch aus.

Bevor Sie beginnen, drücken Sie die Komma-Taste (,) oder reduzieren Sie im Einblendmenü »Zoomstufen« in der unteren linken Ecke im Kompositionsfenster die Vergrößerung auf den nächstkleineren Wert. Oder wählen Sie **Ansicht: Auszoomen**. Sie können bei 0:00 das komplette Begrenzungsrechteck der Ebene sehen, das über den Kompositionsrahmen hinaus bis auf die Montagefläche reicht.

1 Drücken Sie in der Zeitleiste die Pos1- bzw. Home-Taste, um die Zeitmarke auf 0:00 zu setzen.

2 Wählen Sie die Ebene *Hexagon 3 Bars Pre-comp* und drücken Sie die Tasten Umschalt+P, um die Positionseigenschaft zu öffnen, ohne dabei die Skalierungs-, Drehungs- und Ankerpunkt-Eigenschaften zu schließen.

3 Verschieben Sie die Ebene auf die Positionskoordinaten 645/390, indem Sie die Ebenen ziehen, über die Werte ziehen oder die Positionswerte direkt eingeben (siehe folgende Abbildung).

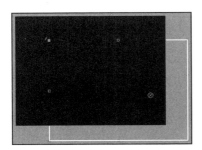

4   Klicken Sie auf das Positions-Stoppuhrsymbol, um einen Keyframe zu setzen.

5   Drücken Sie die K-Taste, um die Zeitmarke auf den nächsten Keyframe bei 3:29 zu verschieben.

6   Ändern Sie die Positionskoordinaten in 314/539, so dass die Mitte des Sechsecks den Kompositionsframe vollständig ausfüllt. Automatisch wird ein zweiter Keyframe gesetzt.

7   Speichern Sie das Projekt und sehen Sie sich die Vorschau der Animation an.

*Um eine interessante Ansicht der Animation zu erhalten, reduzieren Sie die Vergrößerung auf etwa **3%** und drücken Sie anschließend die Leertaste, um eine weitere Vorschau zu erzeugen. Sie sehen jetzt die Bewegung der ganzen Ebene einschließlich der Elemente außerhalb des Rahmens, die sich normalerweise auf der Montagefläche befinden. Stellen Sie die Vergrößerung wieder auf **50%** oder die passende Größe für Ihren Monitor ein.*

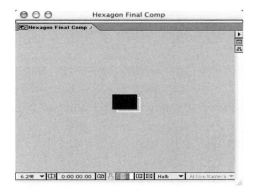 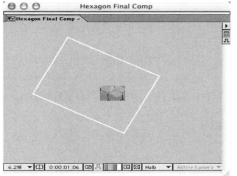

Ebene bei 0:00 (links) und bei 1:06 (rechts)

Änderung der Skalierung beschleunigen

In der Realität ändert sich ein Objekt bei einem konstanten Heranzoomen nicht besonders schnell. Je dichter Sie dann an das Objekt herankommen, desto schneller füllt dann das Objekt Ihr Blickfeld. Diese Art der Beschleunigung werden Sie für die Ebenenskalierung verwenden. Der Effekt ist ziemlich subtil, obwohl sich der Aufwand auszahlt – Sie sollten das Zuweisen derartiger Effekte also lernen und beherrschen.

LEKTION 1
2D-Elemente aus Sechsecken

1 Die Skalierungseigenschaft ist in der Zeitleiste angezeigt. Klicken Sie auf den Pfeil, um die Skalierungseigenschaft aufzuklappen bzw. zu erweitern. Es werden zwei Kurven angezeigt: »Wert: Skalierung« und »Geschwindigkeit: Skalierung«. Im Augenblick ist die Änderungsrate in »Geschwindigkeit: Skalierung« zwischen den beiden Keyframes konstant (linear).

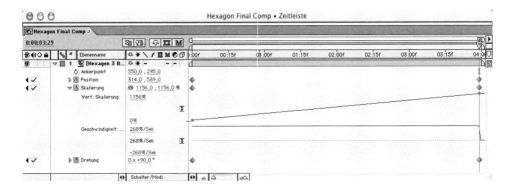

2 Klicken Sie auf das Wort *Skalierung*, um beide Skalierungskeyframes auszuwählen.

3 Klicken Sie in der Geschwindigkeitskurve »Geschwindigkeit: Skalierung« (unter »Wert: Skalierung«) auf den kleinen Griffpunkt an der Position 0:00 und ziehen Sie den Griffpunkt etwas nach unten und nach rechts auf die Position 2:00. Sobald Sie den Griffpunkt loslassen, wird der Prozentwert für »Geschwindigkeit: Skalierung« aktualisiert.

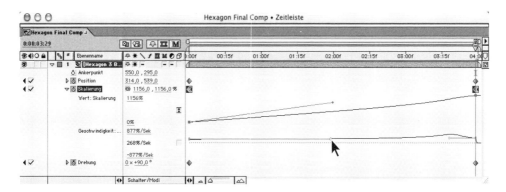

4   Wählen Sie jetzt den Griffpunkt bei 3:29 am Ende der Kurve und ziehen Sie ihn gerade nach oben, also nicht gleichzeitig nach rechts. Sobald Sie den Griffpunkt loslassen, wird der Prozentwert für »Geschwindigkeit: Skalierung« aktualisiert. Ziehen Sie den rechten Griffpunkt weiter nach oben, bis die Kurve der folgenden Abbildung entspricht.

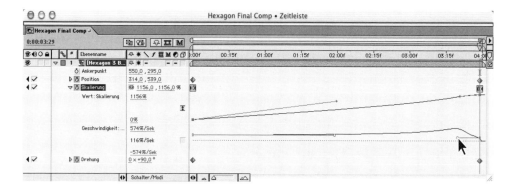

5   Blenden Sie alle Transformationseigenschaften wieder aus.

6   Speichern Sie Ihr Projekt und sehen Sie sich eine Vorschau der Animation an. Am Anfang werden jetzt viel mehr Sechsecke angezeigt, was schon ziemlich dem Beispielfilm entspricht.

Beachten Sie die geänderte Form der Skalierungskeyframes, nachdem Sie die Geschwindigkeit geändert haben. Das weist auf einen Unterschied bei der *Keyframe-Interpolation* hin, die durch die Rate der Skalierungsänderung verursacht wurde. Weitere Informationen finden Sie unter »Steuerung von Änderungen durch Interpolation« in der After-Effects-Online-Hilfe.

Sie können jetzt eine weitere Pause einlegen. Der verbleibende Teil in dieser Lektion wird noch etwa 30 Minuten in Anspruch nehmen.

Aus der bisherigen Arbeit ein zweites Element erstellen

Die Waben-Animation ist jetzt fertig, weshalb Sie nun ein zweites Sechseck-Element gestalten können. Diese neue Komposition lässt sich viel einfacher als die erste erstellen, da Sie die ursprüngliche Komposition einfach duplizieren und in eine andere Grafik einbringen werden.

Die Möglichkeit, neue Footage- bzw. Rohmaterialdateien innerhalb einer Komposition zu ersetzen, statt die Komposition völlig neu gestalten zu müssen, spart viel Zeit. Sie können Änderungen in letzter Minute schnell und mühelos vornehmen oder auch mehrere Versionen eines Projekt gestalten, wie verschiedene Sprachversionen oder Versionen mit unterschiedlichen Ausgabeformaten.

Grafik für ein zweites Element importieren

Zuerst müssen Sie die neue Grafik in Ihr Projekt importieren. Falls erforderlich starten Sie After Effects und öffnen Sie die Datei *Hexagons01_work.aep*.

1. Wählen Sie **Datei: Importieren: Datei**. Oder drücken Sie die Tasten Strg+I (Windows) bzw. Befehl+I (Mac OS).

2. Suchen Sie den Ordner *_psd* und wählen Sie die von der Buch-CD kopierte Datei *Hexagon02.psd*.

3. Klicken Sie auf »Öffnen« (Windows) bzw. »Importieren« (Mac OS).

4. Aktivieren Sie im Dialogfeld »Footage interpretieren« die Option »Direkt - ohne Maske« und klicken Sie auf OK.

5. Ziehen Sie im Projektfenster die Datei *Hexagon02.psd* in den Ordner *psd files*.

Sie können an der Miniatur erkennen, dass es sich bei diesem Sechseck nur um eine Kontur mit kleinen Kreisen an den Eckpunkten handelt.

Footage ersetzen

Sie ersetzen jetzt das Footage (Rohmaterial) in der Komposition.

1   Wählen Sie im Projektfenster die Komposition *Hexagon Build Pre-comp* und dann den Befehl **Bearbeiten: Duplizieren**. Das duplizierte Element wird im Projektfenster mit einem Sternchen (*) nach dem Namen angezeigt.

2   Die duplizierte Komposition ist ausgewählt. Wählen Sie **Komposition: Kompositionseinstellungen**, um das Dialogfeld »Kompositionseinstellungen« zu öffnen.

3   Geben Sie als Namen **HexOutlines Build Pre-comp** ein und übernehmen Sie alle anderen Einstellungen. Klicken Sie auf OK, um das Dialogfeld zu schließen.

4   Doppelklicken Sie im Projektfenster auf *HexOutlines Build Pre-comp*, um die Komposition im Kompositionsfenster und in der Zeitleiste zu öffnen.

5   Die Zeitleiste ist aktiviert. Wählen Sie **Bearbeiten: Alles auswählen**, um alle zehn Ebenen in *Hexagon01.psd* auszuwählen.

6   Wählen Sie im Projektfenster die Datei *Hexagon02.psd*. Ziehen Sie die Datei mit gedrückter Alt- (Windows) bzw. Wahltaste (Mac OS) in die Zeitleiste. Lassen Sie anschließend die Maustaste wieder los.

Der Quellname für alle Ebenen ändert sich in *Hexagon02.psd* und die neue Grafik wird im Kompositionsfenster angezeigt. Um die Unterschiede zu erkennen, sehen Sie sich eine Vorschau der Komposition an.

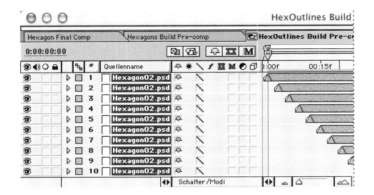

Wenn Sie eine Quelldatei durch eine andere in der Komposition verwendete Quelldatei ersetzen, brauchen Sie nicht sämtliche Transformationen und Keyframes erneut zuzuweisen. Die Ebene enthält alle Änderungen der Transformationseigenschaften sowie alle Keyframes und weist diese dem ersetzten Rohmaterial zu.

Unterkomposition duplizieren und wiederverwenden

Sie wiederholen diesen Vorgang nun für die beiden weiteren Kompositionen in diesem Element.

1   Wählen Sie im Projektfenster die Komposition *Hexagon 3 Bars Pre-comp* und dann den Befehl **Bearbeiten: Duplizieren**. Oder drücken Sie die Tasten Strg+D (Windows) bzw. Befehl+D (Mac OS). Die duplizierte Komposition wird angezeigt und der Name ist wieder mit einem Sternchen versehen.

2   Die duplizierte Komposition ist im Projektfenster ausgewählt. Wählen Sie **Komposition: Kompositionseinstellungen**, um das Dialogfeld »Kompositionseinstellungen« zu öffnen.

3   Geben Sie als Namen **HexOutlines 3 Bars Pre-comp** ein und übernehmen Sie alle anderen Einstellungen. Klicken Sie auf OK, um das Dialogfeld zu schließen.

4 Doppelklicken Sie im Projektfenster auf *HexOutlines 3 Bars Pre-comp*, um die Komposition im Kompositionsfenster und in der Zeitleiste zu öffnen.

5 Wählen Sie in der Zeitleiste alle drei Ebenen aus.

6 Wählen Sie im Projektfenster die Komposition *HexOutlines Build Pre-comp*. Ziehen Sie die Datei mit gedrückter Alt- (Windows) bzw. Wahltaste (Mac OS) in die Zeitleiste. Lassen Sie anschließend die Maustaste wieder los.

7 Klicken Sie auf die Spaltenüberschrift *Ebenenname*, um von der Spalte *Quellenname* umzuschalten. Beachten Sie, dass sich die Quellennamen von *Hexagon Build Pre-comp* in *HexOutlines Build Pre-comp* geändert haben. Sehen Sie sich eine Vorschau der Komposition an und speichern Sie Ihre Arbeit.

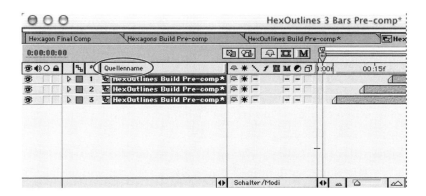

Eine weitere Unterkomposition duplizieren

Als Letztes wenden Sie die gleichen Schritte auf die endgültige Komposition für dieses neue Element an.

1 Wählen Sie im Projektfenster die Komposition *Hexagon Final Comp* und dann **Bearbeiten: Duplizieren**.

2 Wählen Sie das duplizierte Element und drücken Sie die Tasten Strg+K (Windows) bzw. Befehl+K (Mac OS), um die Kompositionseinstellungen zu öffnen.

3 Geben Sie als Namen **HexOutlines Final Comp** ein und übernehmen Sie alle anderen Einstellungen. Klicken Sie auf OK, um das Dialogfeld zu schließen.

4 Doppelklicken Sie im Projektfenster auf *HexOutlines Final Comp*, um die Komposition im Kompositionsfenster und in der Zeitleiste zu öffnen.

5 Wählen Sie in der Zeitleiste die Ebene *Hexagon 3 Bars Pre-comp*.

6 Wählen Sie im Projektfenster die Komposition *HexOutlines 3 Bars Pre-comp*. Ziehen Sie die Datei mit gedrückter Alt- (Windows) bzw. Wahltaste (Mac OS) in die Zeitleiste. Lassen Sie anschließend die Maustaste wieder los. Damit wurde die Ebene ersetzt.

7 Speichern Sie Ihre Arbeit und drücken Sie anschließend die 0 (Null) im Zahlenfeld, um eine RAM-Vorschau zu erzeugen und abzuspielen.

Beachten Sie bei der Wiedergabe der Komposition, dass die Konturen des neuen Sechsecks sich genau so wie die ersetzen Sechsecke verhalten, d.h., die Eigenschaften für Skalierung, Position, Drehung und Deckkraft sind identisch. Ihre gesamte Animation wird jetzt unter Verwendung der neuen Grafik abgespielt.

Kompositionen rendern

Rendern erstellt einen Film einer Komposition in einem bestimmten Zielformat. Wenn Sie an einem umfangreichen Auftrag mit vielen Kompositionen arbeiten, kann es durchaus hilfreich sein, einige Elemente bereits vorzurendern: Sie erstellen das Element als eigenständiges Projekt oder Komposition, rendern es und importieren es dann in die endgültige Komposition oder das endgültige Projekt.

Das Vorrendern hat viele Vorteile:

- Sie behalten den Überblick bei vielen Elementen und gleichzeitig wird die Anzahl von Kompositionen im fertigen Projekt verringert.
- Vorgerenderte Elemente benötigen im Vergleich zu ungerenderten Kompositionen weniger Prozessorleistung – Bildschirmdarstellung und RAM-Vorschauen sind viel effizienter.
- Der fertige Job wird schneller gerendert, da ein Element jetzt nur noch als eine Ebene verarbeitet werden muss.

Beide Sechseck-Elemente entsprechen jetzt Ihren Vorstellungen, so dass Sie diese nun rendern können. Dieser Vorgang lässt sich mit dem einer RAM-Vorschau vergleichen, wobei das Rendern jedoch mehr Zeit in Anspruch nimmt und eine neue Datei auf Ihrer Festplatte erstellt.

Die für das Rendern benötigte Zeit hängt von der Größe und der Komplexität eines Projektes ab sowie von der Prozessorgeschwindigkeit Ihres Computersystems.

Die Sechsecke rendern

Sie beginnen mit dem Rendern der ersten Komposition, die aus den gefüllten Sechsecken der Datei *Hexagon01.psd* besteht.

1   Schließen Sie die Zeitleiste und die Kompositionsfenster.

2   Wählen Sie *Hexagon Final Comp* im Projektfenster.

3   Wählen Sie **Komposition: Film erstellen**.

4   Geben Sie im Dialogfeld »Film ausgeben unter« den Dateinamen **Hexagons.mov** ein und speichern Sie die Datei im Ordner *_mov* innerhalb des Ordners *AE_CIB job*.

Hinweis: Unter Windows 2000 muss nach den oben aufgeführten Einstellungen für die Quicktime-Ausgabe der Befehl »Datei: Exportieren: QuickTime Movie« gewählt werden. Die Eingabe der Endung .mov sollte dabei entfallen, da dadurch eine zeitraubende Fehlermeldung produziert wird.

5   Klicken Sie auf »Speichern«. Das Dialogfeld »Renderliste« wird angezeigt.

6   Klicken Sie auf die unterstrichenen Wörter *Aktuelle Einstellungen* neben »Rendereinstellungen«.

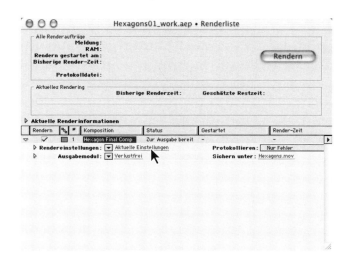

7   Bestimmen Sie im Dialogfeld »Rendereinstellungen« die folgenden Optionen:

- Wählen Sie unter »Qualität« die Option »Beste«.
- Wählen Sie unter »Auflösung« die Option »Voll«.
- Wählen Sie im Bereich »Zeit-Sampling« aus dem Einblendmenü »Zeitspanne« die Option »Länge der Komposition«. (Diese Einstellungen überschreiben alle Einstellungen, die Sie vorher in der Komposition oder Zeitleiste zum Rendern eingestellt haben.)

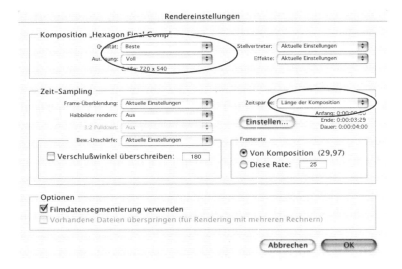

8   Klicken Sie auf OK, um das Dialogfeld »Rendereinstellungen« zu schließen.

9   Klicken Sie im Dialogfeld »Renderliste« auf den Pfeil rechts neben »Ausgabemodul«, um das entsprechende Einblendmenü zu öffnen. Wählen Sie die Option »Andere«.

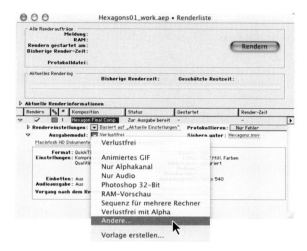

10 Stellen Sie im Dialogfeld »Einstellungen für Ausgabemodule« im Bereich »Komposition „Hexagon Final Comp"« die folgenden Optionen ein:

- Wählen Sie aus dem Einblendmenü »Format« die Option » QuickTime-Film«.

- Wählen Sie im Einblendmenü »Vorgang nach dem Rendern« die Option »Importieren« (After Effects 5.5) bzw. aktivieren Sie die Option »Nach Fertigstellung in Projekt importieren« (After Effects 5).

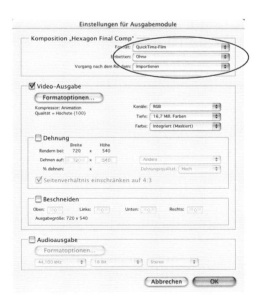

11 Klicken Sie im Bereich »Video-Ausgabe« auf die Schaltfläche »Formatoptionen«, um das Dialogfeld »Komprimierung« zu öffnen. Achten Sie darauf, dass die folgenden Optionen ausgewählt sind:

- Wählen Sie unter »Kompression« aus den entsprechenden Einblendmenüs die Optionen »Animation« und »Über 16,7 Mill. Farben«.
- Ziehen Sie den Regler »Qualität« auf die Position »Höchste«.

Hinweis: Der Wert für »Bilder pro Sekunde« wird im Dialogfeld »Rendereinstellungen« festgelegt.

12 Klicken Sie auf OK, um das Dialogfeld »Komprimierung« zu schließen.

13 Klicken Sie auf OK, um das Dialogfeld »Einstellungen für Ausgabemodule« zu schließen. Danach wird wieder das Dialogfeld »Renderliste« angezeigt.

14 Wählen Sie **Datei: Speichern**, um das Projekt vor dem Rendern zu speichern. Klicken Sie anschließend auf die Schaltfläche »Rendern«.

Hinweis: Sie könnten zwar zuerst die Optionen für das Rendern der Komposition HexOutlines Final Comp *bestimmen und erst dann die Komposition* Hexagons Final Comp *rendern, das Rendern zum jetzigen Zeitpunkt gibt Ihnen jedoch ein Gefühl dafür, wie viel Zeit Sie zum Rendern von Elementen auf Ihrem Computersystem benötigen.*

Das Element *HexOutlines* rendern

Sie rendern jetzt das Element *HexOutlines*.

1   Wählen Sie im Projektfenster die Komposition *HexOutlines Final Comp* und wählen Sie **Komposition: Film erstellen**.

2   Geben Sie im Dialogfeld »Film ausgeben unter« den Dateinamen **HexOutlines.mov** ein und speichern Sie die Datei im Ordner *_mov* innerhalb des Ordners *AE_CIB job*. Sobald Sie auf »Speichern« klicken, wird *HexOutlines Final Comp* als zweites Element in der Renderliste angezeigt.

3   Wiederholen Sie die Schritte 5 bis 14 (siehe »Die Sechsecke rendern« auf Seite 73).

4   Schließen Sie das Dialogfeld »Renderliste«, sobald das Rendern abgeschlossen ist.

5   Beide Dateien *Hexagons.mov* und *HexOutlines.mov* werden im Projektfenster angezeigt, da Sie in Schritt 10 die Option »Nach Fertigstellung in Projekt importieren« aktiviert haben.

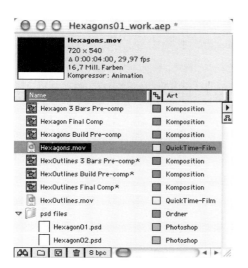

Die gerenderten Filme abspielen

Sie haben diese Lektion fast abgeschlossen. Sie müssen jetzt nur noch die Ergebnisse überprüfen.

1   Doppelklicken Sie im Projektfenster auf *Hexagons.mov*, um diesen Film zu öffnen.

2   Klicken Sie auf die Abspielen-Schaltfläche (✶), um den Film abzuspielen.

3   Wiederholen Sie die Schritte 1 und 2 für den Film *HexOutlines.mov*.

4   Schließen Sie die Player-Fenster.

Nach dem Rendern könnten Sie Elemente entdecken, die Sie noch ändern möchten. Wenn das der Fall ist, sollten Sie diese Änderungen in der jeweiligen Komposition vornehmen und Ihre Arbeit speichern. Der bereits gerenderte Film bleibt unbeeinflusst von diesen Änderungen erhalten. Sie müssen deshalb erneut rendern, wenn Sie einen Film mit diesen Änderungen erhalten möchten. Weitere Informationen finden Sie unter »Zeit sparen durch Vorrendern von verschachtelten Kompositionen« in der After-Effects-Online-Hilfe.

💡 *Falls Sie Probleme mit dem Abspielen eines gerenderten Films in voller Auflösung haben sollten, sollten Sie nur für die eigene Ansicht eine Version dieses Films mit halber Auflösung speichern. Befolgen Sie dazu den oben beschriebenen Ablauf für das Rendern. Benennen Sie jedoch in Schritt 4 die Datei mit* **Hexagon_lr.mov** *und wählen Sie in Schritt 7 die Auflösung »Halb«. Wenn Sie einen niedrig auflösenden Film rendern, sollten Sie die voll aufgelöste Version des Films nicht löschen, da sich die halb auflösende Version nicht im Endprojekt verwenden lässt – die benötigten Abmessungen sind nicht vorhanden. Sie müssen also immer voll aufgelöste Filme rendern, um diese Elemente in späteren Lektionen kombinieren zu können.*

Glückwunsch! Sie haben damit Ihre Arbeit an den Elementen *Hexagons.mov* und *HexOutlines.mov* erfolgreich abgeschlossen. Sie werden später in diesem Buch diese QuickTime-Elemente mit vielen anderen Elementen zu einer endgültigen Komposition kombinieren.

Lektion 2

2 | Elemente aus Quadraten

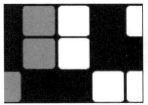  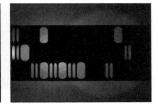

Selbst für anspruchsvolle Projekte brauchen Sie nur wenige Quelldateien. Sie können viele komplexe Animationen erstellen, indem Sie die zahlreichen Steuerungsmöglichkeiten, Werkzeuge und Effekte verwenden, die in After Effects 5.0 enthalten sind. Außerdem können Sie die speziellen Möglichkeiten von Dateien aus anderen Adobe-Programmen (z.B. Adobe Premiere, Adobe Photoshop und Adobe Illustrator) voll nutzen, sobald Sie diese in After-Effects-Projekte importieren.

In dieser Lektion lernen Sie Folgendes:

- Photoshop-Dateien mit Ebenen als Kompositionen importieren
- Einzelne Photoshop-Ebenen als After-Effects-Ebenen verwenden
- Hilfslinien in einer Komposition erstellen und benutzen
- Bewegungen mit Keyframe-Interpolation steuern
- Arbeitsbereich einrichten
- Positions-Keyframes durch Ziehen ändern
- Transfermodi zuweisen
- Eine Farbflächen-Ebene erstellen und den Blendeneffekt zuweisen
- Gerenderte Elemente in einer Komposition kombinieren

Diese Lektion ist in fünf Abschnitte unterteilt. Sie verfügen nach Abschluss aller Arbeiten über einige neue Elemente, die Sie dann in den fertigen Kompositionen in den späteren Lektionen benutzen. Sie erstellen Komponenten, von denen Sie einige erst rendern und dann anderen Kompositionen hinzufügen. Dadurch bleibt Ihr Arbeitsbereich nicht nur aufgeräumt, sondern Sie beschleunigen auch den Rendervorgang für das fertige Projekt. Ein frühzeitiges Rendern lässt Sie außerdem eventuelle Fehler oder Ungenauigkeiten erkennen, die Sie dann rechtzeitig korrigieren können.

Sie benötigen für das Durcharbeiten der kompletten Lektion etwa zwei Stunden. Allerdings können Sie an bestimmten Punkten innerhalb der Lektion die Arbeit unterbrechen und Pausen einlegen.

Vorbereitungen

Achten Sie darauf, dass sich die folgenden Dateien im Ordner *AE_CIB job* auf Ihrer Festplatte befinden. Anderenfalls müssen Sie die Dateien jetzt von Ihrer Buch-CD-ROM kopieren.

- Im Order *_psd*: *Squares.psd* und *SingleBox.psd*
- Im Ordner *Sample_Movies*: *Squares01_final.mov*, *LensFlare_final.mov* und *BoxLightsLine_final.mov* aus dem Verzeichnis *Sample Movies/Lektion02* auf der Buch-CD
- Im Ordner *Finished_Projects*: *Boxes02_finished.aep*

Hinweis: *(Nur für Windows) Wenn die Datei* Prefs *nicht angezeigt wird, stellen Sie sicher, dass im Dialogfeld* Ordneroptionen *im Register* Ansicht *für* Versteckte Dateien und Ordner *die Option* Alle Dateien und Ordner anzeigen *ausgewählt ist.*

Hinweis: *Es ist wichtig, dass Sie die Ordnerstruktur für Ihre Dateien verwenden, wie es unter »Die Ordner-Struktur einrichten« auf Seite 13 beschrieben ist. Diese Struktur wird immer wichtiger, je komplexer Ihre Projekte werden. Platzieren Sie die Dateien also in den entsprechenden Ordnern und beginnen Sie erst dann mit der Arbeit. Das spätere Neuorganisieren von Dateien kann zu Verknüpfungsproblemen führen und zieht nur einen unnötigen Zusatzaufwand nach sich.*

Öffnen und spielen Sie die Beispielfilme *Squares01_final.mov*, *LensFlare_final.mov* und *BoxLightsLine_final.mov* ab, damit Sie sehen, was Sie in dieser Lektion erstellen werden. Wenn Sie sich die Filme angesehen haben, können Sie diese (aus Platzgründen) auf Ihrer Festplatte wieder löschen oder dort belassen, um im Verlaufe der Lektion Ihre Arbeitsergebnisse mit den Beispielen vergleichen zu können.

Sie arbeiten in dieser Lektion mit einem einzelnen Projekt, d.h., Sie müssen das Projekt erst einmal erstellen.

1 Starten Sie After Effects, falls das Programm noch nicht geöffnet ist.

2 Wählen Sie **Datei: Neu: Neues Projekt**.

Bei allen Übungsdateien handelt es sich um ein Projekt, das in den USA für die dort verwendete NTSC-Fernsehnorm erstellt wird. Deshalb wird im Buch durchgängig mit einer Timecodebasis von 30 gearbeitet. Hierzulande würden Sie entsprechend der PAL-Norm mit einer Timecodebasis von 25 arbeiten.

3 Wählen Sie **Datei: Projekteinstellungen**. Das Dialogfeld »Projekteinstellungen« wird angezeigt. Wählen Sie aus dem Einblendmenü »Timecodebasis« die Option »30 fps« und aus dem Einblendmenü »NTSC« die Option »Drop-Frame«. Klicken Sie auf OK.

4 Wählen Sie **Datei: Speichern unter**.

5 Öffnen Sie im Dialogfeld »Projekt speichern unter« den bereits erstellten Ordner *_aep* im Ordner *AE_CIB job*.

6 Geben Sie als Dateinamen **Boxes02_work.aep** ein und klicken Sie auf »Speichern«.

Hinweis: *In diesem Buch enthalten die Namen der Projektdateien auch die Nummer der Lektion, so dass Sie die Prozedur der jeweilige Lektion einfach herausfinden können. Die Zahl 02 im Namen* Boxes02_work *weist darauf hin, dass die entsprechende Arbeit in Lektion 2 durchgeführt wurde. Die Nummerierung bedeutet jedoch nicht, dass eine andere Datei wie* Boxes01_work *vorhanden ist.*

Tanzende Quadrate erstellen

Sie erstellen jetzt ein Element für den Hintergrund Ihres Projekts. Um die fertige Version zu sehen, doppelklicken Sie auf die Datei *Squares01_final.mov* im Ordner *Sample_Movies*.

Sie beginnen in diesem Abschnitt mit einem Bild eines einzelnen weißen Felds mit abgerundeten Ecken. Anschließend animieren Sie mehrere dieser Quadrate so, dass sie tanzen.

Quelldateien für die tanzenden Quadrate importieren

Die Quelldatei für dieses Projekt wurde in Adobe Photoshop erstellt. Sie haben diese Datei bereits in den Ordner *_psd* kopiert – daher können Sie sie jetzt importieren.

1 Wählen Sie **Datei: Importieren: Datei**.
2 Wählen Sie die Datei *SingleBox.psd* im Verzeichnis *AE_CIB job/_psd*.
3 Klicken Sie auf »Öffnen« (Windows) bzw. »Importieren« (Mac OS).
4 Aktivieren Sie im Dialogfeld »Footage interpretieren« die Option »Direkt – ohne Maske« und klicken Sie auf OK. Die Datei wird im Projektfenster angezeigt.

5   Wählen Sie **Datei: Neu: Neuer Ordner**, um im Projektfenster einen neuen Ordner zu erstellen.

6   Geben Sie als Namen für den Ordner **psd files** ein und drücken Sie die Eingabetaste.

7   Ziehen Sie die Datei *SingleBox.psd* in den Ordner *psd files*. Erweitern Sie den Ordner, um die entsprechende Datei sehen zu können.

Wenn Sie die Datei *SingleBox.psd* auswählen, wird oben im Projektor die Miniaturansicht (Thumbnail) angezeigt – ein weißes Quadrat vor einem schwarzen Hintergrund. Das ist in After Effects die standardmäßige Farbe für den transparenten Bereich des Alphakanals.

Um eine größere Bildansicht zu erhalten, doppelklicken Sie auf den Dateinamen, um die Datei im Footage-Fenster anzuzeigen. Sie können die Fenstergröße und den Vergrößerungsgrad nach Bedarf einstellen. Schließen Sie das Footage-Fenster wieder.

Erstellen der Komposition *Square Grid Comp*

Sie können jetzt mit Ihrem Projekt beginnen, indem Sie zuerst eine neue Komposition erstellen.

1   Wählen Sie **Komposition: Neue Komposition** oder drücken Sie die Tasten Strg+N (Windows) bzw. Befehl+N (Mac OS), um eine neue Komposition zu erstellen. Das Dialogfeld »Kompositionseinstellungen« wird angezeigt.

2   Geben Sie **Square Grid Comp** als Kompositionsnamen ein.

3 Nehmen Sie auf der Registerkarte »Einfach« folgende Einstellungen vor:

- Deaktivieren Sie die Optionen »Seitenverhältnis einschränken auf«.
- Geben Sie in die Felder »Breite« und »Höhe« jeweils den Wert **440** ein.
- Unter »Pixelseitenverhältnis« ist die Option »Quadratische Pixel« ausgewählt.
- Die Framerate beträgt **29,97**.
- Wählen Sie je nach vorhandenem Computersystem unter Auflösung die Option »Voll«, »Halb« oder eine noch geringere Auflösung.
- Der Timecode startet bei 0:00.
- Geben Sie unter »Dauer« den Wert **500** für fünf Sekunden ein und klicken Sie dann auf OK.

Die Quadrate platzieren und ändern

Sie platzieren nun in dieser Komposition ein Quadrat, duplizieren es und ändern seine Größe. Das Ganze dient als Vorbereitung für das Erstellen des ersten Blocks mit tanzenden Quadraten.

1 Wählen Sie im Projektfenster die Datei *SingleBox.psd* und ziehen Sie die Datei in das Kompositionsfenster.

2   Wählen Sie viermal **Bearbeiten: Duplizieren** oder drücken Sie viermal die Tasten Strg+D (Windows) bzw. Befehl+D (Mac OS). Die Zeitleiste sollte nun fünf Ebenen mit dem Namen *SingleBox.psd* in der Komposition anzeigen.

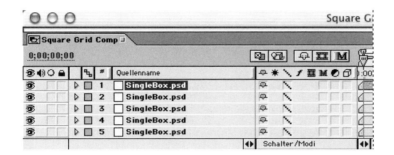

Hinweis: *Das Bild im Kompositionsfenster ändert sich nicht, da alle Ebenen direkt übereinander gestapelt sind.*

3   Stellen Sie sicher, dass alle Ebenen noch gewählt sind. Ansonsten wählen Sie **Bearbeiten: Alles Auswählen** oder drücken Sie die Tasten Strg+A (Windows) bzw. Befehl+A (Mac OS), um alle fünf Ebenen auszuwählen.

4   Drücken Sie die S-Taste, um die Skalierungseigenschaft für alle Ebenen anzuzeigen.

5   Klicken Sie auf einen der unterstrichenen Skalierungswerte und geben Sie **85** ein. Drücken Sie die Eingabetaste. Alle Ebenen haben jetzt den gleichen Skalierungswert von 85% – und sämtliche Bilder wurden verkleinert.

6   Drücken Sie erneut die S-Taste, um die Skalierungseigenschaft wieder auszublenden. Speichern Sie Ihre Arbeit.

Hilfslinien erstellen

Nun legen Sie Hilfslinien zur präzisen Ausrichtung der Quadrate an. Dazu ziehen Sie – wie in vielen anderen Adobe-Programmen auch – die Hilfslinien aus den Linealen an die gewünschte Position.

1   Wählen Sie **Bearbeiten: Alles auswählen** oder drücken Sie die Tasten Strg+A (Windows) bzw. Befehl+A (Mac OS), um alle fünf Ebenen auszuwählen.

LEKTION 2
Elemente aus Quadraten

2 Wählen Sie **Ebene: Qualität: Beste**, um die Ebenen exakt ausrichten zu können. Sie können aber auch mit der Maus von oben nach unten in der Spalte mit den Qualitätsschaltern ziehen. Während Sie ziehen, ändern sich die Schalter in den Ebenen von »Entwurf« in »Beste« (≅).

Hinweis: *Wenn die Modus- statt der Schalterspalte geöffnet ist, klicken Sie unten in der Zeitleiste auf »Schalter/Modi«, um die Schalterspalte anzuzeigen.*

3 Wählen Sie **Ansicht: Lineale einblenden**. Die Lineale werden am oberen und linken Rand des Kompositionsfensters angezeigt und sind in Pixel unterteilt.

4 Wählen Sie **Ansicht: Hilfslinien einblenden**, sofern dieser Befehl verfügbar ist. (Falls der Befehl bereits gewählt wurde, wird der Befehl »Hilfslinien ausblenden« angezeigt.)

5 Ziehen Sie einfach aus dem oberen Lineal in das Kompositionsfenster, um eine Hilfslinie zu erzeugen. Platzieren Sie die Linie etwa 10 Pixel unterhalb vom oberen Rand des Kompositionsfensters.

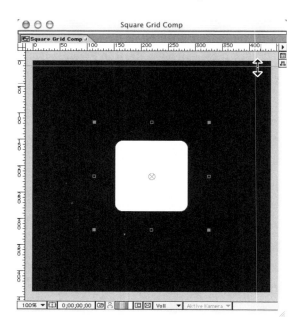

6 Wiederholen Sie Schritt 5, aber ziehen Sie diesmal die Hilfslinie etwa 10 Pixel oberhalb vom unteren Rand des Kompositionsfensters.

7 Ziehen Sie zwei weitere Hilfslinien aus dem linken Lineal und platzieren Sie die eine Hilfslinie etwa 10 Pixel nach innen vom linken und die andere Hilfslinie etwa 10 Pixel nach innen vom rechten Frame-Rand entfernt. Der Kompositionsrahmen sollte jetzt vier Hilfslinien enthalten.

8 Ziehen Sie eine Hilfslinie aus dem linken Lineal auf die 145-Einteilung im oberen Lineal.

9 Ziehen Sie drei weitere vertikale Hilfslinien aus dem linken Lineal auf die Einteilungen 155, 290 und 300.

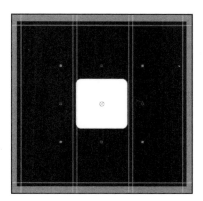

10 Ziehen Sie vier horizontale Hilfslinien aus dem oberen Lineal auf die Einteilungen 145, 155, 290 und 300 im linken Lineal.

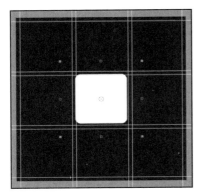

11 Wenn alle Hilfslinien platziert sind, wählen Sie **Ansicht: Lineale ausblenden** und dann den Befehl **Bearbeiten: Auswahl aufheben**. Speichern Sie das Projekt.

Weitere Informationen über Hilfslinien finden Sie unter »Arbeiten mit Linealen und Hilfslinien« in der After-Effects-Online-Hilfe.

Die tanzenden Quadrate animieren

Sie animieren nun die Quadrate so, dass deren Positionen im Raster alle 15 Frames verschoben werden.

1 Wählen Sie *Ebene 1* in der Zeitleiste. Ziehen Sie im Kompositionsfenster die *Ebene 1* an die Position wie in der folgenden Abbildung. Um präzise zu platzieren, können Sie auch mit den Pfeiltasten arbeiten. Ziehen Sie danach auch die anderen vier Ebenen auf die neue Position.

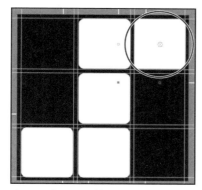

Ebene 1 *(ausgewählt) und die* Ebenen 2 *bis* 5

💡 *Da Sie hier die Elemente ganz genau platzieren sollen, sollten Sie die After-Effects-Voreinstellung »Dynamische Auflösung« (das Bild hat beim Ziehen ausgefranste Ecken) deaktivieren. Um die Bildauflösung beim Ziehen der Ebenen zu erhalten, wählen Sie »Bearbeiten: Voreinstellungen: Vorschau« (Windows und Mac OS) bzw. »After Effects: Einstellungen: Vorschau« (Mac OS X) und deaktivieren Sie die Option »Dynamische Auflösung verwenden«. Klicken Sie anschließend auf OK.*

2   Setzen Sie die Zeitmarke auf 0:00 und wählen Sie **Bearbeiten: Alles auswählen**. Drücken Sie die P-Taste, um die Positionseigenschaften für alle Ebenen zu öffnen.

3   Drücken Sie die Tasten Alt+P (Windows) bzw. Wahl+P (Mac OS), um die Positions-Keyframes für alle fünf Ebenen zu setzen.

4   Wählen Sie **Bearbeiten: Auswahl aufheben** und bewegen Sie die Zeitmarke auf 0:15.

5   Ziehen Sie eines der Quadrate entweder vertikal oder horizontal in eines der leeren Felder. Drücken Sie beim Ziehen die Umschalttaste, um die Bewegungen vertikal oder horizontal einzuschränken. (Es ist egal, welches Quadrat Sie auswählen und in welche Richtung Sie ziehen. Sie dürfen das Quadrat nur nicht auf andere Quadrate verschieben.) Ein neuer Positions-Keyframe erscheint beim 15. Frame.

6 Wählen Sie **Bearbeiten: Auswahl aufheben** und ziehen Sie ein anderes Quadrat in ein leeres Feld.

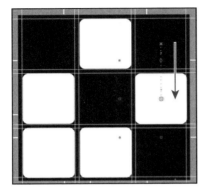

7 Ohne die drei verbleibenden Ebenen zu verschieben, klicken Sie auf die Keyframe-Kontrollkästchen, um jedes mit einem Häkchen zu versehen. Die Ebenen behalten die ursprünglichen Positionen für diese 15 Frames ein.

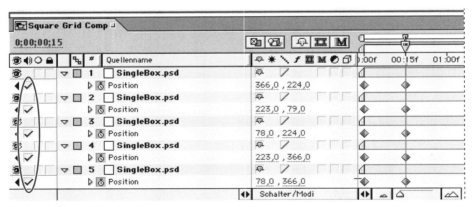

Keyframe-Kontrollkästchen

8 Setzen Sie die Zeitmarke auf 1:00 und ziehen Sie jedes der drei Quadrate an neue Positionen. Achten Sie darauf, dass die Quadrate an den Hilfslinien ausgerichtet sind und nicht übereinander platziert werden.

9 Klicken Sie auf das entsprechende Keyframe-Kontrollkästchen, um Keyframes für die anderen beiden Ebenen zu setzen.

10 Fahren Sie fort, damit die Quadrate alle 15 Frames zufällig neue Positionen einnehmen. Das Ganze hört dann bei 3:00 auf. Achten Sie darauf, dass Sie jedes Mal die Zeitmarke verschieben und die Keyframe-Kontrollkästchen für die Quadrate wählen, die sich nicht bewegen sollen. Schließlich sollten Sie über insgesamt 35 Positions-Keyframes verfügen.

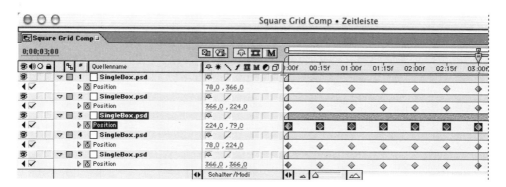

11 Drücken Sie die Pos1- bzw. Home-Taste, um die Zeitmarke auf 0:00 zu setzen. Sehen Sie sich die Vorschau Ihrer bisherigen Arbeit an und speichern Sie das Projekt. Lassen Sie die Positionseigenschaften in der Zeitleiste weiterhin aufgeklappt.

Geradlinige Bewegungen beibehalten

Sie haben sicher festgestellt, dass einige Quadrate während der Bewegung »vom rechten Weg abkommen«. Wenn Sie eine Ebene auswählen, wird der Bewegungspfad als gepunktete Linie im Kompositionsfenster angezeigt. Der Pfad reicht von der ursprünglichen Positions des Quadrates bis zur Endposition. Sobald sich ein Quadrat um eine Ecke bewegt, ist der Bewegungspfad leicht gebogen. Sie stellen diese *Keyframe-Interpolation* nun so ein, dass die Bewegung eingeschränkt und damit diese Kurven entfernt werden.

1 Wählen Sie alle Positions-Keyframes für sämtliche Ebenen aus, indem Sie in der Zeitleiste eine Auswahl um diese Keyframes ziehen.

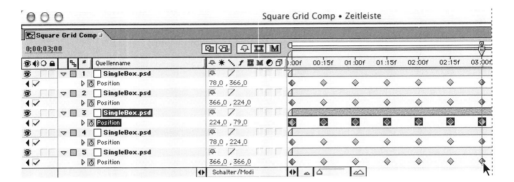

2 Wählen Sie **Animation: Keyframe-Interpolation**, um das entsprechende Dialogfeld zu öffnen.

3 Wählen Sie aus dem Einblendmenü »Geometrische Interpolation« die Option »Linear« und klicken Sie anschließend auf OK.

Die Bewegungspfade sind jetzt gerade Linien.

4 Drücken Sie die P-Taste, um die Positionseigenschaften auszublenden.

5 Drücken Sie die Tastenkombination Strg+Umschalt+A (Windows) bzw. Befehl+Umschalt+A (Mac OS), um alle Ebenen und Keyframes abzuwählen.

6 Sehen Sie sich die Vorschau der Animation an und beachten Sie, dass die Bewegung jetzt geradlinig verläuft.

7 Wenn Sie die Bewegungen noch ändern möchten, sollten Sie das jetzt tun. Speichern Sie anschließend Ihre Arbeit.

Weitere Informationen finden Sie unter »Vergleich der Interpolationsmethoden« in der After-Effects-Online-Hilfe.

Arbeitsbereich für die tanzenden Quadrate einstellen

Der *Arbeitsbereich* ist der Teil der Komposition, der in den Vorschauen enthalten ist. Indem Sie den Arbeitsbereich auf einen Teil der Komposition begrenzen, erhalten Sie in der Vorschau nur die Frames, die Sie auch tatsächlich sehen möchten. Sie brauchen also nicht darauf zu warten, bis After Effects eine RAM-Vorschau der kompletten Komposition erstellt hat. In der Zeitleiste erscheint der Arbeitsbereich in etwas hellerem Grau. Standardmäßig hat der Arbeitsbereich die gleiche Länge wie die Komposition.

1 Setzen Sie die Zeitmarke auf 3:00.

2 Drücken Sie die N-Taste. Der Arbeitsbereichsbalken endet jetzt bei 3:00.

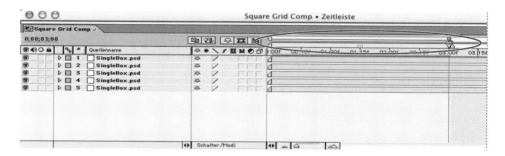

3 Wählen Sie **Datei: Speichern**.

4 Achten Sie darauf, dass die Zeitleiste oder das Kompositionsfenster aktiviert ist, und wählen Sie **Datei: Schließen**, um die Komposition *Square Grid Comp* zu schließen. Sie können aber auch im Schließfeld des Registers »Square Grid Comp« klicken.

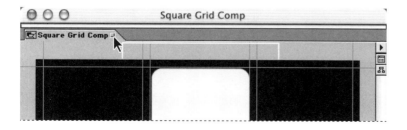

Komposition weiterverwenden

Um das Element mit den tanzenden Quadraten zu vervollständigen, erstellen Sie jetzt eine neue Komposition und verwenden dabei sechsmal die Animation *Square Grid Comp*. Dazu muss zuerst die richtige Größe der Komposition festgelegt werden.

1 Wählen Sie **Komposition: Neue Komposition**.

2 Geben Sie für den Namen der Komposition **Squares01 Comp** ein.

3 Nehmen Sie auf der Registerkarte »Einfach« die folgenden Einstellungen vor:

- Geben Sie im Feld »Breite« den Wert **2640** ein.
- Lassen Sie im Feld »Höhe« den Wert auf **440**.
- Geben Sie im Feld »Dauer« **400** für vier Sekunden ein.

4 Achten Sie darauf, dass die anderen Einstellungen der folgenden Abbildung entsprechen, und klicken Sie auf OK.

Die neue Komposition ist viermal breiter als die anderen Kompositionen, mit denen Sie in diesen Lektionen bereits gearbeitet haben. Um eine vernünftige Ansicht zu erhalten, ziehen Sie das Kompositionsfenster an den Ecken möglichst weit auf.

Platzieren der Animationen

Sie fügen jetzt die Komposition *Square Grid Comp* innerhalb der neuen Komposition hinzu, duplizieren sie danach, benennen sie um und verschieben sie.

1. Ziehen Sie die Komposition *Squares Grid Comp* aus dem Projektfenster in das Kompositionsfenster oder in die Zeitleiste.

2. Drücken Sie fünfmal die Tasten Strg+D (Windows) bzw. Befehl+D (Mac OS), um die Ebene zu kopieren. In der Zeitleiste werden jetzt sechs Ebenen angezeigt.

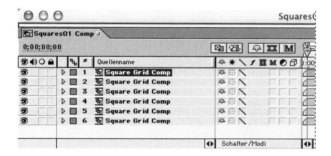

3. Wählen Sie in der Zeitleiste die *Ebene 1* und drücken Sie die Eingabetaste. Der Ebenenname ist hervorgehoben.

4. Geben Sie **Square Grid 1** ein und drücken Sie die Eingabetaste.

5. Wiederholen Sie die Schritte 3 und 4, um auch die fünf anderen Ebenen umzubenennen. Benennen Sie die Ebenen entsprechend ihrer Reihenfolge im Ebenenstapel: **Square Grid 2**, **Square Grid 3** usw.

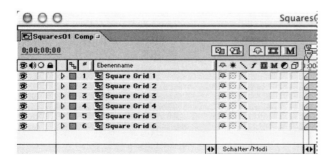

LEKTION 2
Elemente aus Quadraten

6   Wählen Sie in der Zeitleiste die Ebene *Square Grid 1* und ziehen Sie sie an den linken Rand des Kompositionsfensters (Koordinaten 220/220).

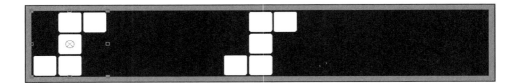

7   Bewegen Sie *Square Grid 2* an die rechte Seite von *Square Grid 1* (Koordinaten 660/220).

8   Bewegen Sie jetzt auch die anderen Ebenen auf die folgenden Koordinaten:
   - *Square Grid 3*: 1100/220
   - *Square Grid 4*: 1540/220
   - *Square Grid 5*: 1980/220
   - *Square Grid 6*: 2420/220

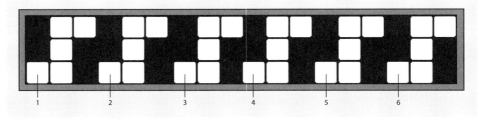

Positionen der Ebenen 1 *bis* 6

Deckkraft einiger Ebenen einstellen

Sie ändern nun die Deckkraft zweier Ebenen.

1   Wählen Sie in der Zeitleiste die Ebene *Square Grid 1* aus und drücken Sie die T-Taste, um die Deckkraft-Eigenschaft zu öffnen.

2   Ziehen Sie mit gedrückter Maustaste horizontal neben der Prozentzahl oder geben Sie mit der Tastatur **50%** als Deckkraftwert ein und drücken Sie die Eingabetaste. Drücken Sie erneut die T-Taste, um die Deckkraft-Eigenschaft wieder auszublenden.

3   Wählen Sie die Ebene *Square Grid 4* aus und wiederholen Sie den Vorgang. Ändern Sie den Deckkraftwert diesmal in **80%**.

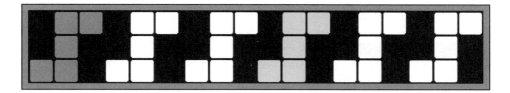

4   Speichern Sie Ihre Arbeit.

Ebenen drehen

Damit das Element nicht ganz so gleichförmig aussieht, soll die Ausrichtung zufällig erzeugt werden. Da Sie die ursprüngliche Komposition als perfektes Quadrat gestaltet haben, können Sie einige der Duplikate einfach drehen. Damit werden die Bewegungen in der Gesamtkomposition variiert und es wird der Eindruck erzeugt, als hätten Sie viel mehr Aufwand in das Element gesteckt als es tatsächlich der Fall ist. Vor dem Rendern müssen Sie dann noch den Arbeitsbereich begrenzen.

1   Wählen Sie **Bearbeiten: Alles auswählen** oder drücken Sie die Tasten Strg+A (Windows) bzw. Befehl+A (Mac OS), um alle Ebenen auszuwählen.

2   Drücken Sie die R-Taste, um die Drehen-Eigenschaften für alle Ebenen zu öffnen.

3   Wählen Sie **Bearbeiten: Auswahl aufheben** oder drücken Sie die Tastenkombination Strg+Umschalt+A (Windows) bzw. Befehl+Umschalt+A (Mac OS), um alle Ebenen abzuwählen, die Drehen-Eigenschaften jedoch weiterhin geöffnet zu lassen.

4   Ziehen Sie oder geben Sie den Drehungswert für die Ebenen wie folgt ein:

- *Square Grid 1*: 0° (Keine Änderung)
- *Square Grid 2*: **90°**
- *Square Grid 3*: **180°**
- *Square Grid 4*: **–90°**

LEKTION 2
Elemente aus Quadraten

- *Square Grid 5*: 0° (Keine Änderung)
- *Square Grid 6*: **90°**

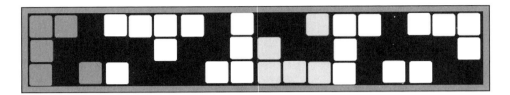

5 Setzen Sie die Zeitmarke auf 3:00 und drücken Sie die N-Taste, um das Ende des Arbeitsbereichs auf 3:00 einzustellen.

6 Drücken Sie die Pos1- bzw. Home-Taste, um die Zeitmarke auf 0:00 zu setzen. Erzeugen Sie jetzt eine Vorschau der Animation mit dem Befehl **Komposition: Vorschau: RAM-Vorschau**.

Die Quadrate schalten zufällig während der Bewegung im Kompositionsfenster um. Sie können jetzt noch Änderungen vornehmen.

7 Speichern Sie das Projekt.

Die tanzenden Quadrate rendern

Da Sie die Arbeit an diesem Projekt abgeschlossen haben, sollten Sie jetzt den Film rendern.

1 Schließen Sie das Kompositionsfenster und die Zeitleiste und wählen Sie anschließend die Komposition *Squares01 Comp* im Projektfenster.

2 Wählen Sie **Komposition: Film erstellen** oder drücken Sie die Tasten Strg+M (Windows) bzw. Befehl+M (Mac OS).

3 Suchen Sie im Dialogfeld »Film ausgeben unter« den Ordner *_mov* innerhalb des Ordners *AE_CIB job* und geben Sie den Dateinamen **Squares01.mov** ein.

4 Wählen Sie in der Renderliste unter »Rendereinstellungen« die Option »Optimale Einstellungen«.

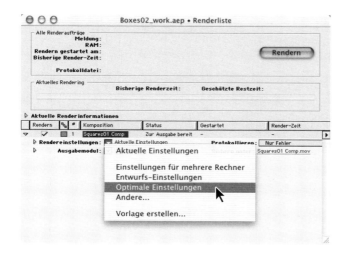

5 Klicken Sie auf die unterstrichenen Wörter *Optimale Einstellungen*, um das Dialogfeld »Rendereinstellungen« zu öffnen.

6 Achten Sie darauf, dass im Einblendmenü »Zeitspanne« die Option »Arbeitsbereich« gewählt ist und dass der Arbeitsbereich mit 0:00 beginnt und mit 3:00 endet. Klicken Sie auf OK, um das Dialogfeld »Rendereinstellungen« zu schließen.

7   Wählen Sie als Ausgabemodul die Option »Andere«, um das Dialogfeld »Einstellungen für Ausgabemodule« zu öffnen.

8   Nehmen Sie in diesem Dialogfeld die folgenden Einstellungen vor:
   - Wählen Sie aus dem Einblendmenü »Format« die Option »QuickTime-Film«.
   - Wählen Sie im Einblendmenü »Vorgang nach dem Rendern« die Option »Importieren« (After Effects 5.5) bzw. aktivieren Sie die Option »Nach Fertigstellung in Projekt importieren« (After Effects 5).
   - Klicken Sie auf die Schaltfläche »Formatoptionen«, um das Dialogfeld »Komprimierung« zu öffnen.

9   Wählen Sie im Dialogfeld »Komprimierung« die Optionen »Animation« und »Über 16,7 Mill. Farben«. Klicken Sie auf OK, um das Dialogfeld zu schließen.

10 Achten Sie darauf, dass im Einblendmenü »Kanäle« die Option RGB + Alpha gewählt ist. Klicken Sie auf OK, um das Dialogfeld »Einstellungen für Ausgabemodule« wieder zu schließen. Sie werden die Alpha-Informationen benutzen, wenn Sie diese Ebene in ein fertiges Element in einer späteren Lektion einfügen.

11 Wählen Sie sicherheitshalber nochmals **Datei: Speichern**.

12 Klicken Sie auf die Schaltfläche »Rendern«.

Wenn das Rendern abgeschlossen ist, schließen Sie die Renderliste. Der Film *Squares01.mov* wird jetzt im Projektfenster angezeigt (Sie hatten diese Option in Schritt 8 gewählt).

Den Film *Squares01* abspielen

Sie können jetzt den soeben gerenderten Film abspielen.

1 Doppelklicken Sie mit gedrückter Alt- (Windows) bzw. Wahltaste (Mac OS) auf *Squares01.mov*, um den Film im Footage-Fenster zu öffnen. Passen Sie die Fenstergröße an Ihren Bildschirm an.

Hinweis: *Das Öffnen des Films mit gedrückter Alt- bzw. Wahltaste ermöglicht Ihnen den Zugriff auf das Vergrößerungsmenü und die Tastaturbefehle. Falls der Film ohne Änderungen auf Ihren Bildschirm passt, brauchen Sie die Alt- bzw. Wahltaste natürlich nicht zu drücken.*

2 Spielen Sie den Film ab. Er sollte so aussehen wie in der letzten Vorschau vor dem Rendern.

3   Wenn Sie fertig sind, schließen Sie das Footage-Fenster, speichern Sie Ihre Arbeit und schließen Sie das Projekt.

Jetzt ist eine gute Gelegenheit, eine Pause einzulegen.

Pulsierende Streifen mit Quadraten

Sie beginnen in diesem Abschnitt damit, ein zweites Element mit Quadraten zu erstellen, die Teil des Gesamtprojekts werden. Die erste Komponente dieses Elements besteht aus drei verschiedenen Kompositionen: Quadrate, die von links in das Bild kommen, Quadrate, die von rechts in das Bild kommen, und einem Streifen mit Quadraten, die nicht animiert sind. Sie werden mit Hilfe der Transferierenmodi diese Unterkomponenten so miteinander interagieren lassen, dass die Quadratstreifen zu pulsieren scheinen, d.h., sie werden zufällig größer und kleiner.

Quelldatei mit Ebenen importieren

Sie verwenden für diese Komposition eine mit Ebenen versehene Photoshop-Quelldatei. Wenn Sie eine derartige Datei in After Effects importieren, können Sie die Ebenenstruktur der Photoshop-Datei entweder ignorieren oder Sie können die Photoshop-Ebenen beibehalten und dann einzeln in After Effects verwenden. Um die Ebenen beizubehalten, werden Sie die Datei als Komposition importieren. Die Abmessungen der Photoshop-Ebenen bestimmen die Größe der After-Effects-Komposition.

Sie setzen Ihre Arbeit mit dem Projekt *Boxes02_work.aep* fort, das Sie zu Beginn dieser Lektion erstellt haben. Falls das Projekt noch nicht geöffnet ist, öffnen Sie es jetzt im Ordner *_aep*, der sich im Ordner *AE_CIB job* befindet.

1   Wählen Sie **Datei: Importieren: Datei**. Das Dialogfeld »Importieren Datei« wird angezeigt.

2   Wählen Sie im Ordner *_psd* innerhalb der Ordners *AE_CIB job* die Datei *Squares.psd*.

3   Wählen Sie aus dem Einblendmenü »Importieren als« die Option »Komposition«.

Hinweis: *Diese Option ist nur dann verfügbar, wenn Sie eine Datei mit Ebenen wählen.*

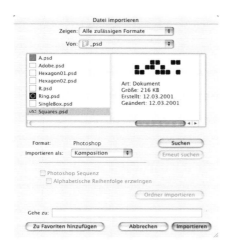

4 Klicken Sie auf »Öffnen« (Windows) bzw. »Importieren« (Mac OS).

Zwei neue Elemente werden im Projektfenster angezeigt: eine Kompositionsdatei und ein Ordner, die beide mit *Squares.psd* benannt sind.

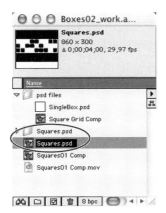

5 Doppelklicken Sie auf die Kompositionsdatei, um sie im Kompositionsfenster und in der Zeitleiste zu öffnen. Sie sehen in der Zeitleiste die drei Ebenen, die in Photoshop erstellt wurden. Jede Ebene enthält sämtliche in Photoshop vorgenommenen Einstellungen.

6 Schließen Sie das Kompositionsfenster und die Zeitleiste. Erweitern Sie dann den Ordner *Squares.psd* im Projektfenster, damit die drei in Photoshop erstellten Ebenen angezeigt werden.

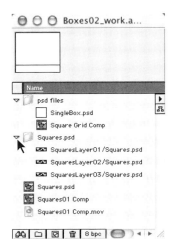

Sie können auf diese Ebenen klicken, um die entsprechende Miniaturansicht oben im Projektfenster anzuzeigen. Da Sie die Quelldatei als Komposition importiert haben, lässt sich jede der Ebenen unabhängig voneinander in Ihren Kompositionen verwenden. Weitere Informationen über das Importieren von Dateien mit Ebenen finden Sie in der After-Effects-Online-Hilfe.

Hinweis: *In After Effects beinhaltet diese Komposition die aktuell verwendeten Einstellungen für die Dauer und die Frame-Rate.*

Komposition für pulsierende Quadrate erstellen

Sie beginnen in diesem Abschnitt mit einer neuen Komposition.

1 Wählen Sie **Komposition: Neue Komposition** oder drücken Sie die Tasten Strg+N (Windows) bzw. Befehl+N (Mac OS). Das Dialogfeld »Kompositionseinstellungen« wird angezeigt.

2 Geben Sie für die Komposition den Namen **Moving Right Comp** ein.

3   Nehmen Sie auf der Registerkarte »Einfach« die folgenden Einstellungen vor:
    - Geben Sie im Feld »Breite« den Wert **860** ein und deaktivieren Sie die Option »Seitenverhältnis einschränken auf«.
    - Geben Sie im Feld »Höhe« den Wert **300** ein.
    - Unter »Pixel-Seitenverhältnis« muss die Option »Quadratische Pixel« gewählt sein.
    - Die Framerate ist auf **29,97** eingestellt.
    - (Optional) Wählen Sie aus dem Einblendmenü »Auflösung« die Option »Halb« oder eine geringere Auflösung je nach Leistungsfähigkeit Ihres Computersystems.
    - Der Timecode startet bei 0:00.
    - Geben Sie im Feld »Dauer« den Wert **500** für fünf Sekunden ein.

4   Klicken Sie auf OK. Die neue Komposition erscheint im Ordner *Squares.psd* im Projektfenster, sofern dieser Ordner zu Beginn dieser Aufgabe ausgewählt war.

5   Ziehen Sie *Moving Right Comp* aus dem Ordner *Squares.psd* und platzieren Sie die Komposition in der obersten Ebene der Projektfenster-Hierarchie. (Eventuell müssen Sie das Projektfenster vergrößern, so dass Sie die Komposition in einen leeren Bereich unten im Fenster ziehen können.)

Hinweis: *Sie haben diese Komposition mit einer Größe (860 x 300 Pixel) erstellt, die mindestens für die spätere fertige Animation benötigt wird. Indem Sie Elemente größer anlegen, haben Sie zwei Vorteile. Erstens haben Sie mehr Flexibilität, da Sie mit Hilfe der Skalierungseigenschaft das Bild jederzeit wieder verkleinern können. Und zweitens bewahren Sie die Bildqualität, die bei einer Vergrößerung über 100% abnehmen würde. Sie sollten sich diese Praxis zur Regel machen, obwohl es Ausnahmen gibt, wie Sie später in dieser Lektion noch erfahren werden.*

Die erste Ebene erstellen und animieren

Sie benutzen in dieser Komposition nur eine der Photoshop-Ebenen, um die Quadrate so zu animieren, dass sie von links nach rechts wandern. Dabei gehen Sie so vor, dass Sie später recht einfach eine Schleife erzeugen können (endloses Abspielen ohne Anfang und Ende).

1 Drücken Sie die Pos1- bzw. Home-Taste, um die Zeitmarke auf 0:00 zu setzen. Verringern Sie die Vergrößerung im Kompositionsfenster, um einen größeren Bereich der Montagefläche anzuzeigen.

2 Wählen Sie im Projektfenster *SquaresLayer02* (im Ordner *Squares.psd*) und ziehen Sie diese Ebene in das Kompositionsfenster.

3 Drücken Sie die P-Taste, um die Positionseigenschaft zu öffnen. Ziehen Sie dann die Ebene im Kompositionsfenster so, dass sie sich gerade außerhalb des linken Rands des Kompositionsframes befindet (Koordinaten -430/150).

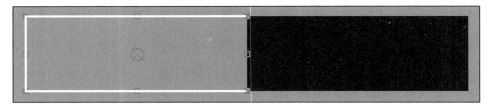

Anfangsposition von Ebene 1 *auf der Montagefläche des Kompositionsfensters*

4 Klicken Sie auf das Stoppuhrsymbol (≋) für einen Positions-Keyframe. Oder drücken Sie die Tasten Alt+P (Windows) bzw. Wahl+P (Mac OS).

5 Setzen Sie die Zeitmarke auf 4:01.

6 Ziehen Sie die Ebene *SquaresLayer02* in die Mitte des Kompositionsframes oder ziehen Sie mit gedrückter Strg+Umschalt- (Windows) bzw. Befehl+Umschalttaste (Mac OS), damit die Ebene in der Mitte einrastet. Ein zweiter Positions-Keyframe erscheint automatisch bei 4:01.

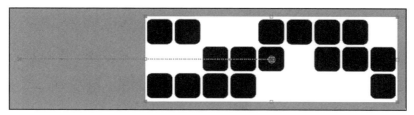

Endposition von Ebene 1 *im Kompositionsframe*

7 Drücken Sie die Pos1- bzw. Home-Taste, um die Zeitmarke auf 0:00 zu setzen.

8 Drücken Sie die Leertaste oder die 0 (Null) auf dem Zahlenfeld für eine Vorschau bzw. RAM-Vorschau der Animation. Speichern Sie anschließend das Projekt.

Hinweis: *Wenn die RAM-Vorschau nicht den kompletten Clip anzeigt, informieren Sie sich unter »Arbeitsspeicher zuweisen« auf Seite 10.*

Die erste Ebene duplizieren und modifizieren

Sie erstellen jetzt eine zweite Ebene und verwenden das gleiche Quell-Footage sowie die gleiche Bewegungsrichtung wie in der ersten Ebene. Der Unterschied ist, dass *Ebene 2* an einer Position beginnt, die dem Ende von *Ebene 1* entspricht. Beide Ebenen sind wie Eisenbahnwaggons zusammengekoppelt, allerdings ohne eine Lücke. Statt für die neue Ebene alles wieder neu erstellen zu müssen, lässt sich *Ebene 1* wiederverwenden und entsprechend modifizieren.

1 Wählen Sie *Ebene 1* und dann den Befehl **Bearbeiten: Duplizieren**. Oder drücken Sie die Tasten Strg+D (Windows) bzw. Befehl+D (Mac OS). Die neue Ebene wird mit den gleichen Positions-Keyframes wie in *Ebene 1* angezeigt.

2 Wählen Sie *Ebene 2* und drücken Sie die P-Taste, um die Positionseigenschaft (sofern noch nicht geschehen) anzuzeigen.

3   Ziehen Sie eine Auswahl um beide Positions-Keyframes, um sie auszuwählen. Oder klicken Sie auf das Wort *Position* in *Ebene 2*.

4   Setzen Sie die Zeitmarke auf 0:00.

5   Ziehen Sie im Kompositionsfenster *Ebene 2* nach rechts, so dass die Ebene in der Mitte des Kompositionsfensters angeordnet wird. Drücken Sie während des Ziehens die Tasten Strg+Umschalt (Windows) bzw. Befehl+Umschalt (Mac OS), damit die Ebene in der Mitte der Komposition ausgerichtet wird. Beachten Sie, dass sich beide Ebenen-Keyframes (angezeigt als kleines x) beim Ziehen der Ebene verschieben.

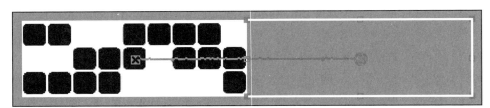

Ebene 2 *bei 4:01 (links) und bei 0:00 (rechts)*

6   Drücken Sie die P-Taste, um die Positionseigenschaft auszublenden.

7   Sehen Sie sich die Vorschau der Animation an. Die beiden Ebenen bewegen sich jetzt als »Tandem« von links nach rechts bzw. von 0:00 zu 4:01.

8   Speichern Sie das Projekt.

Als Sie *Ebene 2* und die dazu gehörigen Keyframes verschoben hatten, wurde die Mitte des Kompositionsfensters der Positionswert für den ersten Keyframe. Da Sie auch den zweiten Keyframe ausgewählt hatten, wurden beide Keyframes als Einheit zusammen und unter Beibehaltung ihrer relativen Positionen zusammen bewegt. Zu Beginn der Komposition befindet sich *Ebene 2* in der Mitte der Komposition und füllt den Frame aus. *Ebene 1* befindet sich links außerhalb des Frames. Am Ende der Bewegung hat sich dann *Ebene 1* formatfüllend in den Frame hineinbewegt, während *Ebene 2* sich nach rechts aus dem Frame herausbewegt hat.

Hinweis: *Wenn Sie die Ebenen-Keyframes (x) nicht sehen können, öffnen Sie das Menü des Kompositionsfensters und stellen Sie sicher, dass die Option »Ebenen-Keyframes« ausgewählt ist.*

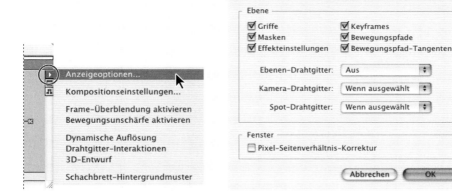

Arbeitsbereich für die pulsierenden Quadrate einstellen

Sie nehmen jetzt einige Schritte vor, damit sich das Einrichten der Animation einfacher und besser (ohne stotternde Bewegung) anzeigen lässt.

Der erste und der letzte Frame dieser Animation sind identisch, so dass sich die Animation bei jeder Schleife um einen Frame verzögert. Benutzen Sie die Keyframe-Navigationspfeile links neben der Positionseigenschaft, um das zu kontrollieren. Springen Sie mit Hilfe der Pfeile zwischen dem ersten und letzten Keyframe hin und her. Oder drücken Sie die J- und dann die K-Taste.

Sie stellen dieses Stottern ab, indem Sie einen der beiden identischen Frames entfernen. Dazu definieren Sie den Arbeitsbereich neu, indem Sie ihn auf den Bereich mit Positions-Keyframes beschränken.

1 Setzen Sie die Zeitmarke auf 4:00 (einen Frame *vor* dem zweiten Keyframe).

2 Drücken Sie die N-Taste, um das Ende des Arbeitsbereichs übereinstimmend mit der Position der Zeitmarke festzulegen. Oder ziehen Sie den Griff am rechten Ende des Arbeitsbereichsbalkens, bis in der Info-Palette der Wert 4:00 angezeigt wird. Sie können auch mit gedrückter Umschalttaste ziehen, damit das Ende des Arbeitsbereichsbalkens auf der Position der Zeitmarke einrastet.

Der Arbeitsbereichsbalken hört jetzt bei 4:00 auf und die Hintergrundfarbe der Zeitleiste unter dem Arbeitsbereich ändert sich in ein dunkleres Grau.

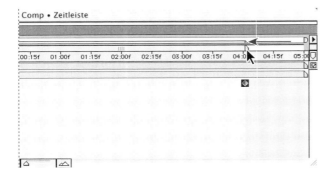

3 Klicken Sie in der Zeitsteuerungspalette auf die Schaltfläche »RAM-Vorschau« (▶). Die RAM-Vorschau spielt jetzt nur die Frames ab, die sich innerhalb des Arbeitsbereichs befinden.

4 Speichern Sie das Projekt und schließen Sie die Zeitleiste und das Kompositionsfenster.

Wenn Sie diese Komposition rendern, sorgen Sie mit Hilfe einer Einstellung dafür, dass nur der Arbeitsbereich und nicht die komplette Länge der Komposition gerendert wird.

Eine zweite Komposition für die pulsierenden Quadrate erstellen

Sie erstellen jetzt eine Komposition, die der soeben erstellten Komposition ähnelt. Allerdings sind drei Details anders: Die Komposition erhält einen anderen Namen, Sie verwenden ein anderes Bild und die neue Ebene zieht von rechts nach links. Diesen Vorgang erzeugen Sie mit den bereits bekannten Schritten – ein guter Zeitpunkt, um herauszufinden, wie weit Sie bereits eigenständig arbeiten können. Dabei können Sie die Prozedur für das Erstellen von *Moving Right Comp* zur Hilfe heranziehen, und zwar beginnend mit »Komposition für pulsierende Quadrate erstellen« auf Seite 106. Berücksichtigen Sie dabei aber die folgenden Abweichungen:

- Erstellen Sie die neue Komposition und benennen Sie diese mit **Moving Left Comp**. Ansonsten benutzen Sie die gleichen Kompositionseinstellungen wie für *Moving Right Comp*.
- Fügen Sie der Komposition eine Ebene hinzu, aber verwenden Sie diesmal die Ebene *SquaresLayer03.psd* aus der mit Ebenen versehenen Photoshop-Footage-Datei.
- Animieren Sie *Ebene 1*, setzen Sie diesmal aber den 0:00-Positions-Keyframe auf die Koordinaten 1290/150 (direkt rechts außerhalb des Frames). Setzen Sie dann den 4:01-Positions-Keyframe in der Mitte des Kompositions-Frames.
- Erstellen Sie die *Ebene 2*, indem Sie *Ebene 1* duplizieren, und setzen Sie die Zeitmarke auf 0:00.
- Wählen Sie beide Positions-Keyframes der *Ebene 2* und ziehen Sie *Ebene 2* in die Mitte des Kompositions-Frames.
- Stellen Sie das Ende des Arbeitsbereichs bei 4:00 ein.

Wenn Sie die Arbeit an *Moving Left Comp* beendet haben, schauen Sie sich die Vorschau der Animation an. Stellen Sie sicher, dass Sie *Moving Left Comp* und die Footage-Datei *SquaresLayer03.psd* verwendet haben und dass die Ebenen von rechts nach links ziehen. Sichern und schließen Sie dann die Komposition und die Zeitleiste.

Fertige Komposition für die pulsierenden Quadrate erstellen

Sie können jetzt die einzelnen Teile Ihrer Komposition zusammenfügen: die zwei bisher erstellten Animationen und eine weitere Photoshop-Ebene, die nicht animiert wird. Zuerst müssen Sie die Komposition für diese drei Elemente erstellen.

1 Wählen Sie **Komposition: Neue Komposition** oder drücken Sie die Tasten Strg+N (Windows) bzw. Befehl+N (Mac OS). Das Dialogfeld »Kompositionseinstellungen« wird angezeigt.

2 Geben Sie für den Namen der Komposition **Squares02 Comp** ein.

3 Nehmen Sie in der Registerkarte »Einfach« die folgenden Einstellungen vor:

- Geben Sie im Feld »Breite« den Wert **860** ein und deaktivieren Sie die Option »Seitenverhältnis einschränken auf 4:3«.
- Geben Sie im Feld »Höhe« den Wert **300** ein.
- Achten Sie darauf, dass für das Pixel-Seitenverhältnis die Option »Quadratische Pixel« ausgewählt ist.
- Stellen Sie die Framerate auf **29,97** ein.
- (Optional) Wählen Sie aus dem Einblendmenü »Auflösung« die Option »Halb« oder eine geringere Auflösung je nach Leistungsfähigkeit Ihres Computersystems.
- Achten Sie darauf, dass der Timecode bei 0:00 startet.
- Geben Sie in das Feld »Dauer« den Wert **500** für fünf Sekunden ein.

4   Klicken Sie auf OK.

Kompositionen als Ebenen hinzufügen

Sie fügen nun der Komposition *Squares02 Comp* die Kompositionen *Moving Left* und *Moving Right* hinzu.

1   Drücken Sie die Pos1- bzw. die Home-Taste, um die Zeitmarke auf 0:00 zu setzen.

2   Ziehen Sie die folgenden Ebenen aus dem Projektfenster in das Kompositionsfenster und zentrieren Sie die Ebenen im Kompositionsframe:

- *SquaresLayer01* (im Ordner *Squares.psd*)
- *Moving Left Comp*
- *Moving Right Comp*

Beachten Sie, wie sich das Bild im Kompositionsfenster nach jedem Hinzufügen einer Ebene ändert.

Hinweis: *Achten Sie in der Zeitleiste darauf, dass sich* SquaresLayer01 *in der untersten Position (Ebene 3) im Ebenenstapel befindet. Falls nicht, ziehen Sie die Ebene auf diese Position.*

Transfermodi zuweisen und den Arbeitsbereich einstellen

Transfermodi sind Adobe-Photoshop-Anwendern bekannt und lassen sich auch in After Effects einsetzen. Mit den Transfermodi beeinflussen sich die Ebenen gegenseitig auf Basis der Helligkeit und Farbeigenschaften der einzelnen Ebenen. Wenn Sie Transfermodi beim Bewegen von Footage verwenden, werden interessante Interaktionen zwischen Ebenen erzeugt. Sie weisen jetzt den Transfermodus »Negativ multiplizieren« zwei Ebenen zu.

1   Falls die Modusspalte in der Zeitleiste nicht geöffnet ist, führen Sie einen der folgenden Schritte aus:

LEKTION 2
Elemente aus Quadraten

- Klicken Sie unten in der Zeitleiste auf die Schaltfläche »Schalter/Modi« für die Schalterspalte.

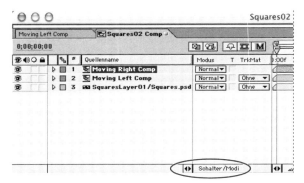

Schaltfläche »Schalter/Modi«

- Wählen Sie aus dem Menü der Zeitleiste die Option »Spalten: Modi«.

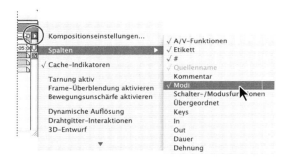

2 Wählen Sie in der Spalte »Modus« (*Moving Right Comp*) aus dem Einblendmenü die Option »Negativ multiplizieren«. Beachten Sie die Änderung in der Komposition.

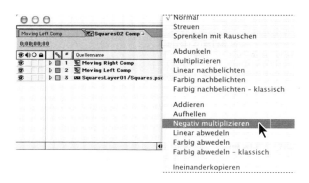

3   Wiederholen Sie den Schritt 2 für *Ebene 2 (Moving Left Comp)*. Lassen Sie *Ebene 3 (SquaresLayer01)* im Transfermodus »Normal«.

4   Setzen Sie die Zeitmarke auf 4:00 und drücken Sie die N-Taste, um diesen Zeitpunkt als Ende des Arbeitsbereichs zu definieren.

5   Speichern Sie Ihre Arbeit und schauen Sie sich eine Vorschau der Animation an. Die Quadrate nehmen beim gegenseitigen Passieren pulsierende Formen an.

6   Schließen Sie das Kompositionsfenster und die Zeitleiste.

Das Ergebnis des Tranfermodus »Negativ multiplizieren« ist vergleichbar mit dem Übereinanderlegen unterschiedlicher Filmnegative und der anschließenden Ausgabe (Belichtung und Entwicklung) auf Papier. Im Transfermodus »Negativ multiplizieren« ergibt Weiß immer Weiß. Wird Schwarz auf Weiß oder jede andere Farbe belichtet bzw. eingeblendet, wird kein Effekt erzeugt.

Die pulsierenden Quadrate rendern

Für diesen Abschnitt muss die Komposition noch als Film gerendert werden. Dabei vollziehen Sie die gleichen Schritte wie beim Rendern des Elements *Squares01* nach.

1   Wählen Sie im Projektfenster die Komposition *Squares02 Comp* und dann **Komposition: Film erstellen**.

2   Geben Sie als Dateinamen **Squares02.mov** ein und wählen Sie den Ordner *_mov* innerhalb des Ordners *AE_CIB job*. Klicken Sie auf »Speichern«.

In der Renderliste wird die Komposition *Squares02 Comp* als zweites Element in der Liste angezeigt.

3   Wählen Sie aus dem Einblendmenü »Rendereinstellungen« die Option »Optimale Einstellungen«, um die Qualität auf »Beste« und die Auflösung auf »Voll« einzustellen. Diese Einstellungen überschreiben alle Einstellungen, die noch im Kompositionsfenster oder im Zeitfenster vorhanden sind.

4   Klicken Sie auf die Wörter *Optimale Einstellungen*, um das Dialogfeld »Rendereinstellungen« zu öffnen.

5   Achten Sie drauf, dass aus dem Einblendmenü »Zeitspanne« die Option »Arbeitsbereich« gewählt ist sowie der Anfang auf 0:00 und das Ende auf 4:00 eingestellt sind.

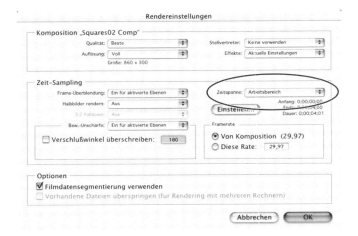

6   Klicken Sie auf OK, um das Dialogfeld »Rendereinstellungen« zu schließen.

7   Wählen Sie aus dem Einblendmenü »Ausgabemodul« die Option »Andere«. Danach wird das Dialogfeld »Einstellungen für Ausgabemodule« angezeigt.

8   Wählen Sie aus dem Einblendmenü »Format« die Option »QuickTime-Film«.

9   Wählen Sie im Einblendmenü »Vorgang nach dem Rendern« die Option »Importieren« (After Effects 5.5) bzw. aktivieren Sie die Option »Nach Fertigstellung in Projekt importieren« (After Effects 5).

10 Klicken Sie auf die Schaltfläche »Formatoptionen«, um das Dialogfeld »Komprimierung« zu öffnen, und stellen Sie sicher, dass die Optionen »Animation« und »Über 16,7 Mill. Farben« ausgewählt sind.

11 Klicken Sie jeweils auf OK, um die Dialogfelder »Komprimierung« und »Einstellungen für Ausgabemodule« zu schließen. Sie können das »Ausgabemodul« in der Renderliste ausklappen, um die aktuellen Einstellungen vor dem Rendern noch einmal anzusehen.

12 Speichern Sie das Projekt erneut.

13 Klicken Sie auf »Rendern«.

Die Filme mit den pulsierenden Quadraten abspielen

Nach dem Rendern wird der Film *Squares02.mov* im Projektfenster angezeigt. Sie können jetzt den Film abspielen.

1 Doppelklicken Sie auf *Squares02.mov*, um den Film im Footage-Fenster zu öffnen. Falls Sie die Größe des Fensters ändern möchten, halten Sie beim Doppelklicken die Alt- (Windows) bzw. Wahl-Taste (Mac OS) gedrückt, um den Film im After-Effects-Abspielfenster zu öffnen. Wählen Sie dann die gewünschte Größe unten im Fenster aus dem Vergrößerungsmenü.

2 Klicken Sie auf die Abspielen-Schaltfläche. Der Film sollte jetzt so aussehen wie in der letzten Vorschau vor dem Rendern.

3 Schließen Sie das Footage-Fenster, wenn Sie sich den Film angesehen haben.

4 Wählen Sie **Datei: Speichern**.

Sie verwenden diesen Film später in diesem Kapitel als Komponente einer anderen Komposition. Diese Komposition wird dann ein Element, dass Sie rendern und für das Gesamtprojekt benutzen werden.

Jetzt ist ein guter Zeitpunkt, um eine Pause einzulegen. Achten Sie darauf, dass Sie Ihre Arbeit gespeichert haben.

Blendenfleck erstellen

Sie haben im vorangegangenen Abschnitt einen Film mit pulsierenden Quadraten erstellt. In diesem Abschnitt gestalten Sie einen Film mit Blendenflecken (Lichtreflexionen). Beide Filme werden dann Bestandteile eines Elements, dass Sie später in dieser Lektion rendern werden.

Die Blendenfleck-Komponente benötigt keine Footage-Dateien – Sie müssen daher auch nichts importieren.

Komposition für den Blendenfleck erstellen

Sie beginnen, indem Sie eine neue Komposition innerhalb der Projektdatei *Boxes02_work.aep* erstellen. Sie benötigen während der Arbeit eine schwarze Hintergrundfarbe, d.h., Sie müssen die entsprechenden Einstellungen ändern.

1   Wählen Sie **Komposition: Neue Komposition**.

2   Geben Sie im Dialogfeld »Kompositionseinstellungen« als Namen **Lens Flare Comp** ein.

3   Wählen Sie aus dem Einblendmenü »Voreinstellung« die Option » NTSC D1 Quad. Pixel, 720 x 540«. Diese Option legt automatisch die folgenden Einstellungen fest:

  - Breite: 720

  - Höhe: 540

  - Pixel-Seitenverhältnis: Quadratische Pixel

  - Framerate: 29,97

4   (Optional) Wählen Sie unter »Auflösung« die Option »Halb« oder niedriger entsprechend der Leistung Ihres Computersystems.

5   Geben Sie unter »Dauer« den Wert **400** für vier Sekunden ein. Klicken Sie auf OK, um das Dialogfeld »Kompositionseinstellungen« zu schließen. Die Komposition *Lens Flare Comp* wird im Projektfenster, im Kompositionsfenster und in der Zeitleiste angezeigt.

6   Wählen Sie **Komposition: Hintergrundfarbe**, um das Dialogfeld »Hintergrundfarbe« zu öffnen.

Hinweis: *Wenn der Hintergrund im Kompositionsfenster bereits schwarz ist, können Sie die Schritte 6 und 7 auslassen.*

7   Führen Sie einen der folgenden Schritte aus:
   - Klicken Sie im Farbfeld, um den Farbwähler zu öffnen, und wählen Sie die Farbe Schwarz. Klicken Sie anschließend auf OK.
   - Klicken Sie auf die Pipette und dann in einem beliebigen schwarzen Bereich auf dem Bildschirm, um die Farbe Schwarz aufzunehmen. Klicken Sie anschließend auf OK.

Eine Farbflächenebene für den Blendenfleck erstellen

After Effects bietet viele Effekte, mit denen Sie schnell komplexe Bilder erstellen können. Effekte lassen sich aber nicht alleinstehend anwenden – Sie müssen mindestens eine Ebene haben, um die gewünschten Effekte auf diese Ebene anzuwenden. Sie erstellen deshalb jetzt eine Ebene ohne jedes Footage, wobei diese Ebene eine einfache Farbfläche ist.

1 Wählen Sie **Ebene: Neu: Farbfläche**, um das Dialogfeld »Einstellungen für Farbflächen« zu öffnen.

2 Geben Sie als Namen **Lens Flare Solid** ein.

3 Geben Sie im Feld »Breite« den Wert **720** ein.

4 Geben Sie im Feld »Höhe« den Wert **540** ein.

5 Wählen Sie mit der Pipette oder im Farbwähler die Farbe Schwarz.

6 Klicken Sie auf OK, um das Dialogfeld »Einstellungen für Farbflächen« zu schließen.

Lens Flare Solid erscheint in der Zeitleiste als *Ebene 1* im der Komposition *Lens Flare*. Das Kompositionsfenster sieht wie vorher aus, nur dass die Farbfläche und die Hintergrundfarbe schwarz sind.

Den Blendenfleck-Effekt zuweisen

Der Effekt *Blendenfleck* erzeugt helle Bereiche, so als würde ein helles Licht direkt in das Kameraobjektiv fallen und von sich selber Reflexionen erzeugen. Sie stellen die Eigenschaften und die Keyframes für diesen Effekt ähnlich wie bei den Transformationseigenschaften nebst Keyframes ein.

1. Die Ebene *Lens Flare Solid* ist ausgewählt. Wählen Sie **Effekt: Rendering-Filter: Blendenflecke** (After Effects 5.5) bzw. **PS+ Blendenflecke** (After Effects 5).

2. Nehmen Sie im aufgerufenen Effektfenster »Lens Flare Solid« (After Effects 5.5) bzw. im Dialogfenster »Blendenfleck« (After Effects 5) folgende Einstellungen vor:

   - Stellen Sie die Helligkeit auf **10%** ein.
   - Aktivieren Sie unter »Objektivart« die Option »35mm«.
   - Stellen Sie unter »Mittelpunkt der Lichtbrechung« den Wert **−20, 270** ein oder ziehen Sie entsprechend. Achten Sie darauf, dass der erste Wert negativ ist. Übernehmen Sie den Wert 0% für »Mit Original mischen«.

3. Vergewissern Sie sich, dass in der Zeitleiste die Zeitmarke auf 0:00 gesetzt ist.

4. Klicken Sie im Effektfenster auf das Stoppuhrsymbol neben »Mittelpunkt der Lichtbrechung«, um einen Keyframe zu setzen.

5. Klicken Sie auf das Stoppuhrsymbol neben »Helligkeit«, um auch für diese Option einen Keyframe zu setzen.

6. Setzen Sie die Zeitmarke auf 1:08 und ändern Sie im Effektfenster die Koordinaten für »Mittelpunkt der Lichtbrechung« in **360/270**. Ändern Sie dann die Helligkeit in **150**.

7 Setzen Sie die Zeitmarke auf 3:29. Ändern Sie die Koordinaten für »Mittelpunkt der Lichtbrechung« in **740/270** und die »Helligkeit« in **10**.

8 Schauen Sie sich eine Vorschau der Animation an und speichern Sie Ihre Arbeit.

Der Effekt fügt nicht nur ein Hauptlicht hinzu, sondern auch Lichtsäume und Echos dieses Lichts. Auf Grund der von Ihnen gesetzten Keyframes wandert die Lichtbrechung durch den Kompositionsframe, wird dabei erst heller und nimmt dann wieder die ursprüngliche Helligkeit ein.

Den Blendeneffekt duplizieren und einstellen

Um die Lichtbewegung komplexer zu machen, fügen Sie nun einen zweiten Blendeneffekt hinzu. Sie können einige der Keyframes auf andere Positionen in der Zeitleiste verschieben, indem Sie diese einfach auswählen und entsprechend ziehen. Anschließend werden Sie die Einstellungen für die versetzten Keyframes so einstellen, dass die beiden Blendeneffekte bzw. Lichtbrechungen variieren.

1 Wählen Sie die Ebene *Lens Flare Solid* und drücken Sie die Tasten Strg+D (Windows) bzw. Befehl+D (Mac OS), um die Ebene zu duplizieren. Oder wählen Sie **Bearbeiten: Duplizieren**.

2 Klicken Sie mit gedrückter Umschalttaste, um beide Ebenen auszuwählen, und drücken Sie dann die U-Taste. Die Ebenen werden ausgeklappt und zeigen jetzt alle Keyframes der ursprünglichen und der duplizierten Ebene.

3 Klicken Sie im leeren Bereich der Zeitleiste unter den Ebenen, um beide Ebenen wieder abzuwählen.

4 Ziehen Sie auf der *Ebene 1* eine Auswahl um die beiden mittleren Keyframes (bei 1:08), um diese Keyframes auszuwählen.

5 Ziehen Sie die ausgewählten Keyframes auf 2:08 (benutzen Sie die Informationspalette als Hilfe).

6 Setzen Sie in der Zeitleiste die Zeitmarke auf 2:08 und ändern Sie den Helligkeitswert des Blendeneffekts von *Ebene 1* in **100**.

7   Klicken Sie unten in der Zeitleiste auf die Schaltfläche »Schalter/Modi«, um die Modus-Spalte zu öffnen, und wählen Sie für *Ebene 1* den Modus »Negativ multiplizieren« aus. Übernehmen Sie für *Ebene 2* den Transfermodus »Normal«. Die beiden Blendeneffekte überlappen sich jetzt und interagieren, sobald sie während der Bewegung übereinander liegen.

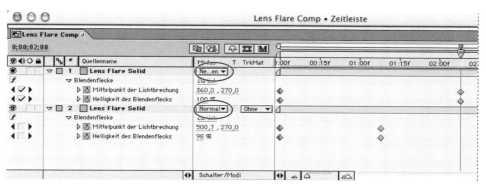

8   Schauen Sie sich eine Vorschau der Animation an und speichern Sie das Projekt.

Den Blendeneffekt rendern

Sie vereinfachen den gesamten Erstellungsprozess, wenn Sie den Blendeneffekt erst rendern und ihn dann mit dem bereits erstellten Film mit den pulsierenden Quadraten kombinieren.

1   Schließen Sie die Komposition *Lens Flare Comp* im Kompositionsfenster, in der Zeitleiste und im Effektfenster.

2   Wählen Sie im Projektfenster die Komposition *Lens Flare Comp* und dann den Befehl **Komposition: Film erstellen**.

3. Geben Sie im Dialogfeld »Film ausgeben unter« als Dateinamen **LensFlare.mov** ein und wählen Sie den Ordner *_mov* innerhalb des Ordners *AE_CIB job*. Klicken Sie auf »Speichern«. Die Renderliste wird geöffnet.

4. Wählen Sie aus dem Einblendmenü »Rendereinstellungen« die Option »Optimale Einstellungen«.

5. Wählen Sie aus dem Einblendmenü »Ausgabemodul« die Option »Andere«. Danach wird das Dialogfeld »Einstellungen für Ausgabemodule« angezeigt, in dem Sie die folgenden Einstellungen vornehmen:

   - Wählen Sie aus dem Einblendmenü »Format« die Option »QuickTime-Film«.
   - Wählen Sie im Einblendmenü »Vorgang nach dem Rendern« die Option »Importieren« (After Effects 5.5) bzw. aktivieren Sie die Option »Nach Fertigstellung in Projekt importieren« (After Effects 5)..

6. Klicken Sie auf die Schaltfläche »Formatoptionen«, um das Dialogfeld »Komprimierung« zu öffnen, und stellen Sie sicher, dass die Optionen »Animation« und »Über 16,7 Mill. Farben« ausgewählt sind. Klicken Sie auf OK, um das Dialogfeld zu schließen.

7. Klicken Sie auf OK, um das Dialogfeld »Einstellungen für Ausgabemodule« zu schließen.

8. Speichern Sie erneut das Projekt und klicken Sie auf »Rendern«.

Schließen Sie die Renderliste, sobald das Rendern beendet ist. Der Film *LensFlare.mov* wird im Projektfenster angezeigt. Diesen Film können Sie jetzt mit den pulsierenden Quadraten kombinieren.

Sie können jetzt wieder eine Pause einlegen. Denken Sie aber daran, erst Ihre Arbeit zu speichern.

Komponenten für die Komposition *Box Lights* kombinieren

In diesem Abschnitt arbeiten Sie an dem zweiten Element für die endgültige Animation weiter. Jetzt soll der gerade erstellte Film *LensFlare.mov* mit dem bereits früher in dieser Lektion gerenderten Film *Squares02.mov* kombiniert werden. (Sie verwenden *LensFlare.mov* außerdem noch in einem anderen Teil der endgültigen Komposition.) Die Lichter der Blendeneffekte scheinen dabei durch die Felder und geben so diesem Element einen zusätzlichen optischen Effekt. Dazu erstellen Sie zuerst eine neue Komposition.

1   Das Projekt *Boxes02_work.aep* ist geöffnet. Wählen Sie **Komposition: Neue Komposition**.

2   Geben Sie im Dialogfeld »Kompositionseinstellungen« den Namen **Box Lights Comp** ein.

3   Wählen Sie unter »Voreinstellung« die Option »NTSC D1 Quad. Pixel, 720 x 540«.

4   (Optional) Wählen Sie unter »Auflösung« die Option »Halb« oder niedriger entsprechend der Leistung Ihres Computersystems.

5   Geben Sie unter »Dauer« den Wert **400** für vier Sekunden ein und klicken Sie auf OK.

Die Komposition *Box Lights Comp* wird im Projektfenster, im Kompositionsfenster und in der Zeitleiste angezeigt.

Zwei Komponenten kombinieren und einstellen

Sie können jetzt die Filme *LensFlare.mov* und *Squares02.mov* der neuen Komposition hinzufügen.

1. Die Zeitmarke steht auf 0:00. Ziehen Sie die beiden Filme *LensFlare.mov* und *Squares02.mov* aus dem Projektfenster in die Zeitleiste. Achten Sie darauf, dass *LensFlare.mov* die *Ebene 2* im Ebenenstapel ist.

2. Es ist nur die *Ebene 2* (*LensFlare.mov*) ausgewählt. Drücken Sie die S-Taste, um die Skalierungseigenschaft zu öffnen. Geben Sie den Wert **170%** ein oder ziehen Sie entsprechend.

Hinweis: *Da diese Ebene ein weichgezeichnetes Bild in der Komposition ist, ist der Verlust an Auflösung durch die Bildvergrößerung unproblematisch.*

3. Wählen Sie *Ebene 1* (*Squares02.mov*) und ändern Sie diese Ebene wie folgt:
   - Wählen Sie **Effekt: Kanäle: Umkehren**, um die RGB-Kanäle umzukehren. Sie sehen jetzt statt der schwarzen Quadrate auf weißem Hintergrund weiße Quadrate auf schwarzem Hintergrund.
   - Wählen Sie in der Modus-Spalte die Option »Multiplizieren«. Der Kompositionsframe wird völlig schwarz angezeigt.

4. Erzeugen Sie eine Vorschau der Animation. Die Blendeneffekte befinden sich jetzt innerhalb der Felder. Speichern Sie das Projekt.

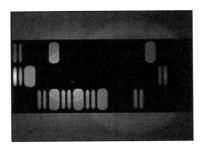

Indem Sie die Kanäle in *Squares02.mov* umkehren, scheint das Licht durch die Quadrate und nicht im Hintergrund. Der Transfermodus »Multiplizieren« kombiniert Bereiche mit überlappenden Farben in den beiden Ebenen. Solange es sich bei den Farben nicht um Weiß handelt, erzeugt »Multiplizieren« immer dunklere Farben. Hier ändern die weißen Quadrate nicht die Farbe des Blendeneffekts. Der schwarze Hintergrund dagegen verhindert die Anzeige des Blendeneffekts.

Die Komposition *Box Lights* rendern

Sie haben nun alles vorbereitet, um die kombinierte Komposition rendern zu können.

1. Schließen Sie die Komposition *Box Lights Comp* im Kompositionsfenster, in der Zeitleiste und im Effektfenster.
2. Wählen Sie im Projektfenster die Komposition *Box Lights Comp* und dann den Befehl **Komposition: Film erstellen**.
3. Geben Sie im Dialogfeld »Film ausgeben unter« als Dateinamen **BoxLights.mov** ein und wählen Sie den Ordner _mov innerhalb des Ordners AE_CIB job. Klicken Sie auf »Speichern«.
4. Wählen Sie in der Renderliste aus dem Einblendmenü »Rendereinstellungen« die Option »Optimale Einstellungen«.
5. Wählen Sie aus dem Einblendmenü »Ausgabemodul« die Option »Andere«. Danach wird das Dialogfeld »Einstellungen für Ausgabemodule« angezeigt. Nehmen Sie die folgenden Einstellungen vor:
   - Wählen Sie aus dem Einblendmenü »Format« die Option »QuickTime-Film«.
   - Wählen Sie im Einblendmenü »Vorgang nach dem Rendern« die Option »Importieren« (After Effects 5.5) bzw. aktivieren Sie die Option »Nach Fertigstellung in Projekt importieren« (After Effects 5).
6. Klicken Sie auf die Schaltfläche »Formatoptionen«, um das Dialogfeld »Komprimierung« zu öffnen, und stellen Sie sicher, dass die Optionen »Animation« und »Über 16,7 Mill. Farben« ausgewählt sind. Klicken Sie anschließend auf OK.
7. Klicken Sie auf OK, um das Dialogfeld »Einstellungen für Ausgabemodule« zu schließen. Speichern Sie das Projekt erneut.
8. Klicken Sie auf »Rendern«.

Wenn das Rendern abgeschlossen ist, schließen Sie die Renderliste. Der Film *BoxLights.mov* wird im Projektfenster angezeigt. Doppelklicken Sie auf den Film, um ihn im Footage-Fenster anzuzeigen. Falls erforderlich, können Sie die Komposition *Box Lights Comp* ändern und erneut für einen neuen Film rendern.

Da Sie das Rendern einer Komponente beendet haben, könnten Sie jetzt wieder eine Pause einlegen.

Das zweite Element *BoxLights Line Comp* erstellen

Die Komposition mit den Feldern und Lichtern ist noch nicht fertig. Sie machen die Komposition nun breiter und komplexer, indem Sie sie als neue Komposition duplizieren. Anschließend verschieben Sie die Ebenen an verschiedene Positionen innerhalb des Kompositionsframes, so dass sie sich überlappen. Dazu stellen Sie die In-Points so ein, dass die Ebenen zu verschiedenen Zeitpunkten angezeigt werden. So erzeugen Sie noch mehr Abwechslung. Die gerenderte Version dieser Komposition wird später einmal zusammen mit dem Film *Squares01.mov* in das endgültige Gesamtprojekt importiert.

Eine neue Komposition mit neuen Einstellungen erstellen

Sie beginnen mit einer neuen breiten Komposition, die den Film *Box Lights.mov* mehrfach aufnehmen kann. Falls noch nicht geschehen, öffnen Sie jetzt das Projekt *Boxes02_work.aep* im Projektfenster.

1 Wählen Sie **Komposition: Neue Komposition**.

2 Geben Sie im Dialogfeld »Kompositionseinstellungen« den Namen **BoxLights Line Comp** ein.

3 Geben Sie im Feld »Breite« den Wert **1720** ein.

4 Geben Sie im Feld »Höhe« den Wert **300** ein.

5 Achten Sie darauf, dass unter »Pixel-Seitenverhältnis« die Option »Quadratische Pixel« gewählt ist und dass die Framerate **29,97** beträgt.

6 Geben Sie im Feld »Dauer« den Wert **1100** ein und klicken Sie auf OK.

7 Wählen Sie im Projektfenster den Film *BoxLights.mov* und ziehen Sie ihn in die Zeitleiste.

8 Wählen Sie in der Modus-Spalte die Option »Negativ multiplizieren« für die Ebene *BoxLights.mov*.

Box Lights.mov duplizieren und platzieren

Jetzt erzeugen Sie mehrere Instanzen des Films *Box Lights.mov* und positionieren diese dann unterschiedlich in Zeit und Raum. Bevor Sie beginnen, achten Sie darauf, dass der komplette Kompositionsframe angezeigt wird. Stellen Sie dazu die Größe des Kompositionsfensters und den Vergrößerungsgrad entsprechend ein.

1 Die Ebene *BoxLights.mov* ist ausgewählt. Drücken Sie die Tasten Strg+D (Windows) bzw. Befehl+D (Mac OS) insgesamt 12 Mal, um insgesamt 13 Ebenen zu erzeugen. Wählen Sie anschließend *Ebene 2*.

2 Ziehen Sie im Kompositionsfenster mit gedrückter Umschalttaste die gewählte Ebene an die linke Seite des Kompositionsfensters. Die gedrückte Umschalttaste bewirkt, dass die Ebene nur horizontal und nicht vertikal bewegt werden kann.

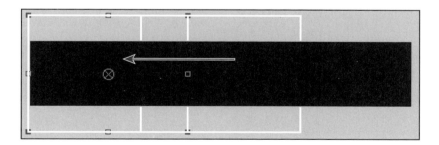

3   Ziehen Sie genau so die *Ebene 3* an die rechte Seite des Kompositionsframes.

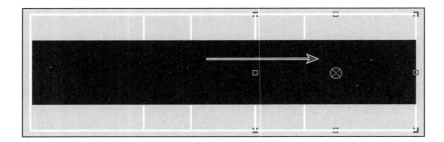

4   Ziehen Sie auch die anderen Ebenen so, dass sie sich an verschiedenen Positionen im Kompositionsframe überlappen: nach links, nach rechts, zur Mitte, zur Mitte links, zur Mitte rechts usw. Die genaue Position der Koordinaten ist dabei nicht wichtig.

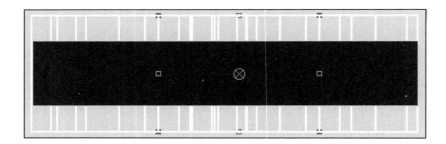

5   Ändern Sie die In-Points der Ebenen, so dass die Ebenen zu verschiedenen Zeiten zwischen 0:00 und 7:00 in die Komposition kommen. Arbeiten Sie dabei mit folgenden Techniken:

   • Ziehen Sie die Zeitbalken (ziehen Sie nur den farbigen Balken, nicht die Enden) und beobachten Sie die In-Point-Anzeige in der Informationsleiste.

   • Öffnen Sie die In/Out-Spalte in der Zeitleiste (auf rechten Doppelpfeil unten in der Zeitleiste klicken) und geben Sie die In-Werte für jede Ebene ein.

Im Beispielfilm wurden die In-Point-Einstellungen gemäß folgender Abbildung verwendet – die von Ihnen gesetzen In-Points müssen jedoch nicht exakt mit denen in der Abbildung übereinstimmen.

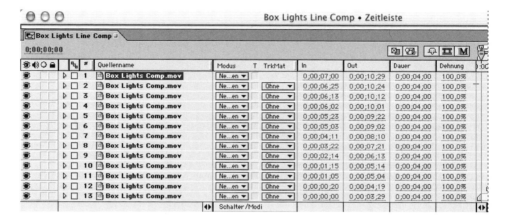

6   Achten Sie darauf, dass in der Modus-Spalte für jede der 13 Ebenen die Option »Negativ multiplizieren« ausgewählt ist.

7   Sehen Sie sich eine Vorschau der Animation an und speichern Sie das Projekt.

Den Film *BoxLights Line* rendern

Jetzt können Sie die lange Linie mit den Feldern und Lichtern rendern.

1   Schließen Sie die Komposition *BoxLights Line Comp* im Kompositionsfenster, in der Zeitleiste und im Effektfenster.

2   Wählen Sie im Projektfenster die Komposition *BoxLights Line Comp* und dann den Befehl **Komposition: Film erstellen**.

3   Geben Sie im Dialogfeld »Film ausgeben unter« den Dateinamen **BoxLights Line.mov** ein und wählen Sie den Ordner *_mov* innerhalb des Ordners *AE_CIB job*. Klicken Sie auf »Speichern«. Die Renderliste wird geöffnet mit *BoxLights Line Comp* als fünftes Element nach den bereits vier in dieser Lektion gerenderten Komponenten.

4 Wählen Sie aus dem Einblendmenü »Rendereinstellungen« die Option »Optimale Einstellungen«.

Hinweis: *Wenn Sie den Arbeitsbereich für diese Komposition zurückgesetzt haben, achten Sie darauf, unter »Zeitspanne« die Option »Arbeitsbereich« zu wählen.*

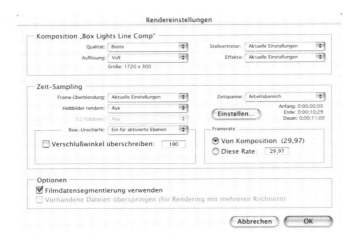

5 Wählen Sie aus dem Einblendmenü »Ausgabemodul« die Option »Andere«. Danach wird das Dialogfeld »Einstellungen für Ausgabemodule« angezeigt.

- Wählen Sie aus dem Einblendmenü »Format« die Option »QuickTime-Film«.
- Wählen Sie im Einblendmenü »Vorgang nach dem Rendern« die Option »Importieren« (After Effects 5.5) bzw. aktivieren Sie die Option »Nach Fertigstellung in Projekt importieren« (After Effects 5).

6 Klicken Sie auf die Schaltfläche »Formatoptionen«, um das Dialogfeld »Komprimierung« zu öffnen, und stellen Sie sicher, dass die Optionen »Animation« und »Über 16,7 Mill. Farben« ausgewählt sind. Klicken Sie auf OK.

7 Klicken Sie auf OK, um das Dialogfeld »Einstellungen für Ausgabemodule« zu schließen. Speichern Sie das Projekt erneut.

8 Klicken Sie auf »Rendern«.

Wenn das Rendern abgeschlossen ist, schließen Sie die Rendereinstellungen. Der Film *BoxLights Line.mov* wird im Projektfenster angezeigt. Drücken Sie die Alt- (Windows) bzw. Wahltaste (Mac OS) und doppelklicken Sie auf den Film, um ihn im After-Effects-Player zu öffnen. Drücken Sie dann die Taste 0 (null) auf der Zehnertastatur für eine RAM-Vorschau oder drücken Sie die Leertaste, um den gerenderten Film abzuspielen.

Sie haben jetzt drei weitere Filmdateien (Elemente) für die endgültige Komposition: *Squares01.mov*, *LensFlare.mov* und *BoxLights Line.mov*. Diese Filme sind im Ordner *_mov* gespeichert. Diese Elemente dienen im endgültigen Projekt als Struktur für den Hintergrund und sollen den High-Tech-Anspruch der Produktlinie des Kunden verdeutlichen.

Glückwunsch – Sie haben damit die Lektion 2 erfolgreich abgeschlossen!

Hinweis: *Um Speicherplatz zu sparen, können Sie jetzt die Beispieldateien für diese Lektion in den Ordnern* Sample_Movies *und* Finished_Projects *innerhalb des Ordners* AE_CIB job *löschen. Ihre eigenen Dateien sind sicher im Ordner* AE_CIB job *gespeichert. Sie werden diese Dateien später noch benötigen, weshalb Sie nur die Beispieldateien, nicht jedoch die Quelldateien oder die von Ihnen erstellten Dateien löschen sollten.*

Lektion 3

Kreise animieren

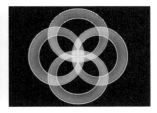

Lernen Sie noch mehr neue Möglichkeiten von After Effects 5.0 kennen: Zeichnen von Masken direkt im Kompositionsfenster und Erstellen von Expressionen durch einfaches Ziehen. Expressionen definieren die Zusammenhänge von Ebeneneigenschaften. Dadurch lassen sich synchronisierte Bewegungen und Transformationen extrem einfach erzeugen – Sie erzielen großartige Ergebnisse mit geringstem Aufwand.

In dieser Lektion lernen Sie Folgendes:

- Pfade mit Maskenwerkzeugen erstellen
- Größe von Masken ändern
- Den Strich-Effekt zuweisen und animieren
- Verschiedene Linienarten durch Ändern der Effekteigenschaften erstellen
- Ein ungültiges Objekt erstellen und animieren
- Mit dem Auswahlsymbol einfach Expressionen erstellen
- Mit dem 3D-Effekt Objekte im dreidimensionalen Raum kippen
- Komplette Kompositionen duplizieren und ersetzen
- Mehrere Kompositionen in einem Durchgang rendern

Für diese Lektion benötigen Sie eine gute Stunde und die Zeit, die zum Rendern der Kompositionen gebraucht wird. Am Ende der Lektion verfügen Sie über drei einzelne QuickTime-Elemente mit Ringen, die Sie dann in der endgültigen Komposition verwenden können.

Vorbereitungen

Achten Sie darauf, dass sich die folgenden Dateien im Ordner *AE_CIB job* auf Ihrer Festplatte befinden. Ansonsten müssen Sie die Dateien jetzt von Ihrer Buch-CD-ROM kopieren.

- Im Ordner *_psd*: *Ring.psd*
- Im Ordner *Sample_Movies*: R*ings_final.mov*, *LineCircles_final.mov* und *DotCircles_final.mov* aus dem Verzeichnis *Sample_Movies/Lektion03* auf der Buch-CD
- Im Ordner *Finished_Projects*: *Circles03_finished.aep*

Hinweis: *(Nur für Windows) Wenn die Datei* Prefs *nicht angezeigt wird, stellen Sie sicher, dass im Dialogfeld* Ordneroptionen *im Register* Ansicht *für* Versteckte Dateien und Ordner *die Option* Alle Dateien und Ordner anzeigen *ausgewählt ist.*

Öffnen und spielen Sie die drei Beispielfilme ab, damit Sie sehen, was Sie in dieser Lektion erstellen werden. Wenn Sie sich die Filme angesehen haben, beenden Sie den QuickTime-Player. Sie können diese Beispielfilme (aus Platzgründen) auf Ihrer Festplatte wieder löschen oder dort belassen, um im Verlaufe der Lektion Ihre Arbeitsergebnisse mit den Beispielen vergleichen zu können.

Zunächst erstellen Sie die drei Kreis-Filme in einem einzelnen Projekt. Dafür erstellen Sie als Erstes dieses Projekt.

1   Starten Sie After Effects, falls das Programm noch nicht geöffnet ist.
2   Wählen Sie **Datei: Neu: Neues Projekt**.

Bei allen Übungsdateien handelt es sich um ein Projekt, das in den USA für die dort verwendete NTSC-Fernsehnorm erstellt wird. Deshalb wird im Buch durchgängig mit einer Timecodebasis von 30 gearbeitet. Hierzulande würden Sie entsprechend der PAL-Norm mit einer Timecodebasis von 25 arbeiten.

3   Wählen Sie **Datei: Projekteinstellungen**. Das Dialogfeld »Projekteinstellungen« wird angezeigt. Wählen Sie aus dem Einblendmenü »Timecodebasis« die Option »30 fps« und aus dem Einblendmenü »NTSC« die Option »Drop-Frame«. Klicken Sie auf OK.
4   Wählen Sie **Datei: Speichern unter**.
5   Geben Sie als Dateinamen **Circles03_work.aep** ein und speichern Sie das Projekt im *_aep*-Ordner innerhalb des *AE_CIB job*-Ordners.

Linienkreise erstellen

Die erste Komponente ist eine Animation mehrerer Kreiskonturen, die sich innerhalb von vier Sekunden aufbauen. Sie erstellen diese Kreis in After Effects mit Hilfe der Maskenwerkzeuge und dem *Strich*-Effekt. Die einzige vorbereitete Footage-Datei ist ein Bild, das als Referenz zum Zeichnen der Masken dient. Sie verwenden diese Komponente in einem Bild mit mehreren Ringen und rendern mit dem Ergebnis einen QuickTime-Film.

Importieren der Footage-Datei

Bei der Quelldatei für dieses Projekt handelt es sich um ein Bild mit Ringen, das als Photoshop-Datei mit einer Ebene und einem Alphakanal erstellt wurde.

1   Wählen Sie **Datei: Importieren: Datei.**

2   Öffnen Sie im Ordner *AE_CIB job* den Ordner *_psd* und wählen Sie die Datei *Ring.psd*. Klicken Sie anschließend auf »Öffnen« (Windows) bzw. »Importieren« (Mac OS).

3   Aktivieren Sie im Dialogfeld »Footage interpretieren« die Option »Direkt - ohne Maske« und klicken Sie dann auf OK.

Das Projekt organisieren

Nun organisieren Sie so wie in den früheren Lektionen die Footage-Elemente im Projektfenster nach Dateityp. Da Sie für dieses Projekt nur eine Footage-Datei importieren, benötigen Sie nur einen Ordner. Dieses Projekt ist zwar ziemlich einfach, dennoch sollten Sie sich die Organisation des Projektfensters zur guten Angewohnheit machen.

1   Wählen Sie **Datei: Neu: Neuer Ordner,** um einen neuen Ordner im Projektfenster anzulegen.

2   Geben Sie als Ordnernamen **psd files** ein.

3   Ziehen Sie die Datei *Ring.psd* in diesen Ordner und erweitern Sie dann den Ordner, um die Datei *Ring.psd* sehen zu können.

Eine neue Komposition erstellen

Jetzt definieren Sie die Komposition für die Linienkreise und nehmen die notwendigen Einstellungen vor.

1   Wählen Sie **Komposition: Neue Komposition** oder drücken Sie die Tasten Strg+N (Windows) bzw. Befehl+N (Mac OS).

2   Geben Sie als Namen der Komposition **Line Circles Comp** ein.

3   Wählen Sie im Dialogfeld »Kompositionseinstellungen« in der Registerkarte »Einfach« die folgenden Optionen:

- Geben Sie unter »Breite« und »Höhe« jeweils den Wert **800** ein.
- Geben Sie in das Feld »Dauer« den Wert **600** für sechs Sekunden ein.
- Achten Sie darauf, dass diese Optionen ausgewählt sind: für »Pixel-Seitenverhältnis« die Option »Quadratische Pixel«, für »Framerate« der Wert »29,97« und für »Timecode startet bei« die Zeit 0:00. Die jetzt mit »Seitenverhältnis einschränken auf 1:1« benannte Option *muss* deaktiviert sein.
- Wählen Sie je nach vorhandenem Computersystem unter Auflösung die Option »Halb« oder eine noch geringere Auflösung.

4   Klicken Sie auf OK. Das Kompositionsfenster und die Zeitleiste werden für die Komposition *Line Circles Comp* angezeigt.

5 Falls die Hintergrundfarbe nicht Schwarz ist, ändern Sie diese mit dem Befehl **Komposition: Hintergrundfarbe**. Wählen Sie dann im Farbwähler die Farbe Schwarz.

Ebenen in der Komposition platzieren

Nun platzieren Sie die Datei *Ring.psd* in der neuen Komposition und erstellen eine neue Farbfläche. Bevor in After Effects ein Effekt zugewiesen werden kann, wird immer erst eine Ebene benötigt. Etwas später verwenden Sie die Farbflächenebene mit dem Effekt *Strich* zum Zeichnen der Kreise.

1 Drücken Sie die Pos1- bzw. Home-Taste, um die Zeitmarke auf 0:00 zu setzen.

2 Ziehen Sie die Datei *Ring.psd* aus dem Projektfenster in die Zeitleiste. Das Bild wird automatisch im Kompositionsframe zentriert.

3 Wählen Sie **Ebene: Neu: Farbfläche**.

4 Nehmen Sie im Dialogfeld »Einstellungen für Farbflächen« die folgenden Einstellungen vor:

- Geben Sie als Namen **Circles Solid** ein.
- Klicken Sie auf die Schaltfläche »Wie Kompositionsgröße«, um die Farbfläche auf die Größe der Komposition (800 x 800 Pixel) einzustellen. Sie können aber auch in den Feldern »Breite« und »Höhe« den Wert **800** eingeben.
- Wählen Sie unter »Farbe« mit der Pipette oder über den Farbwähler die Farbe Schwarz. Überprüfen Sie alle Einstellungen und klicken Sie dann auf OK, um das Dialogfeld »Einstellungen für Farbflächen« zu schließen.

In der Zeitleiste wird die neue Ebene *Circles Solid* angezeigt und der Kompositionsframe ist mit einer schwarzen Farbflächenebene über der Ebene *Ring.psd* gefüllt. Die Farbe der Farbfläche wird in der endgültigen Ausgabe nicht zu sehen sein, da sie als Maske benutzt wird. Deshalb kann die Fläche auch nicht weiß sein, da Sie sonst die darunter befindliche Referenzebene *Ring.psd* beim Zeichnen der Maske nicht sehen würden. Schwarz bietet die beste Ansicht der Ebene *Ring.psd*.

Einen Transfermodus einstellen

Sie müssen die Ebene *Ring.psd* sehen, damit Sie die Masken zeichnen können. Deshalb weisen Sie den Transfermodus »Negativ multiplizieren« zu, um *Ring.psd* hinter der Farbfläche sichtbar zu machen.

1   Wählen Sie die Ebene *Circles Solid*.

2   Öffnen Sie in der Zeitleiste die Modus-Spalte, indem Sie unten in der Zeitleiste auf die Schaltfläche »Schalter Modi« klicken. Oder klicken Sie mit der rechten Maustaste (Windows) bzw. mit gedrückter Control-Taste (Mac OS) auf eine Spaltenüberschrift und wählen Sie aus dem Kontextmenü den Befehl **Felder: Modi**.

3   Wählen Sie den Transfermodus »Negativ multiplizieren« für die Ebene *Circles Solid*.

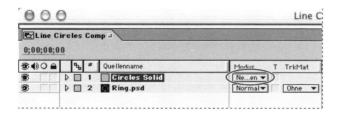

Die Ebene *Ring.psd* ist nun hinter der Ebene *Circles Solid* zu sehen.

Pfade mit Hilfe von Masken erstellen

Sie können in After Effects 5.0 Masken direkt im Kompositionsfenster erstellen. Das ist wichtig für die nächste Aufgabe, da Sie die Ebene *Ring.psd* für übereinstimmende Maße hinter dem Pfad sehen müssen.

Der *Strich*-Effekt weist einem vorhandenen Pfad eine Linie zu. Ein Pfad lässt sich auf unterschiedliche Weise erzeugen, unter anderem mit der Methode, die Sie jetzt benutzen werden: Zwei kreisförmige Pfade mit Hilfe der Maskierungswerkzeuge in After Effects erstellen und den Effekt *Strich* auf diesen Pfad zuweisen.

1 Die Ebene *Circles Solid* ist ausgewählt.

2 Wählen Sie in der Werkzeugpalette das Werkzeug »Ovale Maske«. Das Werkzeug kann sich unter dem Werkzeug »Rechteckige Maske« befinden, je nachdem, welches Werkzeug zuletzt benutzt wurde.

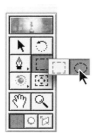

Hinweis: Wenn das Werkzeug »Ovale Maske« nicht verfügbar ist, wählen Sie aus dem Menü des Kompositionsfensters (erreichbar durch Klicken auf den Pfeil rechts oben im Kompositionsfenster) die Option »Anzeigeoptionen« und schalten Sie im aufgerufenen Dialogfenster die Option »Masken« ein (After Effects 5.5) bzw. wählen Sie im Kompositionsfenstermenü die Option »Ebenenmasken« (After Effects 5).

3 Platzieren Sie den Cursor (Fadenkreuz) in der Mitte des Kompositionsfensters und benutzen Sie dazu die Mitte der Ebene *Ring.psd* als Anhaltspunkt. Beginnen Sie zu ziehen und drücken Sie gleichzeitig die Tasten Strg+Umschalt (Windows) bzw. Befehl+Umschalt (Mac OS), um den Kreis vom Mittelpunkt aus zu zeichnen und ihn gleichzeitig auf eine perfekte Kreisform einzuschränken. Ziehen Sie, bis der gelbe von Ihnen gezeichnete Kreis mit der äußeren Kontur des Referenzbilds *Ring.psd* (weiße Linie) deckungsgleich ist.

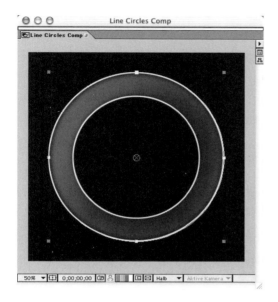

4 Wiederholen Sie Schritt 3, um einen zweiten Kreis zu zeichnen. Dieser Kreis ist kleiner und soll deckungsgleich mit der inneren Kontur des Rings in der Ebene *Ring.psd* sein.

5 Wählen Sie in der Werkzeugpalette das Auswahlwerkzeug ( ) und speichern Sie das Projekt.

Jetzt befinden sich in der Zeitleiste zwei Maskenform-Eigenschaften unter der Ebene *Circles Solid*: *Maske 1* und *Maske 2*. Sie können diese anzeigen, indem Sie die M-Taste drücken. Um diese Eigenschaften auszublenden, drücken Sie erneut die M-Taste.

Den *Strich*- Effekt zuweisen

Nun weisen Sie den *Strich*-Effekt der Ebene *Circle Solid* zu und legen im Fenster »Effekteinstellungen« die Eigenschaften für den Strich bzw. die Kontur fest.

1 Wählen Sie die Ebene *Circles Solid* und dann den Befehl **Effekt: Rendering-Filter: Strich**.

2 Nehmen Sie im Effektfenster die folgenden Einstellungen für den *Strich*-Effekt vor:

- Wählen Sie die Option »Alle Masken«, um den Strich beiden Masken zuzuweisen.
- Deaktivieren Sie die Option »Durchgehend zeichnen«.
- Wählen Sie im Farbfeld die Farbe Weiß.
- Geben Sie für *Größe* den Wert **3** ein oder ziehen Sie, um die Stärke bzw. Breite des Strichs festzulegen.
- Geben Sie für *Härte* den Wert **30%** ein oder ziehen Sie, um die Qualität der Strichkante zu bestimmen.
- Die *Deckkraft* ist auf 100% eingestellt.
- Der *Anfang* ist auf 0% eingestellt.
- Geben Sie für *Ende* den Wert **0%** ein oder ziehen Sie (Sie werden später andere Keyframes setzen, so dass der Kreis allmählich erscheint).
- Geben Sie für *Abstände* den Wert **10%** ein oder ziehen Sie, um die Zwischenräume zwischen den Strichsegmenten festzulegen.
- Wählen Sie für *Malstil* die Option »Auf Transparent«.

Die Anzeige im Kompositionsfenster hat sich nicht geändert, Anfang und Ende sind noch auf 0% eingestellt, d.h., die Anzeige der Kreises hat noch nicht begonnen.

Den *Strich*-Effekt animieren

Jetzt stellen Sie Keyframes für den Endwert ein, um die Zeichnung zu animieren. Diese Einstellungen können in der Zeitleiste vorgenommen werden, indem alle notwendigen Eigenschaften ausgeklappt werden. Allerdings ist es bequemer, die Eigenschaften im Effektfenster einzustellen.

1   Setzen Sie die Zeitmarke auf 0:00.

2   Klicken Sie im Effektfenster auf das Ende-Stoppuhrsymbol (⌛), um einen Keyframe zu setzen. Den Keyframe können Sie noch nicht sehen, doch weisen die Zeiger in der Stoppuhr darauf hin, dass Sie den Keyframe richtig gesetzt haben.

3   Setzen Sie die Zeitmarke auf 3:29.

4   Stellen Sie den Endwert für den *Strich*-Effekt auf **100%**, um einen zweiten Keyframe zu setzen. Es kann sein, dass die Linienkontur auf dem Bild *Ring.psd* nur schwer zu erkennen ist.

5   Die Ebene *Circles Solid* ist in der Zeitleiste ausgewählt. Drücken Sie die E-Taste, um die Effekte auszuwählen. Klicken Sie dann auf den Pfeil neben dem Wort *Strich*, um die Eigenschaften anzuzeigen. Überprüfen Sie, dass sich die beiden Keyframes an den Postionen 0:00 und 3:29 befinden.

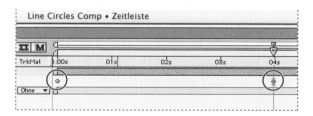

Hinweis: *Die Symbole für die Keyframes für* Strich *(bevor Sie den Effekt erweitert bzw. ausgeklappt haben) sehen anders aus (⌛) als die Keyframes, die Sie in den bisherigen Lektionen gesetzt haben. Die runden Keyframe-Symbole weisen nur auf die Punkte hin, an denen einige Effekte animiert sind, und nicht darauf, welche Steuerungen über Keyframes durchgeführt werden und welche Interpolationsmethode benutzt wird. Die bei* Ende *vorhandenen Keyframes haben dagegen die vertraute Rautenform (⌛).*

6 Drücken Sie erneut die E-Taste, um die Effekte auszublenden. Schließen Sie anschließend das Effektfenster.

Das Referenzbild entfernen

Sie haben das Zeichnen der Masken abgeschlossen und benötigen die Ebene *Ring.psd*, die nur als Vorlage diente, nicht mehr. Deshalb entfernen Sie diese Datei, so dass Ihre Komposition nur noch die Linienkreise enthält.

1 Wählen Sie die Ebene *Ring.psd* in der Zeitleiste und drücken Sie die Entf-Taste. Sie sehen jetzt nur noch die beiden kreisförmigen Konturen bzw. Linien im Kompositionsfenster.

2 Setzen Sie die Zeitmarke auf 0:00 und drücken Sie die 0 (Null) auf dem Zahlenblock für eine Vorschau der Animation.

Sie sehen in der Vorschau, dass die Linie auf einer kreisförmigen Maskenform in einem Zeitraum von vier Sekunden gezeichnet wird.

3 Speichern Sie das Projekt und schließen Sie dann die Zeitleiste und das Kompositionsfenster.

Hinweis: Falls die Vorschau nicht die komplette Animation zeigt, verfügt Ihr System über zu wenig Arbeitsspeicher. Versuchen Sie, die Einstellungen für Qualität oder Auflösung zu ändern, um eventuell doch die komplette Animation als Vorschau angezeigt zu bekommen. Weitere Informationen finden Sie unter »Arbeitsspeicher zuweisen« auf Seite 10.

Kreise aus gepunkteten Strichlinien erstellen

Nun benutzen Sie die gerade erstellte Komposition, um eine zweite Komponente des Kreises zu erstellen. Diese Komponente ähnelt sehr der Komposition *Line Circles Comp*. Indem Sie die erste Komposition duplizieren und einige wenige Details ändern, brauchen Sie nicht mehr alle bisher für die erste Komposition durchgeführten Schritte zu wiederholen.

Die ursprüngliche Komposition duplizieren

Sie erstellen zuerst eine neue Komposition.

1. Wählen Sie im Projektfenster die Komposition *Line Circles Comp*.
2. Drücken Sie die Tasten Strg+D (Windows) bzw. Befehl+D (Mac OS), um die Komposition *Line Circles Comp* zu duplizieren. Das Duplikat wird im Projektfenster zusammen mit einem Sternchen (*Line Circles Comp**) angezeigt, was auf eine Kopie hinweist.
3. Wählen Sie **Komposition: Kompositionseinstellungen** oder drücken Sie die Tasten Strg+K (Windows) bzw. Befehl+K (Mac OS), um das Dialogfeld »Kompositionseinstellungen« zu öffnen.
4. Geben Sie als Namen **Dot Circles Comp** ein und klicken Sie auf OK. Damit übernehmen Sie auch alle anderen Einstellungen.

Größe der Masken ändern

Im fertigen Projekte werden die kreisförmigen und die gepunkteten Linien (die Sie jetzt erstellen werden) dicht nebeneinander angezeigt. Deshalb stellen Sie jetzt die Größen unterschiedlich ein, damit Sie beide *Strich*-Effekte sehen können, und benutzen dabei wieder die Photoshop-Datei als Referenz .

1. Doppelklicken Sie im Projektfenster auf die Komposition *Dot Circles Comp*, um sie im Kompositionsfenster und in der Zeitleiste zu öffnen.
2. Achten Sie darauf, dass sich die Zeitmarke bei 0:00 befindet. Ziehen Sie dann die Footage-Datei *Ring.psd* aus dem Projektfenster in die Zeitleiste, damit sich die Datei im Kompositionsfenster zentriert.
3. Setzen Sie in der Zeitleiste die Zeitmarke auf 3:29 und wählen Sie die Ebene *Circles Solid*.
4. Drücken Sie die M-Taste, um beide Maskenformen (*Maske 1* und *Maske 2*) unter der Ebene *Circles Solid* anzuzeigen.
5. Wählen Sie *Maske 1* und drücken Sie die Tasten Strg+T (Windows) bzw. Befehl+T (Mac OS). Die Griffpunkte des Begrenzungsfeldes (bzw. Transformationspunkte) werden im Kompositionsfenster angezeigt.

6   Setzen Sie das Auswahlwerkzeug auf einen der Eck-Griffpunkte. Der Cursor ändert sich in einen diagonalen Doppelpfeil (⤢). Ziehen Sie in Richtung Zentrum, so dass die Maskenkontur gegenüber dem Referenzbild geringfügig nach innen versetzt wird.

7   Setzen Sie den Cursor auf den diagonal gegenüberliegenden Eck-Griffpunkt und wiederholen Sie Schritt 6. Danach ist die Maske wieder ein perfekter Kreis, der auf dem Referenzbild zentriert ist.

8   Drücken Sie die Eingabetaste, um die Transformationspunkte der Maske zu deaktivieren.

9   Wiederholen Sie die Schritte 5 bis 8 und wählen Sie diesmal *Maske 2* aus. Machen Sie diese Maske etwas kleiner als die innere Kontur des Referenzbildes.

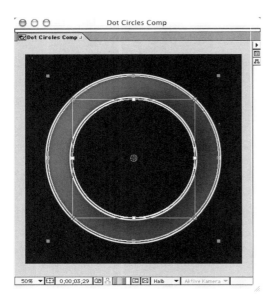

Wenn Sie fertig sind, drücken Sie die M-Taste, um die Maskenform-Eigenschaft auszublenden.

10 Wählen Sie die Ebene *Ring.psd* und drücken Sie die Entf.-Taste, um das Referenzbild zu entfernen.

Linien in gepunktete Linien ändern

Als letzte Aufgabe ändern Sie die Einstellungen des *Strich*-Effekt so, dass der Kreis aus einer gepunkteten statt einer durchgehenden Linie besteht.

1   Wählen Sie in der Zeitleiste die Ebene *Circles Solid* und dann den Befehl **Effekt: Effekteinstellungen öffnen** oder drücken Sie die Taste F3, um das Effektfenster zu öffnen.

2   Ändern Sie im Effektfenster die folgenden *Strich*-Effekteinstellungen:

   • Geben Sie für *Abstände* den Wert **86%** ein oder ziehen Sie. Sie können auch die *Abstände*-Eigenschaften ausklappen bzw. erweitern und den Wert per Regler ändern.

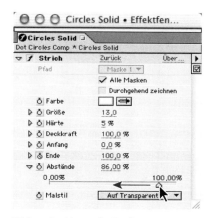

Ziehen des Abstände-*Reglers*

   • Geben Sie für *Größe* genau den Wert **13** ein oder ziehen Sie. (Genauigkeit an dieser Stelle ist wichtig, da durch den Wert auch die Abstände der Striche an der Anfangs- und Endposition des Kreises bestimmt werden.)

   • Geben Sie für *Härte* den Wert **5%** ein oder ziehen Sie.

3   Setzen Sie in der Zeitleiste die Zeitmarke auf 0:00 und deaktivieren Sie die Ebene *Circles Solid*.

4   Sehen Sie sich die Vorschau der Animation an. Falls erforderlich reduzieren Sie die Auflösung im Kompositionsfenster.

5   Speichern Sie das Projekt und schließen Sie das Kompositionsfenster, die Zeitleiste und das Effektfenster.

Mehrfache Ringe als erstes Element erstellen

Nun erstellen Sie Ihre eigene Version eines anderen Elements, das Sie sich bereits zu Anfang dieser Lektion angesehen haben (Beispielfilm *Rings_final.mov*).

Dazu animieren Sie die Ringelemente, indem Sie mit einem ungültigen Objekt und einfachen Expressionen die Skalierung und das Kippen der einzelnen Ringe steuern. Auch wenn Sie mehr Informationen über ungültige Objekte und Expressionen in der After-Effects-Online-Hilfe und anderen Unterlagen finden, ist eine praktische Anwendung die beste Möglichkeit, deren Funktionen mitzubekommen, selbst ohne großen Wissenshintergrund. Folgen Sie erst einmal den Anweisungen und informieren Sie sich anschließend über ungültige Objekte, übergeordnete Objekte und Expressionen.

Komposition mit mehreren Ringen einrichten

Sie erstellen jetzt eine neue Komposition und platzieren darin die Elemente.

1 Das Projekt *Circles03_work.aep* ist im Projektfenster geöffnet. Wählen Sie **Komposition: Neue Komposition**.

2 Nehmen Sie im Dialogfeld »Kompositionseinstellungen« die folgenden Einstellungen vor:

- Geben Sie als Namen der Komposition **Multiple Rings Comp** ein.
- Geben Sie unter »Breite« und »Höhe« jeweils den Wert **800** ein.
- Geben Sie in das Feld »Dauer« den Wert **600** für sechs Sekunden ein.
- Achten Sie darauf, dass diese Optionen ausgewählt sind: für »Pixel-Seitenverhältnis« die Option »Quadratische Pixel«, für »Framerate« der Wert »29,97« und für »Timecode startet bei« die Zeit 0:00. Die Option »Seitenverhältnis einschränken auf 4:3« *muss* deaktiviert sein.

3 Klicken Sie auf OK, um das Dialogfeld »Kompositionseinstellungen« zu schließen.

4 Ziehen Sie die Datei *Ring.psd* in die Zeitleiste. Das Bild wird zentriert im Kompositionsfenster angezeigt.

Ein ungültiges Objekt erstellen

Nun erstellen Sie ein ungültiges Objekt. Ein *ungültiges Objekt* bzw. ein Null-Objekt ist eine unsichtbare Ebene, die nahezu die gleichen Ebeneneigenschaften wie eine normale Ebene enthält. Einzige Ausnahme ist die Deckkraft: Die standardmäßige Deckkraft eines ungültigen Objekts beträgt 0%. Mit dem ungültigen Objekt steuern Sie die Bewegung der Ring-Ebenen. Starten Sie diese Prozedur, indem Sie die Komposition *Multiple Rings Comp* in der Zeitleiste und im Kompositionsfenster öffnen.

1 Wählen Sie **Ebene: Neu: Ungültiges Objekt**. *Ungültig 1* wird die erste Ebene in der Zeitleiste und *Ring.psd* ist jetzt die zweite Ebene. *Ungültig 1* wird im Kompositionsfenster als kleine quadratische Kontur mit einem Ankerpunkt in der oberen linken Ecke angezeigt. Das ist die standardmäßige Ankerpunkt-Position für ungültige Objekte.

2 Wählen Sie die erste Ebene (*Ungültig 1*) und drücken Sie die T-Taste, um die Deckkraft-Eigenschaft zu öffnen. Ändern Sie dann die Deckkraft in **100%**, so dass das ungültige Objekt als kleines weißes Quadrat im Kompositionsfenster angezeigt wird.

3 Doppelklicken Sie auf die Ebene *Ungültig 1*, um sie im Ebenenfenster zu öffnen.

4 Klicken Sie oben rechts im Fenster auf den Pfeil, um das Menü des Ebenenfensters zu öffnen. Wählen Sie die Option »Ankerpunktpfad«, sofern diese Option nicht schon ausgewählt ist.

5 Ziehen Sie im Ebenenfenster den Ankerpunkt etwa in die Mitte des Quadrats (die Position muss nicht präzise sein).

6 Schließen Sie das Ebenenfenster.

Eine Expression hinzufügen

In dieser Aufgabe lernen Sie das Auswahlsymbol kennen, um eine Expression zu erstellen. Die vertikale Position des ungültigen Objekts steuert so die Skalierung der Ebene *Ring.psd*. Expressionen basieren auf JavaScript und werden benutzt, um Abhängigkeiten zwischen zwei Ebeneneigenschaften zu erstellen.

1 Wählen Sie in der Zeitleiste die Ebene *Ungültig 1* und drücken Sie dann die P-Taste, um die Positionseigenschaft zu öffnen.

2   Wählen Sie die Ebene *Ring.psd* und erweitern Sie die Ebene, um die Transformationseigenschaften zu sehen. Eventuell müssen Sie die Größe der Zeitleiste ändern, damit alle Eigenschaften zu sehen sind.

3   Klicken Sie unter der Ebene *Ring.psd* auf die Eigenschaft *Skalierung*.

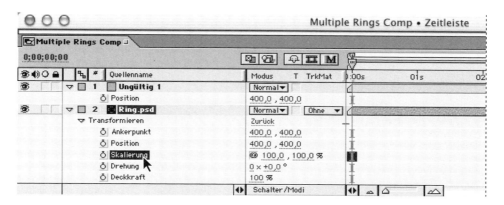

4   Wählen Sie **Animation: Expression hinzufügen**.

5   Wählen Sie unterhalb der Skalierungseigenschaft von *Ring.psd* das Auswahlsymbol (■) rechts neben *Expression: Skalierung* und ziehen Sie es auf den Zahlenwert der Y-Positionskoordinate (also die rechte Positionskoordinate) von Ebene *Ungültig 1*. (Sobald Sie die Maustaste loslassen, wird eine Expression unter dem Zeitdiagramm der Ebene *Ring.psd* angezeigt.)

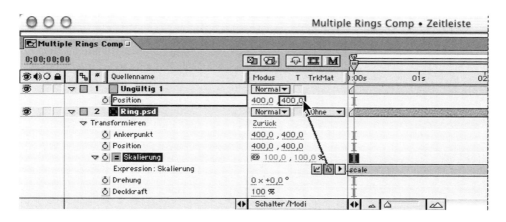

Hinweis: *Ziehen Sie das Auswahlsymbol nicht auf den Zahlenwert der X-Positionskoordinate, da mit einer derartigen Verknüpfung das Seitenverhältnis der Ebene während des Skalierens nicht beibehalten wird.*

6 Wählen Sie in der Zeitleiste die Ebene *Ungültig 1*. Ziehen Sie anschließend im Kompositionsfenster die Ebene *Ungültig 1* an den oberen Fensterrand. Der Ring wird vergrößert und verkleinert, und zwar abhängig von der vertikalen Position von *Ungültig 1*. Um diese Interaktion noch besser nachvollziehen zu können, sollten Sie die Vergrößerung im Kompositionsfenster verringern, so dass Sie die äußere Kontur von *Ring.psd* auch auf der Montagefläche sehen können.

Die Y-Positionskoordinate der Ebene *Ungültig 1* und die Skalierung dieser Ebene sind jetzt durch die Expression verknüpft.

3D-Effekte und eine zweite Expression

Nun fügen Sie der Ebene *Ring.psd* den Effekt *3D-Effekte* hinzu, so dass diese im dreidimensionalen Raum zu schweben scheint. Danach benutzen Sie wieder Expressionen, so dass die X-Positionskoordinate des ungültigen Objekts die Kippen-Eigenschaft der Ringe steuert.

1 Wählen Sie in der Zeitleiste die Ebene *Ring.psd* und dann den Befehl **Effekt: Perspektive: 3D-Effekte**.

2 Drücken Sie die E-Taste, um die *3D-Effekte* für die Ebene *Ring.psd* in der Zeitleiste anzuzeigen.

3 Erweitern Sie die 3D-Effekte und klicken Sie auf die Eigenschaft *Kippen*.

4 Wählen Sie **Animation: Expression hinzufügen**.

5 Ziehen Sie in der Zeitleiste das Auswahlsymbol (☞) neben E*xpression: Kippen* auf den Wert der X-Positionskoordinate der Ebene *Ungültig 1* (den linken Wert).

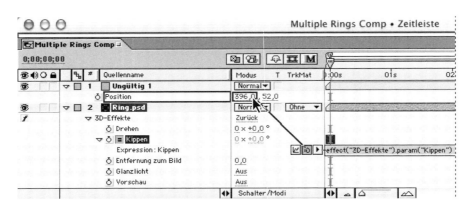

6   Wählen Sie in der Zeitleiste die Ebene *Ungültig 1* und ziehen Sie diese im Kompositionsfenster von links nach rechts. Die Ebene *Ring.psd* kippt während des Ziehens auf ihrer vertikalen Achse vor und wieder zurück.

7   Schließen Sie das Effektfenster.

8   Wählen Sie **Bearbeiten: Alles auswählen** und drücken Sie die <-Taste, um die Ebeneneigenschaften auszublenden. Speichern Sie das Projekt und wählen Sie **Bearbeiten: Auswahl aufheben**.

Jetzt kippt die Ebene *Ring.psd,* sobald sich das ungültige Objekt nach rechts oder links bewegt. In dem Maße, wie sich die X-Positionskoordinate der Ebene *Ungültig 1* vergrößert, wird auch der Kippwert größer.

Mehrere Ringe in der Komposition positionieren

Jetzt duplizieren Sie die Ebene *Ring.psd*, um vier sich überlappende Ringe zu erstellen. Da die beiden bereits erstellen Expressionen in die duplizierten Ebenen kopiert werden, sind alle vier Ringe mit dem ungültigen Objekt verknüpft. Jeder Ring kippt in bestimmter Weise entweder horizontal oder vertikal, indem Sie unterschiedliche *Drehen*-Werte für die einzelnen Ring-Ebenen festlegen. Außerdem weisen Sie noch den Tranfermodus »Negativ multiplizieren« zu, mit dem eine Interaktion zwischen den sich überlappenden Ring-Ebenen erzeugt wird.

1   Ziehen Sie im Kompositionsfenster die Ebene *Ungültig 1*, so dass die Ebene *Ring.psd* plan statt gekippt ist (etwa mit den Koordinaten *360/50*, wie beim Ziehen in der Informationspalette angezeigt wird).

2   Wählen Sie in der Zeitleiste die Ebene *Ring.psd* und ziehen Sie die Ebene im Kompositionsfenster zur rechten Seite des Kompositionsframes (auf die Koordinaten *540/400*). Sie können auch die Pfeiltasten auf der Tastatur benutzen.

3   Drücken Sie die Tasten Strg+D (Windows) bzw. Befehl+D (Mac OS), um die Ebene *Ring.psd* zu duplizieren.

4   Drücken Sie die R-Taste, um die Drehungseigenschaft für *Ebene 2* anzuzeigen. Stellen Sie den *Drehung*-Wert auf **180°** ein.

5   Ziehen Sie *Ebene 2* zur linken Seite des Kompositionsframes (auf die Koordinaten *260/400*).

6 Wählen Sie Ebene 3 (die Originalebene *Ring.psd*) und duplizieren Sie die Ebene zwei weitere Male.

7 Wählen Sie *Ebene 3* und *Ebene 4* und drücken Sie die R-Taste, um deren Drehungseigenschaften zu öffnen. Wählen Sie anschließend beide Ebenen ab.

8 Geben Sie den Wert ein oder ziehen Sie, um den *Drehung*-Wert für *Ebene 3* auf **-90°** und für *Ebene 4* auf **90°** einzustellen.

9 Ziehen Sie im Kompositionsfenster die *Ebene 3* in die Mitte der oberen Hälfte des Kompositionsframes (auf die Koordinaten 400/260) und *Ebene 4* in die Mitte der unteren Hälfte des Kompositionsframes (auf die Koordinaten 400/540). Achten Sie darauf, dass Sie die richtige Ebene ziehen, indem Sie die jeweilige Auswahl in der Zeitleiste überprüfen.

10 Wählen Sie in der Zeitleiste in der Modus-Spalte den Transfermodus »Negativ multiplizieren« für jede der vier Ebenen *Ring.psd* aus.

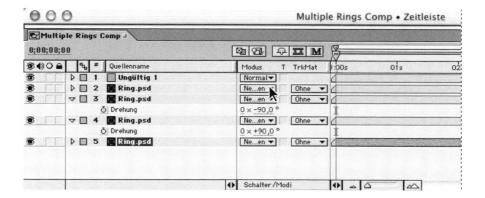

11 Wählen Sie **Bearbeiten: Alles auswählen** und drücken Sie zweimal die <-Taste, um die Ebeneneigenschaften auszublenden. Heben Sie anschließend die Auswahl auf, indem Sie **Bearbeiten: Auswahl aufheben** wählen.

Wenn Sie jetzt die Ebene *Ungültig 1* im Kompositionsfenster ziehen, ändern alle Ringe ihre Größe, wenn Sie nach oben oder unten ziehen, und kippen um ihre jeweiligen Achsen, sobald Sie nach links oder rechts ziehen.

Hinweis: Die vier Ringe sollten ihre kleeblattförmige Formation beibehalten und symmetrisch im Zentrum des Frames kippen. Wenn Ihre Ergebnisse anders sind, haben Sie vielleicht beim Ziehen auf die Position die Ebenen verwechselt. Um das zu prüfen, öffnen Sie die Drehungseigenschaften für die vier Ring.psd*-Ebenen. Wählen Sie die einzelnen Ebenen in der Zeitleiste und beachten Sie deren Position im Kompositionsfenster. Vergleichen Sie die Positionen und die* Drehung*-Werte mit den folgenden Einstellungen:*

- Der Ring oben (*Ebene 3*) hat die Drehung -90°.
- Der Ring rechts (*Ebene 5*) hat die Drehung 0°.
- Der Ring unten (*Ebene 4*) hat die Drehung 90°.
- Der Ring links (*Ebene 2*) hat die Drehung 180°.

Wenn Ihre Einstellungen davon abweichen, korrigieren Sie die Werte entsprechend. Dabei ist es einfacher, die Zahlen zu ändern als die Ebenen an neue Positionen im Kompositionsfenster zu ziehen.

> **Drehen und Kippen**
>
> *An dieser Stelle gibt es zwei Arten von Bewegungen. Drehung bezieht sich auf die Ausrichtung der Ebene im zweidimensionalen Raum. Bei dem 3D-Effekt bezieht sich das Wort* Kippen *auf den Betrag, um den sich ein Objekt um eine vertikale Achse dreht. Wenn Sie also eine Ebene um 90° drehen, wird die Achse horizontal anstatt vertikal (im zweidimensionalen Raum) gedreht. Wenn Sie dann die Ebene um 90° kippen, dreht sie mit einer viertel Umdrehung um diese Achse (im dreidimensionalen Raum).*

Das ungültige Objekt animieren

Jetzt setzen Sie Keyframes, um das ungültige Objekt zu animieren. Während sich das ungültige Objekt bewegt, reagieren alle Ring-Ebenen mit Skalierung und Kippen, da sie durch die Expressionen verlinkt sind.

1. Drücken Sie die Pos1- bzw. Home-Taste, um die Zeitmarke auf 0:00 zu setzen.
2. Wählen Sie die Ebene *Ungültig 1* und drücken Sie die P-Taste, um deren Positionseigenschaften zu öffnen.
3. Ziehen Sie oder geben Sie die Positionskoordinaten **-93/-4** ein.

Hinweis: *Diese Position ist außerhalb des Kompositionsframes auf der Montagefläche. Um die Position von* Ungültig 1 *sehen zu können, müssen Sie eventuell die Vergrößerung im Kompositionsfenster verringern.*

4. Klicken Sie auf das Stoppuhrsymbol *Position*, um den ersten Keyframe zu setzen.
5. Verschieben Sie die Zeitmarke und ändern Sie die Positionskoordinaten, um die folgenden zusätzlichen Keyframes für die Ebene *Ungültig 1* zu setzen:
   - Bei 0:23 die Koordinaten **-14/48**
   - Bei 1:20 die Koordinaten **57/70**
   - Bei 2:22 die Koordinaten **127/45**
   - Bei 4:05 die Koordinaten **5/242**
   - Bei 5:00 die Koordinaten **-31/310**
6. Drücken Sie die P-Taste, um die Eigenschaften der Ebene *Ungültig 1* auszublenden.

7   Schalten Sie in der Zeitleiste in der Spalte für Audio/Video-Funktionsschalter (standardmäßig die 1. Spalte links in der Zeitleiste) den Schalter für Video (👁) für die Ebene *Ungültig 1* aus, so dass das ungültige Objekt nicht länger im Kompositionsfenster angezeigt wird.

8   Die Zeitmarke befindet sich noch bei 5:00. Drücken Sie die N-Taste, um an dieser Stelle das Ende des Arbeitsbereichs festzulegen.

9   Setzen Sie die Zeitmarke auf 0:00 und sehen Sie sich die Vorschau der Animation an. Eventuell müssen Sie die Auflösung verringern.

10 Schließen Sie das Kompositionsfenster und die Zeitleiste. Speichern Sie das Projekt.

Weitere Elemente mit mehrfachen Linien und Punkten

Nachdem Sie alle Komponenten erstellt haben, ist es an der Zeit, diese in zwei QuickTime-Elementen für den späteren Gesamtjob zusammenzufügen. Sie ersetzen mit den beiden Komponenten *Line Circles Comp* und *Dot Circles Comp* die Footage-Datei *Ring.psd* in *Multiple Rings Comp*. Die Ebenen behalten dabei sämtliche Eigenschaften, Transfermodi und Expressionen, die Sie den Ebenen *Ring.psd* zugewiesen haben.

Sie haben bereits in Lektion 1 eine Footage-Datei durch eine andere ersetzt. Diesmal gibt es jedoch den Unterschied, dass Sie komplette Ebenen in einer Komposition durch andere Kompositionen ersetzen werden.

1   Wählen Sie im Projektfenster die Komposition *Multiple Rings Comp*.

2   Wählen Sie **Bearbeiten: Duplizieren** oder drücken Sie die Tasten Strg+D (Windows) bzw. Befehl+D (Mac OS).

3   Wählen Sie **Komposition: Kompositionseinstellungen** oder drücken Sie die Tasten Strg+K (Windows) bzw. Befehl+K (Mac OS), um das Dialogfeld »Kompositionseinstellungen« zu öffnen.

4   Geben Sie als Namen **Multiple Lines Comp** ein, um die Komposition umzubenennen, und klicken Sie dann auf OK. (Übernehmen Sie also die übrigen Kompositionseinstellungen.)

5   Doppelklicken Sie im Projektfenster auf *Multiple Lines Comp*, um diese Komposition zu öffnen.

6 Klicken Sie in der Zeitleiste mit gedrückter Umschalttaste, um alle vier *Ring.psd*-Ebenen auszuwählen. (Die Ebene *Ungültig 1* wird nicht ausgewählt.)

7 Wählen Sie im Projektfenster die Komposition *Line Circles Comp*. Drücken Sie dann die Alt- (Windows) bzw. Wahltaste (Mac OS) und ziehen Sie *Line Circles Comp* in die Zeitleiste. Die Komposition *Line Circles Comp* ersetzt jede der *Ring.psd*-Ebenen.

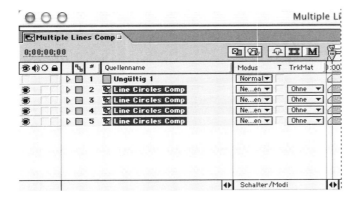

8 Sehen Sie sich die Vorschau der Animation an. Schließen Sie anschließend das Kompositionsfenster und die Zeitleiste.

9 Wiederholen Sie die Schritte 1 bis 8, um ein weiteres Duplikat der Komposition *Multiple Rings Comp* zu erstellen. Benennen Sie diesmal die Komposition mit **Multiple Dots Comp** und ersetzen Sie die vier *Ring.psd*-Ebenen mit der Komposition *Dot Circles Comp*.

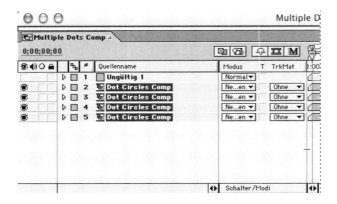

10 Speichern Sie das Projekt und schließen Sie die Zeitleiste und das Kompositionsfenster.

Die drei Elemente rendern

Nun können Sie die drei Kreiselemente rendern. Dazu fügen Sie alle drei Kompositionen der Renderliste hinzu, nehmen alle notwendigen Einstellungen vor und rendern dann in einem Durchgang. Dieser Vorgang dauert sicherlich länger als die bisherigen Renderings, weshalb Sie entsprechend planen sollten.

1 Drücken Sie im Projektfenster die Taste Strg (Windows) bzw. Befehl (Mac OS) und klicken Sie, um diese drei Kompositionen auszuwählen: *Multiple Rings Comp*, *Multiple Lines Comp* und *Multiple Dots Comp*.

2 Wählen Sie **Komposition: An die Renderliste anfügen**. Die Renderliste wird geöffnet und alle drei Elemente sind in der Liste aufgeführt. Lassen Sie die drei Elemente ausgewählt.

3 Wählen Sie aus den Einblendmenüs »Rendereinstellungen« für jede ausgewählte Komposition die Option »Optimale Einstellungen«. Klicken Sie anschließend in einem leeren Bereich der Renderliste, um die Kompositionen abzuwählen.

4 Wählen Sie die erste Komposition in der Liste und nehmen Sie die folgenden Einstellungen vor (jede Komposition muss gesondert eingestellt werden):

- Wählen Sie aus dem Einblendmenü »Ausgabemodul« die Option »Andere«. Das Dialogfeld »Einstellungen für Ausgabemodule« wird angezeigt.
- Wählen Sie unter »Format« die Option »QuickTime-Film«.
- Wählen Sie unter »Vorgang nach dem Rendern« die Option »Importieren«.
- Klicken Sie auf die Schaltfläche »Formatoptionen«, um das Dialogfeld »Komprimierung« zu öffnen. Wählen Sie unter »Kompressor« die Optionen »Animation« und »Über 16,7 Mill. Farben«. Klicken Sie anschließend auf OK, um zum Dialogfeld »Einstellungen für Ausgabemodule« zurückzukehren.
- Achten Sie darauf, dass unter »Kanäle« die Option »RGB + Alpha«, unter »Tiefe« die Option »Über 16,7 Mill. Farben« und unter »Farbe« die Option »Integriert (Maskiert)« ausgewählt ist.

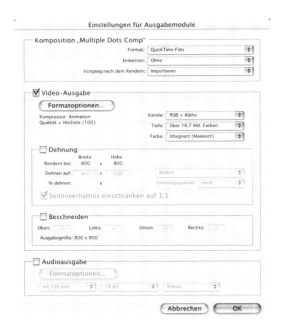

- Klicken Sie anschließend auf OK, um wieder die Renderliste anzuzeigen.

5 Wählen Sie die zweite Komposition in der Renderliste und nehmen Sie die gleichen Einstellungen wie in Schritt 4 vor.

6 Wählen Sie die dritte Komposition in der Renderliste und nehmen Sie die gleichen Einstellungen wie in Schritt 4 vor.

7 Geben Sie für jede der drei Kompositionen den Dateinamen und den Speicherort folgendermaßen ein:

- Klicken Sie neben »Sichern unter:« auf die vorgegeben Dateinamen.
- Wählen Sie den Ordner *_mov* innerhalb des Ordners *AE_CIB job*.
- Geben Sie für die einzelnen Kompositionen die Namen **DotCircles.mov**, **LineCircles.mov** sowie **Rings.mov** ein und klicken Sie jeweils auf »Speichern«.

8 Speichern Sie das Projekt und klicken Sie dann auf die Schaltfläche »Rendern«.

Sie können das Projekt auch später rendern. Nachdem Sie die Elemente der Renderliste hinzugefügt und das Projekt gespeichert haben, können Sie die Renderliste schließen und die Arbeit an diesem oder einem anderen Projekt fortsetzen. Sie können jederzeit wieder die Renderliste öffnen. Wählen Sie dazu einfach den Befehl »Fenster: Renderliste«. Achten Sie dann auf die richtigen Einstellungen und führen Sie Schritt 8 (siehe oben) aus.

Nachdem After Effects die drei QuickTime-Filme gerendert hat, werden diese im Projektfenster angezeigt. Doppelklicken Sie auf jeden der Filme, um sie sich im Footage-Fenster anzusehen. Wenn Sie noch Änderungen vornehmen möchten, können Sie diese in den Originalkompositionen durchführen. Allerdings müssen Sie dann diese Kompositionen erneut rendern, um die aktuelle Version des jeweiligen Films zu erhalten.

Damit haben Sie drei Kreiselemente für das spätere Gesamtprojekt erstellt. Die Elemente sind im Ordner *_mov* innerhalb des Ordners *AE_CIB job* gespeichert und können jederzeit für eine der folgenden Lektionen verwendet werden.

Lektion 4

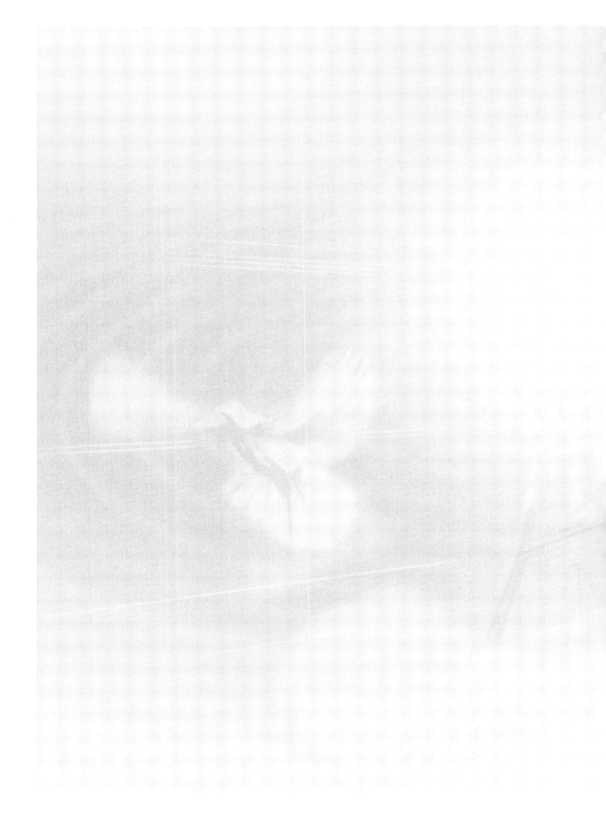

4 | Elemente mit Sternen

Dieses Kapitel zeigt Ihnen eines der interessantesten Features aus der After Effects-»Schatztruhe«: das Erzeugen einer animierten Grafik für eine Audiodatei. Außerdem verwenden Sie einen Überblendungseffekt, um eine weitere animierte Grafik zu erstellen.

Beide Elemente sollen Sie anregen, Ihre eigenen Ideen für innovatives Design mit After Effects zu entwickeln und auszuprobieren.

LEKTION 4
Elemente mit Sternen

In dieser Lektion lernen Sie Folgendes:

- Mehrere Dateien importieren
- Audiodateien importieren und mit ihnen arbeiten
- Bilder mit Audioebenen erstellen
- Den Effekt *Audiospektrum* einem Pfad zuweisen
- Den Effekt *Radialer Weichzeichner* zuweisen
- Den Transfermodus *Alphaschablone* zuweisen
- Den Effekt *Irisblende* zuweisen und auf ungewöhnliche Weise anwenden
- Keyframes im Effektfenster setzen

Sie erstellen in dieser Lektion zwei sternförmige Elemente. Jedes dieser Elemente wird als QuickTime-Film gerendert, um beide Filme später in der endgültigen Komposition verwenden zu können.

Für diese Lektion benötigen Sie eine gute Stunde und die Zeit, die zum Rendern der Kompositionen gebraucht wird.

Vorbereitungen

Achten Sie darauf, dass sich die folgenden Dateien im Ordner *AE_CIB job* auf Ihrer Festplatte befinden. Ansonsten müssen Sie die Dateien jetzt von Ihrer Buch-CD-ROM kopieren.

- Im Ordner *_audio*: *Soundtrack.aif*
- Im Ordner *_ai*: *Starburst.ai*
- Im Ordner *Sample_Movies*: *Starburst_final.mov* und *Lightrays_final.mov* aus dem Verzeichnis *Sample_Movies/Lektion04* auf der Buch-CD
- Im Ordner *Finished_Projects*: *Starshapes04_finished.aep*

Hinweis: *(Nur für Windows) Wenn die Datei* Prefs *nicht angezeigt wird, stellen Sie sicher, dass im Dialogfeld* Ordneroptionen *im Register* Ansicht *für* Versteckte Dateien und Ordner *die Option* Alle Dateien und Ordner anzeigen *ausgewählt ist.*

Öffnen und spielen Sie die beiden Beispielfilme ab, damit Sie sehen, was Sie in dieser Lektion erstellen werden. Wenn Sie sich die Filme angesehen haben, beenden Sie den QuickTime-Player. Sie können die Beispielfilme (aus Platzgründen) auf Ihrer Festplatte wieder löschen oder dort belassen, um im Verlaufe der Lektion Ihre Arbeitsergebnisse mit den Beispielen vergleichen zu können.

Sie erstellen die beiden Elemente in einem einzelnen Projekt und erstellen dafür als Erstes dieses Projekt.

1   Starten Sie After Effects, falls das Programm noch nicht geöffnet ist.
2   Wählen Sie **Datei: Neu: Neues Projekt**.

Bei allen Übungsdateien handelt es sich um ein Projekt, das in den USA für die dort verwendete NTSC-Fernsehnorm erstellt wird. Deshalb wird im Buch durchgängig mit einer Timecodebasis von 30 gearbeitet. Hierzulande würden Sie entsprechend der PAL-Norm mit einer Timecodebasis von 25 arbeiten.

3   Wählen Sie **Datei: Projekteinstellungen**. Das Dialogfeld »Projekteinstellungen« wird angezeigt. Wählen Sie aus dem Einblendmenü »Timecodebasis« die Option »30 fps« und aus dem Einblendmenü »NTSC« die Option »Drop-Frame«. Klicken Sie auf OK.
4   Wählen Sie **Datei: Speichern unter**.
5   Geben Sie als Dateinamen **Starshapes04_work.aep** ein und speichern Sie das Projekt im _aep_-Ordner innerhalb des _AE_CIB job_-Ordners.

Ein Audio-Stern als erstes Element

Die erste Komponente beginnt mit einer Audiodatei, d.h. mit der Tonspur für das fertige Projekt. Indem Sie einen Effekt zuweisen, erstellen Sie eine optische Anzeige der Audiodatei. Diese Anzeige pulsiert in perfekter Synchronisation mit der Tonspur. Nachdem Sie eine Adobe-Illustrator-Datei hinzugefügt haben, wird der pulsierende *Starburst* in den transparenten Bereichen dieses Bilds angezeigt.

Footage-Datei importieren

Obwohl es sich bei den Footage-Dateien um eine Adobe-Illustrator- und um eine Audio-Datei handelt, ändert sich nichts an der bisherigen Vorgehensweise für das Importieren von Dateien. Allerdings arbeiten Sie diesmal mit dem Befehl »Importieren: Mehrere Dateien«, der speziell beim Importieren vieler Dateien weniger Mausaktionen als der Befehl »Datei: Importieren: Datei« erfordert.

1 Wählen Sie **Datei: Importieren: Mehrere Dateien**, um das Dialogfeld »Mehrere Dateien importieren« zu öffnen. Oder drücken Sie die Tasten Strg+Alt+I (Windows) bzw. Befehl+Wahl+I (Mac OS).

2 Wählen Sie die Datei *Starburst.ai* im Ordner *_ai* und klicken Sie auf »Öffnen« (Windows) bzw »Importieren« (Mac OS). Das Dialogfeld wird zeitweise ausgeblendet.

3 Wenn das Dialogfeld »Mehrere Dateien importieren« wieder angezeigt wird, wählen Sie im Ordner *_audio* die Datei *Soundtrack.aif*. Klicken Sie dann auf »Öffnen« (Windows) bzw. »Importieren« (Mac OS).

4 Sobald das Dialogfeld wieder angezeigt wird, klicken Sie auf »Fertig«.

Hinweis: Die Datei Starburst.ai *enthält einen bezeichneten Alphakanal, der bereits die von After Effects benötigte Information zur Interpretationsmethode enthält. Deshalb wird beim Import das Dialogfeld »Footage interpretieren« nicht angezeigt.*

Beide Elemente sind im Projektfenster ausgewählt. Klicken Sie in einem leeren Bereich des Projektfensters, um die beiden Dateien abzuwählen.

Die Footage-Dateien prüfen

Sie können Footage-Dateien im Footage-Fenster prüfen bzw. ansehen, ohne diese in der Komposition platzieren zu müssen. Die Datei *Starburst.ai* ist groß und wird schwarz auf schwarzem Hintergrund angezeigt – Sie müssen die Datei sichtbar machen. Außerdem geben Sie die Audiodatei im Footage-Fenster wieder.

1 Doppelklicken Sie im Projektfenster auf die *Datei Starburst.ai*.

2 Stellen Sie die Vergrößerung und die Fenstergröße so ein, dass der gesamte Bildbereich angezeigt wird.

3   Klicken Sie auf die Schaltfläche »Nur Alphakanal anzeigen« unten im Footage-Fenster, um die Form der Grafik sehen zu können. Schließen Sie dann das Footage-Fenster.

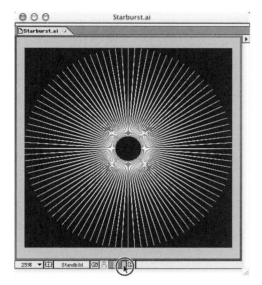

Schaltfläche »Alphakanal«

4   Doppelklicken Sie im Projektfenster auf die Datei *Soundtrack.aif*. Das Footage-Fenster wird als kleine Wiedergabeleiste angezeigt.

Footage-Fenster für Audio

5   Drücken Sie die Abspielen-Schaltfläche (☀) im Footage-Fenster. Der Ton beginnt leise und wird lauter. Schließen Sie anschließend das Fenster.

💡 *Wenn Sie keinen Ton hören oder dieser zu laut ist, klicken Sie im Footage-Fenster auf die Lautstärke-Schaltfläche (☀) und ziehen Sie den Regler nach oben oder unten, um die Lautstärke einzustellen. Prüfen Sie auch die Audioeinstellungen Ihres Computersystems.*

Das Projekt organisieren

Obwohl in diesem Projekt nur mit zwei Quelldateien gearbeitet wird, sollten Sie sich dennoch die Organisation des Projektfensters zur guten Angewohnheit machen.

1   Wählen Sie **Datei: Neu: Neuer Ordner** oder klicken Sie auf das Ordnersymbol (⊟) unten im Projektfenster.

2   Geben Sie **ai files** als Namen ein und drücken Sie die Eingabetaste.

3   Ziehen Sie die Datei *Starburst.ai* in den Ordner *ai files* und öffnen Sie den Ordner, um die Datei sehen zu können. Achten Sie darauf, dass nichts ausgewählt ist.

4   Wählen Sie erneut **Datei: Neu: Neuer Ordner**.

5   Benennen Sie den neuen Ordner mit **audio files** und drücken Sie die Eingabetaste.

6   Ziehen Sie die Datei *Soundtrack.aif* in den Ordner *audio files* und öffnen Sie den Ordner, um die Datei sehen zu können.

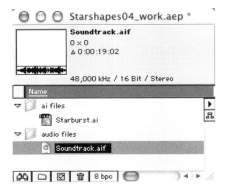

Hinweis: Wenn Sie versehentlich einen Ordner in einem anderen Ordner erstellen, können Sie die Ordner so ziehen, dass sie sich wieder auf der gleichen Ebene befinden. Sie sollten jedoch in Zukunft erst alle Elemente im Projektfenster abwählen und dann einen neuen Ordner einrichten.

Eine Komposition erstellen

Jetzt benutzen Sie Voreinstellungen, um die Optionen für diese Komposition schnell einzustellen.

1 Wählen Sie **Komposition: Neue Komposition**.

2 Geben Sie als Namen der Komposition **Starburst Comp** ein.

3 Wählen Sie aus dem Einblendmenü »Voreinstellung« die Option »NTSC D1 Quad. Pixel, 720 x 540«. After Effects füllt automatisch die nächsten vier Einstellungen aus:

- Breite: 720
- Höhe: 540
- Pixel-Seitenverhältnis: Quadratische Pixel
- Framerate: 29,97

4 (Optional) Wählen Sie je nach vorhandenem Computersystem unter »Auflösung« die Option »Voll«, »Halb« oder eine noch geringere Auflösung.

5 Geben Sie in das Feld »Dauer« den Wert **800** für acht Sekunden ein und klicken Sie anschließend auf OK.

Footage der Komposition hinzufügen

Nun fügen Sie der Komposition eine Audiodatei hinzu und erzeugen von dieser innerhalb der Komposition eine Vorschau.

1 Setzen Sie die Zeitmarke auf 0:00, wählen Sie im Projektfenster die Datei *Soundtrack.aif* aus und ziehen Sie die Datei in die Zeitleiste.

2 Wählen Sie **Komposition: Vorschau. Audiovorschau (ab hier)**, um eine Audiovorschau zu erhalten. Oder drücken Sie die Dezimalkommataste auf dem Zahlenfeld. In After Effects 5.5 wird der Sound dann über die gesamte Länge der Komposition abgespielt.

3 In After Effects 5 wird die Audiovorschau nur als Schleife bis zum Zeitpunkt 4:00 abgespielt. Damit der Sound auch hier für die gesamte Länge der Komposition abgespielt wird, wählen Sie **Bearbeiten: Voreinstellungen: Vorschau**, um das Dialogfeld »Voreinstellungen« zu öffnen. Geben Sie unter »Audiovorschau« im Feld »Dauer« den Wert **800** ein (für 8 Sekunden Länge), und klicken Sie auf OK. Drücken Sie anschließend wieder die Dezimalkommatatste auf dem Zahlenfeld.

Hinweis: Wenn Sie keinen Ton hören sollten, prüfen Sie in der Zeitleiste in der Spalte für Audio/Video-Funktionsschalter (ganz links neben der Ebene), ob der Audioschalter (🔊) eingeschaltet ist. Sie können auf diesen Schalter klicken und so die Audioebene ein- und ausschalten.

Eine neue Farbfläche und eine Maske erstellen

Jetzt erstellen Sie eine neue Farbfläche und fügen dieser eine kreisförmige Maske hinzu. Anschließend wenden Sie einen Effekt an.

1 Falls erforderlich wählen Sie **Komposition: Hintergrundfarbe**. Wählen Sie die Farbe Schwarz und klicken Sie auf OK.

2 Wählen Sie **Ebene: Neu: Farbfläche**.

3 Nehmen Sie im Dialogfeld »Einstellungen für Farbfläche« die folgenden Einstellungen vor:
- Geben Sie als Namen **Audio Spectrum** ein.

- Klicken Sie auf die Schaltfläche »Wie Kompositionsgröße« oder geben Sie unter »Breite« **720** und unter »Höhe« **540** ein.

- Klicken Sie unter »Farbe« auf das Farbfeld, um den Farbwähler zu öffnen. Wählen Sie die Farbe Schwarz und klicken Sie auf OK. Oder klicken Sie mit der Pipette auf ein schwarzes Bildschirmelement.

4   Klicken Sie auf OK, um das Dialogfeld »Einstellungen für Farbflächen« zu schließen.

5   Wählen Sie in der Zeitleiste die Ebene *Audio Spectrum*.

6   Wählen Sie in der Werkzeugpalette das Werkzeug »Ovale Maske«. Das Werkzeug kann sich unter dem Werkzeug »Rechteckige Maske« befinden, je nachdem, welches Werkzeug zuletzt benutzt wurde.

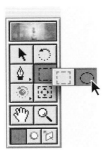

7 Platzieren Sie den Cursor in der Mitte des Kompositionsfensters. Beginnen Sie zu ziehen und drücken Sie gleichzeitig die Tasten Strg+Umschalt (Windows) bzw. Befehl+Umschalt (Mac OS), um den Kreis vom Mittelpunkt aus zu zeichnen und ihn dabei auf eine perfekte Kreisform einzuschränken. Ziehen Sie, bis der Kreis etwas ein Achtel der Komposition einnimmt (etwa 90 Pixel).

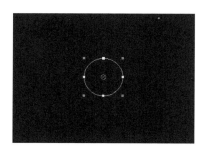

Den Effekt *Audiospektrum* zuweisen

Sie erstellen nun ein animiertes Element mit dem Effekt *Audiospektrum*. Dieser optische Effekt verknüpft eine grafische Darstellung der Tonfrequenzen mit einem Pfad. Sie verwenden den gerade gezeichneten Pfad, so dass Linien, die den Ton repräsentieren, von einem einzelnen Punkt auf dem Pfad »strahlen«.

1 Die Ebene *Audio Spectrum* ist ausgewählt. Drücken Sie die M-Taste, um die Eigenschaft *Maskenform* anzuzeigen.

2 Erweitern Sie die Ebene *Soundtrack.aif*, indem Sie auf die Pfeile neben dem Ebenennamen sowie den Eigenschaften *Audio* und *Wellenform* klicken. In der Zeitleiste wird die Lautstärke jetzt grafisch dargestellt.

💡 *Um die vertikale Proportion der Wellenformanzeige zu vergrößern, bewegen Sie den Mauszeiger in die Fläche unterhalb der zweiten Wellenform. Der Mauszeiger ändert sich in einen Doppelpfeil (⬍). Ziehen Sie nach unten, um die Wellenformanzeige zu strecken.*

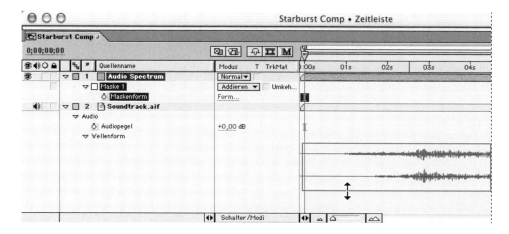

3. Klicken Sie in der Schalterspalte auf den Qualitätsschalter für die Ebene *Audio Spectrum*, um die optimale Qualität (≡) einzustellen.

4. Stellen Sie den aktuellen Zeitpunkt auf 5:00 ein. (An dieser Stelle ist der Ton laut, was das Zuweisen des Effektes vereinfacht.)

5. Die Ebene *Audio Spectrum* ist noch ausgewählt. Wählen Sie **Effekt: Rendering-Filter: Audiospektrum**.

6. Ändern Sie im Effektfenster nur die folgenden Einstellungen (vergrößern Sie dazu bei Bedarf das Effektfenster):

    - Wählen Sie aus dem Einblendmenü »Audioebene« die Option »Soundtrack.aif«. Die senkrechten grünen Linien im Kompositionsfenster repräsentieren die Frequenzen der Audioebene.

    - Wählen Sie aus dem Einblendmenü »Pfad« die Option »Maske 1«. Die grünen Linien strahlen jetzt aus dem kreisförmigen Pfad.

    - Geben Sie für *Anfangsfrequenz* den Wert **1,0** ein oder ziehen Sie.

    - Geben Sie für *Endfrequenz* den Wert **5667** ein oder ziehen Sie.

    - Geben Sie für *Frequenzbänder* den Wert **117** ein oder ziehen Sie.

    - Geben Sie für *Maximale Höhe* den Wert **31000** ein oder ziehen Sie.

    - Geben Sie für *Audiodauer (Millisekunden)* den Wert **180** ein oder ziehen Sie.

    - Geben Sie für *Breite* den Wert **6** ein oder ziehen Sie.

- Geben Sie für *Glätten* den Wert **100%** ein oder ziehen Sie.
- Wählen Sie für *Innenfarbe* und *Außenfarbe* jeweils die Farbe Weiß.
- Aktivieren Sie die Option »Überlappende Farben überblenden«.
- Deaktivieren Sie die Optionen »Dynamische Farbtonphase« und »Farbsymmetrie«.
- Wählen Sie aus dem Einblendmenü »Anzeigeoptionen« die Option »Analoge Linien«. Beachten Sie die Änderungen im Bild.

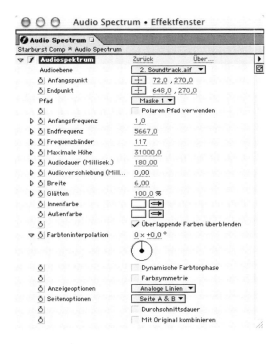

7   Überprüfen Sie die folgenden standardmäßigen Einstellungen:
- *Anfang- und Endpunkt* (die Werte sind in diesem Fall bedeutungslos).
- *Audioverschiebung* (0).
- *Farbtoninterpolation* (0).
- *Seitenoptionen* (Seite A & B).
- *Durchschnittsdauer* (deaktiviert).
- *Mit Original kombinieren* (deaktiviert).

8   Wenn alle Optionen richtig eingestellt sind, aktivieren Sie oben in der Liste die Option »Polaren Pfad verwenden«, so dass die Anzeige von einem Punkt aus entlang des kreisförmigen Pfads strahlt.

9   Klappen Sie den Effekt *Audiospektrum* zusammen.

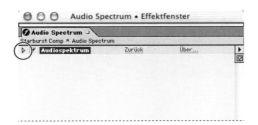

10 Schließen Sie in der Zeitleiste die Wellenform für die Ebene *Soundtrack.aif*, stellen Sie den Qualitätsschalter für die Ebene *Audio Spectrum* zurück auf *Entwurf* und erzeugen Sie dann eine RAM-Vorschau.

Hinweis: *Abhängig von dem für After Effects verfügbaren Arbeitsspeicher müssen Sie eventuell auch die Auflösung der Komposition verringern, um die RAM-Vorschau weitestgehend in Echtzeit sehen zu können.*

LEKTION 4
Elemente mit Sternen

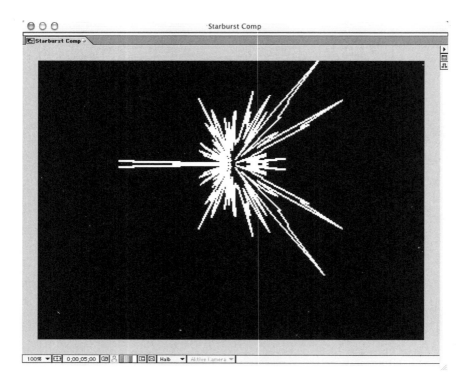

11 Speichern Sie das Projekt.

Sie haben jetzt eine grafische Darstellung der Tonfrequenzen in der Ebene *Soundtrack.aif* erstellt. Sie verfügen über ein animiertes Bild (die Ebene *Audio Spectrum*), das synchron zum Ton ist. Am Anfang ist das Bild klein, wird jedoch immer größer und intensiver, je lauter und komplexer der Ton wird.

Einige Einstellungen des Effects *Audio Spectrum* bestimmen, wie After Effects die Linien für die Anzeige berechnet. Andere Einstellungen sind für die optischen Eigenschaften der Linien selber zuständig. Eine ausführliche Beschreibung dieser Einstellungen finden Sie im Ordner *Dokumentation der Effekte* auf der *After-Effects-5.0-Programm*-CD und auf der Adobe-Website. Allgemeine Informationen und Beispielbilder des Effects *Audiospektrum* finden Sie auch in der *After Effects Online Hilfe*.

Den Effekt *Radialer Weichzeichner* zuweisen

Jetzt weisen Sie der Ebene *Audio Spectrum* einen weiteren Effekt zu. Mit dem Effekt *Radialer Weichzeichner* lassen sich weichere Linien erzielen, indem das Grafikbild des Tons weichgezeichnet wird. Im Verlauf dieser Prozedur lernen Sie, wie sich die Größenbegrenzung eines Reglers im Effektfenster umgehen lässt – die Option wird einfach in der Zeitleiste eingestellt.

1   Die Zeitmarke ist auf 5:00 gesetzt. Wählen Sie die Ebene *Audio Spectrum* und drücken Sie die E-Taste, um die Effekt-Eigenschaften in der Zeitleiste zu öffnen.

2   Wählen Sie **Effekt: Weich- & Scharfzeichnen: Radialer Weichzeichner**. Der Effekt ist nun im Effektfenster unter dem Effekt *Audiospektrum* aufgelistet.

3   Erweitern Sie den Effekt *Radialer Weichzeichner* in der Zeitleiste und im Effektfenster, so dass in beiden Fenstern der Wert *Stärke* angezeigt wird. Erweitern Sie nun im Effektfenster die Eigenschaft *Stärke* – es wird eine grafische Vorschau zusammen mit einem Regler angezeigt. Sie können den Regler nur bis auf 118 ziehen – höhere Werte müssen in der Zeitleiste eingestellt werden.

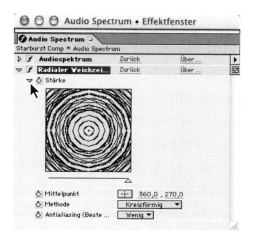

4   Geben Sie in der Zeitleiste für die Eigenschaft *Stärke* den Wert **160** ein oder ziehen Sie. (Beachten Sie, dass sich der Mauszeiger im Effektfenster rechts außerhalb des Reglers befindet.)

5   Wählen Sie für die Eigenschaft *Methode* die Option »Strahlenförmig«, um ein vom Zentrum ausgehendes Weichzeichnen zu erzeugen.

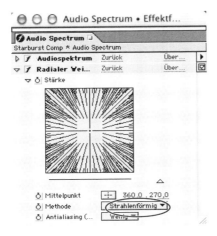

Ändern Sie weder die *Mittelpunkt*-Koordinaten noch die Option »Antialiasing (Beste Qualität)«, die standardmäßig auf »Wenig« eingestellt ist.

6   Setzen Sie in der Schalter-Spalte den Qualitätsschalter auf »Beste« (≡).

7   Stellen Sie im Kompositionsfenster die Auflösung auf »Voll« ein, um in der Ebene das Ergebnis des Weichzeichnens sehen zu können.

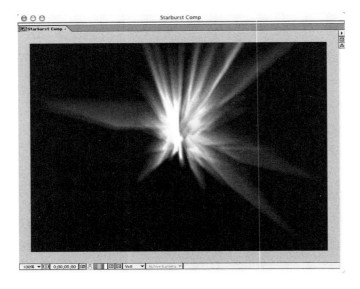

8   Je nach Computersystem müssen Sie eventuell Auflösung und Qualität verringern. Sehen Sie sich eine Vorschau der Animation an.

9   Schließen Sie das Effektfenster. Klicken Sie in der Zeitleiste auf den Pfeil neben dem Ebenennamen, um die Ebeneneigenschaften auszublenden.

Hinweis: After Effects benötigt viel Arbeitsspeicher für das Berechnen der Effekte. Vielleicht bemerken Sie an diesem Punkt eine Verlangsamung des Arbeitsablaufs, besonders dann, wenn Sie mit einem langsameren System oder nur einem Minimum an Arbeitsspeicher arbeiten. Weitere Informationen zu diesem Thema finden Sie unter »Arbeitsspeicher zuweisen« auf Seite 10.

Die Maske bewegen

Sie verschieben nun die Maske in die Mitte des Bilds *Audio Spectrum*. Wenn Sie den Pfad *Maske 1* bereits im Zentrum des Kompositionsframes gezeichnet haben, kann die folgende Prozedur entfallen. Dennoch sollten Sie die Schritte nachvollziehen, um mehr über das Verschieben einer Maske innerhalb einer Ebene (statt die komplette Ebene zu bewegen) zu lernen.

1   Setzen Sie die Zeitmarke auf 5:00, so dass Sie die Strahlen (sie repräsentieren die Tonspur) sehen können.

2   Wählen Sie die Ebene *Audio Spectrum*.

3   Drücken Sie die M-Taste, um die Maskenform-Eigenschaft für *Maske 1* zu öffnen. Der gelbe Pfad wird im Kompositionsfenster angezeigt.

4   Wählen Sie in der Zeitleiste *Maske 1*. Es werden vier gelbe Griffpunkte bzw. die Steuerungspunkte des Pfads angezeigt.

5   Klicken Sie mit dem Auswahlwerkzeug (▪) auf den oberen Steuerungspunkt auf der gelben Linie. Die Steuerungspunkte müssen gefüllt sein, sonst ändern Sie nur die Maskenform. Ziehen Sie dann den Pfad in die Mitte des Frames. Sie brauchen dabei nicht allzu genau zu sein. Drücken Sie anschließend die M-Taste, um die Maskeneigenschaft auszublenden.

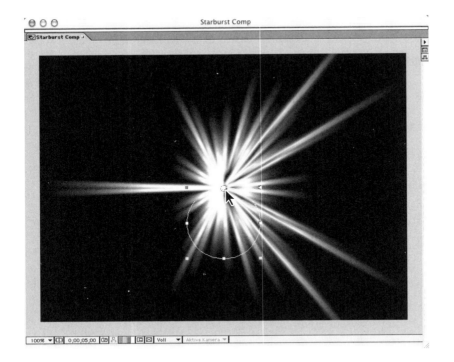

Das Starburst-Bild hinzufügen und einen Transfermodus zuweisen

Jetzt können Sie die Adobe-Illustrator-Datei der Komposition hinzufügen. Dafür verwenden Sie einen Transfermodus, mit dem die grafische Tonanzeige durch den Alphakanal des *Starburst*-Bilds hindurchscheint.

1   Setzen Sie die Zeitmarke auf 0:00.

2   Wählen Sie im Projektfenster die Datei *Starburst.ai*, ziehen Sie die Datei in die Zeitleiste und platzieren Sie sie an der Position von *Ebene 1*. Falls das Bild bei einer anderen Ebenennummer angezeigt wird, können Sie die Datei an ihrem Namen nach oben im Ebenenstapel ziehen.

Hinweis: *Das Bild besteht aus einer schwarzen Grafik mit einem Alphakanal. Deshalb können Sie die Form nicht im Kompositionsfenster sehen. Außerdem verdeckt das Bild die Ebene* Audio Spectrum. *Auch diese Ebene können Sie erst wieder sehen, wenn Sie den Transfermodus eingestellt haben.*

3   Setzen Sie die Zeitmarke auf 3:00 (dort, wo die Ebene *Audio Spectrum* noch nicht völlig schwarz ist), so dass Sie die Ebene hinter der Ebene *Starburst.ai* sehen können, sobald Sie den Transfermodus einrichten.

4   Klicken Sie auf die Schaltfläche »Schalter/Modi« unten in der Zeitleiste, um die Modus-Spalte zu öffnen. Oder wählen Sie aus dem Menü der Zeitleiste die Option »Spalten: Modi«.

5   Wählen Sie in der Modusspalte für die Ebene *Starburst.ai* den Tranfermodus »Alphaschablone«.

6   Setzen Sie die Zeitmarke auf 0:00, erzeugen Sie eine Vorschau und speichern Sie dann das Projekt.

Ebene Audio Spectrum *(links), Alphakanal der Ebene* Starburst.ai *(Mitte) und Transfermodus* »Alphaschablone« *für die Ebenen* Audio Spectrum *und* Starburst.ai *(rechts)*

Die Ebene *Starburst.ai* verhält sich nun wie die Ausstanzungen in einer Schablone: Sie können die Ebene *Audio Spectrum* nur in den transparenten Bereichen des Alphakanals der Ebene *Starburst.ai* sehen.

Das Starburst-Bild drehen

Nun setzen Sie *Drehung*-Keyframes für das *Starburst*-Bild, so dass es sich dreht, während dahinter die Ebene *Audio Spectrum* pulsiert. Diese Ebene wird über dem *Starburst*-Alphakanal angezeigt.

1   Setzen Sie in der Zeitleiste die Zeitmarke auf 0:00 und wählen Sie die Ebene *Starburst.ai*.

2   Drücken Sie die S-Taste, um die Skalierungseigenschaft zu öffnen. Geben Sie den Wert **50%** ein oder ziehen Sie, um die Bildgröße um die Hälfte zu reduzieren.

3   Drücken Sie die R-Taste, um die Drehungseigenschaft zu öffnen.

4 Achten Sie darauf, dass der *Drehung*-Wert auf 0° eingestellt ist und klicken Sie dann auf das *Drehung*-Stoppuhrsymbol (▿), um einen Keyframe zu setzen.

5 Drücken Sie die Ende-Taste, um die Zeitmarke auf 7:29 zu setzen.

6 Ändern Sie den *Drehung*-Wert in 90°. Ein zweiter Keyframe wird hinzugefügt.

7 Setzen Sie die Zeitmarke zurück auf 0:00 und sehen Sie sich eine Vorschau der Animation an. Speichern Sie anschließend das Projekt.

Das Starburst-Element rendern

Sie haben das Starburst-Element fertig gestellt, so dass Sie nun die Komposition rendern können.

Hinweis: Diese Komposition ist komplexer als die bisher von Ihnen gerenderten Kompositionen. Deshalb wird der Rendervorgang auch mehr Zeit in Anspruch nehmen. Beispielsweise haben Sie die bisherigen Filme in weniger als zwei Minuten gerendert, während Sie jetzt 15 bis 30 Minuten vorsehen müssen – je nach Betriebssystem, Hardware und verfügbarem Arbeitsspeicher.

1 Schließen Sie das Kompositionsfenster, die Zeitleiste und das Effektfenster für die Komposition *Starburst Comp*.

2 Wählen Sie im Projektfenster die Komposition *Starburst Comp* und dann **Komposition: Film erstellen**.

3 Klicken Sie in der Renderliste auf den unterstrichenen Text *Starburst Comp.mov* rechts neben »Sichern unter«, geben Sie den Dateinamen **Starburst.mov** ein und speichern Sie den Film im Ordner *_mov* innerhalb des Ordners *AE_CIB job* (After Effects 5.5) bzw. geben Sie den Dateinamen im aufgerufenen Dialogfeld »Film ausgeben unter« ein (After Effects 5).

4 Klicken Sie in der Renderliste auf die unterstrichenen Wörter *Aktuelle Einstellungen*, um das Dialogfeld »Rendereinstellungen« zu öffnen.

5 Nehmen Sie die folgenden Einstellungen vor:

- Wählen Sie für »Qualität« die Option »Beste«.
- Wählen Sie für »Auflösung« die Option »Voll«.
- Wählen Sie für »Zeitspanne« die Option »Länge der Komposition«. Klicken Sie auf OK, um das Dialogfeld »Rendereinstellungen« zu schließen.

6   Wählen Sie aus dem Einblendmenü »Ausgabemodul« die Option »Andere«, um das Dialogfeld »Einstellungen für Ausgabemodule« zu öffnen. Nehmen Sie die folgenden Einstellungen vor:

- Wählen Sie für »Format« die Option »QuickTime-Film«.
- Wählen Sie für »Vorgang nach dem Rendern« die Option »Importieren«.
- Klicken Sie auf die Schaltfläche »Formatoptionen«.

7   Wählen Sie im Dialogfeld »Komprimierung« die Optionen »Animation« und »Über 16,7 Mill. Farben«. Klicken Sie auf OK.

8   Überprüfen Sie im Dialogfeld »Einstellungen für Ausgabemodule« die folgenden Einstellungen: Die Kanäle sind auf »RGB + Alpha« eingestellt, d.h., dieses Element wird mit einem Alphakanal gerendert. Die Tiefe ist auf »Über 16,7 Mill. Farben« und die Farbe auf »Integriert (Maskiert)« eingestellt. Klicken Sie auf OK.

Hinweis: Sie rendern diese Komposition als Stummfilm – Sie brauchen also keine Optionen für die Audioausgabe zu wählen. Die Tonspur wird dem fertigen Projekt erst später hinzugefügt.

9   Speichern Sie das Projekt und klicken Sie auf die Schaltfläche »Rendern«.

Wenn der Renderprozess abgeschlossen ist, schließen Sie die Renderliste und doppelklicken Sie auf *Starburst.mov* im Projektfenster, um sich den gerenderten Film anzusehen.

Wenn Sie noch Änderungen vornehmen möchten, öffnen Sie erneut die Komposition *Starburst Comp* und nehmen Sie die entsprechenden Einstellungen vor. Speichern Sie diese Änderungen und rendern Sie. Verwenden Sie dabei die gleichen Rendereinstellungen.

Lichtstrahlen als zweites Element

Das nächste Element dient als ein sich drehender Stern. Dazu weisen Sie einen Überblendungseffekt zu und animieren ihn. Überblendungseffekte werden normalerweise benutzt, um eine Ebene aus- und eine andere einzublenden. Sie setzen den Effekt jedoch an dieser Stelle ein, um eine von Ihnen gewünschte Animation in kürzester Zeit zu erstellen.

Die Komposition erstellen

Sie erstellen zuerst im Projekt *Starshapes04_work* eine neue Komposition und beginnen diesen Prozess diesmal mit einer neuen Methode.

1. Klicken Sie unten im Projektfenster auf das Symbol »Eine neue Komposition erstellen« (), um eine neue Komposition einzurichten. Oder wählen Sie **Komposition: Neue Komposition**.

2. Geben Sie als Namen **Light Rays Comp** ein.
3. Wählen Sie im Dialogfeld »Kompositionseinstellungen« unter »Voreinstellungen« die Option »NTSC D1 Quad. Pixel, 720 x 540«. Die folgenden Einstellungen werden automatisch eingegeben:
   - Höhe: 540
   - Breit: 720
   - Pixel-Seitenverhältnis: Quadratische Pixel
   - Framerate: 29,97
4. (Optional) Wählen Sie je nach Systemleistung unter »Auflösung« die Option »Voll«, »Halb« oder noch niedriger.

5   Geben Sie unter »Dauer« den Wert **400** für vier Sekunden ein und klicken Sie dann auf OK.

Eine Farbfläche hinzufügen

Sie erzeugen die Lichtstrahlen, indem Sie einen Effekt zuweisen. Für diesen Prozess benötigen Sie eine Ebene mit einer schwarzen Farbfläche. Deshalb stellen Sie den Hintergrund auf Weiß ein, damit Sie nach dem Zuweisen des Effekts auch das Ergebnis sehen können.

1   Wählen Sie **Komposition: Hintergrundfarbe**. Suchen Sie dann im Farbwähler die Farbe Weiß aus und klicken Sie auf OK, um das Dialogfeld »Hintergrundfarbe« zu schließen.

2   Setzen Sie die Zeitmarke auf 0:00 und wählen Sie **Ebene: Neu: Farbfläche**. Oder drücken Sie die Tasten Strg+Y (Windows) bzw. Befehl+Y (Mac OS).

3   Wählen Sie im Dialogfeld »Einstellungen für Farbflächen« die folgenden Optionen:

• Geben Sie den Namen **Light Rays Solid** ein.

• Klicken Sie auf die Schaltfläche »Wie Kompositionsgröße«, um automatisch die Größe der Komposition zu übernehmen. Oder geben Sie im Feld »Breite« den Wert **720** und im Feld »Höhe« den Wert **540** ein.

- Wählen Sie unter »Farbe« die Farbe Schwarz und klicken Sie anschließend auf OK. Schließen Sie das Dialogfeld »Einstellungen für Farbflächen«.

Das Kompositionsfenster enthält jetzt eine schwarze Farbfläche, die den Kompositionsframe ausfüllt.

Den Effekt *Irisblende* zuweisen und Keyframes setzen

Sie erzeugen nun das Sternbild, indem Sie der neuen Farbflächenebene einen Überblendungseffekt zuweisen. Dabei setzen Sie mit Hilfe des Effektfensters Keyframes, was in diesem Fall einfach bequemer ist.

1 Wählen Sie die Ebene *Light Rays Solid* (sofern die Ebene noch nicht ausgewählt ist).

2 Wählen Sie **Effekt: Überblenden: Irisblende**.

3 Ändern Sie im Effektfenster die folgenden Einstellungen für den Effekt *Irisblende*:

- Geben Sie für *Irispunkte* den Wert **18** ein oder ziehen Sie, um eine neunzackige Sternenform zu erzeugen.
- Geben Sie für *Äußerer Radius* den Wert **13** ein oder ziehen Sie.
- Aktivieren Sie die Option »Inneren Radius anwenden«.
- Geben Sie für *Weiche Kante* den Wert **12** ein oder ziehen Sie, um die Sternenform mit weichen Kanten zu versehen.

- Übernehmen Sie die folgenden Standardeinstellungen:
- Für *Irismitte* die Koordinaten 360/270, d.h. die Mitte des Kompositionsfensters
- Für *Innerer Radius* den Wert 0
- Für *Drehung* den Wert 0°

4 Setzen Sie die Zeitmarke auf 0:00 und klicken Sie im Effektfenster auf die folgenden Stoppuhrsymbole, um Keyframes zu setzen:
- *Äußerer Radius*
- *Innerer Radius*
- *Drehung*

Hinweis: *Bis zu diesem Punkt erkennen Sie keinerlei Änderungen im Kompositionsfenster.*

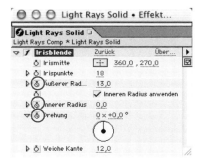

5 Setzen Sie die Zeitmarke auf 3:00 und ändern Sie im Effektfenster die folgenden Einstellungen für den Effekt *Irisblende*, um neue Keyframes zu setzen:
- Geben Sie für *Äußerer Radius* den Wert **640** ein oder ziehen Sie.
- Geben Sie für *Innerer Radius* den Wert **30** ein oder ziehen Sie. Der neunzackige Stern wird jetzt im Kompositionsfenster angezeigt.

6 Drücken Sie die Ende-Taste, um die Zeitmarke auf 3:29 zu setzen, und ändern Sie im Effektfenster die folgenden Einstellungen:

LEKTION 4
Elemente mit Sternen

- Geben Sie für *Äußerer Radius* den Wert **0** ein oder ziehen Sie. Der Stern wird wieder ausgeblendet.
- Geben Sie für *Innerer Radius* den Wert **0** ein oder ziehen Sie, so dass der Stern seine Form beibehält, jedoch kleiner wird.
- Geben Sie für *Drehung* den Wert **180°** ein oder ziehen Sie, so dass sich die Form über die Länge der Komposition um die Hälfte (180°) dreht.

Die Eigenschaft *Äußerer Rand* des Effekts *Irisblende* bestimmt die Länge der Strahlen, und zwar vom Zentrum bis zur äußeren Spitze. *Innerer Radius* bestimmt, wo an der Basis die Strahlen zusammentreffen. Wenn die Eigenschaften *Äußerer Radius* und *Innerer Radius* gleich sind, bekommt der Stern eine gleichförmig, sphärische Form. Wenn ein Radius auf 0 eingestellt ist, verschwindet der Stern, da die Strahlen keine Breite besitzen.

💡 *Der U-Tastaturbefehl blendet alle Eigenschaften für Keyframes oder Expressionen für die ausgewählte Ebene ein. Wählen Sie einfach die Ebene* Light Rays Solid *und drücken Sie dann die U-Taste. Sämtliche Eigenschaften für den animierten Effekt* Irisblende *und alle Keyframes werden jetzt in der Zeitleiste angezeigt.*

Schauen Sie sich eine Vorschau der Animation an und speichern Sie das Projekt.

Eine ausführliche Beschreibung des Effekts *Irisblende* finden Sie im Ordner *Dokumentation der Effekte* auf der *After-Effects-5.0-Programm*-CD und auf der Adobe-Website. Allgemeine Informationen und Beispielbilder des Effekts *Irisblende* finden Sie auch in der *After Effects Online Hilfe*.

Das Element *Light Rays* rendern

Das Element ist jetzt komplett und kann gerendert werden. Da die Komposition einfacher als *Starburst Comp* ist, wird das Rendern erheblich weniger Zeit in Anspruch nehmen.

1. Schließen Sie das Kompositionsfenster, die Zeitleiste und das Effektfenster für die Komposition *Light Rays Comp*.

2. Wählen Sie im Projektfenster die Komposition *Light Rays Comp* und dann **Komposition: Film erstellen**.

3. Klicken Sie auf den unterstrichenen Text *Light Rays Comp.mov* neben »Sichern unter«, geben Sie den Dateinamen **LightRays.mov** ein und speichern Sie den Film im Ordner *_mov* innerhalb des Ordners *AE_CIB job*. Die Komposition *Light Rays Comp* wird als zweites Element in der Renderliste angezeigt, und zwar unterhalb der Komposition *Starburst Comp*, die Sie bereits in dieser Lektion gerendert haben.

4. Klicken Sie in der Renderliste auf die unterstrichenen Wörter *Aktuelle Einstellungen*, um das Dialogfeld »Rendereinstellungen« zu öffnen.

5. Nehmen Sie die folgenden Einstellungen vor:

    - Wählen Sie für »Qualität« die Option »Beste«.
    - Wählen Sie für »Auflösung« die Option »Voll«.
    - Wählen Sie für »Zeitspanne« die Option »Länge der Komposition«. Klicken Sie auf OK, um das Dialogfeld »Rendereinstellungen« zu schließen.

6. Wählen Sie aus dem Einblendmenü »Ausgabemodul« die Option »Andere«, um das Dialogfeld »Einstellungen für Ausgabemodule« zu öffnen. Nehmen Sie die folgenden Einstellungen vor:

    - Wählen Sie für »Format« die Option »QuickTime-Film«.
    - Wählen Sie im Einblendmenü »Vorgang nach dem Rendern« die Option »Importieren« (After Effects 5.5) bzw. aktivieren Sie die Option »Nach Fertigstellung in Projekt importieren« (After Effects 5).
    - Klicken Sie auf die Schaltfläche »Formatoptionen«.

7. Wählen Sie im Dialogfeld »Komprimierung« die Optionen »Animation« und »Über 16,7 Mill. Farben«. Klicken Sie auf OK.

8 Überprüfen Sie im Dialogfeld »Einstellungen für Ausgabemodule« die folgenden Einstellungen: Die Kanäle sind auf »RGB + Alpha« eingestellt, d.h., dieses Element wird mit einem Alphakanal gerendert. Die Tiefe ist auf »Über 16,7 Mill. Farben« und die Farbe auf »Integriert (Maskiert)« eingestellt. Klicken Sie auf OK.

9 Speichern Sie das Projekt und klicken Sie auf die Schaltfläche »Rendern«.

Wenn der Renderprozess abgeschlossen ist, schließen Sie die Renderliste und klicken Sie doppelt auf *LightRays.mov* im Projektfenster, um sich den gerenderten Film anzusehen.

Wenn Sie noch Änderungen vornehmen möchten, öffnen Sie erneut die Komposition *Light Rays Comp* und nehmen Sie die entsprechenden Einstellungen vor. Speichern Sie diese Änderungen und rendern Sie. Verwenden Sie dabei die gleichen Rendereinstellungen.

Damit haben Sie die Lektion 4 abgeschlossen und verfügen über zwei weitere Elemente für das Gesamtprojekt.

Lektion 5

5 | Text und Zahlen

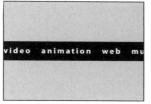 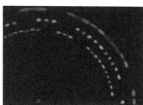 

Selbst Text und Zahlen führen mit passenden Gestaltungsideen und den Möglichkeiten in After Effects zu faszinierenden Effekten. Sie lernen in dieser Lektion verschiedene Techniken kennen, um Text über Weichzeichnung fließend und übergangslos zu animieren. Dann steigern Sie das Tempo mit Zufallszahlen, die in einem quasi optischen Stakkato ein- und ausgeblendet werden.

LEKTION 5
Text und Zahlen

In dieser Lektion lernen Sie Folgendes:

- Den Effekt *Basic Text* zuweisen, formatieren und animieren
- Den Effekt *Pfadtext* zuweisen, formatieren und animieren
- Den Effekt *Zahlen* zuweisen, formatieren und animieren
- Bewegungsunschärfe auf sich schnell bewegende Ebenen anwenden
- Den Effekt *Schneller Weichzeichner* zuweisen
- Zugewiesene Expressionen bearbeiten
- Den Keyframe-Assistenten *Easy Ease In* zuweisen

In dieser Lektion erstellen Sie zwei Textkompositionen und eine Zahlenkomposition. Die Kompositionen rendern Sie dann als jeweils einzelnes Element für das spätere Gesamtprojekt.

Für diese Lektion benötigen Sie eine gute Stunde und die Zeit, die zum Rendern der Kompositionen gebraucht wird.

Vorbereitungen

Achten Sie darauf, dass sich die folgenden Dateien im Ordner *AE_CIB job* auf Ihrer Festplatte befinden. Ansonsten müssen Sie die Dateien jetzt von Ihrer Buch-CD-ROM kopieren.

- Im Ordner *Sample_Movies*: *TextLine_final.mov*, *TextCircles_final.mov* und *Numbers_final.mov* aus dem Verzeichnis *Sample_Movies/Lektion05* auf der Buch-CD
- Im Ordner *Finished_Projects*: *Text05_finished.aep*

Hinweis: *(Nur für Windows) Wenn die Datei* Prefs *nicht angezeigt wird, stellen Sie sicher, dass im Dialogfeld* Ordneroptionen *im Register* Ansicht *für* Versteckte Dateien und Ordner *die Option* Alle Dateien und Ordner anzeigen *ausgewählt ist.*

In dieser Lektion verwenden Sie keine Footage-Dateien. Stattdessen arbeiten Sie mit bestimmten Schriften, die Sie im Ordner *Fonts* auf der Buch-CD finden. Falls diese Schriften noch nicht auf Ihrem Computer installiert sind, müssen Sie diese Schriften entsprechend Ihrem Betriebssystem auf Ihrem Computer installieren. Hinweise für das Installieren von Schriften finden Sie in der Online-Hilfe für Ihr Windows- bzw. Mac-OS-System.

Öffnen und spielen Sie die beiden Beispielfilme ab, damit Sie sehen, was Sie in dieser Lektion erstellen werden. Wenn Sie sich die Filme angesehen haben, beenden Sie den QuickTime Player. Sie können die Beispielfilme (aus Platzgründen) auf Ihrer Festplatte wieder löschen oder dort belassen, um im Verlaufe der Lektion Ihre Arbeitsergebnisse mit den Beispielen vergleichen zu können.

Sie erstellen alle drei Elemente in einem einzelnen Projekt. Als Erstes erstellen Sie dazu dieses Projekt.

1   Starten Sie After Effects, falls das Programm noch nicht geöffnet ist.
2   Wählen Sie **Datei: Neu: Neues Projekt**.

Bei allen Übungsdateien handelt es sich um ein Projekt, das in den USA für die dort verwendete NTSC-Fernsehnorm erstellt wird. Deshalb wird im Buch durchgängig mit einer Timecodebasis von 30 gearbeitet. Hierzulande würden Sie entsprechend der PAL-Norm mit einer Timecodebasis von 25 arbeiten.

3   Wählen Sie **Datei: Projekteinstellungen**. Das Dialogfeld »Projekteinstellungen« wird angezeigt. Wählen Sie aus dem Einblendmenü »Timecodebasis« die Option »30 fps« und aus dem Einblendmenü »NTSC« die Option »Drop-Frame«. Klicken Sie auf OK.
4   Wählen Sie **Datei: Speichern unter**.
5   Geben Sie als Dateinamen **Text05_work.aep** ein und speichern Sie das Projekt im _aep-Ordner innerhalb des *AE_CIB job*-Ordners.

Eine Textzeile als erstes Element

Sie haben das Ergebnis der ersten Komposition beim Abspielen des Films *TextLine_final.mov* bereits sehen können. Das Element besteht aus einer Textzeile, die als Punkt in der Bildschirmmitte beginnt und sich dann nach außen hin vergrößert. Dieses Element erstellen Sie komplett in After Effects mit Hilfe einer Farbfläche und dem Effekt *Basic Text*, ohne dazu irgendeine Quelldatei importieren zu müssen.

Eine Komposition erstellen

Das erste Textelement erstellen Sie durch Einrichten einer neuen Komposition. Die Abmessungen sind so, dass sich ein langer Streifen ergibt, der in der aktuellen Größe (100%) weit über den Bildschirm hinaus geht.

1   Wählen Sie **Komposition: Neue Komposition**.

2   Geben Sie als Namen der Komposition **Text Line Comp** ein.

3   Stellen Sie die folgenden Optionen ein:

 • Breite: **2000**

 • Höhe: **50**

 • Pixel-Seitenverhältnis: Quadratische Pixel

 • Framerate: **29,97**

4   Wählen Sie je nach vorhandenem Computersystem unter »Auflösung« die Option »Halb« oder niedriger, so dass sich das Kompositionsfenster automatisch mit einer Vergrößerung von 50% öffnet.

5   Geben Sie in das Feld »Dauer« den Wert **200** für zwei Sekunden ein. Prüfen Sie noch einmal die Einstellungen und klicken Sie dann auf OK.

Eine neue Farbfläche erstellen

Jetzt erstellen Sie eine neue Farbfläche in der Größe der Komposition. Diese Ebene ist die Basis für den ersten Texteffekt.

1   Falls erforderlich wählen Sie **Komposition: Hintergrundfarbe**. Wählen Sie die Farbe Schwarz und klicken Sie auf OK. Oder wählen Sie mit der Pipette einen schwarzen Bereich auf Ihrem Bildschirm. Klicken Sie auf OK, um das Dialogfeld »Hintergrundfarbe« zu schließen.

2   Wählen Sie **Ebene: Neu: Farbfläche**.

3   Geben Sie im Dialogfeld »Einstellungen für Farbfläche« den Namen **Text Solid** ein.

4   Klicken Sie auf die Schaltfläche »Wie Kompositionsgröße«, um automatisch die Breite auf 2000 und die Höhe auf 50 festzulegen.

5   Verwenden Sie den Farbwähler oder die Pipette, um die Farbe Schwarz zu wählen. Klicken Sie anschließend auf OK.

Eine Textzeile hinzufügen und formatieren

Da jetzt eine Ebene vorhanden ist, können Sie ihr den Effekt *Basic Text* zuweisen. Dafür erstellen Sie mit Hilfe dieses Textes eine lange Textzeile und weisen diesem Text dann eine einfache Formatierung zu.

1   Wählen Sie in der Zeitleiste die Ebene *Text Solid* und dann den Befehl **Effekt: Text: Basic Text**.

2. Stellen Sie im Dialogfeld »Basic Text« die folgenden Optionen ein:
   - Wählen Sie aus dem Einblendmenü »Schrift« die Schriftart *Myriad*.
   - Wählen Sie aus dem Einblendmenü »Stil« den Stil *Bold* (Fett).
   - Aktivieren Sie unter »Richtung« die Option »Horizontal« und unter »Ausrichtung« die Option »Zentriert« (Windows) bzw. »Mittelpunkt« (Mac OS).

3. Geben Sie im Dialogfeld »Basic Text« die folgenden sieben Wörter ein, wobei Sie nach jedem Wort drei Leerzeichen einfügen:
   film   video   animation   web   multimedia   dvd   television
   Geben Sie die drei Leerzeichen auch nach dem Wort *television* ein.

4. Wählen Sie den Text einschließlich aller Leerzeichen aus und drücken Sie die Tastenkombination Strg+C (Windows) bzw. Befehl+C (Mac OS), um den Text zu kopieren.

5. Setzen Sie den Cursor an das Textende (nach den letzten drei Leerzeichen) und drücken Sie anschließend die Tasten Strg+V (Windows) bzw. Befehl+V (Mac OS), um den kopierten Text so einzufügen, dass jetzt insgesamt vierzehn Wörter vorhanden sind.

6. Wenn Sie sich die Schrift und den Stil vor dem Schließen des Dialogfelds ansehen möchten, wählen Sie die Option »Schrift anzeigen« und klicken Sie auf OK.

Im Kompositionsfenster wird jetzt die Textzeile in Rot auf der Farbfläche angezeigt.

💡 *Wenn Sie den Text nach dem Schließen des Dialogfelds »Basic Text« bearbeiten möchten, klicken Sie im Effektfenster auf das unterstrichene Wort* Optionen *rechts neben* Basic Text. *Danach können Sie die Änderungen vornehmen. Klicken Sie anschließend wieder auf OK.*

Eigenschaften für Text auf einer Zeile einstellen

Nun ändern Sie den Text weiter, indem Sie die Farbe und andere Einstellungen für das Aussehen und die Platzierung einstellen. Diese Änderungen nehmen Sie im Effektfenster vor. Das Effektfenster öffnet sich, sobald Sie das Dialogfeld »Basic Text« schließen. Die Position soll nicht geändert werden, da die Standardeinstellung (die Mitte der Ebene) genau das ist, womit Sie arbeiten möchten.

1   Falls nicht bereits geschehen, erweitern Sie im Effektfenster für »Basic Text« die Einstellungen für »Kontur und Fläche«, indem Sie auf den Pfeil links neben den Wörtern *Kontur und Fläche* klicken.

2   Wählen Sie für *Anzeigeoptionen* die Option »Nur Füllung«.

3   Wählen Sie für *Flächenfarbe* den Farbwähler oder die Pipette und wählen Sie die Farbe Weiß.

4   Geben Sie für *Größe* den Wert **20** ein oder ziehen Sie. Der Text wird im Kompositionsfenster entsprechend verkleinert.

5   Geben Sie für Laufweite den Wert **–40** ein oder ziehen Sie. Achten Sie auf das Minuszeichen.

Der Text zieht sich in der Mitte der Ebene zusammen.

Während Sie die Einstellungen im Effektfenster ändern, aktualisiert After Effects die Ansicht im Kompositionsfenster – Sie können das Ergebnis sofort überprüfen.

Die Textzeile mit Keyframes animierten

Nun animieren Sie den Effekt *Basic Text*, d.h., der Text soll aus dem Zentrum der Ebene heraus größer werden. Dazu setzen Sie im Effektfenster für die *Laufweite*-Eigenschaft entsprechende Keyframes. Diese Keyframes überprüfen Sie dann in der Zeitleiste. Schließlich wenden Sie noch den Keyframe-Assistenten *Easy Ease In* an. Mit diesem Feature verlangsamen Sie die Textbewegung, sobald sich der Text dem letzten *Laufweite*-Keyframe nähert.

1 Die Zeitmarke ist auf 0:00 gesetzt. Klicken Sie auf das *Laufweite*-Stoppuhrsymbol im Effektfenster, um einen Keyframe mit der aktuellen Laufweite zu setzen.

2 Wählen Sie in der Zeitleiste die Ebene *Text Solid* und drücken Sie die E-Taste, um den dieser Ebene zugewiesenen Effekt *Basic Text* zu öffnen. Erweitern Sie die *Basic Text*-Eigenschaften, um den Keyframe für die Laufweite bei 0:00 angezeigt zu bekommen.

3 Drücken Sie die Ende-Taste, um die Zeitmarke auf 1:29 zu setzen.

4 Geben Sie im Effektfenster den Wert **30** ein oder ziehen Sie, um die Laufweite einzustellen. Die Schrift nimmt nach dem Drücken der Eingabetaste die Länge der Ebene *Text Solid* ein.

5 Drücken Sie die Leertaste oder die 0 im Zahlenfeld für eine Vorschau der Animation. Die Schrift wird in dem Maße aus der Ebenenmitte nach außen hin größer, wie der Wert für die Laufweite zunimmt.

6   Wählen Sie in der Zeitleiste den *Laufweite*-Keyframe bei 1:29 und achten Sie darauf, dass nur dieser Keyframe ausgewählt ist. Wählen Sie anschließend **Animation: Keyframe-Assistent: Easy Ease In**. Der Keyframe ändert seine Form, was auf eine geänderte Keyframe-Interpolation hinweist.

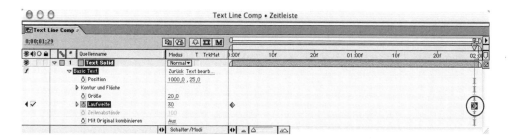

7   Schauen Sie sich erneut eine Vorschau der Animation an. Der Text wird nun etwas langsamer, sobald die volle Vergrößerung erreicht wird. Speichern Sie anschließend das Projekt.

Wenn Sie das Ergebnis nach dem Zuweisen von *Easy Ease In* prüfen möchten, sehen Sie sich die Geschwindigkeitskurve in der Zeitleiste an. Erweitern Sie dazu die *Laufweite*-Eigenschaft unter *Basic Text*. Die Kurve ist standardmäßig eine gerade Linie und weist damit auf eine konstante Änderungsrate hin. Nach Anwenden von *Easy Ease In* wird die Geschwindigkeitskurve zum zweiten Keyframe hin flacher, d.h., die Änderung der Laufweite verlangsamt sich. Weitere Informationen über den Keyframe-Assistenten und die Keyframe-Interpolation finden Sie unter dem Thema »Optimieren von Animationen« in der After-Effects-Online-Hilfe.

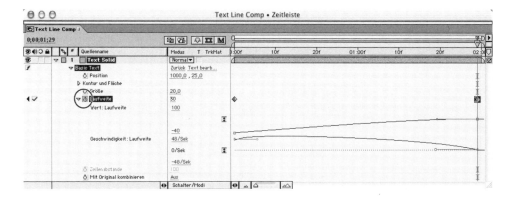

Deckkraft einstellen

Jetzt setzen Sie *Deckkraft*-Keyframes, um den Text ein- bzw. auszublenden. Der Text soll zuerst zu Beginn der Animation eingeblendet werden. Nachdem die Zeichen dann die volle Größe erreicht haben und über den Bildschirm hinausgehen, sollen sie wieder ausgeblendet werden. Damit erzielen Sie eine weichere Animation.

1. Die Zeitmarke ist auf 0:00 in der Zeitleiste gesetzt. Wählen Sie durch Doppelklick im Effektfenster auf *Basic Text* die Ebene *Text Solid* und drücken Sie die Tasten Umschalt+T, um die Eigenschaft *Deckkraft* zu öffnen, ohne dabei die Eigenschaften für den Effekt *Basic Text* zu schließen. (Eventuell müssen Sie die Zeitleiste erweitern, um die Eigenschaft *Deckkraft* sehen zu können.)

2. Geben Sie für Deckkraft den Wert **0** (null) ein oder ziehen Sie.

3. Klicken Sie auf das *Deckkraft*-Stoppuhrsymbol, um einen Keyframe zu setzen.

4. Setzen Sie die Zeitmarke auf 0:04 und ändern Sie die Deckkraft in 100%. Die Einblendung erfolgt jetzt im Verlauf von vier Frames.

5. Setzen Sie die Zeitmarke auf 1:16 und richten Sie einen weiteren Deckkraft-Keyframe mit 100% ein, indem Sie im Keyframe-Kontrollkästchen in der A/V-Spalte klicken. Die Deckkraft ist jetzt 100% von 0:04 bis 1:16.

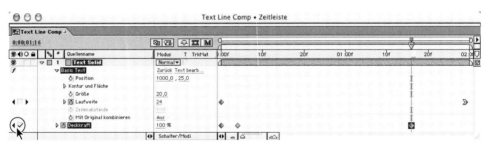

Keyframe-Kontrollkästchen

6. Drücken Sie die Ende-Taste, um die Zeitmarke auf 1:29 zu setzen. Ändern Sie die Deckkraft in 0%, um eine Ausblendung über 14 Frames zu erzeugen.

7 Schauen Sie sich die Vorschau der Animation an. Der Text wird zu Beginn eingeblendet, ist voll sichtbar und wird am Ende wieder ausgeblendet. Speichern Sie das Projekt.

Bewegungsunschärfe hinzufügen

Um die Textanimation noch zu verfeinern, schalten Sie den Schalter *Bewegungsunschärfe* für die Textebene ein. Bewegungsunschärfe simuliert die realistische Unschärfe der Kamera, und zwar ausgehend vom Verschlusswinkel (im Register »Erweitert« innerhalb der Kompositionseinstellungen) und der Geschwindigkeit der sich bewegenden Ebene.

Sie können während der Arbeit auf die Schaltfläche »Bewegungsunschärfe aktivieren« (rechts in der Symbolleiste über den Spalten in der Zeitleiste) klicken, um die Ergebnisse im Kompositionsfenster anzuzeigen. Eine aktivierte Bewegungsunschärfe kann allerdings die Leistung von After Effects erheblich verlangsamen, weshalb die Bewegungsunschärfe nach der Vorschau wieder deaktiviert werden sollte.

1 Wählen Sie in der Zeitleiste die Ebene *Text Solid*.

2 Klicken Sie unten in der Zeitleiste auf »Schalter/Modi«, um die entsprechende Spalte anzuzeigen. Klicken Sie in das Kontrollkästchen für den Schalter »Bewegungsunschärfe«. Ein Häkchen weist darauf hin, dass Bewegungsunschärfe der Ebene zugewiesen wird, sobald Sie diese Komposition rendern.

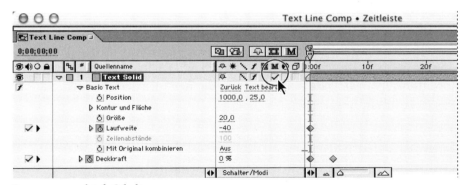

Bewegungsunschärfe-Schalter

3 Klicken Sie auf die Schaltfläche »Bewegungsunschärfe aktivieren«, um die Bewegungsunschärfe im Kompositionsfenster anzuzeigen.

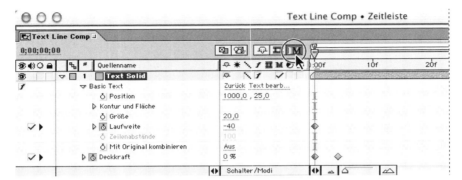

Schaltfläche »Bewegungsunschärfe aktivieren«

4 Sehen Sie sich die Vorschau möglichst in der Qualität »Voll« und mit einer Vergrößerung von 100% an, selbst wenn nur ein kleiner Teil der Komposition abgespielt wird. Die Bewegungsunschärfe wird nämlich bei geringerer Qualität oder Auflösung nicht im Kompositionsfenster angezeigt.

5 Deaktivieren Sie die Schaltfläche »Bewegungsunschärfe aktivieren« und speichern Sie das Projekt.

Bewegungsunschärfe ist besonders für das vorliegende Element hilfreich, da sich die Textebene so schnell bewegt. Wenn Sie später rendern, nehmen Sie noch die jeweiligen Einstellungen für die Bewegungsunschärfe vor.

Die Textzeile rendern

Da Sie das erste Textelement fertig gestellt haben, sollten Sie mit dem Rendern der Komposition beginnen. Das Rendern nimmt auf den meisten Systemen nur wenige Sekunden in Anspruch.

1 Schließen Sie das Kompositionsfenster, die Zeitleiste und das Effektfenster für die Komposition *Text Line Comp*.

2 Wählen Sie im Projektfenster die Komposition *Text Line Comp* und dann **Komposition: Film erstellen**.

3   Klicken Sie in der Renderliste auf den unterstrichenen Text *Text Line Comp* neben »Sichern unter«, geben Sie den Dateinamen **TextLine.mov** ein und speichern Sie den Film im Ordner *_mov* innerhalb des Ordners *AE_CIB job*.

4   Klicken Sie in der Renderliste auf die unterstrichenen Wörter *Aktuelle Einstellungen*, um das Dialogfeld »Rendereinstellungen« zu öffnen. Nehmen Sie die folgenden Einstellungen vor:

- Wählen Sie für »Qualität« die Option »Beste«.
- Wählen Sie für »Auflösung« die Option »Voll«.
- Wählen Sie für »Zeitspanne« die Option »Länge der Komposition«.
- Wählen Sie unter »Zeit-Sampling« aus dem Einblendmenü »Bewegungsunschärfe« die Option »Ein für aktivierte Ebenen«, um die Bewegungsunschärfe nur für die Ebenen zu rendern, die mit Häkchen für den Bewegungsunschärfe-Schalter versehen sind.

5   Klicken Sie auf OK, um wieder die Renderliste anzuzeigen.

6   Wählen Sie aus dem Einblendmenü »Ausgabemodul« die Option »Andere«, um das Dialogfeld »Einstellungen für Ausgabemodule« zu öffnen. Nehmen Sie die folgenden Einstellungen vor:

- Wählen Sie für »Format« die Option »QuickTime-Film«.

- Wählen Sie im Einblendmenü »Vorgang nach dem Rendern« die Option »Importieren« (After Effects 5.5) bzw. aktivieren Sie die Option »Nach Fertigstellung in Projekt importieren« (After Effects 5).
- Klicken Sie auf die Schaltfläche »Formatoptionen«.

7   Wählen Sie im Dialogfeld »Komprimierung« die Optionen »Animation« und »Über 16,7 Mill. Farben«. Klicken Sie auf OK.

8   Überprüfen Sie im Dialogfeld »Einstellungen für Ausgabemodule« die folgenden Einstellungen: Die Kanäle sind auf »RGB + Alpha« eingestellt, d.h., dieses Element wird mit einem Alphakanal gerendert. Die Tiefe ist auf »Über 16,7 Mill. Farben« und die Farbe auf »Integriert (Maskiert)« eingestellt. Klicken Sie auf OK.

9   Speichern Sie erneut das Projekt und klicken Sie auf die Schaltfläche »Rendern«.

Wenn der Renderprozess abgeschlossen ist, schließen Sie die Renderliste und doppelklicken Sie auf *TextLine.mov* im Projektfenster, um sich den gerenderten Film anzusehen.

💡 Weil dieses Element sehr breit ist, doppelklicken Sie auf den Film mit gedrückter Alt- (Windows) bzw. Wahltaste (Mac OS), um den Film im After-Effects-Player statt im QuickTime Player zu öffnen. Hier können Sie die Vergrößerung so einstellen, dass das Fenster an Ihren Bildschirm angepasst wird.

Wenn Sie noch Änderungen vornehmen möchten, öffnen Sie erneut die Komposition *Text Line Comp* und nehmen Sie die entsprechenden Einstellungen vor. Speichern Sie diese Änderungen und rendern Sie. Verwenden Sie dabei die gleichen Rendereinstellungen.

Rundtext als zweites Element

Das nächste Element ist ein kreisförmiges Textelement, das Sie bereits im Beispielfilm *TextCircle_final.mov* gesehen haben. Das Element besteht aus drei «Textkreisen«, die sich drehen und dann in Punkte ausblenden. Dieses Element erstellen Sie mit Hilfe einiger Farbflächen-Ebenen und dem Effekt *Pfadtext*. Auch dazu benötigen Sie keine Quelldateien – Sie müssen also auch nichts importieren.

Die Komposition erstellen

Zuerst erstellen Sie für den Rundtext eine neue Komposition.

1   Klicken Sie unten im Projektfenster auf das Symbol »Eine neue Komposition erstellen« (🖼).

2   Geben Sie im Dialogfeld den Namen **Text Circle Comp** ein.

3   Geben Sie für »Breite« und »Höhe« den Wert **800** ein.

4   Wählen Sie unter »Pixel-Seitenverhältnis« die Option »Quadratische Pixel«.

5   Geben Sie unter »Framerate« den Wert **29,97** ein.

6   (Optional) Wählen Sie je nach Systemleistung unter »Auflösung« die Option »Voll«, »Halb« oder noch niedriger.

7   Geben Sie unter »Dauer« den Wert **500** für fünf Sekunden ein und klicken Sie dann auf OK.

Eine Farbfläche für Rundtext

Jetzt erstellen Sie eine neue schwarze Farbflächen-Ebene.

1. Setzen Sie die Zeitmarke auf 0:00 und wählen Sie **Ebene: Neu: Farbfläche**.
2. Geben Sie im Dialogfeld »Einstellungen für Farbflächen« den Namen **Circle Text Solid** ein.
3. Klicken Sie auf die Schaltfläche »Wie Kompositionsgröße«, um automatisch die Größe der Komposition zu übernehmen (Breite und Höhe haben den Wert 800).
4. Wählen Sie im Farbwähler oder mit der Pipette die Farbe Schwarz. Klicken Sie anschließend auf OK.

Die Ebene wird als schwarzes Quadrat im Kompositionsfenster-Frame angezeigt und ist als *Circle Text Solid* im Ebenenstapel in der Zeitleiste aufgelistet.

Rundtext hinzufügen und formatieren

Das Zuweisen des Effekts *Pfadtext* auf die Ebene *Circle Text Solid* ähnelt der bereits durchgeführten Arbeit an dem Element mit der Textzeile, d.h., Sie geben erst den Text ein und weisen dann die Textformatierung zu.

1. Wählen Sie in der Zeitleiste die Ebene *Circle Text Solid* und dann den Befehl **Effekt: Text: Pfadtext**.

2   Geben Sie im Dialogfeld »Pfadtext« die gleichen sieben Wörter wie beim vorherigen Element ein und achten Sie auf die drei Leerzeichen nach jedem Wort:
    film video animation web multimedia dvd television
3   Falls nicht bereits geschehen, wählen Sie die Schrift »Myriad«.
4   Wählen Sie den Stil »Bold« und klicken Sie dann auf OK.

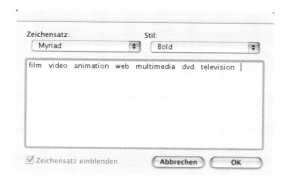

Der Text wird wieder rot angezeigt und beginnt entlang einem Kurvenpfad.

Hinweis: In dieser Komposition sollen nur die sieben Wörter erscheinen – Sie brauchen den Text deshalb nicht wie bei Text Line Comp *zu kopieren und einzufügen.*

Die Texteigenschaften einstellen

In den folgenden Schritten stellen Sie den Effekt *Pfadtext* für Pfadform, Pfadgröße, Textfarbe und Zeichenabstand ein.

1   Erweitern Sie im Effektfenster für *Pfadtext* die Eigenschaft *Pfadoptionen*.
2   Wählen Sie aus dem Einblendmenü »Formtyp« die Option »Kreis«. Der Text verläuft jetzt im Kompositionsfenster entlang einem kreisförmigen Pfad.
3   Erweitern Sie im Effektfenster die Eigenschaft *Steuerungspunkte*.
4   Geben Sie für *Tangente 1/Kreispunkt* die Werte **188** bzw. **578** ein oder ziehen Sie entsprechend. (Erweitern Sie dazu eventuell das Effektfenster.)
5   Geben Sie für *Scheitelpunkt 1/Kreismitte* die Werte **400** bzw. **400** ein oder ziehen Sie.

6 Aktivieren Sie die Option »Pfad umkehren«, um die Schrift von links nach rechts innen im Kreis auszurichten.

7 Erweitern Sie die Eigenschaft *Kontur und Fläche* und wählen Sie aus dem Einblendmenü »Optionen« die Option »Nur Füllung«.

8 Wählen Sie unter *Füllfarbe* im Farbwähler oder mit der Pipette die Farbe Weiß.

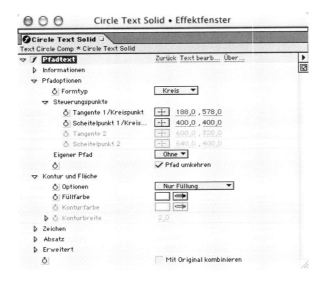

Weitere Informationen über die Pfadtext-Einstellungen finden Sie unter »Pfadtext« in der After-Effects-Online-Hilfe und im Ordner *AE5-Dokumentation* auf der After-Effects-Programm-CD.

Den Rundtext mit Keyframes animieren

Jetzt animieren Sie die Textgröße und den Buchstabenabstand mit Keyframes für die Eigenschaften *Größe* und *Laufweite*.

1 Setzen Sie die Zeitmarke auf 0:00.

2 Erweitern Sie im Effektfenster unter *Pfadtext* die *Zeichen*-Eigenschaft und geben Sie für *Größe* und *Laufweite* jeweils den Wert **0** ein oder ziehen Sie. Die Schrift wird nicht mehr angezeigt.

3 Klicken Sie auf die Stoppuhrsymbole für *Größe* und *Laufweite*, um Keyframes zu setzen.

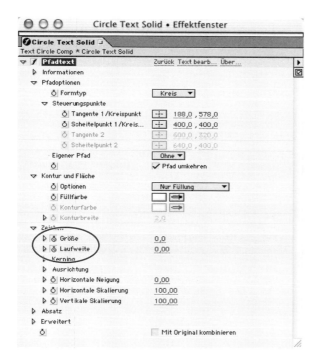

4 Setzen Sie die Zeitmarke auf 2:15.

5 Geben Sie im Effektfenster für *Größe* den Wert **21** und für *Laufweite* den Wert **18** ein. Die Schrift wird jetzt größer und mit gleichmäßig verteilten Buchstaben entlang dem Kreispfad angezeigt. After Effects erstellt nach dem Ändern in diese Werte ein zweites Paar mit Keyframes für Größe und Laufweite.

6 Setzen Sie die Zeitmarke auf 3:29.

7 Ändern Sie im Effektfenster die Größe in **0** und die Laufweite in **100**. Die Schrift wird entlang dem Pfad ausgeweitet und die Zeichengröße wird bis auf kleine Punkte reduziert – am Ende ist dann nichts mehr zu sehen.

8 Die Ebene mit dem Pfadtext ist in der Zeitleiste noch ausgewählt. Drücken Sie die U-Taste, um alle Keyframes anzuzeigen. Überprüfen Sie die Keyframes und klappen Sie anschließend die Ebeneneigenschaften ein.

9 Speichern Sie das Projekt und sehen Sie sich die Vorschau der Animation an.

💡 *Reduzieren Sie Qualität und Auflösung, wenn nicht alles Frames in der RAM-Vorschau angezeigt werden. Hinweise dazu finden Sie unter »Arbeitsspeicher zuweisen« auf Seite 10.*

Sie verfügen jetzt über eine Textzeile, die über die Dauer der Komposition eine Kreisform einnimmt. Nachdem der Kreis komplett ist, dreht sich der Text und die Zeichen werden kleiner, um schließlich ganz ausgeblendet zu werden.

Die Textebene duplizieren und die In-Points einstellen

Sie fügen jetzt zwei weitere Ebenen mit Rundtext in Ihre Komposition ein. Statt sämtliche bisherigen Schritte für die neuen Ebenen zu wiederholen, duplizieren Sie einfach die bereits erstellte Ebene und ändern nur einige wenige Einstellungen in den neuen Ebenen. Außerdem ändern Sie die In-Points, so dass jede Ebene mit einem anderen Frame in der Komposition beginnt.

1 Wählen Sie in der Zeitleiste die Ebene *Circle Text Solid* und dann zweimal **Bearbeiten: Duplizieren**. Oder drücken Sie zweimal die Tasten Strg+D (Windows) bzw. Befehl+D (Mac OS). Im Ebenenstapel befinden sich jetzt drei identische Ebenen.

2 Verschieben Sie den In-Point der *Ebene 2* auf 0:15, indem Sie einen der folgenden Schritte ausführen:

- Ziehen Sie in der Zeitleiste den Ebenen-Zeitbalken (ziehen Sie nicht an den Zeitpunkten am Anfang und Ende der Leiste), so dass sich das linke Ende bzw. die linke Zeitmarke bei 0:15 befindet. Orientieren Sie sich in der Informationspalette.

- Klicken Sie auf den Doppelpfeil (⇥) unten in der Zeitleiste, um die In/Out-Spalte zu öffnen. Geben Sie dann für den In-Point von *Ebene 2* den Wert **15** ein.

- Wählen Sie *Ebene 2*, setzen Sie die Zeitmarke auf 0:15 und drücken Sie die Ü-Taste.

3   Wählen Sie *Ebene 1* und setzen Sie den In-Point auf 1:00.

In-Points der Textebenen

Sie verfügen jetzt über drei Textebenen, die in 15-Frame-Intervallen in der Komposition aktiviert werden.

Keyframes für den Pfadtext ändern

Die drei Ebenen sind in der Komposition noch direkt übereinander positioniert. Sie trennen nun die Ebenen räumlich, indem Sie die Durchmesser der Kreispfade in den duplizierten Ebenen vergrößern. Außerdem stellen Sie die Keyframes für die Größe und Laufweite der Schrift so ein, dass sich die einzelnen Ebenenanimationen etwas voneinander unterscheiden.

1   *Ebene 2* ist ausgewählt. Drücken Sie die Taste F3, um das Register für diese Ebene im Effektfenster zu öffnen.

2   Erweitern Sie die Eigenschaften *Pfadoptionen* und *Steuerungspunkte* (sofern erforderlich) und stellen Sie die Koordinaten für *Tangente 1/Kreispunkt* auf **168, 613** ein. Dieser Pfad ist jetzt etwas größer als der Pfad in *Ebene 1*. Lassen Sie *Ebene 2* ausgewählt.

3   Drücken Sie die U-Taste, um alle Effekt-Keyframes für *Ebene 2* anzuzeigen.

4   Setzen Sie in der Zeitleiste die Zeitmarke auf 3:00 und ändern Sie *Größe* und *Laufweite* für *Ebene 2* in **22**. Da die Zeitmarke bei dieser Operation über vorhandenen Keyframes positioniert ist, werden für diese Keyframes neue Werte gesetzt.

5 Setzen Sie die Zeitmarke auf 4:14 und achten Sie darauf, dass der Wert für die *Größe* 0 und der für die *Laufweite* 100 beträgt.

6 Wiederholen Sie den in den Schritten 1 bis 5 beschriebenen Prozess für *Ebene 1*, jedoch mit diesen Einstellungen:

- Setzen Sie die Koordinaten für *Tangente 1/Kreispunkt* auf **140, 645**.
- Setzen Sie in Schritt 4 die Zeitmarke auf 3:15 und stellen Sie *Größe* und *Laufweite* auf **24** ein.
- Setzen Sie in Schritt 5 die Zeitmarke auf 4:29.

7 Sehen Sie sich die Vorschau der Animation an und speichern Sie das Projekt.

Sie sollten jetzt drei animierte Ringe mit Text sehen. Die Ringe werden allmählich größer und ändern sich mit zunehmender Geschwindigkeit in Punkte. Weitere Informationen über den Effekt *Pfadtext* finden Sie in der After-Effects-Online-Hilfe und im Ordner *AE5-Dokumentation* auf der After-Effects-Programm-CD.

Bewegungsunschärfe für alle Ebenen mit Rundtext

Auch diese Ebenen versehen Sie wie beim Element mit der Textzeile wieder mit Bewegungsunschärfe. Mit der Bewegungsunschärfe wird den Ebenen mit dem Rundtext während des Drehens eine realistische Unschärfe zugewiesen. Dieser Effekt ist besonders gut gegen Ende der Komposition zu erkennen.

1 Drücken Sie die Tasten Strg+A (Windows) bzw. Befehl+A (Mac OS), um alle drei Ebenen mit dem Rundtext auszuwählen.

2 Wählen Sie in der Schalter-Spalte für jede Ebene den Schalter *Bewegungsunschärfe*, was durch die Häkchen in den jeweiligen Kontrollkästchen angezeigt wird.

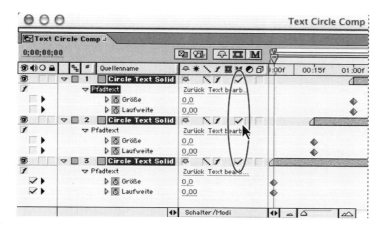

3   Klicken Sie auf die Schaltfläche »Bewegungsunschärfe aktivieren«.

4   Schauen Sie sich die Vorschau der Animation mit voller Auflösung, bester Qualität und einer Vergrößerung von 100% an, auch wenn Sie nur einen kleinen Abschnitt im Kompositionsfenster sehen können. Die Bewegungsunschärfe ist bei geringerer Qualität und Auflösung sonst nicht zu sehen.

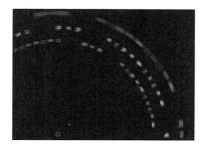

5   Deaktivieren Sie die Schaltfläche »Bewegungsunschärfe aktivieren« und speichern Sie anschließend das Projekt.

Die Komposition *Text Circle Comp* rendern

Die Elemente sind jetzt komplett und können gerendert werden. Das Rendern nimmt auf den meisten Systemen nur wenige Minuten in Anspruch.

1   Schließen Sie das Kompositionsfenster, die Zeitleiste und das Effektfenster für die Komposition *Text Circle Comp*.

2   Wählen Sie im Projektfenster die Komposition *Text Circle Comp* und dann **Komposition: Film erstellen**.

3   Klicken Sie in der Renderliste auf den unterstrichenen Text *Text Circle Comp.mov* neben »Sichern unter«, geben Sie den Dateinamen **TextCircle.mov** ein und speichern Sie den Film im Ordner *_mov* innerhalb des Ordners *AE_CIB job* (After Effects 5.5) bzw. geben Sie den Dateinamen im aufgerufenen Dialogfeld »Film ausgeben unter« ein (After Effects 5). Die Renderliste wird mit der Komposition *Text Circle Comp* als zweites Element in der Liste geöffnet (die Komposition *Text Line Comp* wurde als erstes Element bereits früher gerendert).

4   Klicken Sie unter *Text Circle Comp* auf die Wörter *Aktuelle Einstellungen*, um das Dialogfeld »Rendereinstellungen« zu öffnen. Nehmen Sie die folgenden Einstellungen vor:

- Wählen Sie für »Qualität« die Option »Beste«.
- Wählen Sie für »Auflösung« die Option »Voll«.
- Wählen Sie für »Zeitspanne« die Option »Länge der Komposition«.
- Wählen Sie unter »Zeit-Sampling« aus dem Einblendmenü »Bewegungsunschärfe« die Option »Ein für aktivierte Ebenen«, um die Bewegungsunschärfe nur für die Ebenen zu rendern, die mit Häkchen für den Bewegungsunschärfe-Schalter versehen sind.

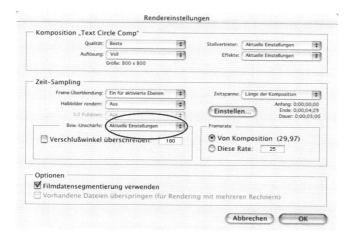

5   Klicken Sie auf OK, um das Dialogfeld »Rendereinstellungen« zu schließen.

6   Wählen Sie aus dem Einblendmenü »Ausgabemodul« die Option »Andere«, um das Dialogfeld »Einstellungen für Ausgabemodule« zu öffnen. Nehmen Sie die folgenden Einstellungen vor:

   • Wählen Sie für »Format« die Option »QuickTime-Film«.

   • Wählen Sie für »Vorgang nach dem Rendern« die Option »Importieren«.

   • Klicken Sie auf die Schaltfläche »Formatoptionen«.

7   Wählen Sie im Dialogfeld »Komprimierung« die Optionen »Animation« und »Über 16,7 Mill. Farben«. Achten Sie darauf, dass der Regler auf »Beste« eingestellt ist und klicken Sie auf OK.

8   Überprüfen Sie im Dialogfeld »Einstellungen für Ausgabemodule« folgende Einstellungen: Die Kanäle sind auf »RGB + Alpha« eingestellt, d.h., dieses Element wird mit einem Alphakanal gerendert. Die Tiefe ist auf »Über 16,7 Mill. Farben« und die Farbe auf »Integriert (Maskiert)« eingestellt. Klicken Sie auf OK.

9   Speichern Sie das Projekt und klicken Sie auf die Schaltfläche »Rendern«.

Wenn der Renderprozess abgeschlossen ist, schließen Sie die Renderliste und doppelklicken Sie auf *TextCircle.mov* im Projektfenster, um den gerenderten Film anzusehen.

Doppelklicken Sie mit gedrückter Alt- (Windows) bzw. Wahltaste (Mac OS), um das Element im After-Effects-Player statt im standardmäßigen QuickTime Player zu öffnen. Mit dieser Option können Sie die Vergrößerung so einstellen, dass die Fenstergröße an Ihren Bildschirm angepasst wird.

Wenn Sie noch Änderungen vornehmen möchten, öffnen Sie erneut die Komposition *Text Circle Comp* und nehmen Sie die entsprechenden Einstellungen vor. Speichern Sie diese Änderungen und rendern Sie. Verwenden Sie dabei die gleichen Rendereinstellungen.

Zahlen als drittes Element

Dieses dritte und letzte Element hatten Sie sich bereits im Beispielfilm *Numbers_final.mov* angesehen. Es besteht aus verschiedenen Ebenen mit blinkenden Zahlen, die Sie mit dem Effekt *Zahlen* erstellen. Anschließend wenden Sie den Effekt *Schneller Weichzeichner* an und verstärken mit einfachen Expressionen die Weichzeichnung der Zahlen, sobald die Kamera näher heranfährt. Sie erstellen das Element komplett in After Effects, so dass Sie keine Quelldateien zu importieren brauchen.

Die Komposition erstellen

Sie beginnen mit dem Erstellen einer neuen Komposition.

1 Wählen Sie **Komposition: Neue Komposition**.

2 Geben Sie als Namen **Numbers Comp** ein.

3 Wählen Sie im Dialogfeld »Kompositionseinstellungen« unter »Voreinstellungen« die Option »NTSC D1 Quad. Pixel, 720 x 540«. Die folgenden vier Einstellungen werden automatisch eingegeben:

- Höhe: 720
- Breite: 540
- Pixel-Seitenverhältnis: Quadratische Pixel
- Framerate: 29,97

4   (Optional) Wählen Sie je nach Systemleistung unter »Auflösung« die Option »Voll«, »Halb« oder noch niedriger.

5   Geben Sie unter »Dauer« den Wert **600** für sechs Sekunden ein und klicken Sie dann auf OK.

Eine Farbfläche für den Effekt *Zahlen* erstellen

Nun erstellen Sie eine neue schwarze Farbflächen-Ebene mit den Abmessungen der Komposition. Später weisen Sie dieser Ebene den Effekt *Zahlen* zu.

1   Setzen Sie die Zeitmarke auf 0:00 und wählen Sie **Ebene: Neu: Farbfläche**.

2   Nehmen Sie im Dialogfeld »Einstellungen für Farbflächen« die folgenden Einstellungen vor:

- Geben Sie als Namen **Numbers 1** ein.
- Klicken Sie auf die Schaltfläche »Wie Kompositionsgröße«, um automatisch die Breite auf 720 und die Höhe auf 540 einzustellen.
- Wählen Sie die Farbe Schwarz aus und klicken Sie anschließend auf OK.

Das Kompositionsfenster zeigt eine schwarze Ebene an. Diese Ebene ist als *Numbers 1* in der Zeitleiste aufgeführt.

Zahlen hinzufügen und formatieren

Sie können jetzt der Farbflächen-Ebene den Effekt *Zahlen* zuweisen. Dieser Effekt erzeugt zufällige Zahlen für unser Element – Sie brauchen also keine Zahlen selber einzugeben. Allerdings weisen Sie den Zahlen jedoch grundlegende Texteigenschaften zu.

1   Wählen Sie in der Zeitleiste die Ebene *Numbers 1* und dann **Effekt: Text: Zahlen**.

2   Nehmen Sie im Dialogfeld »Zahlen« die folgenden Einstellungen vor:

- Wählen Sie die Schrift »Myriad«.
- Wählen Sie den Stil »Roman« (Normal).
- Aktivieren Sie unter »Richtung« die Option »Horizontal«.

- Wählen Sie unter »Ausrichtung« die Option »Zentriert« (Windows) bzw. »Mittelpunkt« (Mac OS) und klicken Sie dann auf OK.

Das Kompositionsfenster zeigt in der Mitte der Farbflächen-Ebene rote Zahlen an.

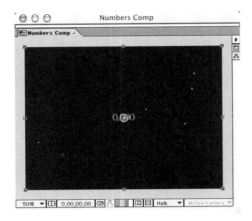

Die Eigenschaften für die Zahlen einstellen

Jetzt nutzen Sie wieder das Effektfenster, um die Optionen für die Zahlen festzulegen.

1   Erweitern Sie im Effektfenster unter *Zahlen* die *Format*-Eigenschaft und ändern Sie die folgenden Optionen:

- Wählen Sie aus dem Einblendmenü »Typ« die Option »Zahl« (die standardmäßige Einstellung).
- Aktivieren Sie die Option »Zufallswerte«.
- Geben Sie für *Wert/Verschiebung/Zufall max.* den Wert **1000** ein oder ziehen Sie entsprechend.
- Geben Sie für *Dezimalstellen* den Wert **10** ein oder ziehen Sie.

2   Erweitern Sie die Eigenschaft *Kontur und Fläche* und ändern Sie die folgenden Optionen:

- Wählen Sie aus dem Einblendmenü »Anzeigeoptionen« die Option »Füllung über Kontur«.

- Wählen Sie für *Füllfarbe* und *Konturfarbe* die Farbe Weiß.
- Geben Sie für *Konturbreite* den Wert **1,5** ein oder ziehen Sie.
- Geben Sie für *Größe* den Wert **1000** ein oder ziehen Sie.

3 Geben Sie für *Laufweite* den Wert **86** ein oder ziehen Sie.

4 Achten Sie darauf, dass die Option »Proportionale Abstände« aktiviert ist.

Hinweis: *Die Zahlen sind an dieser Stelle sehr groß und sind deshalb eventuell im Kompositionsfenster nicht zu sehen. Nach einigen weiteren Einstellungen werden die Zahlen jedoch wieder angezeigt.*

Die Zahlen mit Keyframes animieren

Nun setzen Sie Keyframes, so dass die Zahlen hinsichtlich ihrer Größe und Laufweite variieren. Diesmal arbeiten Sie sowohl im Effektfenster als auch in der Zeitleiste.

1 Die Zeitmarke ist auf 0:00. Klicken Sie im Effektfenster auf die Stoppuhrsymbole für *Größe* und *Laufweite*, um die Keyframes zu setzen.

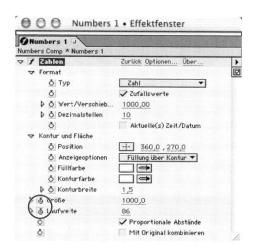

2 Wählen Sie in der Zeitleiste die Ebene *Numbers 1*. Drücken Sie die E-Taste und erweitern Sie dann die *Zahlen*-Eigenschaft, um die Keyframes anzuzeigen.

3   Verschieben Sie die Zeitmarke um etwa 10 bis 20 Frames nach rechts. Die genaue Position ist unwichtig. Geben Sie willkürliche Werte für *Größe* und *Laufweite* ein, beispielsweite 30 für die Größe und 150 für die Laufweite.

4   Verschieben Sie die Zeitmarke weiter nach rechts und ändern Sie alle 10 bis 20 Frames die Werte für *Größe* und *Laufweite*. Genaue Werte sind unwichtig, aber je größer die Wertänderung ist, desto interessanter wird die Animation Fügen Sie so lange weitere Keyframes hinzu, bis das Ende der Zeitleiste (5:29) erreicht ist.

5   Speichern Sie das Projekt und sehen Sie sich eine Vorschau der Animation an. Falls Ihnen das Ergebnis noch nicht zusagt, ändern Sie die *Größe*- und *Laufweite*-Keyframes entsprechend. Erzeugen Sie anschließend wieder eine neue Vorschau und speichern Sie dann das Projekt.

Jetzt verfügen Sie in Ihrem Kompositionsfenster über eine zufällig generierte Zeile mit Zahlen. Die schnelle Änderung bei der Größe und der Laufweite erzeugt das Blinken. Diese Ebene ist die erste von drei Ebenen, aus denen sich unser Element zusammensetzt.

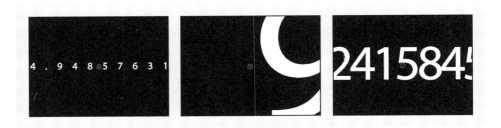

Den Effekt *Schneller Weichzeichner* zuweisen und eine Expression erstellen

Sie haben im Beispielfilm gesehen, dass die Zahlen mit zunehmender Größe immer unschärfer wurden. Deshalb versehen Sie die Zahlenebene nun mit einem Weichzeichnungseffekt. Außerdem erstellen Sie einen einfachen Ausdruck, um die Stärke der Weichzeichnung mit der Größe der Zahl zu verknüpfen. Da die automatisch generierte Expression zu stark weichzeichnet, bearbeiten Sie die Expression entsprechend.

1. Wählen Sie in der Zeitleiste die Ebene *Numbers 1* und dann **Effekt: Weich- und Scharfzeichnen: Schneller Weichzeichner**. Der Effekt *Schneller Weichzeichner* ist jetzt im Effektfenster und in der Zeitleiste unter dem Effekt *Zahlen* aufgeführt.

2. Erweitern Sie in der Zeitleiste die Eigenschaften *Schneller Weichzeichner* und *Zahlen*. Eventuell müssen Sie im Fenster rollen oder die Fenstergröße ändern, um alle Eigenschaften sehen zu können.

3. Wählen Sie unter *Schneller Weichzeichner* das Wort *Stärke* und dann den Befehl **Animation: Expression hinzufügen**.

4. Ziehen Sie in der Zeitleiste das *Stärke*-Auswahlsymbol (◉) auf den *Größe*-Wert für *Zahlen*. Wenn das Wort *Größe* mit einem Rechteck versehen wird, lassen Sie die Maustaste wieder los. Die Expression wird mit einem aktiven Cursor hinter der letzten Klammer in die Zeitleiste eingeblendet.

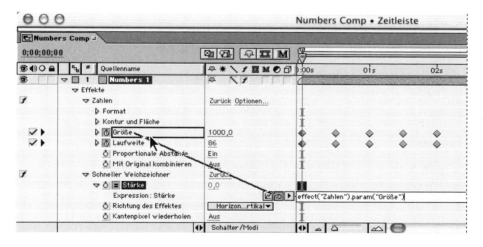

5. Geben Sie in der Expression bzw. in dem eingeblendeten Ausdruck **/10** (ohne Leerzeichen) ein. Der Wert wird jetzt durch 10 geteilt. Der komplette Ausdruck lautet jetzt **effect("Zahlen").param("Größe")/10**.

6. Klicken Sie außerhalb der eingeblendeten Expression und reduzieren Sie die Eigenschaften für die Ebene *Numbers 1*.

7. Erzeugen Sie eine Vorschau der Animation und speichern Sie das Projekt.

Sie brauchen den Bewegungsunschärfe-Schalter nicht zu aktivieren, da die Expression die für die Komposition benötigte Bewegungsunschärfe erzeugt.

Die Zahlenebenen duplizieren und umbenennen

Jetzt duplizieren Sie die Ebene *Numbers 1* und erstellen so zwei weitere Zahlenebenen für dieses Element. After Effects dupliziert dabei auch alle Keyframes und Expressionen für die neuen Ebenen.

1 Wählen Sie die Ebene *Numbers 1* und drücken Sie zweimal die Tasten Strg+D (Windows) bzw. Befehl+D (Mac OS), um insgesamt drei identische Ebenen zu erstellen.

2 Wählen Sie in der Zeitleiste die *Ebene 2* und drücken Sie die Eingabetaste. Geben Sie **Numbers 2** als Namen ein. Drücken Sie dann erneut die Eingabetaste.

3 Wählen Sie *Ebene 3* und geben Sie wie in Schritt 2 den Namen ein – diesmal jedoch **Numbers 3**.

Zufällige Zahlenanzeige

Jetzt vermischen Sie die bereits erstellten Keyframes für *Größe* und *Laufweite*. Dadurch ändert sich die Größe und Laufweite auf den Ebenen zu verschiedenen Zeitpunkten und in unterschiedlicher Reihenfolge.

1 Wählen Sie **Bearbeiten: Alles auswählen** oder drücken Sie die Tasten Strg+A (Windows) bzw. Befehl+A (Mac OS), um alle drei Zahlenebenen auszuwählen.

2 Drücken Sie die U-Taste, um die Eigenschaften für alle Ebenen zu öffnen, die Keyframes oder Expressionen haben. Unter jeder Ebene werden die Eigenschaften *Größe*, *Laufweite* und *Stärke* angezeigt. Außerdem werden alle Ebenen-Keyframes angezeigt. Die Zeitpunkte der Keyframes sind noch identisch, da die Ebenen dupliziert wurden.

3 Ziehen Sie für *Ebene 2* eine Auswahl um ein Paar mit *Größe*- und *Laufweite*-Keyframes und ziehen Sie dieses Paar dann an einen anderen Punkt auf der Zeitleiste. Es ist egal, welches Keyframe-Paar Sie auswählen oder an welche Stelle Sie es ziehen. Sie könnten bespielsweise die Keyframes für *Größe* und *Laufweite* an der Position 2:00 auswählen und auf die Position 5:00 ziehen.

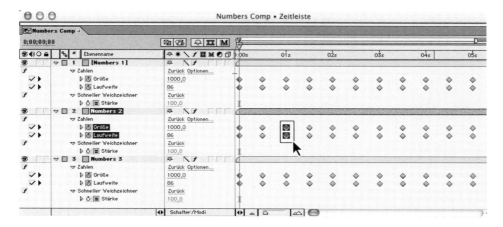

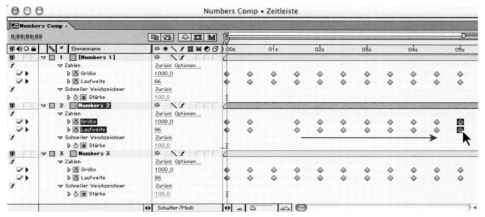

Eine Auswahl ziehen, um Keyframes auszuwählen (oben) und zu ziehen (unten)

4   Wiederholen Sie Schritt 3 für die meisten (oder alle) *Größe*- und *Laufweite*-Keyframes für die Ebene *Numbers 2*, um eine Anordnung zu erzeugen, die sich klar von der in *Ebene 1* unterscheidet.

5   Wählen Sie die Ebene *Numbers 3* und wiederholen Sie die Schritte 3 und 4, um auch auf dieser Ebene die Keyframes völlig anders als auf den Ebenen *Numbers 1* und *Numbers 2* anzuordnen. Die folgende Abbildung ist nur ein

Beispiel, d.h., Ihre Zeiten und Werte müssen nicht denen in der Abbildung übereinstimmen.

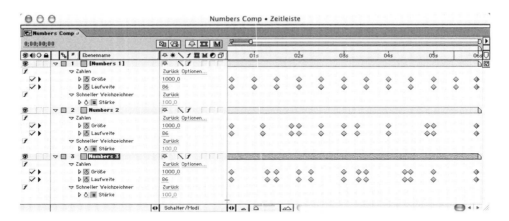

6   Ziehen Sie in der Zeitsteuerungen-Palette die Jog-Steuerung (▭), um durch die Komposition zu navigieren. Achten Sie darauf, dass die Größe und die Weichzeichnung bei den drei Ebenen unterschiedlich ist. Eventuell müssen Sie die Keyframes so lange neu verschieben, bis Ihnen das Ergebnis zusagt.

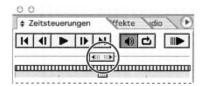

Vorschau der Animation und Speichern des Projekts

Die angezeigten Zahlen variieren

Um die aktuell vom Effekt *Zahlen* generierten Zahlen zu variieren, ändern Sie jetzt den Wert für *Wert/Verschiebung/Zufall max.* für zwei der Zahlenebenen. Dieser Wert engt die Auswahl von Zufallszahlen auf einen bestimmten Bereich ein.

1   Setzen Sie in der Zeitleiste die Zeitmarke auf 0:00 und wählen Sie die Ebene *Numbers 2*.

2   Drücken Sie die Taste F3, um im Effektfenster das Register für *Numbers 2* anzuzeigen.

3   Erweitern Sie unter *Zahlen* den *Zahlen*-Effekt und die *Format*-Eigenschaften. Der Wert für *Wert/Verschiebung/Zufall max.* ist auf 1000 eingestellt. Klicken Sie auf das Stoppuhrsymbol für diese Einstellung, um einen Keyframe zu setzen.

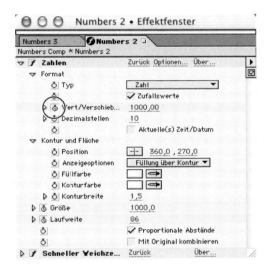

4   Wählen Sie in der Zeitleiste die Ebene *Numbers 3* und wiederholen Sie die Schritte 2 und 3 für diese Ebene.

5   Drücken Sie die Ende-Taste, um die Zeitmarke auf 5:29 zu setzen.

6   Wählen Sie die Ebene *Numbers 2* und drücken Sie die Taste F3 (sofern erforderlich). Geben Sie im Effektfenster für *Wert/Verschiebung/Zufall max.* den Wert **750** ein oder ziehen Sie.

7   Wählen Sie die Ebene *Numbers 3* und wiederholen Sie Schritt 6. Geben Sie diesmal den Wert **500** ein.

8   Erzeugen Sie eine Vorschau der Animation und speichern Sie das Projekt.

Das Zahlen-Element rendern

Das Element ist jetzt komplett und kann gerendert werden. Der Renderprozess ist komplexer und dauert deshalb länger als bei den beiden anderen Elementen. Wenn Sie beispielsweise *Text Circle Comp* in wenigen Minuten gerendert haben, kann dieses Element durchaus bis zu 15 Minuten in Anspruch nehmen.

1. Schließen Sie das Kompositionsfenster, die Zeitleiste und das Effektfenster für die Komposition *Numbers Comp*.

2. Wählen Sie im Projektfenster die Komposition *Numbers Comp* und dann den Befehl **Komposition: Film erstellen**.

3. Klicken Sie in der Renderliste auf den unterstrichenen Text *Numbers Comp.mov* neben »Sichern unter«, geben Sie den Dateinamen **Numbers.mov** ein und speichern Sie den Film im Ordner *_mov* innerhalb des Ordners *AE_CIB job* (After Effects 5.5) bzw. geben Sie den Dateinamen im aufgerufenen Dialogfeld »Film ausgeben unter« ein (After Effects 5). Die Komposition *Numbers Comp* wird als drittes Element in der Renderliste angezeigt, und zwar unterhalb der Kompositionen *Text Line Comp* und *Text Circle Comp*.

4. Klicken Sie in der Renderliste unter *Numbers Comp* auf die Wörter *Aktuelle Einstellungen*, um das Dialogfeld »Rendereinstellungen« zu öffnen. Nehmen Sie die folgenden Einstellungen vor:

   - Wählen Sie für »Qualität« die Option »Beste«.
   - Wählen Sie für »Auflösung« die Option »Voll«.
   - Wählen Sie für »Zeitspanne« die Option »Länge der Komposition«. Klicken Sie anschließend auf OK.

5. Wählen Sie aus dem Einblendmenü »Ausgabemodul« die Option »Andere«, um das Dialogfeld »Einstellungen für Ausgabemodule« zu öffnen. Nehmen Sie die folgenden Einstellungen vor:

   - Wählen Sie für »Format« die Option »QuickTime-Film«.
   - Wählen Sie für »Vorgang nach dem Rendern« die Option »Importieren«.
   - Klicken Sie auf die Schaltfläche »Formatoptionen«.

6   Wählen Sie im Dialogfeld »Komprimierung« die Optionen »Animation« und »Über 16,7 Mill. Farben«. Achten Sie darauf, dass der Regler auf »Beste« eingestellt ist. Klicken Sie anschließend auf OK.

7   Überprüfen Sie im Dialogfeld »Einstellungen für Ausgabemodule« die folgenden Einstellungen: Die Kanäle sind auf »RGB + Alpha« eingestellt, d.h., dieses Element wird mit einem Alphakanal gerendert. Die Tiefe ist auf »Über 16,7 Mill. Farben« und die Farbe auf »Integriert (Maskiert)« eingestellt. Klicken Sie auf OK.

8   Speichern Sie das Projekt und klicken Sie auf die Schaltfläche »Rendern«.

Wenn der Renderprozess abgeschlossen ist, schließen Sie die Renderliste und doppelklicken Sie auf *Numbers.mov* im Projektfenster, um den gerenderten Film anzusehen.

Wenn Sie noch Änderungen vornehmen möchten, öffnen Sie erneut die Komposition *Numbers Comp* und nehmen Sie die entsprechenden Einstellungen vor. Speichern Sie diese Änderungen und rendern Sie. Verwenden Sie dabei die gleichen Rendereinstellungen.

Damit haben Sie Lektion 5 beendet und verfügen nun über drei Textelemente für das spätere Gesamtprojekt.

Lektion 6

6 | Sechseckige 3D-Elemente

 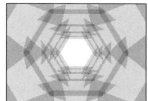 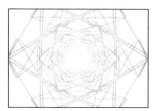

In dieser Lektion arbeiten Sie im dreidimensionalen Raum mit einer virtuellen Kamera zur Steuerung der Ansicht. Wenn Sie Ebenen im 3D-Raum anordnen und dann die Kamera in diesem Raum bewegen, sieht der Betrachter nur das, was die Kamera gerade sieht. Da Sie die Ebenen tunnelförmig mit sich drehenden Sechseck-Ringen anordnen, hat der Betrachter den Eindruck, durch einen Tunnel mit sich bewegenden geometrischen Wänden zu fahren.

LEKTION 6
Sechseckige 3D-Elemente

In dieser Lektion lernen Sie Folgendes:

- Ebenen im dreidimensionalen Raum bewegen und anordnen
- Orthogonale Ansichten für 3D-Ebenen verwenden
- Tastaturbefehle für 3D-Ansichten definieren
- Eine Kamera-Ebene hinzufügen
- Keyframes zum Bewegen einer Kamera im 3D-Raum setzen
- Kompositionen duplizieren und Ebenen für neue Elemente ersetzen
- Mehrere Kompositionen in einer Sitzung rendern

Im Gegensatz zum Element *Rings.mov*, das Sie in Lektion 3 erstellt hatten und das durch das Zuweisen des Effekts *3D-Effekt* zum Kippen gebracht wurde, beinhaltet diese Lektion wirkliche 3D-Ebenen mit Drehungs- und Positionskoordination in alle drei Richtungen. Dazu gehört eine Kamera, damit Sie die einzelnen Ebenen individuell im Raum platzieren und dann die Kamera um diese Ebenen herum bewegen können. Die Kamera zeigt also aus unterschiedlichen Abständen und aus verschiedenen Winkeln auf die Ebenen.

Für diese Lektion benötigen Sie etwa anderthalb Stunden und die Zeit, die zum Rendern der Kompositionen benötigt wird. Am Ende dieser Lektion verfügen Sie über zwei weitere Elemente für das spätere Gesamtprojekt.

Vorbereitungen

Achten Sie darauf, dass sich die folgenden Dateien im Ordner *AE_CIB job* auf Ihrer Festplatte befinden. Ansonsten müssen Sie die Dateien jetzt von Ihrer Buch-CD-ROM kopieren.

- Im Ordner *_ai*: *3DHexagon01.ai* und *3DHexagon02.ai*
- Im Ordner *Sample_Movies*: *3DHexagons_final.mov* und *3DHexLines_final.mov* aus dem Verzeichnis *Sample_Movies/Lektion06* auf der Buch-CD
- Im Ordner *Finished_Projects*: *3DHexagons06_finished.aep*

Hinweis: (Nur für Windows) Wenn die Datei *Prefs* nicht angezeigt wird, stellen Sie sicher, dass im Dialogfeld *Ordneroptionen im Register* Ansicht *für* Versteckte Dateien und Ordner *die Option* Alle Dateien und Ordner anzeigen *ausgewählt ist*.

Öffnen und spielen Sie die beiden Beispielfilme ab, damit Sie sehen, was Sie in dieser Lektion erstellen. Wenn Sie sich die Filme angesehen haben, beenden Sie den QuickTime Player. Sie können die Beispielfilme (aus Platzgründen) auf Ihrer Festplatte wieder löschen oder dort belassen, um im Verlaufe der Lektion Ihre Arbeitsergebnisse mit den Beispielen vergleichen zu können.

Die beiden Elemente erstellen Sie in einem einzelnen Projekt und erzeugen als Erstes dieses Projekt.

1   Starten Sie After Effects, falls das Programm nicht bereits geöffnet ist.

2   Wählen Sie **Datei: Neu: Neues Projekt**.

Bei allen Übungsdateien handelt es sich um ein Projekt, das in den USA für die dort verwendete NTSC-Fernsehnorm erstellt wird. Deshalb wird im Buch durchgängig mit einer Timecodebasis von 30 gearbeitet. Hierzulande würden Sie entsprechend der PAL-Norm mit einer Timecodebasis von 25 arbeiten.

3   Wählen Sie **Datei: Projekteinstellungen**. Das Dialogfeld »Projekteinstellungen« wird angezeigt. Wählen Sie aus dem Einblendmenü »Timecodebasis« die Option »30 fps« und aus dem Einblendmenü »NTSC« die Option »Drop-Frame«. Klicken Sie auf OK.

4   Wählen Sie **Datei: Speichern unter**.

5   Geben Sie als Dateiname **3DHexagons06_work.aep** ein und speichern Sie das Projekt im *_aep*-Ordner innerhalb des *AE_CIB job*-Ordners.

3D-Sechsecke als erstes Element

In dieser Lektion erstellen zwei Elemente mit Sechsecken, die sich im dreidimensionalen Raum zu bewegen scheinen. Das erste Element enthält flächige sechseckige Formen. Sie erstellen dieses Element mit Hilfe einer einzigen Quelldatei.

Die Quelldatei importieren und organisieren

Als Erstes importieren Sie die Illustration eines der Sechsecke.

1   Wählen Sie **Datei: Importieren: Datei**.

2   Öffnen Sie die Datei *3DHexagon01.ai* im Ordner *_ai* innerhalb des Ordners *AE_CIB job* auf Ihrer Festplatte.

3   Wählen Sie **Datei: Neu: Neuer Ordner**, um einen neuen Ordner im Projektfenster anzulegen.

4   Benennen Sie den Ordner mit **ai files**.

5   Ziehen Sie die Datei *3DHexagon01.ai* in den Ordner *ai files*. Erweitern Sie den Ordner bzw. klappen Sie den Ordner aus, um die Datei sehen zu können.

Die Datei enthält ein flächiges schwarzes Sechseck mit einem tranparenten Hintergrund, d.h., die Miniaturansicht im Projektfenster ist völlig schwarz. Die Datei wurde in Adobe Illustrator erstellt und enthält einen *benannten* Alphakanal (einen Alphakanal, der automatisch von After Effects interpretiert werden kann), so dass auch das Dialogfeld »Footage interpretieren« nicht benötigt und beim Import auch nicht angezeigt wird.

Wenn Sie die Datei durch Klicken in einem leeren Bereich des Projektfensters deaktivieren, werden die Miniaturansicht und die Datei-Informationen oben im Projektfenster nicht länger angezeigt.

Eine Komposition erstellen

Jetzt erstellen Sie eine Komposition für das Element mit den 3D-Sechsecken.

1   Wählen Sie **Komposition: Neue Komposition**.

2   Geben Sie im Dialogfeld »Kompositionseinstellungen« als Namen der Komposition **Hexagon Ring Comp** ein.

3   Wählen Sie aus dem Einblendmenü »Voreinstellung« die Option »NTSC D1 Quad. Pixel, 720 x 540«, um automatisch die entsprechenden Einstellungen für Breite, Höhe, Pixel-Seitenverhältnis und Framerate vorzunehmen.

4   (Optional) Wählen Sie je nach vorhandenem Computersystem unter »Auflösung« die Option »Halb« oder niedriger.

5   Geben Sie im Feld »Dauer« den Wert **300** für drei Sekunden ein und klicken Sie dann auf OK.

Hinweis: *Falls die Spalten* In Out Dauer Dehnung *angezeigt werden, schließen Sie die Spalten durch Klicken auf den Doppelpfeil ( ) unten rechts in der Zeitleiste.*

Die Sechsecke hinzufügen

Nun fügen Sie die Datei *3DHexagon01.ai* der Komposition hinzu. Nachdem Sie die Deckkraft eingestellt haben, kopieren Sie diese Ebene. Danach benutzen Sie eine der Ebenen als Referenz und ändern die andere Ebene in eine 3D-Ebene.

1   Setzen Sie die Zeitmarke auf 0:00.

2   Wählen Sie im Ordner *ai files* im Projektfenster die Datei *3DHexagon01.ai* und ziehen Sie die Datei in die Zeitleiste. Die Ebene zentriert sich automatisch im Kompositionsfenster. Da der Hintergrund jedoch schwarz ist, können Sie nur die Ebenengriffe sehen.

3   Wählen Sie **Komposition: Hintergrundfarbe**. Wählen Sie im Farbwähler oder mit der Pipette die Farbe Weiß. Das Sechseck ist jetzt im Kompositionsfenster zu sehen.

4 Drücken Sie die T-Taste, um die *Deckkraft*-Eigenschaft anzuzeigen. Geben Sie den Wert **50%** ein oder ziehen Sie. Drücken Sie die Eingabetaste (wird künftig nicht mehr extra erwähnt) und erneut die T-Taste, um die *Deckkraft*-Eigenschaft wieder auszublenden.

5 Duplizieren Sie die Ebenen, indem Sie die Tasten Strg+D (Windows) bzw. Befehl+D (Mac OS) drücken. Jetzt gibt es zwei Ebenen *3DHexagon01.ai* sowohl im Kompositionsfenster als auch in der Zeitleiste.

6 Wählen Sie in der Audio-/Video-Spalte für *Ebene 2* den Schalter »Schützen« (), damit die Ebene nicht versehentlich ausgewählt und/oder verändert werden kann. Ebene 2 dient als Referenz für das Positionieren der Sechsecke.

7 Klicken Sie in der Schalter-Spalte für Ebene 1 auf den Schalter »3D-Ebene« (). Ein kleiner Würfel weist darauf hin, dass es sich jetzt um eine 3D-Ebene handelt.

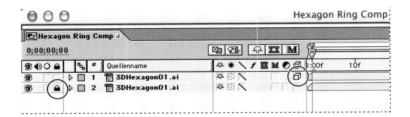

Sie verfügen jetzt in Ihrer Komposition über eine 3D-Sechseck-Ebene und eine 2D-Ebene als Referenz.

> **Ansichten**
>
> *Bei der Arbeit im dreidimensionalen Raum ist es hilfreich – und häufig auch erforderlich – sich die Ebene in der Komposition aus mehreren Blickwinkeln anzusehen. Dazu benutzen Sie bei den Arbeiten an den Ebenen das Einblendmenü unten rechts im Kompositionsfenster mit den orthogonalen Ansichten (Vorn, Links, Oben, Hinten, Rechts, Unten). Außerdem können Sie drei eigene Ansichten mit beliebigen Winkeln und Abständen erstellen und speichern. Weitere Informationen über 3D-Ansichten finden Sie unter »3D-Ansichten« in der After-Effects-Online-Hilfe.*

Ausrichtung der Sechsecke im 3D-Raum einstellen

Nun richten Sie die Sechsecke mit Hilfe der orthogonalen Ansicht im 3D-Raum aus. Dazu verschieben Sie die *Ebene 1*, so dass sich deren Mittelpunkt auf einer der sechs Seiten des Referenz-Sechsecks befindet. Dann drehen Sie die *Ebene 1* so, dass sie an dieser Kante ausgerichtet ist.

1   Klicken Sie rechts unten im Kompositionsfenster auf das Menü für 3D-Ansichten und wählen Sie die Ansicht »Vorne«. Oder wählen Sie **Ansicht: 3D-Ansicht wechseln: Vorne**.

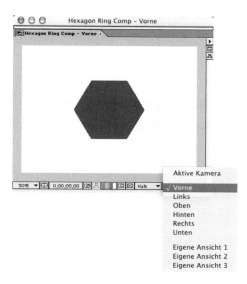

2 Wählen Sie *Ebene 1* und ziehen Sie die Ebene im Kompositionsfenster gemäß folgender Abbildung in das obere rechte Viertel des Frames. Die genaue Position ist unwichtig.

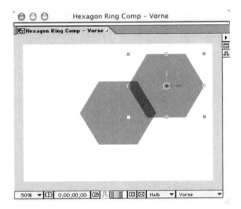

3 Drücken Sie die R-Taste, um die Eigenschaften *Ausrichtung* und *X-*, *Y-* und *Z-Drehung* für *Ebene 1* anzuzeigen.

4 Wählen Sie in der Werkzeugpalette das Drehung-Werkzeug (⬚) und platzieren Sie das Fadenkreuz im Kompositionsfenster über dem roten Pfeil für die X-Achse. Der Mauszeiger ändert sich jetzt in ein kleines X innerhalb des Drehensymbols.

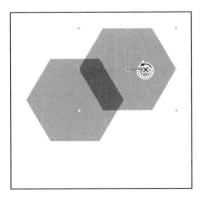

5   Ziehen Sie nach unten. Die Ebene beginnt nach vorne zu kippen, während sie sich gleichzeitig um ihre X-Achse im 3D-Raum dreht. Ziehen Sie weiter, bis sich die Ebene auf eine dünne Linie reduziert. Die Eigenschaft *Ausrichtung* in der Zeitleiste hat jetzt die Werte 90°, 0° und 0°.

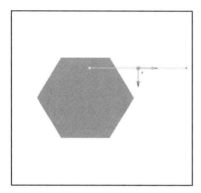

6   Bewegen Sie das Fadenkreuz auf den grünen Pfeil für die Y-Achse (der Pfeil wird nur als grüner Punkt angezeigt, da er direkt in Richtung des Betrachters zeigt), bis das Drehensymbol mit einem kleinen Y angezeigt wird.

7   Ziehen Sie nach links, bis die Ebene parallel zur oberen rechten Seite des Referenz-Sechsecks verläuft. Die Eigenschaft *Ausrichtung* in der Zeitleiste hat jetzt die Werte 90°, 60° und 0°.

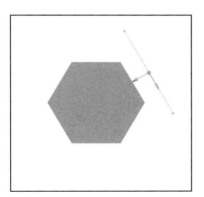

💡 *Sie können die Werte auch eingeben, per Ziehen festlegen oder nach versehentlichen Änderungen in die richtigen Werte ändern.*

8   Klicken Sie in der Werkzeugpalette auf das Auswahlwerkzeug (▪).

9   Bewegen Sie den Mauszeiger auf den blauen Pfeil für die Z-Achse, so dass der Zeiger zu einem Pfeil mit einem kleinen Z wird. Ziehen Sie nach unten und nach links (in die Richtung des blauen Pfeiles), bis die Ebene an der oberen rechten Seite des Referenz-Sechsecks ausgerichtet ist.

Hinweis: Wird die Ebene an einer der farbigen Achsen oder an einem Pfeil gezogen, wird die Bewegung so eingeschränkt, dass sich die Ebene nur entlang dieser Achse bewegen kann.

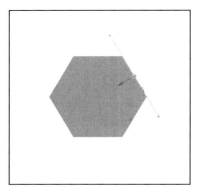

10 Setzen Sie das Auswahlwerkzeug auf den roten Pfeil für die X-Achse und ziehen Sie, so dass die Ebene ungefähr in der oberen rechten Seite des Referenz-Sechsecks positioniert ist. (Sie werden später noch genauer positionieren.)

11 Drücken Sie die R-Taste, um die Eigenschaften *Ausrichtung* und *Drehung* auszublenden.

Die Ebene duplizieren und weitere Ausrichtungen einstellen

Nun duplizieren Sie die Ebene mehrmals und bewegen jede neue Ebene um das Referenz-Sechseck, um eine Anordnung mit einem Tunneleffekt zu erzeugen. Dabei weist die Z-Achse jedes Mal zum Mittelpunkt des Referenz-Sechsecks.

1 Die *Ebene 1* ist noch ausgewählt. Wählen Sie **Bearbeiten: Duplizieren** oder drücken Sie die Tasten Strg+D (Windows) bzw. Befehl+D (Mac OS). Eine neue Ebene erscheint über dem Original als *Ebene 1* und ist bereits ausgewählt.

2 Drücken Sie die R-Taste, um die Eigenschaft *Ausrichtung* und *X-, Y-* und *Z-Drehung* für die ausgewählte Ebene anzuzeigen.

3 Ziehen Sie mit dem Auswahlwerkzeug ( ) die Ebene an der blauen Z-Achse, bis die Ebene an der unteren linken Seite des Referenz-Sechsecks (direkt entgegengesetzt zum ersten Sechseck) ausgerichtet ist.

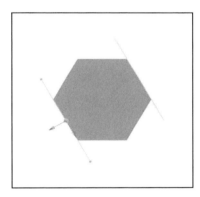

4 Wählen Sie das Drehen-Werkzeug ( ) und bewegen Sie das Fadenkreuz auf den Pfeil für die Y-Achse (ein grüner Punkt). Ziehen Sie dann nach links, um die Ebene um 180° zu drehen. Der blaue Pfeil zeigt nun zum Mittelpunkt des Referenz-Sechsecks und die Werte für die Ausrichtung betragen 270°, 300° und 180°.

Drücken Sie beim Drehen der Ebene die Umschalttaste, um die Drehung auf 45°-Schritte einzuschränken (siehe Abbildung nächste Seite).

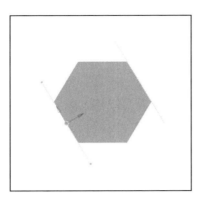

5   Wiederholen Sie die Schritte 1 bis 4 noch viermal, um insgesamt sechs Ebenen zu erzeugen. Die jeweilige Position und Ausrichtung finden Sie in der weiter unten folgenden Aufstellung. Anschließend sollte jedes Sechseck an einer anderen Seite des Referenz-Sechsecks ausgerichtet sein und alle blauen Pfeile für die Z-Achse sollten zum Mittelpunkt zeigen. Arbeiten Sie dabei erst mit dem Drehen-Werkzeug, um die Ebenen so zu drehen, dass sie parallel zur jeweiligen Seite des Referenz-Sechsecks verlaufen. Bringen Sie die Ebenen dann mit dem Auswahlwerkzeug an die richtige Position.

- *Ebene 1*: Ausrichten an der oberen Seite des Referenz-Sechsecks und Drehung um die Y-Achse auf 90°, 0°, 0°.
- *Ebene 2*: Ausrichten an der unteren Seite des Referenz-Sechsecks und Drehung um die Y-Achse auf 270°, 0°, 180°.
- *Ebene 3*: Ausrichten an der unteren rechten Seite des Referenz-Sechsecks und Drehung um die Y-Achse auf 270°, 60°, 180°.
- *Ebene 4*: Ausrichten an der oberen linken Seite des Referenz-Sechsecks und Drehung um die Y-Achse auf 90°, 300°, 0°.

6   Wählen Sie alle 3D-Sechseck-Ebenen und drücken Sie die ^-Taste (über der Tabulatortaste), um alle Ebeneneigenschaften auszublenden. Alle sechs Ebenen sind im Kompositionsfenster um die Referenzebene angeordnet, und die Pfeile der blauen Z-Achsen zeigen zum Mittelpunkt.

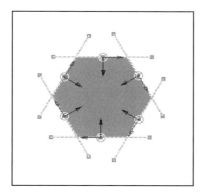

7   Wählen Sie alle Ebenen ab und speichern Sie das Projekt.

Alle sechs Sechseck-Ebenen haben jetzt ihre ungefähren Positionen und Ausrichtungen.

Die Ausrichtung der Sechsecke vorbereiten

Jetzt richten Sie die Positionen der Sechsecke aus. Dazu benutzen Sie Hilfslinien, Lineale und ein zweites Referenz-Sechseck, um ganz präzise ausrichten zu können. Diese Positionen sind wichtig, um das gewünschte Ergebnis für die Animationen erzielen zu können.

1   Wählen Sie **Ansicht: Lineale einblenden** oder drücken Sie die Tasten Strg+R (Windows) bzw. Befehl+R (Mac OS), um die Lineale im Kompositionsfenster anzuzeigen.

2   Klicken Sie unten im Kompositionsfenster auf die Schaltfläche »Sicherer Titelbereich« (), um die Hilfslinien für den titelsicheren Bereich anzuzeigen.

3   Wählen Sie **Ansicht: Hilfslinien einblenden**, sofern diese Option noch nicht ausgewählt ist. Sie können auch Strg+7 (Windows) bzw. Befehl+7 (Mac OS) drücken.

LEKTION 6
Sechseckige 3D-Elemente

4   Ziehen Sie eine vertikale Hilfslinie aus dem linken Lineal zur Mitte des Kompositionsfensters. Orientieren Sie sich dabei am Fadenkreuz im Mittelpunkt. Ziehen Sie dann eine horizontale Hilfslinie aus dem oberen Lineal zur Mitte der Komposition.

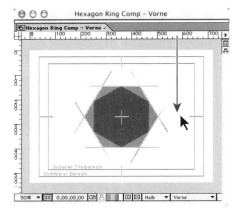

5   Klicken Sie in der Zeitleiste auf den »Schützen«-Schalter (☒) für *Ebene 7*, um die Ebene zu entsperren. Wählen Sie anschließend diese Ebene aus.

6   Drücken Sie die Tasten Strg+D (Windows) bzw. Befehl+D (Mac OS), um das Referenz-Sechseck zu duplizieren.

7   Drücken Sie die R-Taste, um die *Drehung*-Eigenschaft für *Ebene 7* anzuzeigen. Geben Sie den Wert **30°** ein oder ziehen Sie.

8   Drücken Sie die S-Taste, um die *Skalierung*-Eigenschaft anzuzeigen. Geben Sie den Wert **86%** ein oder ziehen Sie. Drücken Sie erneut die S-Taste, um die *Skalierung*-Eigenschaft wieder auszublenden.

9   Wählen Sie die »Schützen«-Schalter für *Ebene 7* und *Ebene 8*, damit beide Ebenen weder ausgewählt noch verändert werden können.

Die Punkte des kleineren Referenz-Sechsecks stehen jetzt für den Mittelpunkt jeder Seite des größeren Referenz-Sechsecks. Sie benutzen diese Punkte nun als Anhaltspunkt für die nächste Prozedur.

Die Sechsecke präzise ausrichten

Sie positionieren nun die Sechseck-Ebenen ganz genau und prüfen sie dann in verschiedenen Ansichten. So stellen Sie sicher, dass wirklich alles optimal ausgerichtet ist. Da Sie nach der richtigen Positionierung der Sechsecke die Hilfselemente nicht mehr benötigen, entfernen Sie diese anschließend im Kompositionsfenster.

1   Drücken Sie die Tasten Strg+A (Windows) bzw. Befehl+A (Mac OS), um alle nicht geschützten Ebenen auszuwählen.

Hinweis: Ebene 7 *und* Ebene 8 *sind nicht ausgewählt, da sie geschützt sind.*

2   Drücken Sie die P-Taste, um die *Position*-Eigenschaften für die Ebenen anzuzeigen. Drücken Sie dann die Tasten Strg+Umschalt+A (Windows) bzw. Befehl+Umschalt+A (Mac OS), um alle Ebenen abzuwählen.

3   Ziehen Sie mit dem Auswahlwerkzeug ( ) die Achsenpfeile der *Ebene 1*, so dass sich die Basis des blauen Pfeiles für die Z-Achse auf der Spitze des kleineren Referenz-Sechsecks befindet und die Pfeilspitze in Richtung Mittelpunkt zeigt. Die Positionskoordinaten in der Zeitleiste sollten den Wert 360/144/0 haben.

💡 *Wenn Sie die Ebene nicht genau an diese Position ziehen können, sollten Sie die Vergrößerung im Kompositionsfenster erhöhen. Oder geben Sie die genauen Werte direkt in der Zeitleiste ein.*

4   Wiederholen Sie Schritt 3 für die Ebenen 2 bis 6. Wenn alle sechs Sechsecke zentriert sind, sollten folgende Positionskoordinaten vorhanden sein:

- *Ebene 2: 360/393/0*
- *Ebene 3: 466/333/0*
- *Ebene 4: 250/208/0*
- *Ebene 5: 250/330/0*
- *Ebene 6: 467/205/0*

LEKTION 6
Sechseckige 3D-Elemente

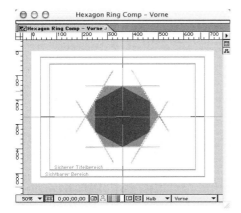

5   Wählen Sie die Ebenen 1 bis 6 und drücken Sie die P-Taste, um die Positionseigenschaften auszublenden.

6   Wählen Sie **Ansicht: Lineale ausblenden** (Strg+R bzw. Wahl+R) und dann **Ansicht: Hilfslinien ausblenden** (Strg+7 bzw. Wahl+7) um Lineale und Hilfslinien im Kompositionsfenster auszublenden.

7   Klicken Sie unten im Kompositionsfenster auf die Schaltfläche »Sicherer Titelbereich« (), um diese Anzeige wieder auszublenden.

8   Schalten Sie in der Zeitleiste die »Schützen«-Schalter () für *Ebene 7* und *Ebene 8* aus. Wählen Sie anschließend diese beiden Ebenen und drücken Sie die Entf.-Taste. Beide Ebenen werden aus der Komposition entfernt. Speichern Sie das Projekt.

Tastaturbefehle für 3D-Ansichten

After Effects hat drei Tastaturbefehle für 3D-Ansichten: Die Tasten F10, F11 und F12. Sie können diese Tastaturbefehle einer bestimmten Ansicht für Ihr Projekt zuweisen. In dieser Komposition arbeiten Sie mit den Ansichten *Vorn*, *Oben* und *Aktive Kamera*, d.h., Sie richten diese Ansichten als Kurzbefehle ein.

1   Achten Sie darauf, dass unten im Kompositionsfenster im Einblendmenü »3D-Ansichten« die Option »Vorne« ausgewählt ist.

2   Wählen Sie **Ansicht: Tastaturbefehl für 3D-Ansicht festlegen:** (*aktuell zugewiesene Ansicht*) **Ersetzen Umschalt+F10**. (Falls die Option »Vorne Ersetzen Umschalt+F10« angezeigt wird, können Sie diesen Schritt überspringen.) Die F10-Taste ist jetzt der Tastaturbefehl für die Ansicht *Vorne*.

3   Wählen Sie unten im Kompositionsfenster aus dem Einblendmenü »Ansicht« die Option »Oben«.

4   Drücken Sie die Tasten Umschalt+F11, um den Tastaturbefehl für die *Oben*-Ansicht der Taste F11 zuzuweisen. Oder wählen Sie **Ansicht: Tastaturbefehl für 3D-Ansicht festlegen:** (*aktuell zugewiesene Ansicht*) **Ersetzen Umschalt+F11**.

5   Wählen Sie im Kompositionsfenster aus dem Einblendmenü »Ansicht« die Option »Aktive Kamera«.

6   Drücken Sie die Tasten Umschalt+F12, um die Ansicht *Aktive Kamera* der Taste F12 zuzuweisen.

7   Drücken Sie die Taste F10, um die Ansicht auf *Vorne* einzustellen. Vergleichen Sie das Sechseck-Bild mit der folgenden, linken Abbildung.

8   Drücken Sie die Taste F11 (Ansicht wie mittlere Abbildung) und dann die Taste F12 (Ansicht wie rechte Abbildung).

 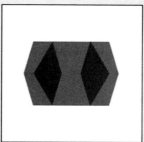 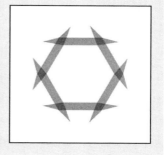

Ansichten im Kompositionsfenster: Vorn *(link),* Oben *(Mitte),* Aktive Kamera *(rechts)*

9   Wenn die Bilder in Ihrem Kompositionsfenster mit den Bildern in obiger Abbildung nicht übereinstimmen, sollten Sie den Drehwinkel und die Positionseinstellungen in »Die Sechsecke präzise ausrichten« auf Seite 255 überprüfen und entsprechend ändern. Speichern Sie das Projekt.

Weitere Informationen über 3D-Ansichten finden Sie in der After-Effects-Online-Hilfe.

Die Sechseck-Ebenen drehen

Nun stellen Sie die Keyframes für jede Sechseck-Ebene so ein, dass die Ebenen um ihre X-Achsen drehen.

1 Achten Sie darauf, dass die Ansicht *Aktive Kamera* gewählt ist. Ansonsten drücken Sie die F12-Taste.

2 Wählen Sie alle Ebenen aus und drücken Sie die R-Taste, um die Eigenschaften *Ausrichtung* und *Drehung* anzuzeigen. Wählen Sie anschließend alle Ebenen wieder ab.

3 Die Zeitmarke ist bei 0:00. Klicken Sie auf das Stoppuhrsymbol für die Eigenschaft *X-Drehung* in jeder Ebene, um die Keyframes zu setzen.

4 Setzen Sie die Zeitmarke auf 2:00 und wählen Sie erneut alle Ebenen.

5 Klicken Sie für eine Ebene auf den Wert *X-Drehung*, geben Sie **180°** ein und drücken Sie die Eingabetaste. Alle Ebenen haben jetzt entsprechende X-Drehung-Keyframes.

Hinweis: Sie können den X-Drehung-Wert nicht für alle Ebenen durch Ziehen auf einmal ändern, sondern müssen den Wert eintippen.

6 Drücken Sie die R-Taste, um die Eigenschaften *Ausrichtung* und *Drehung* für alle Ebenen auszublenden. Wählen Sie dann alle Ebenen ab.

7 Setzen Sie die Zeitmarke auf 0:00 und sehen Sie sich die Vorschau der Animation an. Speichern Sie anschließend das Projekt.

Die Sechsecke drehen sich jetzt nach innen zur Kamera (als wenn sich eine Blume öffnen würde). Die Drehung hält so lange an, bis die Ebenen wieder senkrecht zur Kamera ausgerichtet sind. Damit haben Sie die Animation der einzelnen Sechseck-Ebenen abgeschlossen.

Eine zweite Komposition erstellen

Jetzt erstellen Sie eine neue Komposition. Diese Komposition erhält einen tunnelartigen Effekt, indem Sie mehrere Kopien der gerade fertig gestellten Komposition *Hexagon Ring Comp* verwenden.

1 Setzen Sie die Zeitmarke auf 0:00 (falls erforderlich).

2   Drücken Sie die Tasten Strg+N (Windows) bzw. Befehl+N (Mac OS), um eine neue Komposition zu erstellen.

3   Geben Sie im Dialogfeld »Kompositionseinstellungen« als Namen der Komposition **Hexagon Tunnel Comp** ein.

4   Wählen Sie unter »Voreinstellung« die Option »NTSC D1 Quad. Pixel, 720 x 540«, um automatisch die Werte für Breite, Höhe, Pixel-Seitenverhältnis und Framerate festzulegen.

5   (Optional) Wählen Sie je nach vorhandenem Computersystem unter »Auflösung« die Option »Halb« oder niedriger.

6   Geben Sie in das Feld »Dauer« den Wert **300** für drei Sekunden ein und klicken Sie auf OK.

Eigenschaften für den Sechseck-Ring hinzufügen und einstellen

Sie fügen jetzt die Komposition *Hexagon Ring Comp* hinzu bzw. verschachteln sie mit der vorhandenen Komposition. Anschließend duplizieren Sie die Komposition und erzeugen so die Anzahl von Ebenen, die Sie für den Tunneleffekt benötigen. Außerdem verringern Sie die Deckkraft, so dass alle Ebenen halbtransparent sind. Zum Schluss »schalten« Sie alle Ebenen auf 3D-Ebenen um.

1   Die Zeitmarke ist auf 0:00 gesetzt.

2   Ziehen Sie die Komposition *Hexagon Ring Comp* aus dem Projektfenster in die Zeitleiste.

3   Die Ebene ist noch ausgewählt. Wählen Sie fünfmal **Bearbeiten: Duplizieren**, um danach über insgesamt sechs Ebenen zu verfügen.

4   Wählen Sie **Bearbeiten: Alles auswählen** und drücken Sie dann die T-Taste, um die Eigenschaft *Deckkraft* für alle Ebenen anzuzeigen.

5   Klicken Sie im *Deckkraft*-Wert für eine der ausgewählten Ebenen, geben Sie **50** ein und drücken Sie die Eingabetaste. Alle Ebenen sind jetzt auf 50% Deckkraft eingestellt.

6   Klicken Sie in einer beliebigen Ebene auf den Schalter »3D-Ebene« (⌐) für jede Ebene. Achten Sie darauf, dass die Ebenen ausgewählt bleiben. Neben jeder Ebene wird ein kleiner Würfel angezeigt, d.h., alle Ebenen sind jetzt 3D-Ebenen.

7   Speichern Sie das Projekt.

Einen Tunnel aus Sechsecken erstellen

Sie können jetzt den Tunnel aus Sechsecken erstellen. Dazu positionieren Sie jede *Hexagon Ring*-Ebene im Z-Raum und formen so einen Tunnel. Nachdem Sie die Ansicht geändert haben, falten Sie die Transformationen für die verschachtelten Kompositionsebenen zusammen, um die 3D-Qualität der Ebenen beizubehalten.

1   Drücken Sie die F11-Taste oder wählen Sie unten im Kompositionsfenster aus dem Einblendmenü »3D-Ansichten« die Option »Oben«. Die gesamte Komposition wird jetzt als dünne horizontale Linie angezeigt.

2   Alle *Hexagon Ring Comp*-Ebenen sind noch ausgewählt. Klicken Sie einmal in eine Ebene auf den Schalter »Transformationen falten« (✱). Alle Ebenentransformationen sind jetzt zusammengefaltet und das Kompositionsfenster wird wie in der folgenden Abbildung angezeigt.

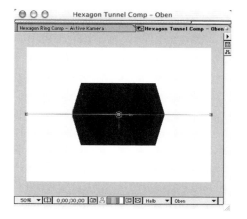

3   Alle Ebenen sind noch ausgewählt. Drücken Sie die P-Taste, um die Positionseigenschaften anzuzeigen. Wählen Sie dann alle Ebenen ab.

4   Reduzieren Sie die Vergrößerung im Kompositionsfenster auf ungefähr 25%, so dass Sie auch den Bereich außerhalb des Frames sehen können.

5   Klicken Sie in der Zeitleiste auf die unterstrichene Koordinate für die Z-Position (der dritte Wert) und ändern Sie nacheinander die Einstellung für jede Ebene. Benutzen Sie die Werte aus nachfolgender Abbildung. Achten Sie auch auf das Minuszeichen für die negativen Zahlenwerte.

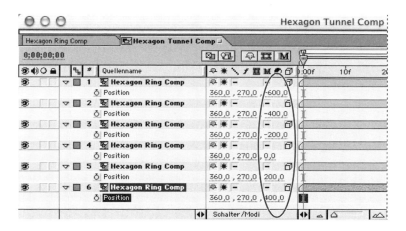

Hinweis: Sie können Ebenen auch einzeln bewegen, indem Sie die Ebene auswählen und den blauen Pfeil der Z-Achse bis zum Erreichen der gewünschten Koordinate ziehen. Benutzen Sie während des Ziehens die Infopalette oder die Zeitleiste als Referenz.

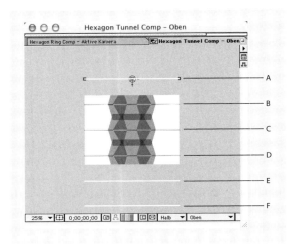

A. Ebene 6, **B.** Ebene 5, **C.** Ebene 4, **D.** Ebene 3, **E.** Ebene 2, **F.** Ebene 1

6   Wählen Sie alle Ebenen aus und drücken Sie die P-Taste, um die Positionseigenschaft auszublenden. Speichern Sie anschließend das Projekt.

Die sechs Ebenen sind jetzt in immer kürzer werdenden Abständen zur Kamera angeordnet. Das können Sie gut in der *Oben*-Ansicht erkennen.

Die Kamera hinzufügen

Nun fügen Sie Ihrer Komposition eine Kamera hinzu, so als würden Sie tatsächlich dreidimensionale Elemente filmen und eine reale Kamera um diese Elemente herum bewegen. Ihre Kamera fährt dann durch den Mittelpunkt der Sechseck-Ringe.

1   Setzen Sie die Zeitmarke auf 0:00 und wählen Sie **Ebene: Neu: Kamera**.

2   Wählen Sie im Dialogfeld »Kameraeinstellungen« aus dem Einblendmenü »Voreinstellungen« die Option »35 mm«. Übernehmen Sie den Namen *Kamera 1* und klicken Sie auf OK.

Die Ebene *Kamera 1* wird in der Zeitleiste angezeigt. Die Kamera selber sehen Sie im Kompositionsfenster.

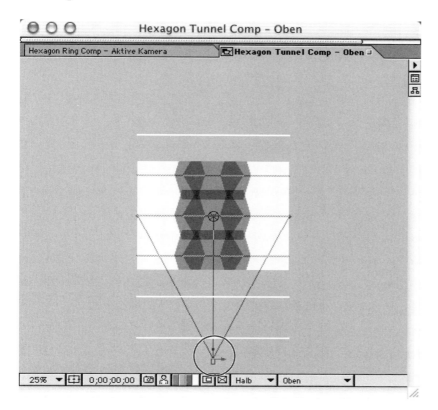

Für das Erstellen von Kameras gibt es die unterschiedlichsten Einstellungen. Indem Sie die Voreinstellung »35 mm« gewählt haben, haben Sie automatisch alle für diese Animation benötigten Einstellungen erstellt. Weitere Informationen über das Arbeiten mit Kamera-Ebenen finden Sie in der After-Effects-Online-Hilfe.

Die Kamera positionieren

Jetzt positionieren Sie die Kamera mit Hilfe der Ansicht *Aktive Kamera* und den Kamera-Werkzeugen in der Werkzeugpalette und animieren die *Kamera*-Position so, dass sie durch den Mittelpunkt der Sechseck-Ebenen fährt. Mit dem Werkzeug

»Z-Kamera verfolgen« ändern Sie den Abstand zwischen der Kamera und den Bildebenen.

1   Drücken Sie die F12-Taste, um die Ansicht *Aktive Kamera* zu wählen. Das Bild im Kompositionsfenster wird jetzt aus der Kamerasicht angezeigt.

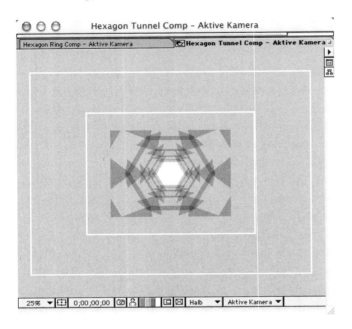

2   Wählen Sie in der Zeitleiste die Ebene *Kamera 1* und drücken Sie die P-Taste, um die Positionseigenschaften anzuzeigen.

3   Klicken Sie in der Werkzeugpalette mit gedrückt gehaltener Maustaste auf das Kamerawerkzeug, um die drei verfügbaren Kamerawerkzeuge anzuzeigen: »Kamera drehen« (), »XY-Kamera verfolgen« () und »Z-Kamera verfolgen« (). Wählen Sie das Werkzeug »Z-Kamera verfolgen« (), mit dem Sie die Z-Position der Kamera ändern können, d.h. mit der Kamera an die Bildebenen heran- oder wegfahren können.

4   Klicken Sie im Kompositionsfenster und ziehen Sie nach unten, um die Kamera von den Bildebenen wegzuziehen. Beobachten Sie die sich ändernden Werte in der Infopalette bzw. bei den Positionskoordinaten für die Ebene *Kamera 1*. Sobald die Z-Koordinate den Wert -1000 erreicht hat, lassen Sie die

Maustaste los. Die Kamera ist jetzt so positioniert, dass Sie durch das Zentrum der Sechseck-Ebenen sieht.

Hinweis: Falls das Kompositionsfenster beim Ziehen mit der Kamera nicht aktualisiert wird, wählen Sie »Bearbeiten: Voreinstellungen: Vorschau« und dann die Option »Dynamische Auflösung verwenden«. Anschließend sollten Sie die Konturen der Sechseck-Ebenen während der Kamerafahrt sehen können.

5   Achten Sie in der Zeitleiste darauf, dass die Zeitmarke auf 0:00 gesetzt ist. Klicken Sie auf das *Position*-Stoppuhrsymbol für *Kamera 1*, um einen Keyframe zu setzen.

6   Setzen Sie die Zeitmarke auf 2:00 und ziehen Sie das Werkzeug »Z-Kamera verfolgen« nach oben, um die Koordinate der Z-Position in -16 zu ändern. Ein zweiter Keyframe wird angezeigt.

7   Schauen Sie sich eine Vorschau der Animation an und speichern Sie dann das Projekt.

Geschwindigkeit der Kamera ändern

Um die Kamerafahrt subtiler zu machen, fügen Sie eine leichte Geschwindigkeitsveränderung hinzu, damit die Bewegung zum Ende hin bei 2:00 etwas weicher erscheint.

1   Wählen Sie in der Zeitleiste den zweiten *Position*-Keyframe bei 2:00. Achten Sie darauf, dass Sie nur diesen Keyframe auswählen.

2   Wählen Sie **Animation: Keyframe-Assistent: Easy Ease In**. Sie können die Positionseigenschaften erweitern, um die Diagrammkurve anzuzeigen.

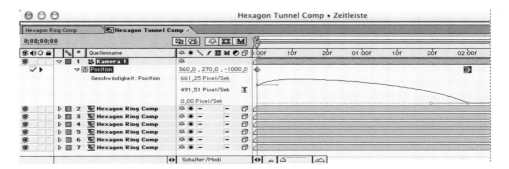

3   Drücken Sie die P-Taste, um die Positionseigenschaft auszublenden.

4   Schauen Sie sich die Vorschau der Animation an und speichern Sie das Projekt.

Hinweis: Wenn Sie nicht alle Frames in einer RAM-Vorschau sehen können, versuchen Sie, den Anfang des Arbeitsbereichs auf 1:15 und das Ende auf 2:15 einzustellen. Setzen Sie dazu die Zeitmarke auf 1:15 und drücken Sie die B-Taste (für Beginn. Setzen Sie nun die Zeitmarke auf 2:15 und drücken Sie die N-Taste für das Ende des Arbeitsbereichs.

Die Kamera drehen und die Drehgeschwindigkeit einstellen

Als letzte Einstellung drehen Sie die Kamera für diese Komposition so, dass sie sich während der Fahrt durch die Sechseck-Ebenen um sich selber dreht.

Zusätzlich fügen Sie eine kleine Geschwindigkeitsänderung zum Ende der Drehung bei 2:00 hinzu.

1   Setzen Sie die Zeitmarke auf 0:00. Die Ebene *Kamera 1* ist ausgewählt.

2   Drücken Sie die R-Taste, um die Eigenschaften *Ausrichtung* und *Drehung* für die Kamera anzuzeigen. Sämtliche Drehungswerte sind auf 0° eingestellt.

3   Klicken Sie auf das Stoppuhrsymbol für die Z-Drehung, um einen Keyframe für die Ebene *Kamera 1* zu setzen.

4   Setzen Sie die Zeitmarke auf 2:00 und geben Sie den Z-Drehungswert **-180°** ein oder ziehen Sie, um einen zweiten Keyframe zu setzen. Lassen Sie diesen Keyframe ausgewählt.

5   Wählen Sie **Animation: Keyframe-Assistent: Easy Ease In** und erweitern Sie dann die Eigenschaft *Z-Drehung*, um die Geschwindigkeitskurve anzuzeigen. Die Kurve läuft jetzt in den zweiten Keyframe.

6   Drücken Sie die R-Taste, um die Drehungseigenschaft auszublenden.

7   Sehen Sie sich die Vorschau der Animation an und speichern Sie das Projekt. Schließen Sie anschließend das Kompositionsfenster und die Zeitleiste.

Damit haben Sie das erste 3D-Sechseck-Element fertig gestellt.

3D-Sechseck-Konturen als zweites Element

Das zweite Element entspricht genau dem ersten Element mit der Ausnahme, dass es eine andere Quelldatei verwendet. Dieses Element lässt sich jedoch viel einfacher erstellen, da Sie die ersten Kompositionen duplizieren und dann die Quelldatei ersetzen können. Bei der zu ersetzenden Grafik handelt es sich um eine Sechseck-Kontur statt des gefüllten Sechsecks.

Die zweite Quelldatei importieren

Zuerst importieren Sie die neue Quelldatei in das Projekt *3DHexagons_work.aep*.

1. Wählen Sie **Datei: Importieren: Datei** oder drücken Sie die Tasten Strg + I (Windows) bzw. Befehl+I (Mac OS), um das Dialogfeld »Importieren Datei« zu öffnen.
2. Öffnen Sie die Datei *3DHexagon02.ai* im Ordner *_ai* innerhalb des Ordners *AE_CIB job*.
3. Ziehen Sie im Projektfenster die Datei *3DHexagon02.ai* in den Ordner *ai files* und wählen Sie dann die Datei ab.

Die Kompositionen duplizieren

Jetzt duplizieren Sie die Kompositionen *Hexagon Ring Comp* und *Hexagon Tunnel Comp* und benennen sie um, um zwei neue Kompositionen zu erstellen.

1. Wählen Sie im Projektfenster die Komposition *Hexagon Ring Comp* und dann **Bearbeiten: Duplizieren**. Oder drücken Sie die Tasten Strg+D (Windows) bzw. Befehl+D (Mac OS). Der neue Name der Komposition ist mit einem Sternchen versehen, was darauf hinweist, dass es sich um eine Kopie handelt.
2. *Hexagon Ring Comp** ist ausgewählt. Drücken Sie die Tastenkombination Strg+K (Windows) bzw. Befehl+K (Mac OS), um das Dialogfeld »Kompositionseinstellungen« zu öffnen.
3. Geben Sie als Namen **HexLines Ring Comp** ein und klicken Sie dann auf OK. (Übernehmen Sie alle anderen Einstellungen.)

4 Wählen Sie im Projektfenster die Komposition *Hexagon Tunnel Comp* und wiederholen Sie die Schritte 1 bis 3. Geben Sie diesmal **HexLines Tunnel Comp** als neuen Namen ein.

Sie verfügen nun über zwei neue HexLines-Kompositionen, in denen jetzt die Grafik ersetzt werden kann.

Die Bilder in *HexLines Ring Comp* ersetzen

Nun wählen Sie in der ersten neuen Komposition die gefüllten Sechsecke aus und ersetzen sie durch Sechseck-Konturen.

1 Doppelklicken Sie im Projektfenster auf *HexLines Ring Comp*, um die Komposition im Kompositionsfenster und in der Zeitleiste zu öffnen.

2 Wählen Sie alle sechs Ebenen *3DHexagon01.ai* aus.

3 Wählen Sie im Projektfenster die Datei *3DHexagon02.ai* und ziehen Sie die Datei mit gedrückter Alt- (Windows) bzw. Wahltaste (Mac OS) in die Zeitleiste. Diese Bilder ersetzen alle ursprünglichen Bilder. Alle Ebenen sind jetzt mit *3DHexagon02.ai* benannt.

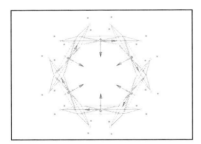

4 Sehen Sie sich eine Vorschau der Komposition an. Die Kontur-Sechsecke haben die gefüllten Sechsecke ersetzt, alle ursprünglichen Bewegungen und Einstellungen für die 3D-Positionen sind jedoch weiterhin vorhanden. Speichern Sie das Projekt.

Die Bilder in *HexLines Tunnel Comp* ersetzen

Das zuerst erstellte Element *Hexagon Tunnel Comp* besteht aus mehreren Kopien von *Hexagon Ring Comp*. Genau so benutzen Sie *HexLines Ring Comp* für die Ebenen in *HexLines Tunnel Comp* und ersetzen alle *Hexagon Ring Comp*-Ebenen in *HexLines Tunnel Comp* durch die neue Komposition *HexLines Ring Comp*.

1 Doppelklicken Sie im Projektfenster auf *HexLines Tunnel Comp*, um die Komposition im Kompositionsfenster und in der Zeitleiste zu öffnen.

2 Wählen Sie in der Zeitleiste die sechs Ebenen *Hexagon Ring Comp* (alle Ebenen außer *Kamera 1*) aus.

3 Wählen Sie im Projektfenster *HexLines Ring Comp* und ziehen Sie die Komposition mit gedrückter Alt- (Windows) bzw. Wahltaste (Mac OS) in die Zeitleiste. Alle sechs Ebenen sind jetzt als *HexLines Ring Comp* aufgeführt.

4 Sehen Sie sich eine Vorschau der Komposition an. Die Kontur-Sechseck-Ringe wurden durch gefüllte Ringe in der Tunnel-Animation ersetzt.

5 Speichern Sie das Projekt.

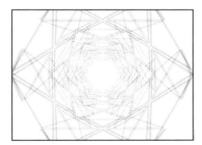

Sämtliche Keyframes und Eigenschaften in diesen Kompositionen sind weiterhin unverändert vorhanden. Durch das einfache Ersetzen der Quelldatei haben Sie ein zusätzliches Element für Ihr Endprojekt erstellt.

Beide 3D-Sechseck-Elemente rendern

Beide 3D-Sechseck-Elemente sind fertig gestellt und können jetzt gerendert werden. Das Rendern der beiden Kompositionen nimmt ungefähr so viel Zeit in Anspruch wie das Rendern der Komposition *Number Comp* am Schluss der Lektion 5.

1 Schließen Sie das Kompositionsfenster für die Kompositionen *HexLines Tunnel* Comp und *Hexagon Tunnel Comp*.

💡 *Statt die Kompositionsfenster zu schließen können Sie auch die Feststelltaste auf Ihrer Tastatur drücken. Sie verhindern so, dass das Kompositionsfenster für jeden gerenderten Kompositionsframe aktualisiert wird. Das verringert die für das Rendern benötigte Zeit.*

2 Klicken Sie im Projektfenster mit gedrückter Strg- (Windows) bzw. Befehlstaste (Mac OS), um die Kompositionen *Hexagon Tunnel Comp* und *HexLines Tunnel Comp* auszuwählen. Wählen Sie anschließend *Komposition: An die Renderliste anfügen*. Die Renderliste wird mit beiden Elementen in der Liste angezeigt.

3 Klicken Sie neben »Sichern unter« für das erste Element (*Hexagon Tunnel Comp*) auf die Wörter *Hexagon Tunnel Comp.mov*, um das Dialogfeld »Film ausgeben unter« zu öffnen. Geben Sie den Dateinamen **3DHexagons.mov** ein und speichern Sie den Film im Ordner *_mov* innerhalb des Ordners *AE_CIB job*.

4 Wiederholen Sie Schritt 3 für *HexLines Tunnel Comp*. Geben Sie diesmal den Namen **3DHexLines.mov** ein und speichern Sie den Film ebenfalls im Ordner *_mov* innerhalb des Ordners *AE_CIB job*.

5 Klicken Sie unter *Hexagon Tunnel Comp* auf die Wörter *Aktuelle Einstellungen*, um das Dialogfeld »Rendereinstellungen« zu öffnen. Nehmen Sie die folgenden Einstellungen vor:

- Wählen Sie für »Qualität« die Option »Beste«.
- Wählen Sie für »Auflösung« die Option »Voll«.
- Wählen Sie für »Zeitspanne« die Option »Länge der Komposition« und klicken Sie auf OK, um wieder die Renderliste anzuzeigen.

6 Wiederholen Sie den Schritt 5 für das Element *HexLines Tunnel Comp*.

7 Wählen Sie aus dem Einblendmenü »Ausgabemodul« für *Hexagon Tunnel Comp* die Option »Andere«, um das Dialogfeld »Einstellungen für Ausgabemodule« zu öffnen. Nehmen Sie die folgenden Einstellungen vor:

- Wählen Sie für »Format« die Option »QuickTime-Film«.
- Wählen Sie für »Vorgang nach dem Rendern« die Option »Importieren«.
- Klicken Sie auf die Schaltfläche »Formatoptionen«.

8 Wählen Sie im Dialogfeld »Komprimierung« die Optionen »Animation« und »Über 16,7 Mill. Farben«. Achten Sie darauf, dass der Regler auf »Höchste« eingestellt ist und klicken Sie dann auf OK.

9 Überprüfen Sie im Dialogfeld »Einstellungen für Ausgabemodule« die folgenden Einstellungen: Die Kanäle sind auf »RGB + Alpha« eingestellt, d.h., dieses Element wird mit einem Alphakanal gerendert. Die Tiefe ist auf »Über 16,7 Mill. Farben« und die Farbe auf »Integriert (Maskiert)« eingestellt. Klicken Sie auf OK.

10 Wiederholen Sie die Schritte 7 bis 9 für das Element *HexLines Tunnel Comp*.

11 Speichern Sie erneut das Projekt und klicken Sie auf die Schaltfläche »Rendern«. After Effects rendert die beiden Kompositionen in folgender Reihenfolge: Zuerst *Hexagon Tunnel Comp* und dann *HexLines Tunnel Comp*.

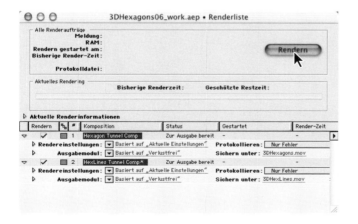

Wenn der Renderprozess abgeschlossen ist, schließen Sie die Renderliste und doppelklicken Sie im Projektfenster auf *3DHexagons.mov*, um den gerenderten Film anzusehen. Schauen Sie sich ebenso *3DHexLines.mov* an.

Wenn Sie noch Änderungen vornehmen möchten, öffnen Sie die entsprechende Komposition und nehmen Sie die gewünschten Einstellungen vor. Speichern Sie diese Änderungen und rendern Sie. Verwenden Sie dabei die gleichen Rendereinstellungen.

Damit haben Sie Lektion 6 beendet und verfügen nun über zwei weitere Elemente für das spätere Gesamtprojekt.

Lektion 7

7 | Komposition mit 2D-Elementen

 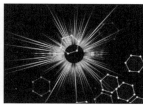 

Bisher haben Sie mit einzelnen Elementen gearbeitet und meist mit abstrakten, geometrischen Bildern. Jetzt fangen Sie an, die einzelnen Teile zusammenzufügen. In dieser Lektion erstellen Sie die erste Szene des fertigen Projekts, indem Sie die Sechsecke, Sterne, Kreise und anderen zweidimensionalen Elemente zu einem gelungenen Auftakt integrieren.

LEKTION 7
Komposition mit 2D-Elementen

In dieser Lektion lernen Sie Folgendes:

- Filme importieren, die Sie bereits früher gerendert haben, und Filme als Ebenen in einer Komposition verwenden
- Die Deckkraft durch Ziehen von Punkten auf der *Deckkraft*-Wertekurve ändern
- Ebenen im Stapel neu anordnen
- Die Transfermodi *Farbig abwedeln* und *Weiches Licht* zuweisen
- Ebenen-In-Points und -Out-Points trimmen
- Den Effekt *Einfärben* zuweisen, um Ebenen zu kolorieren
- Effekte zwischen Ebenen kopieren und einfügen
- Den Effekt *Kanal-Weichzeichner* zuweisen
- Den Effekt *Gaußscher Weichzeichner* zuweisen
- Die Reihenfolge der Verarbeitung von Effekten ändern

Sie kombinieren zuerst Ihre bereits gerenderten Elemente in einer zweidimensionalen Umgebung. Anschließend stellen Sie für die Elemente das richtige Timing ein und fügen Effekte hinzu. Nach einer weiteren Überarbeitung stehen diese Elemente dann für das endgültige Projekt zur Verfügung.

Für diese Lektion benötigen Sie etwa eine Stunde. Dazu kommt die Zeit, die für das Rendern der Elemente anfällt.

Vorbereitungen

Achten Sie darauf, dass sich die folgenden Dateien im Ordner *AE_CIB job* auf Ihrer Festplatte befinden. Ansonsten müssen Sie die Dateien jetzt von Ihrer Buch-CD-ROM kopieren.

- Im Ordner *Sample_Movies*: *2DComposite_final.mov* und *RingMix_final.mov* aus dem Verzeichnis *Sample_Movies/Lesson07* auf der Buch-CD
- Im Ordner *Finished_Projects*: *2DComposite07_finished.aep*

Öffnen und spielen Sie die Beispielfilme *2DComposite_final.mov* und *RingMix_final.mov* ab, um zu sehen, was Sie in dieser Lektion erstellen. Wenn Sie sich die Filme angesehen haben, beenden Sie den QuickTime Player.

Sie können die Beispielfilme (aus Platzgründen) auf Ihrer Festplatte wieder löschen oder dort belassen, um im Verlaufe der Lektion Ihre Arbeitsergebnisse mit den Beispielen vergleichen zu können.

Die einzigen Quelldateien, die Sie diesmal benötigen, sind QuickTime-Filme, die Sie bereits in den vorangegangenen Lektionen gerendert und im Ordner _mov innerhalb des Ordners *AE_CIB job* gespeichert haben. Diese Filme sind auf der Buch-CD nicht verfügbar – Sie selber müssen die Filme in den Lektionen 1 bis 6 gerendert haben. Achten Sie darauf, dass folgende acht Dateien in Ihrem *_mov*-Ordner vorhanden sind:

- *DotCircles.mov, Hexagons.mov, HexOutlines.mov, LightRays.mov, LineCircles.mov, Numbers.mov, Rings.mov* und *Starburst.mov*

Hinweis: Sie werden die fertige Komposition am Ende dieser Lektion nicht rendern. Stattdessen importieren Sie dieses Projekt in einer späteren Lektion in das Endprojekt. So können Sie noch in letzter Minute im Endprojekt eventuelle Änderungen vornehmen.

Das Projekt erstellen

Die gesamte Arbeit in dieser Lektion nehmen Sie in einem einzelnen Projekt vor. Zuerst müssen Sie dieses Projekt jedoch einrichten.

1   Starten Sie After Effects, falls das Programm noch nicht geöffnet ist.

2   Wählen Sie **Datei: Neu: Neues Projekt**.

Bei allen Übungsdateien handelt es sich um ein Projekt, das in den USA für die dort verwendete NTSC-Fernsehnorm erstellt wird. Deshalb wird im Buch durchgängig mit einer Timecodebasis von 30 gearbeitet. Hierzulande würden Sie entsprechend der PAL-Norm mit einer Timecodebasis von 25 arbeiten.

3   Wählen Sie **Datei: Projekteinstellungen**. Das Dialogfeld »Projekteinstellungen« wird angezeigt. Wählen Sie aus dem Einblendmenü »Timecodebasis« die Option »30 fps« und aus dem Einblendmenü »NTSC« die Option »Drop-Frame«. Klicken Sie auf OK.

4   Wählen Sie **Datei: Speichern unter**.

5   Geben Sie als Dateiname **2DComposite07_work.aep** ein und speichern Sie das Projekt im *_aep*-Ordner innerhalb des *AE_CIB job*-Ordners.

Die Quelldateien importieren und organisieren

Dieses Projekt benötigt einige Quelldateien, die Sie nun importieren. Die meisten Elemente sind Filme, die Sie bereits in den vorangegangenen Lektionen gerendert haben.

1   Wählen Sie **Datei: Importieren: Mehrere Dateien**.

2   Öffnen Sie den Ordner _mov innerhalb des Ordners *AE_CIB job*. Wählen Sie nacheinander die folgenden Dateien aus (Sie finde diese Dateien auch in den jeweiligen Übungsordner mit der Bezeichnung *final*) und klicken Sie jeweils auf »Öffnen« (Windows) bzw. »Importieren« (Mac OS):

   - *DotCircles.mov*
   - *Hexagons.mov*
   - *HexOutlines.mov*
   - *LightRays.mov*
   - *LineCircles.mov*
   - *Numbers.mov*
   - *Rings.mov*
   - *Starburst.mov*

3   Öffnen Sie den *audio*-Ordner innerhalb des Ordners *AE_CIB job* und öffnen bzw. importieren Sie die Datei *Soundtrack.aif*. Achten Sie darauf, dass alle neuen Dateien im Projektfenster angezeigt werden. Klicken Sie anschließend auf »Fertig«, um das Dialogfeld »Mehrere Dateien importieren« zu schließen.

4   Wählen Sie **Datei: Neu: Neuer Ordner**.

5   Benennen Sie im Projektfenster den neuen Ordner mit **audio files**.

6   Ziehen Sie die Datei *Soundtrack.aif* in den Ordner *audio files* und erweitern Sie den Ordner, so dass Sie die Datei *Soundtrack.aif* sehen können.

7   Erstellen Sie einen zweiten Ordner und benennen Sie ihn mit **mov files**.

8   Wählen Sie alle anderen importierten Dateien (die acht Filme) und ziehen Sie diese in den Ordner *mov files*. Erweitern Sie den Ordner, so dass Sie die acht *.mov*-Dateien in diesem Ordner sehen können.

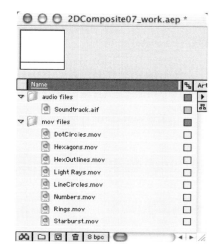

Hinweis: *Jede der acht Dateien (ausgenommen die Audiodatei* Soundtrack.aif*) enthält einen benannten Alphakanal. Benannte Alphakanäle enthalten bereits die von After Effects benötigten Interpretationsinformationen. Deshalb wird beim Import auch nicht das Dialogfeld »Footage interpretieren« geöffnet.*

Alle für das Projekt benötigten Dateien sind jetzt importiert und Sie verfügen über ein gut organisiertes Projektfenster.

Eine neue Komposition erstellen

Bevor Sie die endgültige 2D-Komposition zusammenstellen, müssen Sie noch eine Komposition mit den drei Kreiselementen erstellen. Diese Elemente kombinieren Sie in einer Komposition, die Sie dann in der endgültigen Komposition als einzelne Ebene behandeln können.

1 Wählen Sie **Komposition: Neue Komposition.**

2 Geben Sie im Dialogfeld »Kompositionseinstellungen« als Namen der Komposition **Ring Mix Comp** ein.

3 Stellen Sie die folgenden Optionen ein:

- Breite: **800**
- »Seitenverhältnis einschränken auf 1:1« deaktiviert

LEKTION 7
Komposition mit 2D-Elementen

- Höhe: **800**
- Pixel-Seitenverhältnis: Quadratische Pixel
- Framerate: **29,97**
- Dauer: **500** für fünf Sekunden
- (Optional) Wählen Sie je nach vorhandenem Computersystem unter »Auflösung« die Option »Halb« oder niedriger.

4   Prüfen Sie noch einmal die Einstellungen und klicken Sie dann auf OK.

Die Kreisebenen kombinieren und Transfermodi zuweisen

Sie fügen nun die drei Kreiselemente der Komposition hinzu und »vermischen« die Ebenen mit Hilfe von Transfermodi.

1   Falls die Hintergrundfarbe der Komposition nicht auf Schwarz eingestellt ist, wählen Sie **Komposition: Hintergrundfarbe** und wählen Sie die Farbe Schwarz.

2   Die Zeitmarke ist auf 0:00 eingestellt.

3   Ziehen Sie im Projektfenster aus dem Ordner *mov files* die Dateien *Rings.mov*, *LineCircles.mov* und *DotCircles.mov* direkt in die Zeitleiste, um die Dateien automatisch im Kompositionsfenster zu zentrieren.

Hinweis: Um alle drei Dateien auszuwählen und sie gemeinsam zu ziehen, klicken Sie mit gedrückter Strg-(Windows) bzw. Befehlstaste (Mac OS). Die Dateien werden in der Zeitleiste als Ebenen in der Reihenfolge der Auswahl gestapelt – die erste Datei also als Ebene 1 usw.

4   Eventuell müssen Sie die Dateien im Ebenenstapel auswählen und sie in die folgende Reihenfolge ziehen:

- Ebene 1: *LineCircles.mov*
- Ebene 2: *Rings.mov*
- Ebene 3: *DotCircles.mov*

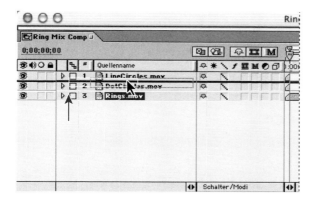

5   Setzen Sie die Zeitmarke auf 3:00, so dass Sie mehr Bilder im Kompositionsfenster sehen können.

6   Klicken Sie in der Zeitleiste auf die Schaltfläche »Schalter/Modi«, um die Modi-Spalte anzuzeigen. Oder wählen Sie aus dem Menü der Zeitleiste die Option »Spalten: Modi«.

7   Wählen Sie aus den Einblendmenüs »Modus« für die *Ebene 1* und *Ebene 2* den Modus »Negativ multiplizieren«. Belassen Sie *Ebene 3* im Transfermodus »Normal«.

Hinweis: Sie können auch eine Ebene und dann den Befehl »Ebene: Transfermodus: Negativ multiplizieren« wählen, um den gewünschten Transfermodus einzustellen.

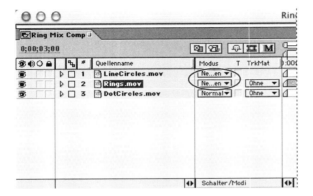

Der Transfermodus »Negativ multiplizieren« vermischt die drei Ebenen, d.h., sie werden optisch vereinigt.

Die Deckkraft der Ringe animieren

Jetzt erstellen Sie für eine der Ebenen eine einfache Einblendung.

1   Wählen Sie in der Zeitleiste *DotCircles.mov* (*Ebene 3*) und drücken Sie die T-Taste, um die *Deckkraft*-Eigenschaft zu öffnen.

2   Die Zeitmarke ist auf 0:00 gesetzt. Geben Sie **0%** ein oder ziehen Sie für den *Deckkraft*-Wert und klicken Sie dann auf das Stoppuhrsymbol, um einen Keyframe zu setzen.

3   Setzen Sie die Zeitmarke auf 1:00 und geben Sie **100%** für den *Deckkraft*-Wert ein, um einen zweiten Keyframe zu erzeugen.

4   Drücken Sie die T-Taste, um die *Deckkraft*-Eigenschaft auszublenden.

5   Sehen Sie sich eine Vorschau der Animation an und speichern Sie dann das Projekt.

Die Ebene *DotCircles.mov* wird nun während der ersten Sekunden der Komposition eingeblendet.

Deckkraft für zufällig und kurz eingeblendete Ebenen erstellen

Nun experimentieren Sie mit der Deckkraft für die anderen Ebenen. Diesmal geben Sie keine bestimmten Werte ein, sondern Sie verändern die Deckkraft-Werte zufällig und fügen Keyframes hinzu, so dass die Ebenen unregelmäßig kurz ein- und ausgeblendet werden.

1 Wählen Sie in der Zeitleiste *Rings.mov* (*Ebene 2*) und drücken Sie die T-Taste, um die *Deckkraft*-Eigenschaft anzuzeigen.

2 Setzen Sie die Zeitmarke auf 0:00 und klicken Sie dann auf das Stoppuhr-symbol für *Ebene 2*, um einen Keyframe mit 100% Deckkraft zu setzen.

3 Bewegen Sie die Zeitmarke um etwa 10 bis 30 Frames weiter (die genaue Position ist unwichtig) und drücken Sie die Tasten Alt+Umschalt+T (Windows) bzw. Wahl+T (Mac OS), um einen Keyframe zu setzen. Sie können den Keyframe auch setzen, indem Sie im Keyframe-Kontrollkästchen in der Audio/Video-Spalte klicken.

4 Setzen Sie für *Ebene 2* weitere *Deckkraft*-Keyframes alle 10 bis 30 Frames (alle mit 100%), bis Sie an das Ende der Komposition gelangen. Ein genaues Timing ist unwichtig, da die Ergebnisse zufällig und nicht regelmäßig auftreten sollen.

5 Klicken Sie auf den Pfeil, um die Deckkraft-Eigenschaft zu erweitern, so dass die Wert- und Geschwindigkeitskurven angezeigt werden. Ziehen Sie einen der quadratischen Griffpunkte auf der Wertekurve nach unten, um den Deckkraftwert zu verringern. In der Infopalette wird der Wert angezeigt.

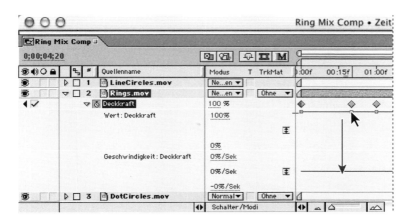

Hinweis: Der Deckkraftwert in der Zeitleiste ändert sich nur, wenn sich die Zeitmarke beim Ziehen über dem entsprechenden Keyframe befindet.

6 Ziehen Sie auch die anderen Keyframe-Werte auf der Wertekurve, so dass einige 100%, andere 0% und einige Keyframes noch andere Werte haben. Das Ergebnis sollte ein zufälliges Ein- und Ausblenden zeigen. Große Veränderungen bei angrenzenden Keyframes erzeugen also dramatische Ergebnisse.

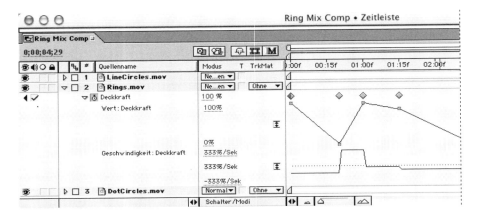

7 Wenn Sie die Kurven eingestellt haben, sehen Sie sich eine Vorschau der Animation an. Sollte Ihnen das Ergebnis noch nicht zusagen, ändern Sie die Werte und erzeugen Sie dann eine neue Vorschau. Reduzieren Sie anschließend die Deckkraft-Eigenschaft und speichern Sie das Projekt.

8 Wiederholen Sie den gesamten Vorgang (Schritte 1 bis 7) für *LineCircles.mov*, um einen weiteren Satz mit zufällig eingeblendeten *Deckkraft*-Keyframes auf *Ebene 1* zu erstellen.

Die beiden Elemente *Rings.mov* und *LineCircles.mov* blitzen jetzt zufällig beim Abspielen der Animation auf.

Die Komposition *Ring Mix Comp* rendern

Die Ring- und Kreiselemente sind jetzt in der Komposition *Ring Mix Comp* vereint, so dass Sie die Komposition jetzt rendern können. Dazu benötigen Sie auf einem normalen Computersystem nur wenige Minuten.

1 Schließen Sie das Kompositionsfenster und die Zeitleiste für die Komposition *Ring Mix Comp*.

2 Wählen Sie im Projektfenster die Komposition *Ring Mix Comp* und dann **Komposition: Film erstellen**.

3 Klicken Sie in der Renderliste auf den unterstrichenen *Text Ring Mix Comp.mov* neben »Sichern unter«, geben Sie den Dateinamen **RingMix.mov** ein und speichern Sie den Film im Ordner *_mov* innerhalb des Ordners *AE_CIB job* (After Effects 5.5) bzw. geben Sie den Dateinamen im aufgerufenen Dialogfeld »Film ausgeben unter« ein (After Effects 5).

4 Klicken Sie in der Renderliste auf die unterstrichenen Wörter *Aktuelle Einstellungen*, um das Dialogfeld »Rendereinstellungen« zu öffnen. Nehmen Sie die folgenden Einstellungen vor:

- Wählen Sie für »Qualität« die Option »Beste«.
- Wählen Sie für »Auflösung« die Option »Voll«.
- Wählen Sie für »Zeitspanne« die Option »Länge der Komposition«.

5 Klicken Sie auf OK, um das Dialogfeld »Rendereinstellungen« zu schließen und wieder die Renderliste anzuzeigen.

6 Wählen Sie aus dem Einblendmenü »Ausgabemodul« die Option »Andere«, um das Dialogfeld »Einstellungen für Ausgabemodule« zu öffnen. Nehmen Sie die folgenden Einstellungen vor:

- Wählen Sie für »Format« die Option »QuickTime-Film«.
- Wählen Sie für »Vorgang nach dem Rendern« die die Option »Importieren«.
- Klicken Sie auf die Schaltfläche »Formatoptionen«.

7 Wählen Sie im Dialogfeld »Komprimierung« die Optionen »Animation« und »Über 16,7 Mill. Farben«. Achten Sie darauf, dass der Regler auf »Beste« eingestellt ist und klicken Sie auf OK.

8 Überprüfen Sie im Dialogfeld »Einstellungen für Ausgabemodule« die folgenden Einstellungen: Die Kanäle sind auf »RGB + Alpha« eingestellt, d.h., dieses Element wird mit einem Alphakanal gerendert. Die Tiefe ist auf »Über 16,7 Mill. Farben« und die Farbe auf »Integriert (Maskiert)« eingestellt. Klicken Sie auf OK.

9 Speichern Sie das Projekt und klicken Sie auf die Schaltfläche »Rendern«.

10 Wenn der Renderprozess abgeschlossen ist, schließen Sie die Renderliste und doppelklicken Sie im Projektfenster auf *RingMix.mov*, um den gerenderten Film anzusehen. Oder doppelklicken Sie mit gedrückter Alt- (Windows) bzw.

Wahltaste (Mac OS), um das Element im After-Effects-Player statt im standardmäßigen QuickTime Player zu öffnen. Mit dieser Option können Sie die Vergrößerung so einstellen, dass die Fenstergröße an Ihren Bildschirm angepasst wird. Schließen Sie anschließend den Player.

Hinweis: Die Wiedergabe des Films kann ruckeln oder kleine Pausen haben. Das hat nichts mit Ihrer Arbeit oder dem Rendern zu tun. Das Problem ist nur, dass Ihr Computersystem einen Film mit einer hohen Datenrate nicht in Echtzeit wiedergeben kann. Der gerenderte Film ist jedoch in Ordnung.

11 Ziehen Sie im Projektfenster den Film *RingMix.mov* in den *mov*-Ordner.

Wenn Sie noch Änderungen vornehmen möchten, öffnen Sie erneut die Komposition *Ring Mix Comp* und nehmen Sie die entsprechenden Einstellungen vor. Speichern Sie diese Änderungen und rendern Sie. Verwenden Sie dabei die gleichen Rendereinstellungen.

Eine zweite Komposition erstellen

Sie haben im vorherigen Abschnitt die drei Kreiselemente zu einem Film kombiniert. Diesen gerenderten Film verwenden Sie als Ebene in der endgültigen, jetzt zu erstellenden 2D-Komposition. In dieser Komposition kombinieren Sie alle Ihre 2D-Elemente. Außerdem stellen Sie das Timing, die Effekte und die Interaktionen zwischen diesen Elementen im zweidimensionalen Raum ein.

Zuerst erstellen Sie die Komposition.

1 Klicken Sie unten im Projektfenster auf das Symbol »Eine neue Komposition erstellen« (▫).

2 Geben Sie im Dialogfeld den Namen **2D Composite Comp** ein.

3 Wählen Sie aus dem Einblendmenü »Voreinstellung« die Option »NTSC D1 Quad. Pixel, 720 x 540«, um automatisch Breite, Höhe, Pixel-Seitenverhältnis und Framerate einzustellen.

4 Wählen Sie je nach Systemleistung unter »Auflösung« die Option »Voll«, »Halb« oder noch niedriger.

5   Geben Sie unter »Dauer« den Wert **900** für neun Sekunden ein und klicken Sie dann auf OK.

Die Elemente im Ebenenstapel der Komposition platzieren

Jetzt platzieren Sie die importierten Elemente in dieser Komposition. Dann stellen Sie die Stapelfolge ein, duplizieren eine der Ebenen und setzen die Ebenen-In-Points.

1   Setzen Sie die Zeitmarke auf 0:00.

2   Wählen Sie im Projektfenster im Ordner *mov files* alle Filme aus – ausgenommen die Filme *DotCircles.mov*, *LineCircles.mov* und *Rings.mov* – und ziehen Sie die Filme direkt in die Zeitleiste. Sie sollten jetzt über sechs Ebenen verfügen. Jede Ebene ist automatisch im Kompositionsfenster zentriert.

3   Ziehen Sie im Projektfenster aus dem Ordner *audio files* die Datei *Soundtrack.aif* in die Zeitleiste.

4   Ziehen Sie in der Zeitleiste die einzelnen Ebenen im Stapel nach oben oder unten, um die folgende Stapelfolge zu erhalten:

- Ebene 1: *Numbers.mov*
- Ebene 2: *HexOutlines.mov*
- Ebene 3: *Hexagons.mov*

- Ebene 4: *RingMix.mov*
- Ebene 5: *Starburst.mov*
- Ebene 6: *LightRays.mov*
- Ebene 7: *Soundtrack.aif*

5 Wählen Sie *RingMix.mov* und dann den Befehl **Bearbeiten: Duplizieren**. Der Ebenenstapel enthält jetzt zwei Ebenen *RingMix.mov* (*Ebene 4* und *Ebene 5*).

Ebenen-In-Points ändern

Nun stellen Sie die In-Points für jede Ebene ein, um die Anzeigefolge der Ebenen in der Komposition festzulegen.

1 Wenn die In/Out-Spalte in der Zeitleiste noch nicht geöffnet ist, klicken Sie auf den Doppelpfeil (⬛) unten in der Zeitleiste. Klicken Sie außerdem auf »Schalter/Modi«, um auch die Effektspalte für die Ebenen anzuzeigen.

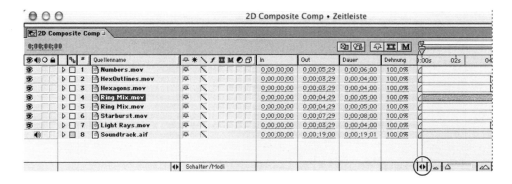

2 Setzen Sie den In-Point für *RingMix.mov* (*Ebene 4* und *Ebene 5*) auf 0:17, indem Sie einen der folgenden Schritte ausführen:

- Wählen Sie beide Ebenen aus, setzen Sie die Zeitmarke auf 0:17 und drücken Sie die Ü-Taste. Die Dauerleiste der Ebene verschiebt sich in der Zeitleiste so, dass sie mit Frame 17 beginnt.

- Klicken Sie für *Ebene 4* auf den unterstrichenen In-Wert in der In/Out-Spalte, um das Dialogfeld »In-Point der Ebene« zu öffnen. Geben Sie den Wert **17** ein und klicken Sie auf OK. Wiederholen Sie diesen Schritt für den In-Wert der *Ebene 5*.

- Klicken Sie auf die Dauerleiste (nicht auf die Enden) der jeweiligen Ebene und ziehen Sie, bis in der Infopalette 0:17 als In-Point angezeigt wird.

3   Benutzen Sie eine der Methoden in Schritt 2, um den In-Point für *LightRays.mov* (*Ebene 7*) auf 1:06 zu setzen.

4   Setzen Sie die In-Points für *HexOutlines.mov* (*Ebene 2*) und *Hexagons.mov* (*Ebene 3*) auf 4:02.

5   Belassen Sie die In-Points von *Numbers.mov* (*Ebene 1*), *Starburst.mov* (*Ebene 6*) und *Soundtrack.aif* (*Ebene 8*) bei 0:00. Sehen Sie sich die Vorschau an. Schließen Sie anschließend die In/Out-Spalte und speichern Sie das Projekt.

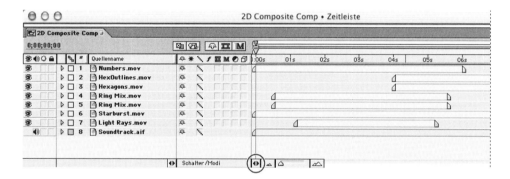

Alle Ebenen werden jetzt zum richtigen Zeitpunkt in der Komposition angezeigt.

Deckkraft einstellen und eine Ebene trimmen

Jetzt stellen Sie die Keyframes für die Ebene *Hexagons.mov* so ein, dass die Ebene ein- und ausgeblendet wird und dabei mit der darüber befindlichen Ebene *HexOutlines.mov* interagiert. Dann trimmen Sie die Ebene, um alle Frames der 8-Sekunden-Marke auszublenden, da hier der Deckkraftwert bereits 0 ist und sich nicht weiter ändert.

1   Wählen Sie in der Zeitleiste die Ebene *Hexagons.mov* (*Ebene 3*) und drücken Sie dann die T-Taste, um die *Deckkraft*-Eigenschaft anzuzeigen.

2   Drücken Sie die I-Taste, um die Zeitmarke auf den Ebenen-In-Point (4:02) zu setzen.

3   Geben Sie **0%** als *Deckkraft*-Wert für *Ebene 3* ein oder ziehen Sie. Klicken Sie auf das Stoppuhrsymbol, um einen Keyframe zu setzen.

4   Setzen Sie mit **Animation: Deckkraft-Keyframe hinzufügen** drei weitere *Deckkraft*-Keyframes für Ebene 3 zu den folgenden Zeitpunkten und mit den angegebenen Werten:

  - Bei 5:17, Deckkraft:19%
  - Bei 6:16, Deckkraft: 100%
  - Bei 7:21, Deckkraft: 0%

5   Die Zeitmarke ist noch auf 7:21 gesetzt. Drücken Sie die Tastenkombination Alt+Pluszeichen (Windows) bzw. Wahl+Pluszeichen (Mac OS), um den Out-Point für *Ebene 3* zu setzen. Drücken Sie anschließend die T-Taste, um die *Deckkraft*-Eigenschaft zu schließen.

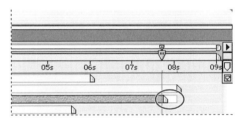

Bereich mit unterdrückter (getrimmter) Footage

6   Setzen Sie die Zeitmarke auf 4:00 und drücken Sie die B-Taste, um den Arbeitsbereich bei 4 Sekunden beginnen zu lassen.

7   Setzen Sie die Zeitmarke auf 8:00 und drücken Sie die N-Taste, um den Arbeitsbereich bei 8 Sekunden aufhören zu lassen.

8   Sehen Sie sich die Vorschau der Animation an und speichern Sie das Projekt.

Die Ebene *Hexagons.mov* baut sich allmählich über zweieinhalb Sekunden auf und wird ausgeblendet, sobald die Sechsecke den Frame verlassen. Da Sie die *Ebene 3* bei 7:21 getrimmt haben (bei einer Ebenendeckkraft von 0), zeigt die Dauerleiste genauer die Zeit, zu der die Ebene in die Komposition eintritt.

> *Trimmen und Bewegen der Dauerleisten*
>
> Es gibt zwei Arten von Tastaturbefehlen für das Ändern der In- und Out-Punkte einer ausgewählten Ebene. Der Unterschied zwischen diesen beiden Arten ist signifikant.
>
> Wenn Sie nur die Ü-Taste oder die Plustaste drücken, verschieben Sie die Ebene – und deren Keyframes – über die Zeit. Die Dauerleiste der ausgewählten Ebene verschiebt sich, so dass In- oder Out-Point an der Position der Zeitmarke ausgerichtet sind. Die Länge der Dauerleiste ändert sich dagegen nicht. Sie können auch die Dauerleiste ziehen (nicht an den Enden), um die In- und Out-Points manuell zu verändern.
>
> Wenn Sie dagegen zusätzlich die Alt- (Windows) bzw. Wahltaste (Mac OS) drücken, trimmen Sie die Ebene. Die Dauerleiste verschiebt sich nicht, wird jedoch kürzer oder länger. Sämtliche Keyframes behalten ihre ursprünglichen Position bei. Durch das Trimmen werden Teile der Ebene vor oder nach der Position der Zeitmarke ausgeblendet – dieser Teil der Ebene ist also beim Ansehen der Komposition nicht zu sehen. Sie können die Enden der Dauerleiste auch ziehen, um die Ebene manuell zu trimmen. Da getrimmtes Footage nur ausgeblendet und nicht entfernt wird, lässt es sich jederzeit wiederherstellen, selbst nachdem Sie das Projekt gespeichert und geschlossen haben. Weitere Informationen finden Sie unter »Trimmen von Elementen« in der After-Effects-Online-Hilfe.

Den Effekt *Einfärben* zuweisen

Zurzeit sind alle Filmebenen weiße Formen auf schwarzem Hintergrund. Jetzt versehen Sie die einzelnen Ebenen mit Farbe, indem Sie den Effekt *Einfärben* zuweisen. Den Effekt weisen Sie zuerst einer Ebene zu und wenden ihn dann mit Kopieren und Einfügen auf die anderen Ebenen an.

1   Setzen Sie die Zeitmarke auf etwa 2:00, so dass Sie beim Zuweisen der Effekte sofort die jeweiligen Ergebnisse sehen können.

2   Wählen Sie in der Zeitleiste die Ebene *Numbers.mov* (*Ebene 1*).

3   Wählen Sie **Effekt: Bild einstellen: Einfärben**. Das Effektfenster wird angezeigt.

4   Klicken Sie im Effektfenster im Farbfeld *Weiß abbilden auf* und wählen Sie im Farbwähler eine orange-gelbe Farbe. Im Beispielfilm wurden diese Farbwerte benutzt: R=207 (81%), G=153 (60%) und B=0 (0%).

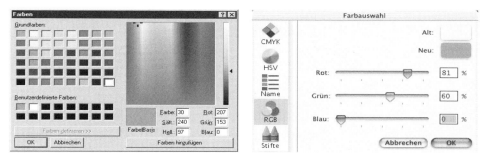

Windows-Farbwähler (links) und Mac-OS-Farbwähler für RGB (rechts)

5 Geben Sie im Effektfenster unter »Stärke« den Wert **60%** ein oder ziehen Sie. Die Ebene *Numbers.mov* wird in der ausgewählten Farbe angezeigt.

Einen Effekt mit Variationen kopieren und einfügen

Nun kopieren Sie diesen Effekt und seine Einstellungen und fügen ihn in andere Ebenen ein. Anschließend verändern Sie in einigen Ebenen die Farben.

1 Klicken Sie im Effektfenster auf das Wort *Einfärben*, um den Effekt zu wählen. Drücken Sie dann die Tasten Strg+C (Windows) bzw. Befehl+C (Mac OS), um den Effekt zu kopieren.

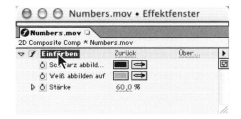

2 Wählen Sie die oberste Ebene *RingMix.mov* (*Ebene 4*) und drücken Sie die Tasten Strg+V (Windows) bzw. Befehl+V (Mac OS), um den Effekt in diese Ebene einzufügen. Das Register *RingMix.mov* wird im Effektfenster angezeigt und die Ebene *RingMix.mov* verändert ihre Farbe.

3 Wählen Sie in der Zeitleiste einzeln die folgenden Ebenen aus und dann den Befehl **Bearbeiten: Einfügen**, um den Effekt *Einfärben* zuzuweisen: *RingMix.mov* (*Ebene 5*), *Starburst.mov* (*Ebene 6*) und *LightRays.mov* (*Ebene 7*).

4 Speichern Sie das Projekt und sehen Sie sich eine Vorschau der Animation an. Eventuell müssen Sie den Arbeitsbereich zurücksetzen, um nur die Frames mit dem *Einfärben*-Effekt angezeigt zu bekommen (ungefähr von 0:00 bis 5:00).

5 Setzen Sie die Zeitmarke auf 6:00.

6 Wählen Sie *HexOutlines.mov* und fügen Sie den *Einfärben*-Effekt ein. Das Register *HexOutlines.mov* wird im Effektfenster angezeigt.

7 Klicken Sie im Farbfeld »Weiß abbilden auf« und wählen Sie dann im Farbwähler ein helles Grün. Im Beispielfilm wurden diese Farbwerte benutzt: R=117 (46%), G=184 (72%) und B=10 (4%). Übernehmen Sie die *Stärke* von 60%. Die Ebene *HexOutlines.mov* ändert sich in Grün.

8 Klicken Sie im Effektfenster auf das Wort *Einfärben*, um den Effekt zu wählen, und wählen Sie dann **Bearbeiten: Kopieren**.

9 Wählen Sie die Ebene *Hexagons.mov* und dann **Bearbeiten: Einfügen**. Die flächigen Sechsecke nehmen die Farbe Grün an.

10 Die Ebene *Hexagons.mov* ist noch ausgewählt. Drücken Sie die F3-Taste, um die Einstellungen für *Einfärben* zu öffnen (falls diese noch nicht angezeigt werden). Ändern Sie die Farbe im Farbfeld »Weiß abbilden auf« in Dunkelgrün, und zwar mit den Farbwerten R=61 (24%), G=72 (28%) und B=10 (4%). Geben Sie für Stärke den Wert **100%** ein oder ziehen Sie.

11 Schauen Sie sich die Vorschau an und speichern Sie das Projekt.

Das Erstellen der Elemente in Schwarz und Weiß bietet Ihnen eine größere Flexibilität im späteren Arbeitsablauf. Sie können mit dem Effekt *Einfärben* jederzeit eine beliebige Farbe zuweisen und sogar Farben mit der Pipette aus anderen Ebenen aufnehmen. Das Einfärben schwarzweißer Elemente ist damit unglaublich einfach.

Weichzeichnungseffekte zuweisen

Jetzt versehen Sie zwei der Ebenen mit Weichzeichnungseffekten. Sie setzen den Effekt *Kanal-Weichzeichner* zum Weichzeichnen der Kanten der Sechsecke (*Hexagons.mov*) ein und den Effekt *Gaußscher Weichzeichner*, um *Ebene 4* (die erste der zwei *RingMix.mov*-Ebenen) etwas weich zu zeichnen. Es ist wichtig, das der *Einfärben*-Effekt erst nach dem Effekt *Kanal-Weichzeichner* folgt, um den gewünschten Effekt zu erzielen. Dazu können Sie die Reihenfolge der Effekte so wie die der Ebenen im Ebenenstapel verändern.

1   Setzen Sie die Zeitmarke auf etwa 6:00, wählen Sie *Hexagons.mov* (*Ebene 3*) in der Zeitleiste und dann den Befehl **Effekt: Weich- und Scharfzeichnen: Kanal-Weichzeichner**. Im Effektfenster ist der Effekt *Kanal-Weichzeichner* nach dem Effekt *Einfärben* aufgeführt.

2   Stellen Sie *Alphakanal* (durch Eingabe oder per Ziehen) auf **24** ein und übernehmen Sie die standardmäßigen Einstellungen der anderen Optionen. Die Kanten der Sechsecke werden weicher, nachdem der Effekt *Alphakanal* dieser Ebene zugewiesen wurde.

3   Wählen Sie im Effektfenster *Alphakanal* (durch Klicken auf den Effektnamen) und ziehen Sie den Effekt *Kanal-Weichzeichner* über den Effekt *Einfärben*. Das Ergebnis wird im Kompositionsfenster angezeigt.

4   Setzen Sie die Zeitmarke auf ungefähr 4:00, so dass Sie während der Arbeit die Ergebnisse sehen können.

5 Wählen Sie die obere Ebene *RingMix.mov* (*Ebene 4*) und dann den Befehl **Effekt: Weich- und Scharfzeichnen: Gaußscher Weichzeichner**.

6 Stellen Sie im Effektfenster unter *Gaußscher Weichzeichner* die Stärke auf **3,2** ein. Übernehmen Sie für Richtung des Effektes die Option »Horizontal und Vertikal«. Der Effekt versieht die Ebene mit einer leichten Weichzeichnung.

7 Schließen Sie das Effektfenster und speichern Sie das Projekt.

Wenn Sie den Effekt *Gaußscher Weichzeichner* nicht erkennen können, versuchen Sie, den Ebenen-Qualitätsschalter auf »Beste« zu setzen. Schalten Sie anschließend im Effektfenster den Effekt mit dem daneben befindlichen Schalter »Effekt zeigen« (*f*) aus und ein. Achten Sie anschließend darauf, den Qualitätsschalter wieder auf »Entwurf« zurückzusetzen. Lassen Sie den Schalter »Effekt zeigen« (*f*) eingeschaltet.

Weitere Informationen über die Weichzeichnungseffekte finden Sie in der After-Effects-Online-Hilfe und im Ordner *AE5-Dokumentation* auf der After-Effects-Programm-CD.

Die Ebenen-Transfermodi einstellen

Nachdem Sie alle notwendigen Effekte Ihren Ebenen zugewiesen haben, fügen Sie die letzten Feinheiten hinzu: Sie versehen vier Ebenen in der Komposition mit Transfermodi. Anschließend interagieren die Ebenen und beeinflussen sich untereinander, und zwar ausgehend von ihren Helligkeits- und Farbwerten. So wie sich die Ebenen bewegen und verändern, verhalten sich auch die Effekte der Transfermodi.

1. Setzen Sie die Zeitmarke auf etwa 2:00, so dass Sie während der Arbeit die Ergebnisse sehen können. Achten Sie darauf, dass die Modus-Spalte in der Zeitleiste geöffnet ist. Weisen Sie dann den einzelnen Ebenen die folgenden Transfermodi zu:

   - Wählen Sie für *Numbers.mov* (*Ebene 1*) den Modus *Farbig abwedeln*. Ein warmes Glühen erscheint dort, wo sich die Ebenen *Numbers.mov* und *RingMix.mov* überlappen.

   - Wählen Sie für die obere Ebene *RingMix.mov* (*Ebene 4*) den Modus *Weiches Licht*.

   - Wählen Sie für die untere Ebene *RingMix.mov* (*Ebene 5*) den Modus *Negativ multiplizieren*. Die warmgoldene Farbe von *Numbers.mov* und *Starburst.mov* sind jetzt hinter den Ebenen *RingMix.mov* zu sehen.

2. Setzen Sie die Zeitmarke auf etwa 5:15 (hier beginnt der Auftritt der Sechsecke in der Komposition).

3. Wählen Sie für *HexOutlines.mov* (*Ebene 2*) den Transfermodus *Negativ multiplizieren*. Die goldene Farbe von *Numbers.mov* und *Starburst.mov* scheint dort durch die Sechsecke, wo sich die Ebenen überlappen.

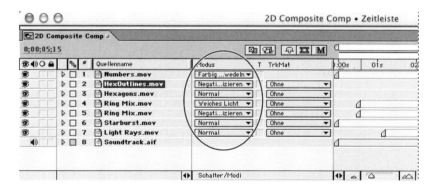

4. Sehen Sie sich eine Vorschau der Komposition an und beachten Sie die Interaktion der einzelnen Ebenen. Speichern Sie anschließend das Projekt.

Hinweis: Wenn der verfügbare Arbeitsspeicher für die Vorschau nicht ausreicht, sollten Sie sich diese Komposition in Teilen ansehen. Richten Sie dazu einen Arbeitsbereich für die erste Hälfte der Komposition ein, sehen Sie sich die Vorschau an und setzen Sie dann mit der zweiten Hälfte der Komposition fort.

Weitere Informationen über die verschiedenen Transfermodi finden Sie unter »Angeben eines Ebenenmodus« in der After-Effects-Online-Hilfe (Ebenenmodus = Transfermodus).

Anders als in den bisherigen Lektionen rendern Sie diese Komposition an dieser Stelle noch nicht. Stattdessen importieren Sie dieses Projekt in einer späteren Lektion in das endgültige Projekt. Vergleichen Sie nochmals Ihre Vorschau mit dem Beispielfilm für diese Lektion. Führen Sie eventuell notwendige Änderungen aus und speichern Sie dann das Projekt.

Damit haben Sie die Lektion 7 beendet.

Lektion 8

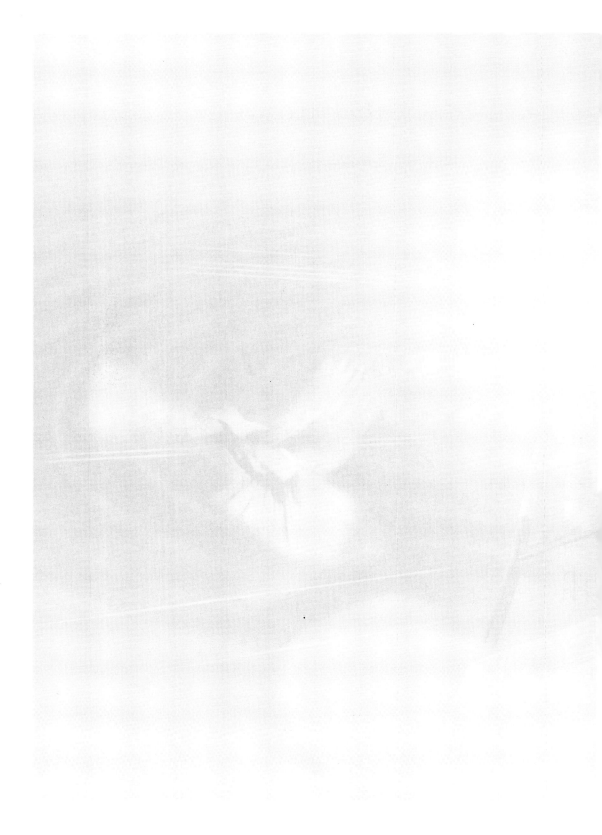

8 | Mit der 3D-Komposition beginnen

Anspruchsvolle Kamera-Arbeit mit fortgeschrittenen technischen Möglichkeiten bedarf auch anspruchsvoller Software für die Verarbeitung des aufgenommenen Footage-Materials. Adobe After Effects kann diesen Job übernehmen und damit können auch Sie es. Wichtig dabei sind eine sorgfältige Vorbereitung und die Fähigkeiten, die Sie sich in den bisherigen Lektionen angeeignet haben.

In dieser Lektion lernen Sie Folgendes:

- Kamera-Footage und Kameradaten importieren und verwenden
- Mit verschiedenen 3D-Ansichten arbeiten
- Ein Standbild (Sechseck) im 3D-Raum animieren
- Kompositionszeitmarken hinzufügen und verwenden
- Die Effekte *Schneller Weichzeichner* und *Echo* zuweisen
- Den Effekt *Farbton/Sättigung* zur Farbkorrektur einer Ebene anwenden
- Mit dem Effekt *Lineare Blende* eine Ebene freilegen

In diesem Kapitel arbeiten Sie vorrangig mit Live-Footage einer Schauspielerin. Das Material wurde mit einer Filmkamera aufgenommen. Sie fügen der Komposition eine virtuelle *Kamera*-Ebene hinzu und richten diese so ein, dass Einstellungen der virtuellen Kamera mit denen der Footage-Filmkamera übereinstimmen. Durch das Wiederherstellen der Bewegungen der Filmkamera in der *Kamera*-Ebene können Sie die Schauspielerin in einer virtuellen Welt platzieren und später mit Grafik umgeben.

Für diese Lektion benötigen Sie ungefähr eine Stunde.

Vorbereitungen

Achten Sie darauf, dass sich die folgenden Dateien im Ordner *AE_CIB job* auf Ihrer Festplatte befinden. Ansonsten müssen Sie die Dateien jetzt von Ihrer Buch-CD-ROM kopieren.

- Im Ordner *_mov*: *Girl_Alpha.mov*
- Im Ordner *_psd*: *Hexagon01.psd*
- Im Ordner *_txt*: *CameraData.txt*
- Im Ordner *Sample_Movies*: *3DComp08_final.mov* aus dem Ordner *Sample_Movies/Lektion08* auf der Buch-CD
- Im Ordner *Finished_Projects*: *3DComposite08_finished.aep*

Hinweis: (Nur für Windows) Wenn die Datei Prefs *nicht angezeigt wird, stellen Sie sicher, dass im Dialogfeld* Ordneroptionen *im Register* Ansicht *für* Versteckte Dateien und Ordner *die Option* Alle Dateien und Ordner anzeigen *ausgewählt ist.*

Öffnen und spielen Sie den Beispielfilm *3DComp08_final.mov* ab, damit Sie sehen, was Sie in dieser Lektion erstellen. Wenn Sie fertig sind, beenden Sie den QuickTime Player. Sie können den Beispielfilm(aus Platzgründen) auf Ihrer Festplatte wieder löschen oder dort belassen, um im Verlaufe der Lektion Ihre Arbeitsergebnisse mit den Beispielen vergleichen zu können.

Die Arbeit für diese Lektion (Lektion 8) und die nächste Lektion (Lektion 9) führen Sie in einem einzelnen Projekt durch, das Sie jetzt erst einmal erstellen.

1   Starten Sie After Effects, falls das Programm noch nicht geöffnet ist.

2   Wählen Sie **Datei: Neu: Neues Projekt**.

Bei allen Übungsdateien handelt es sich um ein Projekt, das in den USA für die dort verwendete NTSC-Fernsehnorm erstellt wird. Deshalb wird im Buch durchgängig mit einer Timecodebasis von 30 gearbeitet. Hierzulande würden Sie entsprechend der PAL-Norm mit einer Timecodebasis von 25 arbeiten.

3   Wählen Sie **Datei: Projekteinstellungen**. Das Dialogfeld »Projekteinstellungen« wird angezeigt. Wählen Sie aus dem Einblendmenü »Timecodebasis« die Option »30 fps« und aus dem Einblendmenü »NTSC« die Option »Drop-Frame«. Klicken Sie auf OK.

4   Wählen Sie **Datei: Speichern unter**.

5   Geben Sie als Dateinamen **3DComposite08_work.aep** ein und speichern Sie das Projekt im *_aep*-Ordner innerhalb des *AE_CIB job*-Ordners.

Sie erstellen in diesem Projekt verschiedene Kompositionen und fügen alle Elemente für den 3D-Teil der endgültigen Animation hinzu.

Die Quelldateien importieren und organisieren

Für diese Lektion müssen Sie zunächst zwei Footage-Dateien importieren.

1. Wählen Sie **Datei: Importieren: Mehrere Dateien**.
2. Wählen Sie die Datei *Girl_Alpha.mov* im Ordner *_mov* innerhalb des Ordners *AE_CIB job* auf Ihrer Festplatte und klicken Sie auf »Öffnen« (Windows) bzw. »Importieren« (Mac OS).
3. Öffnen Sie den Ordner *_psd* innerhalb Ihres Ordners *AE_CIB job*, wählen Sie die Datei *Hexagon01.psd* und klicken Sie auf »Öffnen« (Windows) bzw. »Importieren« (Mac OS).
4. Achten Sie darauf, dass im Dialogfeld »Footage interpretieren« die Option »Direkt - ohne Maske« aktiviert ist. Klicken Sie auf OK.
5. Klicken Sie im Dialogfeld »Mehrere Dateien importieren« auf »Fertig«.
6. Wählen Sie **Datei: Neu: Neuer Ordner**, um einen neuen Ordner im Projektfenster anzulegen.
7. Benennen Sie den Ordner mit **mov files** und ziehen Sie die Datei *Girl_Alpha.mov* in diesen Ordner.
8. Erstellen Sie einen weiteren neuen Ordner und geben Sie **psd files** als Namen ein. Ziehen Sie dann die Datei *Hexagon01.psd* in diesen Ordner.
9. Erweitern Sie beide Ordner, um die darin befindlichen Dateien sehen zu können.

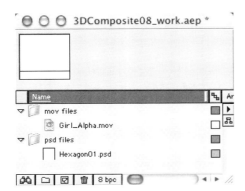

Eine Komposition erstellen

Sie erstellen nun eine neue Komposition für die endgültige 3D-Komposition.

1   Wählen Sie **Komposition: Neue Komposition**.

2   Geben Sie im Dialogfeld »Kompositionseinstellungen« als Namen der Komposition **3D Composite Comp** ein.

3   Wählen Sie aus dem Einblendmenü »Voreinstellung« die Option »NTSC D1 Quad. Pixel, 720 x 540«, um automatisch die entsprechenden Einstellungen für Breite, Höhe, Pixel-Seitenverhältnis und Framerate vorzunehmen.

4   (Optional) Wählen Sie je nach vorhandenem Computersystem unter »Auflösung« die Option »Halb« oder niedriger.

5   Geben Sie im Feld »Dauer« den Wert **1100** für 11 Sekunden ein und klicken Sie auf OK.

Die Datei *Girl_Alpha.mov* hinzufügen

Jetzt fügen Sie der Komposition die Datei *Girl_Alpha.mov* hinzu und sehen sie sich erst einmal an.

1   Falls erforderlich wählen Sie **Komposition: Hintergrundfarbe**. Wählen Sie im Farbwähler oder mit der Pipette die Farbe Schwarz und klicken Sie auf OK.

2   Setzen Sie die Zeitmarke auf 0:00.

3 Ziehen Sie die Datei *Girl_Alpha.mov* aus dem Projektfenster in die Zeitleiste. Die Datei wird automatisch im Kompositionsfenster zentriert.

4 Klicken Sie unten im Kompositionsfenster auf die Schaltfläche »Nur Alpha-Kanal anzeigen«, um die Alpha-Maske für diese Ebene anzuzeigen.

Bild im Kompositionsframe (links) mit gewählter Anzeige des Alpha-Kanals (rechts)

5 Benutzen Sie in der Zeitsteuerung-Palette die Jog- oder Shuttle-Steuerung, um durch die Komposition zu gehen. Die Maske passt während der gesamten Komposition genau zum Footage-Material.

6 Klicken Sie im Kompositionsfenster wieder auf die Schaltfläche, um die Anzeige des Alpha-Kanals auszuschalten.

7 Drücken Sie die 0 auf dem Zahlenfeld, um eine RAM-Vorschau dieser Ebene zu erstellen. Eventuell müssen Sie eine geringere Auflösung wählen, um alle Frames angezeigt zu bekommen.

In diesem Film bestimmt der Alphakanal den Transparenzbereich um die Schauspielerin herum. Der Alphakanal wurde mit Hilfe von Freistellungseffekten und Maskierungswerkzeugen erstellt, um den grünen Hintergrund bei der Aufnahme der Darstellerin zu entfernen.

Beachten Sie die Kamerabewegung – für die Aufnahme wurde eine Filmkamera eingesetzt, die der Schauspielerin folgt. Sie sollen jetzt in Ihrem Projekt diese Kamerabewegung mit der After-Effects-Kamera nachvollziehen. Dazu benutzen Sie Daten der Filmkamera. Sie können durch eine Übereinstimmung mit der Kamerabewegung die Aufnahme neu erstellen und die Schauspielerin in eine dreidimensionale Umgebung stellen. Wichtig dabei ist, dass Sie die Original-Kamerabewegung genau treffen. Nur so erhalten Sie in der fertigen Komposition eine glaubwürdige und realistische Perspektive.

> *Keying des Films Girl_Alpha.mov*
>
> *Viele Keying- und Mattewerkzeuge-Effekte sind in der Production-Bundle-Version von After Effects und als Zusatzmodule von Drittanbietern verfügbar. Wenn Sie mit diesen Werkzeugen experimentieren und selber ein Element ausblenden oder transparent erscheinen lassen möchten, müssen Sie beim Import einer Datei einen vorhandenen Alphakanal ignorieren.*
>
> *Um einen vorhandenen Alphakanal zu ignorieren, gehen Sie wie folgt vor:*
>
> *1. Wählen Sie im Projektfenster das Footage-Element für einen Keying-Effekt (beispielsweise Girl_Alpha.mov).*
>
> *2. Wählen Sie* **Datei: Footage interpretieren: Footage einstellen**.
>
> *3. Aktivieren Sie oben im Dialogfeld »Footage interpretieren« unter »Alpha« die Option »Ignorieren« und klicken Sie auf OK.*
>
> *Wenn Sie Girl_Alpha.mov in einer Komposition platzieren, können Sie im Kompositionsfenster den grünen Hintergrund hinter der Schauspielerin erkennen. Der Fußboden, die Stative und alle anderen Objekte im Studio wurden bereits für Sie maskiert. Jetzt können Sie mit Hilfe von Keying- und Mattewerkzeuge-Effekten die Datei selber bearbeiten. Informationen über diese Möglichkeiten finden Sie unter »Verwenden von Keying-Effekten«, »Keying-Effekte«, »Mattewerkzeuge-Effekte« und anderen Themen in der After-Effects-Online-Hilfe.*

Die Hintergrundebene erstellen

Nun fügen Sie eine Farbflächen-Ebene für den schwarzen Hintergrund der Komposition hinzu. Später weisen Sie dieser Ebene dann Effekte zu.

1 Die Zeitmarke ist auf 0:00 gesetzt.

2 Wählen Sie **Ebene: Neu: Farbfläche**.

3 Geben Sie als Namen **Background Solid** ein und nehmen Sie die folgenden Einstellungen vor:

- Breite: **720**
- Höhe: **540**
- Farbe: Weiß

4 Klicken Sie auf OK. Der Kompositionsframe ist mit der Farbe Weiß gefüllt und die Ebene B*ackground Solid* wird in der Zeitleiste angezeigt.

Den Hintergrund mit Effekten versehen

Die Farbflächen-Ebene ist an dieser Stelle noch durchgehend weiß. Sie ändern das, indem Sie einen kreisförmigen Verlauf mit etwas zufälligem Rauschen zuweisen.

1 Wählen Sie die Ebene *Background Solid* und dann den Befehl **Effekt: Rendering-Filter: Verlauf**. Das Effektfenster wird mit dem ausgewählten Effekt-Verlauf angezeigt.

Hinweis: Wenn Sie den Verlauf in der Komposition nicht sehen können, prüfen Sie, ob Sie die Schaltfläche »Alpha-Kanal anzeigen« unten im Kompositionsfenster deaktiviert haben.

2 Klicken Sie neben *Verlaufsanfang* auf das Fadenkreuz (⊕) und ziehen Sie in die Mitte des Kompositionsfensters. Oder geben Sie die Koordinaten **360/270** ein, so dass die *Anfangsfarbe* in der Mitte der Farbfläche beginnt.

3 Klicken Sie neben *Anfangsfarbe* auf das Farbfeld und wählen Sie im Farbwähler eine dunkelgrüne Farbe. In diesem Beispiel wurden die folgenden Farbwerte benutzt: R=94 (37%), G=120 (47%) und B=28 (11%).

4 Geben Sie für *Verlaufsende* die Koordinaten **360/670** für die *Endfarbe* ein. Der Verlauf endet jetzt außerhalb des Kompositionsframes.

5 Wählen Sie für *Endfarbe* im Farbwähler die Farbe Schwarz.

6 Wählen Sie für *Verlaufsform* die Option *Kreisförmig*.

7 Geben Sie für *Rauschen einfügen* den Wert **8** ein oder ziehen Sie, um den Verlauf mit etwas Rauschen zu versehen.

8 Übernehmen Sie die Einstellung für *Mit Original mischen* mit dem standardmäßigen Wert 0.

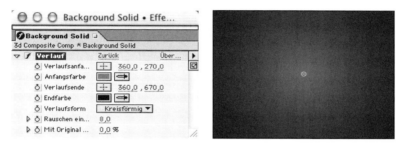

Einstellungen im Effektfenster für den Effekt Verlauf *(links) und das Ergebnis im Kompositionsfenster (rechts)*

9 Die Ebene *Background Solid* ist noch ausgewählt. Wählen Sie **Effekt: Stilisieren: Rauschen**.

10 Geben Sie im Effektfenster für *Stärke des Rauschens* den Wert **2%** ein oder ziehen Sie. Lassen Sie die Optionen »Farbrauschen benutzen« und »Ergebnis beschneiden« aktiviert.

Die Deckkraft der Farbfläche reduzieren

Jetzt verstärken Sie die Transparenz der Farbfläche.

1 Wählen Sie in der Zeitleiste die Ebene *Background Solid* und drücken Sie die T-Taste, um die *Deckkraft*-Eigenschaft anzuzeigen.

2 Geben Sie für *Deckkraft* den Wert **60%** ein oder ziehen Sie.

3 Drücken Sie erneut die T-Taste, um die *Deckkraft*-Eigenschaft auszublenden.

4 Ziehen Sie im Ebenenstapel der Zeitleiste die Ebene *Background Solid* unter *Girl_Alpha.mov* und speichern Sie anschließend das Projekt.

Damit haben Sie die Arbeit an der Ebene *Background Solid* abgeschlossen. Die Ebene bleibt in dieser Komposition im Hintergrund.

Mit Kameras arbeiten

In diesem Abschnitt erstellen Sie die Kamera in der Komposition aus dem vorherigen Abschnitt. Sie legen die Einstellungen fest und erzeugen Relationen in einer virtuellen dreidimensionalen Welt.

Zuerst müssen Sie der Komposition eine *Kamera*-Ebene hinzufügen.

1   Die Zeitmarke ist auf 0:00 gesetzt. Wählen Sie **Ebene: Neu: Kamera**, um eine Kamera-Ebene zu erstellen.

2   Wählen Sie im Dialogfeld »Kameraeinstellungen« aus dem Einblendmenü »Voreinst.« die Option »35 mm«. Übernehmen Sie **Kamera 1** als Namen und klicken Sie auf OK.

Hinweis: Eventuell erscheint eine Fehlermeldung mit dem Hinweis, dass in Ihrer Komposition keine 3D-Ebenen vorhanden sind. Klicken Sie auf OK, um diese Meldung zu ignorieren. Grund: Sie werden einige dreidimensionale Ebenen noch später in dieser Lektion erstellen. Die Ebene Kamera 1 *wird in der Zeitleiste angezeigt.*

3   Wählen Sie **Ansicht: 3D-Ansicht wechseln: Aktive Kamera**, um diese Ansicht für das Kompositionsfenster zu wählen. Eventuell ist diese Ansicht aber bereits ausgewählt.

Sie haben mit der Kamera bereits in Lektion 6 gearbeitet, um die tunnelförmigen Ringe mit sich drehenden Sechsecken zu erstellen. Dort zeigt die Kamera eine Ansicht, als würde der Betrachter sich direkt durch den Mittelpunkt des Sechseck-Tunnels bewegen. In der vorliegenden Lektion ist die Ansicht komplexer, da sich die Kamera entlang einem kurvenähnlichen Pfad im dreidimensionalen Raum bewegt und zwar mit der Bewegung der tatsächlichen Kamera, mit der das Footage-Material mit der Schauspielerin gefilmt wurde. Damit ändern sich die Elemente im dreidimensionalen Raum automatisch entsprechend der Kamerabewegung in der Größe und in ihrer Ausrichtung. Als Ergebnis werden die einzelnen Ebenen genau so angezeigt, als wären es reale Objekte, die von einer richtigen Kamera aufgenommen wurden.

Ein ungültiges Objekt mit einer übergeordneten Ebene verbinden

Sie verknüpfen nun die Kamera mit einem ungültigen Objekt, was bei der Übersetzung einiger der Bewegungsdaten hilft, die Sie später importieren werden.

1   Die Zeitmarke ist auf 0:00 gesetzt. Wählen Sie **Ebene: Neu: Ungültiges Objekt**, um letzteres der Komposition hinzuzufügen.

2   Öffnen Sie in der Zeitleiste die Schalter-Spalte und wählen Sie für die Ebene *Ungültig 1* den Schalter »3D-Ebene« (☐).

Hinweis: In den Beispieldateien auf der Buch-CD wird die Ebenenbezeichnung Null *statt* Ungültig *verwendet. Sie können die Bezeichnung* Ungültig *beibehalten oder mit dem Befehl »Ebene: Ebeneneinstellungen« in* Null *ändern.*

3   Die Ebene *Ungültig 1* ist gewählt. Drücken Sie die P-Taste, um die *Position*-Eigenschaft für das ungültige Objekt anzuzeigen.

4   Geben Sie die folgenden Positionskoordinaten ein: **149,1/44,0/83,7**.

Hinweis: Diese Koordinaten steuern die Kameraposition und deshalb auch das Aussehen der gerenderten Komposition. Es ist wichtig, die präzisen Werte einzugeben.

5   Drücken Sie die S-Taste, um die *Skalierung*-Eigenschaft für das ungültige Objekt anzuzeigen.

6   Geben Sie als *Skalierung*-Wert **474%** ein oder ziehen Sie. Drücken Sie erneut die S-Taste, um die *Skalierung*-Eigenschaft auszublenden.

7   Klicken Sie in der Audio/Video-Spalte für die Ebene *Ungültig1 1* auf den Video-Schalter (☐), um das Video für diese Ebene auszuschalten.

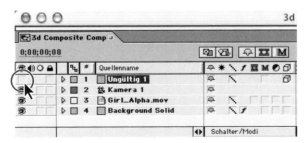

Video-Schalter in der Audio/Video-Spalte ausschalten

8 Ziehen Sie in der Übergeordnet-Spalte das Auswahlsymbol für die Ebene *Kamera 1* zur Ebenen *Ungültigl 1*, so dass ein dunkles Rechteck den Ebenennamen markiert. Speichern Sie anschließend das Projekt.

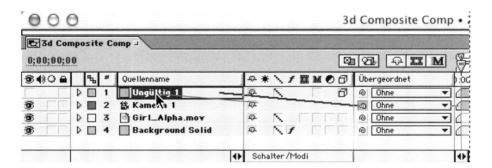

Hinweis: Wenn die Übergeordnet-Spalte ausgeblendet ist, klicken Sie mit der rechten Maustaste (Windows) bzw. mit gedrückter Control-Taste (Mac OS) auf einer Spaltenüberschrift der Zeitleiste, um das Kontextmenü aufzurufen. Wählen Sie im Kontextmenü »Felder: Übergeordnet«. Oder wählen Sie im Menü der Zeitleiste (Pfeil oben rechts) die Option »Spalten: Übergeordnet«.

Das Einblendmenü in der Übergeordnet-Spalte neben der Ebene *Kamera 1* führt *Ungültigl 1* als übergeordnete Ebene auf und zeigt damit die neue Relation zwischen beiden Ebenen. Das ungültige Objekt ist jetzt der Kamera übergeordnet – die Kamera übernimmt alle Änderungen, die Sie dem ungültigen Objekt zuweisen. Weitere Informationen über die Überordnung finden Sie unter »Übergeordnete Ebenen« in der After-Effects-Online-Hilfe.

Hinweis: Aufgrund der Abhängigkeit bei über- und untergeordneten Ebenen erhöht der Skalierung-Wert des ungültigen Objekts die Skalierung der Kamera. Skalierung bezieht sich in diesem Zusammenhang auf alle Attribute der After-Effects-Kamera, d.h. Kamerabewegung, Schwenken, Neigen usw.

Die Kameradaten importieren

Jetzt ist es an der Zeit, die Daten von der Filmkamera zu importieren und der *Kamera*-Ebene in der Komposition zuzuweisen. Die Daten enthalten Informationen für alle Kamera-Einstellungen und -Bewegungen. Diese Informationen wurden in einer Textdatei gespeichert, die Sie am Anfang dieser Lektion von der Buch-CD kopiert hatten. Sie öffnen diese Datei nun und kopieren die Daten in die aktuelle Komposition.

1 Öffnen Sie vom Schreibtisch aus Ihren *AE_CIB job*-Ordner und doppelklicken Sie auf die Datei *CameraData.txt*. Die Datei wird im standardmäßigen Texteditor geöffnet, wie z.B. Notepad (Windows) oder SimpleText (Mac OS) bzw. TextEdit (Mac OS X).

2 Markieren bzw. wählen Sie den kompletten Text in der Datei.

3 Drücken Sie die Tasten Strg+C (Windows) bzw. Befehl+C (Mac OS), um den kompletten Text zu kopieren.

4 Achten Sie in After Effects darauf, dass die Zeitmarke auf 0:00 gesetzt ist. Wählen Sie die Ebene *Kamera 1* und drücken Sie die Tastenkombination Strg+V (Windows) bzw. Befehl+V (Mac OS), um alle Daten in die Ebene einzufügen. Während des Einfügens werden Keyframes der Ebene *Kamera 1* hinzugefügt.

5 Wählen Sie in der Zeitleiste die Ebene *Kamera 1* und drücken Sie die U-Taste, um alle mit Keyframes versehenen Eigenschaften anzuzeigen. Sie können jetzt die Keyframes für die Animationssteuerung von P*oint of Interest*, *Position* und *Z-Drehung* für diese Kamera sehen. Alle diese Informationen stammen aus den in der Textdatei gespeicherten Daten der tatsächlichen Filmkamera.

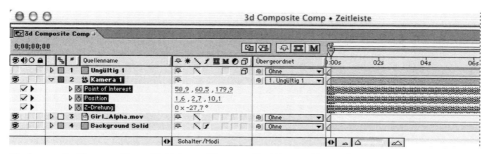

Keyframes der Kamera-*Ebene für* Points of Interest, Position *und* Z-Drehung

6 Drücken Sie erneut die U-Taste, um alle mit Keyframes versehenen Eigenschaften wieder auszublenden.

7 Schließen Sie die Textdatei und beenden Sie Ihren Texteditor.

Hinweis: *Das Importieren der Daten einer tatsächlichen Filmkamera in After Effects ist ein anspruchsvolleres Feature. Man muss die eingesetzte Kamera genau kennen und zusätzlich viel experimentieren.*

Filmkamera-Daten importieren – ein Thema für Fortgeschrittene

After Effects kann Daten von einer Filmkamera importieren. Dazu sollte man das jeweils eingesetzte Kamerasystem genau kennen. Obwohl diese Möglichkeit unglaublich nützlich für diejenigen sein kein, die regelmäßig mit Filmkameras arbeiten, sollten Leute ohne Erfahrung von diesen Möglichkeiten absehen. Der Import von Kameradaten ist viel komplizierter als der Import von Daten aus einem 3D-Anwendungsprogramm.

Die Schwierigkeit ist nicht der Import der Daten in After Effects, sondern die richtige Aufbereitung der Roh-Kameradaten. Filmaufnahmesysteme generieren normalerweise Daten der Kamerabewegung als Textdateien mit Datenspalten. Sie können mit Tabellenkalkulationsprogrammen diese Daten bearbeiten, bevor sie als Bewegungsdaten in die After-Effects-Kamera kopiert werden.

Wenn Ihre Produktion den Einsatz einer Filmkamera erfordert und Sie die Kameradaten in After Effects importieren möchten, berücksichtigen Sie vor und während der Produktion die folgenden Punkte.

Aufnahmedaten der Filmkamera: Sie benötigen die Aufnahmedaten, um die After-Effects-Kamera an die Filmkamera anzupassen. Dazu gehören unter anderem: Filmformat, Schärfentiefe, Aufnahmewinkel, Brennweite, Entfernungseinstellung, Blende, Point of Interest (Punkt, auf den die Kamera fixiert ist), Position und Drehung.

Die Szene ausmessen: Zeichnen Sie genau die Distanzen zwischen Kamera und den aufgenommenen Objekten auf. Notieren Sie die Null-Koordinaten. Machen Sie eine Testaufnahme mit einem Objekt, dessen Größe und Position genau bekannt ist. Damit haben Sie ein Bezugsobjekt, mit dessen Hilfe Sie die After-Effects-Kamera ausrichten können.

Verzeichnung des Objektivs berücksichtigen: Ist besonders wichtig, wenn das gefilmte Objekt den Bildrand erreicht. Die Verzeichnung kann zu einer falschen Ausrichtung des CGI-Footage führen, was dann korrigiert werden muss. Sie können den After-Effects-Filter Optics Compensation verwenden, um Verzeichnungen im Footage-Material hinzuzufügen oder zu entfernen.

Benutzen Sie nur Spitzenobjektive. Zoomobjektive sind nicht zu empfehlen, da die Brennweite nur ungenau zu messen und einzustellen ist. Hinzu kommt die Verzeichnung.

Film-Footage auf Video übertragen: Arbeiten Sie mit 100% Geschwindigkeit und mit Vollbild, wenn Sie Film-Footage auf Video übertragen. Änderungen am Footage-Material (wie Beschneiden, Skalieren und Seitenverhältnis) entstehen häufig bei diesem Film-zu-Video-Transfer. Deshalb sind Tests so wichtig – sie helfen bei den richtigen Einstellungen und Korrekturen.

Viel Zeit zum Testen: Selbst in diesem Bereich erfahrene Profis testen viel und versuchen alles, damit die endgültige Aufnahme stimmt. Dieses Ausprobieren ist einfach notwendig, da Systeme, Kameras und Objektive verschieden sind.

Ergebnisse der importierten Kameradaten ansehen

Jetzt betrachten Sie die Ergebnisse der importierten Kameradaten in der Komposition aus verschiedenen 3D-Blickwinkeln.

Während Sie sich in den Ansichten bewegen, sollten Sie wissen, dass das Wort *Frame* sich in diesem Zusammenhang auf das Blickfeld der Kamera bezieht. Das ist vergleichbar mit dem, was Sie auch im Sucher einer realen Kamera sehen. Die Kamera ist auf den *Point of interest* eingestellt, der standardmäßig der Mittelpunkt des Framebereichs (also des Blickfelds der Kamera) ist.

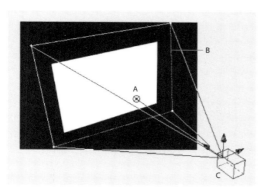

A. *Point of Interest* **B.** *Frame* **C.** *Kamera*

Hinweis: Wählen Sie »Ansicht: 3D-Ansicht wechseln« und achten Sie auf folgende Tastaturbefehle: Vorne=F10, Oben= F11 und Aktive Kamera=F12. Ist das nicht der Fall, müssen Sie jetzt die Tastaturbefehle entsprechend einstellen. Hinweise dazu finden Sie unter »Tastaturbefehle für 3D-Ansichten« auf Seite 256.

1 Wählen Sie unten im Kompositionsfenster aus dem Einblendmenü die Ansicht *Vorne* (oder drücken Sie F10). Die Zeitmarke ist noch auf 0:00 gesetzt und die Ebene *Kamera 1* ist noch ausgewählt. Das Drahtgitter-Kästchen für die Kamera wird oben links im Kompositionsrahmen angezeigt.

2. Wählen Sie im Kompositionsfenster die Ansicht *Oben* (oder drücken Sie die F11-Taste) und wählen Sie eine Vergrößerung von 25% (oder geringer). Die Drahtgitter-Anzeige steht für den Blickwinkel der Kamera (einschließlich deren Frame und Point of Interest) und für die Kamera selbst. Eine Zeile aus X-Buchstaben (so dicht zusammen, dass sie wie eine dicke schwarze Linie aussehen) steht für die *Position*-Keyframes auf der Montagefläche.

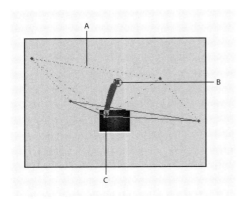

A. *Point of Interest* **B.** *Frame* **C.** *Kamera*

3. Ziehen Sie in der Zeitsteuerung-Palette die Jog- oder Shuttle-Steuerung (▭), um durch die Zeitleiste zu fahren. Beachten Sie die Kamerafahrt entlang des Pfads.

4. Wählen Sie im Kompositionsfenster die Ansicht *Rechts* und ziehen Sie erneut durch die Zeitleiste. Die Kamera bewegt sich in Richtung der Ebene *Girl_Alpha.mov* und zoomt sich gleichzeitig in den Point of Interest ein: Die Hand der Frau.

5. Wählen Sie die Ansicht *Aktive Kamera* (oder drücken Sie die F12-Taste) und ziehen Sie die Jog- oder Shuttle-Steuerung, um sich die Bewegung anzusehen. Die Ansicht geht immer näher bis zur Hand der Schauspielerin.

Indem Sie die Daten einer Filmkamera der *Kamera*-Ebene in dieser Komposition zugewiesen haben, konnten Sie die gleiche Bewegung wie bei der Filmkamera für die After-Effects-Kamera einrichten. Deshalb können Sie jetzt mit genauer Perspektive die Schauspielerin in eine 3D-Umgebung stellen.

> **3D-Ebenen ansehen**
>
> In der dreidimensionalen Welt von After Effects stimmt das, was Sie im Kompositionsframe sehen, nicht zwingend mit dem Aussehen der Komposition überein. Nur die Ansicht Aktive Kamera zeigt das Bild genau so, wie es gerendert wird. Die anderen orthogonalen (rechtwinkligen) Ansichten zeigen nur die relativen Positionen von Ebenen im dreidimensionalen Raum – so, als würden Sie von verschiedenen Standpunkten aus auf eine Theaterbühne schauen. Am Ende ist nur wichtig, was im Blickfeld der Kamera erscheint, also das, was der Betrachter sieht. Die anderen Ansichten dienen nur als optische Hilfe für das Erkennen der Relationen zwischen den verschiedenen Ebenen (hier natürlich speziell die Relation zur Kamera).
>
> Wie die Ansicht des Kamerapfads im vorherigen Schritt gezeigt hat, sind die Ebenen weit vom Kompositionsframe entfernt auf der Montagefläche positioniert. Die Position der Ebenen in Relation zum Kompositionsframe ist irgendwie irrelevant. Sie können 3D-Ebenen in einer Ansicht neu positionieren, so dass sie sich wieder innerhalb des Kompositionsframes befinden. Dazu wählen Sie alle Ebenen ab, stellen eine Ansicht ein (ausgenommen Aktive Kamera) und benutzen die Kamerawerkzeuge »XY-Kamera verfolgen« und »Z-Kamera verfolgen«. Die Ebenen erscheinen innerhalb des Kompositionsframes vom gewählten Blickpunkt aus. Einige Ebenen werden (abhängig von ihren Positionen im 3D-Raum) vollfarbig und andere als graue Linien angezeigt.

Die Sechseck-Ebene hinzufügen

Nun fügen Sie das Sechseck-Element hinzu und drehen und positionieren es im dreidimensionalen Raum, so dass der Eindruck entsteht, die Schauspielerin würde auf einer Plattform stehen.

1   Setzen Sie die Zeitmarke auf 0:00 und stellen Sie die Vergrößerung des Kompositionsfensters entsprechend Ihrer Monitorgröße ein.

2   Ziehen Sie die Datei *Hexagon01.psd* aus dem Projektfenster in die Zeitleiste, so dass diese Datei die *Ebene 1* im Ebenenstapel ist.

3   Klicken Sie in der Schalter-Spalte auf den Schalter *3D-Ebene* (⊟), um die Sechsecke zu einer 3D-Ebene zu machen. Die Ebene wird nicht mehr im Kompositionsfenster angezeigt.

4   Wählen Sie im Kompositionsfenster die Ansicht *Oben* (oder drücken Sie die F11-Taste) und beachten Sie die Relation der Ebene *Hexagon01.psd* zur Kamera. Klicken Sie dazu auf die Ebene *Kamera 1*, um deren Pfad (die Linie mit den zusammengezogenen X-Buchstaben) anzuzeigen. Klicken Sie dann

auf die Ebene *Hexagon01.psd*, um die Ebenengriffe anzuzeigen. Da sich *Ebene 1* hinter der Kamera befindet, ist diese Ebene in der Ansicht *Aktive Kamera* nicht zu sehen.

5   Setzen Sie den Zeiger auf den blauen Pfeil der Z-Achse der Ebene *Hexagon01.psd* – der Zeiger ist jetzt mit einem kleinen Z versehen. Ziehen Sie die Ebene im Kompositionsfenster nach oben, so dass sie vor (über) der Kamera positioniert ist. Eventuell müssen Sie die Vergrößerung noch mehr reduzieren bzw. »Ansicht: Auszoomen« wählen, um bei diesem Vorgang die Montagefläche sehen zu können.

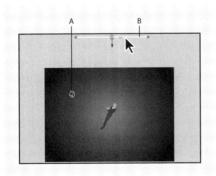

A. *Kamera* **B.** *Ebene* Hexagon01.psd

6 Wählen Sie die Ansicht *Aktive Kamera* (oder drücken Sie die F12-Taste). Die Ebene *Hexagon01.psd* wird jetzt mit dieser Ansicht angezeigt, da sie sich vor der Kamera im 3D-Raum befindet.

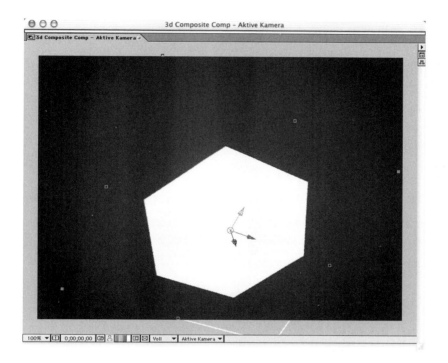

> Um festzustellen, um welche Ebene es sich handelt, wählen Sie die Ebene in der Zeitleiste aus und prüfen Sie die Ebenengriffe im Kompositionsfenster. Manchmal müssen Sie die Vergrößerung erheblich reduzieren, um eine Ebene auf der Montagefläche identifizieren zu können.

Eine Kompositionszeitmarke hinzufügen

Sie fügen jetzt in der Zeitleiste eine Marke ein, um einfach einen bestimmten Frame in der Komposition wiederfinden zu können. Dann springen Sie – nur zur Übung – mit einem Tastaturbefehl zu diesem Frame.

1 Ziehen Sie in der Zeitleiste eine Kompositionszeitmarke von der Zeitmarkenschaltfläche (🔽) über der vertikalen Bildlaufleiste der Zeitleiste. Die genaue

Position der Kompositionszeitmarke in der Zeitleiste wird in der Infopalette angezeigt. Ziehen Sie die Marke auf 2:03.

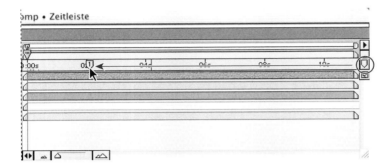

2. Falls erforderlich setzen Sie die Zeitmarke (🕮) – nicht die Kompositionszeitmarke (🕮) – auf einen beliebigen Punkt in der Zeitleiste, ausgenommen 2:03.

3. Drücken Sie die 1 auf der Tastatur (nicht im Zahlenfeld). Die Zeitmarke springt auf 2:03, d.h. genau auf die Kompositionszeitmarke.

Dieser 2:03-Frame ist ein wichtiger Zeitpunkt in unserer Komposition, da hier diverse unterschiedliche Animationsereignisse stattfinden. Sie können mit Hilfe der Kompositionszeitmarke einfach zu diesem Frame springen. Sie lernen die Marken in den nächsten Lektionen noch genauer kennen. Weitere Informationen über Kompositionszeitmarken finden Sie unter »Arbeiten mit Marken« in der After-Effects-Online-Hilfe.

Das Sechseck animieren

Die Sechseck-Ebene ist jetzt in der Kamerasicht richtig positioniert. Nun animieren Sie die Ebene so, dass sie durch den Kompositionsframe taumelt. Anschließend fügen Sie einen Effekt hinzu und stellen mit einem Transfermodus die Farbe ein.

1. Die Zeitmarke ist auf 0:00 gesetzt. Wählen Sie in der Zeitleiste die Ebene *Hexagon01.psd*.

2. Drücken Sie die P-Taste, um die Position-Eigenschaft anzuzeigen. Drücken Sie dann die Tasten Umschalt+R, Umschalt+S und Umschalt+T, um die Eigenschaften *Ausrichtung*, *Drehung*, *Skalierung* und *Deckkraft* anzuzeigen.

3   Geben Sie für *Position* die Werte **184, 91** und **170** ein bzw. ziehen Sie. Klicken Sie anschließend auf das Stoppuhrsymbol, um einen Keyframe zu setzen.

4   Geben Sie für *Skalierung* **37%** ein (setzen Sie keinen *Skalierung*-Keyframe).

5   Der Wert für die *X-Drehung* beträgt 0°. Klicken Sie auf das Stoppuhrsymbol für die *X-Drehung*, um einen Keyframe zu setzen.

6   Geben Sie für *Deckkraft* den Wert **30%** ein oder ziehen Sie. (Setzen Sie keinen *Deckkraft*-Keyframe.)

7   Drücken Sie die 1, um zur Kompositionszeitmarke bei 2:03 zu springen. Ändern Sie die *Position*-Koordinaten auf **414/461/911**, um einen zweiten *Position*-Keyframe zu setzen.

8   Die Zeitmarke befindet sich noch bei 2:03. Ändern Sie den Wert für *X-Drehung* auf **-270°** (achten Sie auf das Minuszeichen).

9   Drücken Sie die ^-Taste, um die Ebeneneigenschaften auszublenden.

Da die Ansicht *Aktive Kamera* gewählt ist, wird die Komposition so wie nach dem Rendern angezeigt. Die Ebene *Hexagon01.psd* wird nun von ihrer ursprünglichen Position aus animiert, d.h., sie füllt den Frame und taumelt dann zu Füßen der Schauspielerin. An diesem Punkt stimmt das Sechseck nicht genau mit den Füßen der Schauspielerin überein. Sie werden jedoch später in dieser Lektion das Footage mit der Schauspielerin noch trimmen – und dann ist die Position des Sechsecks perfekt.

Effekte und Modi dem Sechseck zuweisen

Sie fügen nun einen Effekt und einen Transfermodus hinzu, um die Farbe der Ebene *Hexagon01.psd* anzupassen.

1   Die Ebene *Hexagon01.psd* ist noch ausgewählt. Wählen Sie **Effekt: Kanäle: Umkehren**. Das Sechseck ist jetzt schwarz statt weiß. Übernehmen Sie die anderen standardmäßigen Einstellungen und schließen Sie das Effektfenster.

2   Öffnen Sie in der Zeitleiste die Modi-Spalte und wählen Sie für die Ebene *Hexagon01.psd* den Transfermodus *Ineinanderkopieren*. Die Ebene wird nun mit dem Hintergrund und allen anderen Elementen, die Sie in der nächsten Lektion hinter das Sechseck platzieren, vermischt.

3   Schauen Sie sich eine Vorschau der Animation an und speichern Sie das Projekt.

Das Sechseck passt jetzt etwas besser zur Farbstimmung der Szene.

Footage mit der Liveaction anpassen

In diesem Abschnitt arbeiten Sie mit der Ebene *Girl_Alpha.mov*. Sie duplizieren die Ebene und erstellen eine Unterkomposition mit den Duplikaten, um die Arbeit besser zu organisieren. Anschließend versehen Sie das Bild der Schauspielerin mit Hilfe verschiedener Techniken mit einer Aura . Dann stellen Sie noch den In-Point (die Füße der Schauspielerin werden mit dem Bild *Hexagon01.psd* ausgerichtet) ein und erzeugen einen Überblendungseffekt. Mit diesem Effekt wird die Schauspielerin zeitweise materialisiert, und zwar beginnend mit ihren Füßen. Das Ganze sieht so aus, als würde Nebel um die Schauspielerin herum aufsteigen.

Girl_Alpha.mov duplizieren und eine Unterkomposition erstellen

Sie duplizieren die Ebene, gruppieren die Ebenen in einer Unterkomposition und weisen dann Effekte zu, um die Farbe der einzelnen Ebenen zu korrigieren und um die Ebenen weichzuzeichnen.

1   Ziehen Sie in der Zeitleiste die Ebene *Girl_Alpha.mov* ganz nach oben im Ebenenstapel.

2   Wählen Sie zweimal **Bearbeiten: Duplizieren** (Strg+D bzw. Befehl+D), um zwei Kopien der Ebene zu erstellen.

3   Wählen Sie alle drei Ebenen *Girl_Alpha.mov* und dann den Befehl **Ebene: Unterkomposition erstellen**. Das Dialogfeld »Unterkomposition erstellen« wird angezeigt.

4   Geben Sie als Namen der neuen Komposition **Girl Pre-comp** ein. Lassen Sie die zweite Option »Alle Attribute in die neue Komposition verschieben« ausgewählt.

5   Aktivieren Sie die Option »Neue Komposition öffnen«, um das Register für diese Komposition in der Zeitleiste und im Kompositionsfenster zu öffnen. Klicken Sie anschließend auf OK.

6   Klicken Sie im Kompositionsfenster oder in der Zeitleiste auf das Register *Girl Pre-comp*, um die Komposition in beiden Fenster nach vorne zu stellen.

In der Zeitleiste sind jetzt die drei Ebenen *Girl_Alpha.mov* in der Unterkomposition *Girl Pre-comp* gestapelt.

Eine dunstige Hintergrundform erstellen

Als Nächstes versehen Sie die einzelnen Ebenen *Girl_Alpha.mov* in *Girl Pre-comp* mit Effekten. Nachdem Sie die Effekte zugewiesen haben, aktualisiert After Effects automatisch die Ebene *Girl Pre-comp* in *3D Composite Comp* mit dieser Änderung.

1   Wählen Sie in der Zeitleiste für *Girl Pre-comp* die erste Ebene *Girl_Alpha.mov* (*Ebene 1*).

2   Wählen Sie **Effekt: Weich- & Scharfzeichnen: Schneller Weichzeichner**.

3   Geben Sie im Effektfenster unter *Schneller Weichzeichner* für »Stärke« den Wert **50** ein oder ziehen Sie. Die Ebene ist jetzt ziemlich stark weichgezeichnet. Übernehmen Sie für die anderen Einstellungen die standardmäßigen Werte.

💡 *Um die Wirkung von Effekten schon beim Zuweisen besser erkennen zu können, benutzen Sie den Solo-Schalter (○) in der Audio/Video-Spalte. Wenn der Solo-Schalter eingeschaltet ist, zeigt das Kompositionsfenster nur diese eine Ebene. Die Video-Schalter (👁) aller anderen Ebenen sind abgeblendet. Schalten Sie den Solo-Schalter wieder aus, nachdem Sie sich die einzelne Ebene angesehen haben.*

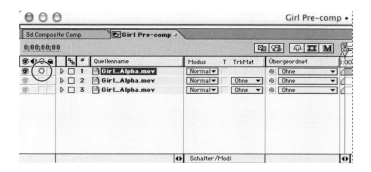

4   Wählen Sie in der Zeitleiste in der Modus-Spalte für *Ebene 1* den Modus *Ineinanderkopieren*.

5 Drücken Sie die T-Taste, um die *Deckkraft*-Eigenschaft anzuzeigen, und geben Sie den Wert **80%** ein.

6 Drücken Sie erneut die T-Taste, um die *Deckkraft*-Eigenschaft wieder auszublenden. Speichern Sie anschließend das Projekt.

Die weichgezeichnete Ebene vermischt sich mit den beiden dahinter befindlichen Ebenen und erzeugt einen leichten Dunst um die Schauspielerin herum.

Farbe mit dem Effekt *Farbton/Sättigung* korrigieren

Kleine Farbänderungen können Ihnen helfen, Elemente in einer Komposition aufeinander anzupassen. Deshalb weisen Sie auch der vorliegenden Komposition den Effekt *Farbton/Sättigung* zu.

1 Wählen Sie in der Zeitleiste die *Ebene 2*.

2 Wählen Sie **Effekt: Anpassen: Farbton/Sättigung**.

3 Geben Sie im Effektfenster für *Farbton/Sättigung* die folgenden Werte ein:

- *Standardfarbton*: **10°**
- *Standardsättigung*: **-20** (achten Sie auf das Minuszeichen)

Der Effekt bewirkt eine leichte Farbkorrektur der *Ebene 2*, d.h., die roten Farbwerte werden reduziert.

💡 *Sie können die Änderung sehen, indem Sie im Effektfenster auf den Effektschalter (⬚) neben* Farbton/Sättigung *klicken. Beobachten Sie beim Klicken das Kompositionsfenster mit den veränderten Bildfarben.*

Den Effekt *Echo* zuweisen

In After Effects können Sie eine Bewegungsunschärfe nur animierten Ebenen in einer Komposition und nicht Video-Footage zuweisen. Allerdings lässt sich Bewegungsunschärfe in Video-Footage simulieren, indem einer Ebene der *Echo*-Effekt zugewiesen wird. Dieser Effekt zeigt den aktuellen Frame aus dem Footage-Material zusammen mit einigen davor befindlichen Frames an. Da sich diese Frames progressiv wegschalten lassen, erinnert das Ergebnis an eine Bewegungsunschärfe.

Hinweis: Die Reihenfolge, in der die Effekte erscheinen, ist für das hier angestrebte Resultat wichtig: Echo *muss im Effektfenster vor dem Effekt* Schneller Weichzeichner *angeordnet sein.*

1 Wählen Sie in der Zeitleiste die *Ebene 3*.

2 Wählen Sie **Effekt: Zeit: Echo**.

3 Nehmen Sie im Effektfenster die folgenden Änderungen vor:

- Geben Sie für *Abstand (Sekunden)* den Wert **-0,25** für die Zeit zwischen den Echos ein.

- Geben Sie für *Anzahl der Echos* den Wert **10** ein, so dass 10 kombinierte Frames den Echoeffekt erzeugen.

- Übernehmen Sie die *Anfangsintensität* mit dem Wert 1,00, um den ersten Frame in der Echosequenz mit voller Intensität anzuzeigen.

- Geben Sie unter *Dämpfung* den Wert **0,70** für die Intensität der Echos ein.

- Wählen Sie aus dem Einblendmenü neben »Operator« die Option *Von vorne kombinieren*, so dass die mit dem Echo versehenen Frames hinter der Originalebene erscheinen.

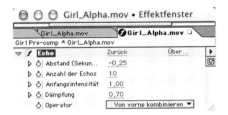

💡 *Schalten Sie den Solo-Schalter (○) in der Audio/Video-Spalte ein und aus, um die Auswirkung des Effektes deutlicher sehen zu können.*

4   Ebene 3 ist noch ausgewählt. Wählen Sie **Effekt: Weich- & Scharfzeichnen: Schneller Weichzeichner**.

5   Geben Sie im Effektfenster unter *Schneller Weichzeichner* für *Stärke* den Wert **10** ein oder ziehen Sie. Die Ebene und damit die Auswirkung des Echoeffektes wird etwas weichgezeichnet.

6   Drücken Sie die T-Taste, um die *Deckkraft*-Eigenschaft für Ebene 3 zu öffnen, und geben Sie den Wert **50%** ein. Drücken Sie erneut die T-Taste.

7   Achten Sie darauf, dass die Video-Schalter für alle Ebenen ein- und die Solo-Schalter für alle Ebenen ausgeschaltet sind.

8   Klicken Sie im Kompositionsfenster oder in der Zeitleiste auf das Schließfeld im Register *Girl Pre-comp*, um die Komposition in diesem Fenster zu schließen. Im Kompositionsfenster und in der Zeitleiste wird jetzt wieder die Komposition *3D Composite Comp* angezeigt.

9   Speichern Sie das Projekt.

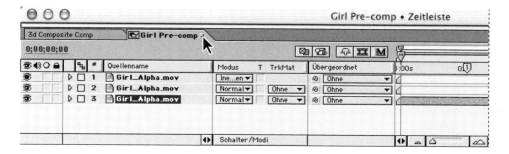

Sie haben jetzt die drei Ebenen *Girl_Alpha.mov* mit allen Einstellungen zu einer Ebene in der Komposition *3D Composite Comp* kombiniert. Die Farbkorrektur, die Weichzeichnung und der Echoeffekt sind allesamt in der Ebene *Girl Pre-comp* vorhanden.

Weitere Informationen über den *Echo*-Effekt finden Sie in der After-Effects-Online-Hilfe und in der Dokumentation auf der After-Effects-Programm-CD.

Dauer, In-Point und Deckkraft einer Ebene einstellen

Nun trimmen, bewegen und animieren Sie die Deckkraft der Ebene *Girl Pre-comp*.

1   Setzen Sie in der Zeitleiste für *3D Composite Comp* die Zeitmarke auf 1:18.

2   Wählen Sie die Ebene *Girl Pre-comp* und drücken Sie die Tasten Alt+Ü (Windows) bzw. Wahl+Ü (Mac OS), um den In-Point der Ebene zu trimmen.

3   Drücken Sie die Pos1/Home-Taste, um die Zeitmarke wieder auf 0:00 zu setzen und dann die Ü-Taste, um den Ebenen-In-Point auf 0:00 zu setzen. Die Schauspielerin scheint auf dem Sechseck zu stehen, wenn dieses an die entsprechende Stelle fällt.

4   Setzen Sie die Zeitmarke auf 2:07 und drücken Sie die T-Taste, um die *Deckkraft*-Eigenschaft für die Ebene *Girl Pre-comp* anzuzeigen.

5   Geben Sie den Wert **0%** ein und klicken Sie auf das Stoppuhrsymbol, um einen Keyframe zu setzen.

6   Setzen Sie die Zeitmarke auf 2:28 und ändern Sie den *Deckkraft*-Wert in **100%**. Sie haben jetzt eine 20 Frames lange Einblendung für die Ebene erstellt.

Eine Ebene mit allen Überblendungseffekten anzeigen

Jetzt weisen Sie eine Überblendung zu, um die Ebene *Girl Pre-comp* in der Komposition *3D Composite Comp* anzuzeigen.

1 *Girl Pre-comp* ist noch ausgewählt. Wählen Sie **Effekt: Überblenden: Lineare Blende**.

2 Setzen Sie in der Zeitleiste die Zeitmarke mit Hilfe der *Deckkraft*-Keyframe-Navigationspfeile (in der Audio/Video-Spalte) auf 2:07. Oder drücken Sie die J-Taste.

3 Nehmen Sie im Effektfenster unter *Lineare Blende* die folgenden Einstellungen vor:

- Geben Sie für *Fertigstellung der Überblendung* den Wert **73%** ein und klicken Sie auf das Stoppuhrsymbol, um einen Keyframe zu setzen.
- Geben Sie für *Winkel* den Wert **-160°** ein oder ziehen Sie (achten Sie auf das Minuszeichen).
- Geben Sie für *Weiche Kante* den Wert **50** ein, um die Kanten der Blende weicher zu machen.

Hinweis: An dieser Stelle können Sie das Footage mit der Schauspielerin nicht sehen, da die Ebenendeckkraft auf null gesetzt ist und für Fertigstellung der Überblendung *der Wert 73% eingegeben wurde.*

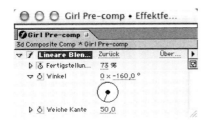

4 Setzen Sie in der Zeitleiste die Zeitmarke auf 3:17.

5 Geben Sie im Effektfenster für *Fertigstellung der Überblendung* den Wert **0%** ein, um einen weiteren Keyframe zu setzen und die Überblendung zur Ebene *Girl Pre-comp* (diese Ebene wird eingeblendet) fertig zu stellen. Schließen Sie das Effektfenster.

6   Die Ebene *Girl Pre-comp* ist ausgewählt. Drücken Sie die U-Taste, um alle Keyframes anzuzeigen. Drücken Sie erneut die U-Taste, um die Keyframes wieder auszublenden. Wählen Sie alle Ebenen ab.

7   Setzen Sie die Zeitmarke auf 9:00 und drücken Sie dann die N-Taste, um das Ende des Arbeitsbereichs festzulegen. Setzen Sie die Zeitmarke auf 0:00 und sehen Sie sich eine Vorschau der Animation an. Speichern Sie dann das Projekt.

Die Schauspielerin gelangt gleichzeitig über eine Einblendung und eine lineare Blende ins Bild.

Damit haben Sie die Lektion 8 beendet, obwohl die Komposition *3D Composite Comp* noch nicht gerendert wurde. Grund: Sie werden mit dieser Komposition in Lektion 9 weiterarbeiten und sie erst dann für die fertige Komposition rendern.

Lektion 9

9 | Die 3D-Komposition fertig stellen

Je mehr Elemente Sie kombinieren, desto interessanter gerät Ihr Werk. Sie können in dieser Komposition 2D-Elemente, wie Text und Zahlen, als 3D-Ebenen einsetzen. Da sich diese Elemente beliebig um die Kamera herum anordnen lassen, erzeugen Sie eine virtuelle Welt für den 2D-Film der Schauspielerin.

LEKTION 9
Die 3D-Komposition fertig stellen

In dieser Lektion lernen Sie Folgendes:

- Eine Unterkomposition erstellen und 3D-Ebenen zusammenfalten
- Den Effekt *Einfärben* zuweisen
- Ebenen im dreidimensionalen Raum positionieren und duplizieren

In dieser Lektion setzen Sie die Arbeit aus Lektion 8 fort, indem Sie dasselbe Projekt als Basis verwenden. In Lektion 8 haben Sie mit Kameras, ungültigen Objekten und importierten Kameradaten gearbeitet. In dieser Lektion stellen Sie diese Arbeiten mit anderen 3D-Elementen in einer fertigen 3D-Komposition zusammen, die Sie am Schluss der Lektion rendern.

Sie arbeiten mit zwei neuen, bereits für Sie vorbereiteten 3D-Elementen: Einem Ring-Element ähnlich dem in Lektion 3 und einem *Starburst*-Element ähnlich dem, das Sie in Lektion 4 erstellt haben. Außerdem arbeiten Sie mit vier weiteren Elementen, die Sie in den Lektionen 2 und 5 erstellt haben.

Sie benötigen für diese Lektion etwa eine Stunde.

Vorbereitungen

In dieser Arbeitsphase sollte der frei verfügbare Arbeitsspeicher für After Effects möglichst groß sein. Stellen Sie entsprechend die Gesamtkonfiguration Ihres Systems ein, denn nur so können Sie die anstehenden Arbeiten schnell überprüfen. Hinweise finden Sie unter »Arbeitsspeicher zuweisen« auf Seite 10.

Achten Sie darauf, dass sich die folgenden Dateien im Ordner *AE_CIB job* auf Ihrer Festplatte befinden. Ansonsten müssen Sie die Dateien jetzt von Ihrer Buch-CD-ROM kopieren.

- Im Ordner *_mov*: *3DRings.mov* und *3DStarburst.mov*
- Im Ordner *Sample_Movies*: *3DComp09_final.mov* aus dem Verzeichnis *Sample_Movies/Lektion09* auf der Buch-CD
- Im Ordner *Finished_Projects*: *3DComposite09_finished.aep*

Neben den beiden vorbereiteten Filmen auf der Buch-CD verwenden Sie Filme, die Sie bereits in den vorherigen Lektionen erstellt haben. Achten Sie darauf, dass diese Daten im Ordner *_mov* gespeichert sind:

- *BoxLightsLine.mov*, *Squares01.mov*, *TextCircle.mov* und *TextLine.mov*

Öffnen und spielen Sie den Beispielfilm *3DComp09_final.mov* ab, um zu sehen, was Sie in dieser Lektion erstellen. Wenn Sie sich den Film angesehen haben, beenden Sie den QuickTime Player. Sie können den Beispielfilm (aus Platzgründen) auf Ihrer Festplatte wieder löschen oder dort belassen, um im Verlaufe der Lektion Ihre Arbeitsergebnisse vergleichen zu können.

Die Quelldateien importieren und organisieren

Bevor Sie die für diese Lektion benötigten Quelldateien importieren, öffnen Sie das Projekt aus Lektion 8 erneut und benennen es um. Indem Sie das Projekt unter einem neuen Namen speichern, können Sie jederzeit in die Originaldatei zurückgehen und hier bestimmte Prozeduren prüfen.

1 Starten Sie After Effects und öffnen Sie das Projekt *3DComposite08_work.aep* innerhalb der Ordner *_aep* in Ihrem Ordner *AE_CIB job*.

2 Wählen Sie **Datei: Speichern unter** und geben Sie den Namen **3DComposite09_work.aep** ein.

3 Wählen Sie **Datei: Importieren: Mehrere Dateien**.

4 Öffnen Sie den Ordner *_mov* innerhalb Ihres Ordners *AE_CIB job*. Wählen Sie dann nacheinander die folgenden Dateien und klicken Sie jeweils auf »Öffnen« (Windows) bzw. »Importieren« (Mac OS):

- *3DRings.mov*
- *3DStarburst.mov*
- *BoxLightsLine.mov*
- *TextCircle.mov*
- *TextLine.mov*

5 Klicken Sie im Dialogfeld »Mehrere Dateien importieren« auf »Fertig«.

6 Ziehen Sie im Projektfenster alle *.mov*-Dateien in den Ordner *mov files*. Erweitern Sie den Ordner, um die darin befindlichen Dateien sehen zu können.

Jetzt sind alle für dieses Projekt benötigten Dateien importiert und das Projektfenster ist für Ihre Arbeit optimal organisiert.

Vorbereitetes 3D-Footage hinzufügen

Zwei der importierten Filme sind Dateien, die Sie von der Buch-CD kopiert hatten. In diesem Abschnitt fügen Sie diese Dateien in Ihre Komposition ein.

Das erste vorbereitete Element *3DRings.mov* benutzt das gleiche Bild *rings.psd*, mit dem Sie in Lektion 3 gearbeitet haben. Dieses Bild wurde dupliziert und im dreidimensionalen Raum animiert. Der gerenderte Film arbeitet mit der gleichen Kamerabewegung wie in der aktuellen Komposition *3D Composite Comp*.

Das zweite vorbereitete Element *3DStarburst.mov* baut auf einem Starburst-Element auf, das dem aus einer der vorherigen Lektionen ähnelt. Der Film *Starburst.mov* wurde dupliziert, im 3D-Raum positioniert und dann unter Verwendung der gleichen Kamerabewegung wie in *3D Composite Comp* gerendert.

Ringe hinzufügen und einfärben

Beim Zusammenbringen der 3D-Elemente fügen Sie zuerst das Element *3DRings.mov* der Komposition *3D Composite Comp* hinzu. Anschließend stellen Sie die Farbe des Elements ein, indem Sie den Effekt *Einfärben* und einen Tranfermodus zuweisen.

1 Öffnen Sie *3D Composite Comp* und setzen Sie die Zeitmarke auf 0:00.

2 Ziehen Sie *3DRings.mov* aus dem Projektfenster in die Zeitleiste unter *Girl Pre-comp* im Ebenenstapel, so dass *3DRings.mov* die *Ebene 2* ist.

3 Setzen Sie die Zeitmarke auf ungefähr 1:15, um während der Arbeit die Ebenen sehen zu können.

4 Wählen Sie in der Modus-Spalte für *Ebene 2* den Modus *Negativ multiplizieren*. Der Ring vermischt sich mit dem Hintergrund.

5 Die Ebene ist noch ausgewählt. Wählen Sie **Effekt: Bild einstellen: Einfärben**.

6 Wählen Sie im Effektfenster im Farbfeld *Weiß abbilden auf* die gleiche orangegelbe Farbe wie in Lektion 7. Im Beispielfilm wurden diese Farbwerte benutzt: R=207 (81%), G=153 (60%), B=0 (0%).

7 Geben Sie im Effektfenster unter *Stärke* den Wert **60%** ein oder ziehen Sie. Die Ringe haben jetzt einen gelben Farbton.

8 Drücken Sie die T-Taste, um in der Zeitleiste die *Deckkraft*-Eigenschaft zu öffnen. Geben Sie den Wert **80%** ein.

9 Sehen Sie sich eine Vorschau der Animation an. Drücken Sie erneut die T-Taste, um die *Deckkraft*-Eigenschaft wieder auszublenden. Speichern Sie das Projekt.

Das Timing der Ebene *3DRings.mov* ist synchron zur Überblendung in der Ebene *Girl Pre-comp* – es sieht so aus, als würden die Ringe die Ebene auf den Bildschirm »wischen«.

Das Element mit dem glühenden Ball hinzufügen

Als Nächstes fügen Sie der Komposition *3D Composite Comp* den vorbereiteten Film *3DStarburst.mov* hinzu. Dazu positionieren Sie die Ebene in *3D Composite*, stellen das richtige Timing ein und weisen dann einen Transfermodus zu, um diese Ebene mit der dahinter befindlichen Ebene zu vermischen.

1 Setzen Sie die Zeitmarke auf 3:27 und ziehen Sie eine Kompositionszeitmarke rechts aus der Zeitleiste. Drücken Sie beim Ziehen die Umschalttaste, damit die neue Marke an der aktuellen Zeitmarke einrastet.

2 Ziehen Sie *3DStarburst.mov* aus dem Projektfenster in die Zeitleiste im Stapel über die Ebene *Girl Pre-comp*, so dass *3DStarburst.mov* jetzt *Ebene 1* mit dem In-Point bei 3:27 ist.

3 Setzen Sie die Zeitmarke auf 8:00, um die Ergebnisse während der Arbeit sehen zu können.

4 *Ebene 1* ist noch ausgewählt. Wählen Sie **Effekt: Einfärben**.

5 Wählen Sie im Effektfenster für *Weiß abbilden auf* die gleiche orange-gelbe Farbe wie für die Ringe. Die im Beispiel verwendete Farbe hat diese RGB-Werte: R=207 (81%), G=153 (60%) und B=0 (0%). Wenn Sie andere Werte benutzt haben, sollte Sie diese jetzt eingeben.

6 Geben Sie für *Stärke* den Wert **30** ein oder ziehen Sie.

7 Wählen Sie in der Modi-Spalte für die *Ebene 1* den Transfermodus *Hartes Licht*.

8 Drücken Sie die 2 (auf der Haupttastatur, nicht im Zahlenfeld), um die Zeitmarke auf die Marke bei 3:27 zu setzen. Drücken Sie dann die B-Taste, um den Anfang des Arbeitsbereichs festzulegen.

9 Setzen Sie die Zeitmarke auf 9:00 und drücken Sie die N-Taste, um das Ende des Arbeitsbereichs festzulegen.

10 Sehen Sie sich die Vorschau an und speichern Sie das Projekt.

Der Transfermodus *Hartes Licht* erzeugt einen harten Spotlight-Schein auf Ebenen, d.h., Lichter und Tiefen werden verstärkt. Dieser Kontrast gibt dem glühenden Ball mehr Brillanz, da der Starburst durch den Modus *Hartes Licht* mehr Farbe aus den Ebenen dahinter aufnimmt.

Wenn die Bildschirmaktualisierung zu langsam wird, können Sie die Ebenen-Videoschalter ( ) zeitweise für die Ebenen 3DStarburst.mov und 3DRings.mov ausschalten. Die Bildschirmaktualisierung wird so während der Arbeit wieder schneller. Vor dem Rendern müssen Sie die Videoschalter wieder einschalten, da ansonsten die entsprechenden Ebenen nicht gerendert werden.

Das *TextCircle*-Element hinzufügen

Sie fügen nun das Element mit dem Rundtext hinzu. Dieses Element hatten Sie bereits in einer vorangegangenen Lektion erzeugt. Nachdem Sie die Ebene zweimal dupliziert haben, verfügen Sie über alle benötigten *TextCircle*-3D-Ebenen.

1 Setzen Sie die Zeitmarke auf 3:13.

2 Ziehen Sie *TextCircle.mov* aus dem Projektfenster in die Zeitleiste. Platzieren Sie das Element ganz oben (als *Ebene 1*) im Ebenenstapel.

3 Wählen Sie zweimal **Bearbeiten: Duplizieren**, um zwei Kopien von der Ebene zu erzeugen. Sie sollten jetzt insgesamt drei *TextCircle.mov*-Ebenen haben: *Ebene 1*, *Ebene 2* und *Ebene 3*.

4 Setzen Sie die Zeitmarke auf 5:10 und wählen Sie *Ebene 2*.

5 Drücken Sie die Ü-Taste. Die Dauerleiste verschiebt sich, so dass sich der In-Point von *Ebene 2* bei 5:10 befindet.

6 Setzen Sie die Zeitmarke auf 6:11, wählen Sie *Ebene 3* und drücken Sie die Ü-Taste, um den In-Point von *Ebene 3* auf 6:11 zu setzen.

7 Öffnen Sie in der Zeitleiste die Schalter-Spalte. Wählen Sie anschließend alle Ebenen *TextCircle.mov* und klicken Sie auf einen 3D-Ebenen-Schalter, um aus den Ebenen 3D-Ebenen zu machen.

Jetzt sind im Kompositionsfenster keine Ebenen mehr zu sehen, da sie sich außerhalb der Kamerasicht befinden. Das werden Sie später noch korrigieren.

Die *Transformieren*-Eigenschaften für die Ebene *TextCircle* einstellen

Nun stellen Sie die Duplikate einzeln ein, so dass eine Ebene um die Schauspielerin kreist und die andere um das Element mit dem glühenden Ball in der Hand der Schauspielerin.

1. Die drei Ebenen *TextCircle.mov* sind ausgewählt. Drücken Sie die S-Taste und dann die Tasten Umschalt+P und Umschalt+R, um für jede Ebene die Eigenschaften *Skalierung*, *Position*, *Ausrichtung* und *Drehung* anzuzeigen.

2. Wählen Sie alle Ebenen ab und setzen Sie anschließend die Zeitmarke auf etwa 5:00, damit Sie während der Arbeit die Ergebnisse sehen können.

3. Stellen Sie die folgenden *Transformieren*-Eigenschaften für *Ebene 1* ein:
   - Geben Sie für *Position* die Werte **406**, **292** und **928** ein oder ziehen Sie.
   - Geben Sie für *Skalierung* den Wert **36%** ein oder ziehen Sie.
   - Geben Sie für *Ausrichtung* die Werte **270°**, **0°** und **145°** ein oder ziehen Sie. Dieser Wert blendet den Startpunkt der Textanimation hinter der Ebene *Girl Pre-comp* aus.

4. Setzen Sie die Zeitmarke auf etwa 6:00, so dass Sie das Ergebnis Ihrer Arbeit sehen können.

5. Stellen Sie die folgenden *Transformieren*-Eigenschaften für *Ebene 2* ein:
   - Geben Sie für *Position* die Werte **380**, **292** und **928** ein.
   - Geben Sie für *Skalierung* den Wert **10%** ein, so dass sich die Ebene um das Element mit dem glühenden Ball bewegt.
   - Übernehmen Sie für *Ausrichtung* die standardmäßigen Werte 0°, 0° und 0°.

6. Setzen Sie die Zeitmarke auf etwa 7:00.

7. Stellen Sie die folgenden *Transformieren*-Eigenschaften für *Ebene 3* ein:
   - Geben Sie für *Position* die Werte **380**, **292** und **928** ein.
   - Geben Sie für *Skalierung* den Wert **8%** ein.
   - Geben Sie für *Ausrichtung* die Werte **90°**, **0°** und **180°** ein.

8. Wählen Sie alle drei *TextCircle.mov*-Ebenen und drücken Sie die ^-Taste, um die Ebeneneigenschaften auszublenden. Die drei Ebenen bleiben weiterhin ausgewählt.

9   Öffnen Sie die Modi-Spalte und wählen Sie für eine der Ebenen den Transfermodus *Negativ multiplizieren*. Dieser Modus wird allen drei *TextCircle.mov*-Ebenen gleichzeitig zugewiesen. Wählen Sie anschließend alle drei Ebenen ab.

10 Sehen Sie sich eine Animation des eingestellten Arbeitsbereichs (von 3:27 bis 9:00) an. Speichern Sie anschließend das Projekt.

Bild im Kompositionsfenster (alle Ebenen-Videoschalter eingeschaltet)

Unterkompositionen der *TextCircle*-Ebenen erstellen

Nun kombinieren Sie die drei *TextCircle*-Ebenen in einer Unterkomposition. Da die Ebenen gruppiert sind, gerät die Zeitleiste übersichtlicher.

1   Wählen Sie alle drei Ebenen *TextCircle.mov* aus und dann den Befehl **Ebene: Unterkomposition erstellen**. Das Dialogfeld »Unterkomposition erstellen« wird mit aktivierter Option »Alle Attribute in die neue Komposition verschieben« angezeigt.

2   Geben Sie als Namen **TextCircle Pre-comp** ein. Deaktivieren Sie die Option »Neue Komposition öffnen« (sofern aktiviert) und klicken Sie dann auf OK.

3   Klicken Sie unten in der Zeitleiste auf die Schalter/Modi-Schaltfläche, um die Schalter-Spalte zu öffnen.

4 Klicken Sie neben der Ebene *TextCircle Pre-comp* auf den Schalter »Transformationen falten« (≋) und speichern Sie anschließend das Projekt. Die Ebene *TextCircle Pre-comp* bleibt ausgewählt.

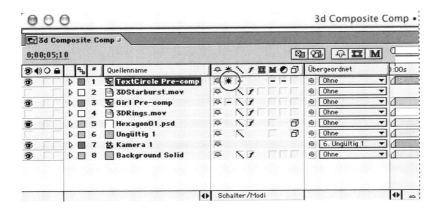

5 Setzen Sie die Zeitmarke auf 3:13 und drücken Sie die Tasten Alt+Ü (Windows) bzw. Wahl+Ü (Mac OS), um den In-Point der Ebene *TextCircle Pre-comp* zu trimmen.

Die Ebenen-Dauerleiste ist jetzt für die *TextCircle*-Ebenen genauer. Das Zusammenfalten ist deshalb erforderlich, um den 3D-Zustand der Ebene in der Unterkomposition zu bewahren.

Das TextLine-Element hinzufügen und eine Position einstellen

Sie platzieren verschiedene Instanzen des *TextLine*-Elements, die auf der Plattform für die Schauspielerin wie Kreuzungen aussehen. Zuerst fügen Sie das Element der Komposition hinzu und erstellen dann eine 3D-Ebene.

1 Drücken Sie die 1 auf der Haupttastatur, um die Zeitmarke auf die Kompositionszeitmarke 1 zu setzen (bei 2:03).

2 Ziehen Sie *TextLine.mov* aus dem Projektfenster als *Ebene 1* in die Zeitleiste im Ebenenstapel. Der In-Point ist bei 2:03.

3 Setzen Sie die Zeitmarke auf etwa 3:00, so dass Sie während der Arbeit die Ebene im Kompositionsfenster sehen können.

4   Klicken Sie in der Schalter-Spalte auf den Schalter »3D-Ebene« (⊡), um aus *TextLine.mov* eine 3D-Ebene zu machen. Die Ebene ist im Kompositionsfenster nicht zu sehen, da sie sich außerhalb der Kameransicht befindet.

5   Wählen Sie im Kompositionsfenster die Ansicht *Oben* oder drücken Sie die F11-Taste. Stellen Sie die Vergrößerung auf 25% ein.

6   Prüfen Sie die Positionen der Ebenen, indem Sie die entsprechenden Ebenen in der Zeitleiste wählen, um die Ebenengriffe anzuzeigen:

- Wählen Sie die Ebene *Hexagon01.psd*. Eventuell müssen Sie die Vergrößerung noch mehr reduzieren oder das Kompositionsfenster so einstellen, dass Sie die Griffe auf der Montagefläche im Kompositionsfenster sehen können.
- Wählen Sie die Ebene *TextLine.mov*.

7   Ziehen Sie im Kompositionsfenster die Ebene *TextLine.mov* an der blauen Z-Achse etwa in die Mitte des Quadrats, das die Ebene *Hexagon01.psd* repräsentiert.

8   Wählen Sie aus dem Einblendmenü für die orthogonalen Ansichten die Ansicht *Kamera 1*. Erhöhen Sie die Vergrößerung im Kompositionsfenster.

Das *TextLine*-Element wird angezeigt, sobald die Sechseck-Ebene ihren Platz einnimmt.

Transformation-Eigenschaft für die *TextLine*-Elemente festlegen

Jetzt verschieben Sie die Elemente an die gewünschten Positionen. An dieser Stelle brauchen Sie keine Keyframes zu setzen, d.h., die Position der Zeitmarke ist gleichgültig.

1   Wählen Sie in der Zeitleiste die Ebene *TextLine.mov*.

2   Drücken Sie die P-Taste und dann die Tasten Umschalt+S sowie Umschalt+R, um die Eigenschaften *Position*, *Skalierung*, *Ausrichtung* und *Drehung* anzuzeigen. Geben Sie diese Werte ein:

- Geben Sie für *Position* die Werte **412, 461** und **920** ein.
- Geben Sie für *Skalierung* den Wert **55%** ein.
- Geben Sie für *Ausrichtung* die Werte **270°, 0°, 0°** ein. Die Textzeile verläuft horizontal.

LEKTION 9
Die 3D-Komposition fertig stellen

3 Die Ebene *TextLine.mov* ist noch ausgewählt. Wählen Sie **Bearbeiten: Duplizieren**.

4 Wählen Sie *Ebene 2* und geben Sie die folgenden Werte ein (die benötigten Eigenschaften werden bereits angezeigt):

- Ändern Sie für *Position* die dritte Koordinate in **914**. Die beiden ersten Werte (412 und 461) werden nicht verändert.

- Übernehmen Sie für *Skalierung* den Wert von 55%.

- Ändern Sie für *Ausrichtung* die dritte Koordinate in **90°**. Die beiden ersten Koordinaten (270° und 0°) werden nicht geändert. Die neue Textzeile verläuft nahezu senkrecht.

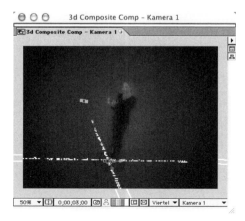

5 Schließen Sie die Eigenschaften für *Ebene 1* und *Ebene 2*. Speichern Sie dann das Projekt.

Im dreidimensionalen Raum liegt jetzt die *Ebene 2* senkrecht zur *Ebene 1*, die horizontal verläuft.

Die TextLine-Ebenen duplizieren und verschieben

Um einen einfachen Raster zu erzeugen, duplizieren und verschieben Sie die einzelnen *TextLine*-Ebenen.

1 Setzen Sie die Zeitmarke auf 3:00.

2 Wählen Sie *Ebene 1* (die horizontale *TextLine.mov*-Ebene) und wählen Sie **Bearbeiten: Duplizieren**.

3 Ziehen Sie im Kompositionsfenster die *Ebene 1* an der grünen Y-Achse nach oben auf die senkrechte, leicht gekippte Textzeile.

Hinweis: Erhöhen Sie die Vergrößerung, um die grüne Y-Achse nebst Pfeil besser erkennen zu können.

4 Wählen Sie in der Zeitleiste die *Ebene 3* (die vertikale *TextLine.mov*-Ebene) und dann erneut den Befehl **Bearbeiten: Duplizieren**.

5 Ziehen Sie im Kompositionsfenster die Ebene 3 an der grünen Y-Achse zur rechten Kante der unteren horizontalen Textzeile.

Ebene 2 und *Ebene 4* schneiden sich an den Füßen der Schauspielerin, während sich *Ebene 1* und *Ebene 3* oben und nach rechts hinter der Schauspielerin zu schneiden scheinen.

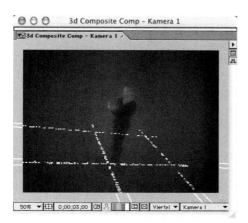

Die In-Points und Y-Koordinaten für die *TextLine*-Ebenen einstellen

Sie stellen nun einige In-Points so ein, dass die Ebenen zu unterschiedlichen Zeitpunkten angezeigt werden. Danach weisen Sie allen *TextLine*-Ebenen den Transfermodus *Negativ multiplizieren* zu.

1 Die Zeitmarke ist auf 3:00 gesetzt.

2 Wählen Sie *Ebene 1* und drücken Sie die Ü-Taste, um den In-Point für *Ebene 1* auf 3:00 zu setzen.

3 Wählen Sie *Ebene 3* (die vertikale *TextLine.mov*-Ebene) und drücken Sie wieder die Ü-Taste, um deren In-Point auf 3:00 zu setzen.

4 Setzen Sie die Zeitmarke auf etwa 3:15, um das Ergebnis der nächsten Schritte sehen zu können.

5 Wählen Sie alle vier *TextLine.mov*-Ebenen und öffnen Sie dann in der Zeitleiste die Modi-Spalte.

6 Wählen Sie für eine der Ebenen den Transfermodus *Negativ multiplizieren*, um diesen Transfermodus allen vier Ebenen zuzuweisen.

7 *Ebene 1* bis *Ebene 4* sind noch ausgewählt. Drücken Sie die T-Taste, um die *Deckkraft*-Eigenschaft zu öffnen. Geben Sie den Wert **60%** (diesmal ohne zu ziehen) ein, um diesen Wert allen vier Ebenen zuzuweisen. Drücken Sie erneut die T-Taste.

8 Speichern Sie das Projekt und sehen Sie sich die Vorschau der Animation an. Eventuell müssen Sie den Arbeitsbereich ändern, um Ihre Arbeit sehen zu können. Stellen Sie anschließend wieder den ursprünglichen Arbeitsbereich (4:00 bis 9:00) ein.

Eine Unterkomposition der *TextLine*-Ebenen erstellen

Um den Ebenenstapel in der Zeitleiste übersichtlich zu halten, erstellen Sie eine Unterkomposition der vier *TextLine*-Ebenen. Anschließend müssen Sie mit Hilfe des Schalters »Transformationen falten« (≠) die Bildqualität und die 3D-Eigenschaft bewahren.

1 Wählen Sie in der Zeitleiste alle vier *TextLine*-Ebenen.

2 Wählen Sie **Ebene: Unterkomposition erstellen**.

3   Geben Sie im Dialogfeld »Unterkomposition erstellen« den Namen **TextLine Pre-comp** ein.

4   Die Option »Neue Komposition öffnen« ist deaktiviert. Klicken Sie auf OK. Die Unterkomposition *TextLine Pre-comp* wird als *Ebene 1* in der Zeitleiste angezeigt und ersetzt die vier *TextLine*-Ebenen.

5   Klicken Sie in der Schalter-Spalte auf den Schalter »Transformationen falten« (✻) für *Ebene 1*.

6   Ziehen Sie die Ebene *TextLine Pre-comp* im Ebenenstapel auf die *Ebene 4*-Position direkt unterhalb der Ebene *Girl Pre-comp*.

7   Drücken Sie die 1 auf der Haupttastatur, um die Zeitmarke auf 2:03 zu setzen.

8   Drücken Sie die Tasten Alt+Ü (Windows) bzw. Wahl+Ü (Mac OS), um den In-Point von *Ebene 4* so zu trimmen, dass er den genauen Zeitpunkt reflektiert, an dem die Ebene in der Komposition erscheint. Speichern Sie anschließend das Projekt.

Damit haben Sie im Augenblick die Arbeit an *TextLine* abgeschlossen.

Die *BoxLightsLine*-Elemente hinzufügen

Sie können jetzt dieses Element in der dreidimensionalen Komposition *3D Composite* platzieren.

1   Die Komposition *3D Composite Comp* ist geöffnet. Setzen Sie die Zeitmarke auf 0:11.

2   Ziehen Sie *BoxLightsLine.mov* aus dem Projektfenster in die Zeitleiste und positionieren Sie die Datei als *Ebene 1*. Die Ebene sieht im Kompositionsfenster wie eine schwarze Leiste aus.

3   Drücken Sie die 1 auf der Haupttastatur, um die Zeitmarke auf die Kompositionszeitmarke bei 2:03 zu setzen. So können Sie die Ergebnisse Ihrer Arbeit sehen.

4   Klicken Sie in der Schalter-Spalte auf den Schalter »3D-Ebene« (◎) für *Ebene 1*. Die Ebene ist nicht mehr zu sehen (was Sie im nächsten Schritt wieder korrigieren werden).

5   Drücken Sie die P-Taste und dann die Tasten Umschalt+R, Umschalt+S und Umschalt+T, um die Eigenschaften *Position*, *Ausrichtung*, *Drehung*, *Skalierung* und *Deckkraft* für *Ebene 1* zu öffnen. Nehmen Sie die folgenden Änderungen vor:

- Geben Sie für *Position* die Werte **360**, **384** und **1240** ein.
- Geben Sie für *Skalierung* den Wert **50%** ein.
- Die *Ausrichtung* hat die Werte 0°, 0° und 0°.
- Geben Sie für *Deckkraft* den Wert **20%** ein.

6   Wählen Sie in der Modi-Spalte den Transfermodus *Negativ multiplizieren*.

Die *BoxLightsLine*-Elemente duplizieren und versetzen

Jetzt duplizieren Sie dieses Element und versehen die Duplikate mit verschiedenen Einstellungen für den dreidimensionalen Raum. Danach sehen Sie verschiedene Lichter (BoxLights), die rechtwinklig oder parallel zum Boden im Bild verlaufen.

1   Wählen Sie **Bearbeiten: Duplizieren**. Lassen Sie *Ebene 1* ausgewählt.

2   Setzen Sie die Zeitmarke auf 0:18 und drücken Sie die Ü-Taste, um den In-Point für *Ebene 1* zu setzen.

3   Drücken Sie die P-Taste, um die *Position*-Eigenschaft für *Ebene 1* zu öffnen. Geben Sie den Wert **1222** ein, um die erste *Position*-Koordinate zu ändern. Belassen Sie die anderen Koordinaten auf 384 und 1240.

4   Wählen Sie **Bearbeiten: Duplizieren**.

5   Setzen Sie die Zeitmarke auf 2:12 und drücken Sie die Ü-Taste, um den In-Point für *Ebene 1* zu setzen.

6   Drücken Sie die P-Taste und dann die Tasten Umschalt+R, um die Eigenschaften *Position*, *Ausrichtung* und *Drehung* zu öffnen.

7   Geben Sie für Position die Werte **720, 386** und **1240** ein.

8   Geben Sie für Ausrichtung die Werte **0°**, **90°** und **0°** ein.

9   Wählen Sie noch viermal **Bearbeiten: Duplizieren** und ändern Sie mit der gleichen Technik den In-Point und die dritte *Position*-Koordinate für jede der ersten vier Ebenen wie folgt:

- *Ebene 1*: In-Point = 2:06, dritte *Position*-Koordinate = **4680** (Übernehmen Sie für die beiden ersten Koordinaten die Werte 720 und 386)
- *Ebene 2*: In-Point = 3:07, dritte *Position*-Koordinate = **3820**.
- *Ebene 3*: In-Point = 1:17, dritte *Position*-Koordinate = **2960**.
- *Ebene 4*: In-Point = 0:24, dritte *Position*-Koordinate = **2100**.

10 Wählen Sie alle Ebenen und drücken Sie die ^-Taste, um alle Eigenschaften wieder auszublenden. Wählen Sie anschließend alle Ebenen ab und speichern Sie das Projekt.

Sie verfügen jetzt über sieben *BoxLightsLine.mov*-Ebenen mit dem Transfermodus *Negativ multiplizieren*.

Unterkomposition der Ebenen erstellen

Als Letztes kombinieren Sie alle *BoxLightsLine.mov*-Ebenen per Unterkomposition zu einer einzelnen Ebene. Das Gruppieren von Ebenen macht den Ebenenstapel übersichtlich und vereinfacht dadurch die Arbeit.

1 Klicken Sie mit gedrückter Umschalttaste, um alle sieben *BoxLightsLine.mov*-Ebenen auszuwählen.

2 Wählen Sie **Ebene: Unterkomposition erstellen**.

3 Geben Sie als Namen **BoxLights Pre-comp** ein. Lassen Sie die zweite Option aktiviert und die Option »Neue Komposition öffnen« deaktiviert. Klicken Sie auf OK.

4 Verschieben Sie in der Zeitleiste im Ebenenstapel die Ebene *BoxLights Pre-comp* unter die Ebene *3DRings.mov* und über die Ebene *Hexagon01.psd*.

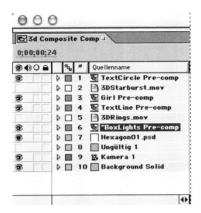

5 Wählen Sie in der Schalter-Spalte den Schalter »Transformationen falten« (✱) für die Ebene *BoxLightLine Pre-comp*, um die 3D-Eigenschaften der Ebenen *BoxLights* zu bewahren.

6 Setzen Sie den Arbeitsbereich zurück, um die gesamte Komposition zu zeigen. Schauen Sie sich Ihre Arbeit als Vorschau an. Speichern Sie anschließend das Projekt.

Das war alles für *BoxLights*, was das letzte Element in der Komposition *3D Composite* ist. Diese Lektion ist fast abgeschlossen.

Rendern der Komposition *3D Composite*

Da die Komposition *3D Composite* komplett ist, ist es an der Zeit, die Komposition zu rendern.

1 Schalten Sie für alle Ebenen die Video-Schalter an (ausgenommen die Ebene *Ungültig 1*).

2 Schließen Sie das Kompositionsfenster, die Zeitleiste und das Effektfenster.

3 Wählen Sie im Projektfenster die Komposition *3D Composite Comp* und dann den Befehl **Komposition: Film erstellen**.

4   Klicken Sie auf den unterstrichenen Text *3D Composite Comp.mov* neben »Sichern unter«, geben Sie den Dateinamen **3DComposite.mov** ein und speichern Sie den Film im Ordner *_mov* innerhalb des Ordners *AE_CIB job*. Die Komposition *3D Composite Comp* wird als erstes Element in der Renderliste angezeigt.

5   Klicken Sie in der Renderliste auf die Wörter *Aktuelle Einstellungen*, um das Dialogfeld »Rendereinstellungen« zu öffnen. Nehmen Sie die folgenden Einstellungen vor:

- Wählen Sie für »Qualität« die Option »Beste«.
- Wählen Sie für »Auflösung« die Option »Voll«.
- Wählen Sie für »Zeitspanne« die Option »Länge der Komposition«. Klicken Sie anschließend auf OK.

6   Klicken Sie auf das Wort *Verlustfrei*, um das Dialogfeld »Einstellungen für Ausgabemodule« zu öffnen. Nehmen Sie die folgenden Einstellungen vor:

- Wählen Sie für »Format« die Option »QuickTime-Film«.
- Wählen Sie im Einblendmenü »Vorgang nach dem Rendern« die Option »Importieren« (After Effects 5.5) bzw. aktivieren Sie die Option »Nach Fertigstellung in Projekt importieren« (After Effects 5).
- Klicken Sie auf die Schaltfläche »Formatoptionen«.

7   Wählen Sie im Dialogfeld »Komprimierung« die Optionen »Animation« und »Über 16,7 Mill. Farben«. Achten Sie darauf, dass der Regler auf »Höchste« eingestellt ist. Klicken Sie anschließend auf OK.

8   Speichern Sie das Projekt und klicken Sie auf »Rendern«.

9   Schließen Sie nach dem Rendern die Renderliste.

10 Ziehen Sie im Projektfenster die Datei *3DComposite.mov* in den *mov files*-Ordner.

11 Doppelklicken Sie im Projektfenster auf *3DComposite.mov* und dann auf die Abspielen-Taste, um sich den Film anzusehen.

Vergleichen Sie den gerenderten Film mit dem Beispielfilm, den Sie sich zu Beginn dieser Lektion angesehen haben. Nehmen Sie eventuelle Änderungen vor, speichern Sie diese Änderungen und rendern Sie erneut.

Damit haben Sie Lektion 9 abgeschlossen. Dieser QuickTime-Film kann in das spätere Gesamtprojekt importiert werden. Dort wird dann der vorliegende Film mit dem *2D Composite*, diesem Projekt und einigen weiteren Elementen kombiniert werden.

Lektion 10

10 | Die fertige Animation zusammenstellen

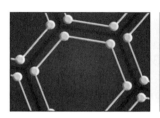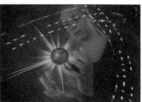

Jetzt fügen Sie alles zu einem Gesamtprojekt zusammen und Sie werden sehen: Ihre sorgfältige Organisation zahlt sich aus. Sie finden viel einfacher die benötigten Dateien, da Sie vorausgedacht und sich die Zeit genommen haben, auf eine logische Dateistruktur zu achten. Denken Sie daran, wenn Sie in Zukunft vielleicht noch größere und komplexere Projekte mit After Effects erstellen.

LEKTION 10
Die fertige Animation zusammenstellen

In dieser Lektion lernen Sie Folgendes:

- After-Effects-Projekte importieren
- Projektfenster mit mehren importierten Projekten organisieren
- Eine bewegte Maske zuweisen
- Mit den Effekten *Wölben*, *Blendenflecke* und *Bevel Alpha* arbeiten
- Licht hinzufügen und animieren
- Elemente in Kompositionen zu bestimmten Zeitpunkten platzieren
- Rotoscopieren eines Bildes mit den Maskierungswerkzeugen
- Eine realistische Reflexions-Ebene erstellen

Sie arbeiten weiterhin mit 2D- und 3D-Ebenen, um der Komposition den letzten Schliff zu geben. Zuerst erstellen Sie eine Reflexion, die Sie auf der glühenden Kugel positionieren, und fügen einen Lichtstrahl hinzu. Nach diversen Einstellungen und dem Erstellen einiger neuer Ebenen importieren und platzieren Sie Bilddateien und legen entsprechende Eigenschaften fest. Abschließend erstellen Sie noch ein Kunden-Logo. Danach haben Sie alle optischen Elemente zusammengebracht und sind bereit, Ihre fertige Animation zu rendern – und das geschieht in Lektion 11.

Für diese Lektion benötigen Sie etwa 90 Minuten.

Vorbereitungen

Achten Sie darauf, dass sich die folgenden Dateien im Ordner *AE_CIB job* auf Ihrer Festplatte befinden. Ansonsten müssen Sie die Dateien jetzt von Ihrer Buch-CD-ROM kopieren.

- Im Ordner *_psd*: *A.psd*, *R.psd* und *Adobe.psd*
- Im Ordner *Sample_Movies*: *FinalComposite_final.mov* aus dem Verzeichnis *Sample_Movies/Lektion10* auf der Buch-CD
- Im Ordner *Finished_Projects*: *FinalComposite10_finished.aep*

In dieser Lektion verwenden Sie außerdem noch verschiedene Dateien aus früheren Lektionen. Achten Sie darauf, dass diese Dateien in den entsprechenden Ordnern im Ordner *AE_CIB job* gespeichert sind:

- Im Ordner *_aep*: *2DComposite07_work.aep* und *3DComposite09_work.aep*
- Im Ordner *_mov*: *3DHexagons.mov*, *3DHexLines.mov*, *LensFlare.mov* und *Squares01.mov*

Sehen Sie sich den Beispielfilm *FinalComposite_final.mov* an, um einen Eindruck von der Arbeit in dieser Lektion zu erhalten. Wenn Sie sich den Film angesehen haben, beenden Sie den QuickTime Player. Sie können den Beispielfilm (aus Platzgründen) auf Ihrer Festplatte wieder löschen oder dort belassen, um im Verlauf der Lektion Ihre Arbeitsergebnisse vergleichen zu können.

Zuerst erstellen Sie ein neues Projekt.

1 Starten Sie After Effects.

2 Wählen Sie **Datei: Neu: Neues Projekt**.

Bei allen Übungsdateien handelt es sich um ein Projekt, das in den USA für die dort verwendete NTSC-Fernsehnorm erstellt wird. Deshalb wird im Buch durchgängig mit einer Timecodebasis von 30 gearbeitet. Hierzulande würden Sie entsprechend der PAL-Norm mit einer Timecodebasis von 25 arbeiten.

3 Wählen Sie **Datei: Projekteinstellungen**. Das Dialogfeld »Projekteinstellungen« wird angezeigt. Wählen Sie aus dem Einblendmenü »Timecodebasis« die Option »30 fps« und aus dem Einblendmenü »NTSC« die Option »Drop-Frame«. Klicken Sie auf OK.

4 Wählen Sie **Datei: Speichern unter**.

5 Geben Sie als Dateinamen **FinalComposite10_work.aep** ein und speichern Sie das Projekt im *_aep*-Ordner innerhalb des *AE_CIB job*-Ordners.

Die Quelldateien importieren

Sie importieren alle benötigten Quelldateien, zu denen auch zwei After-Effects-Projekte gehören.

1 Wählen Sie **Datei: Importieren: Mehrere Dateien**.

2 Öffnen Sie den Ordner *_mov* innerhalb des Ordners *AE_CIB job*. Wählen Sie nacheinander die folgenden Dateien aus und klicken Sie jeweils auf »Öffnen« (Windows) bzw. »Importieren« (Mac OS):

- *3DHexagons.mov*
- *3DHexLines.mov*
- *LensFlare.mov*
- *Squares01.mov*

3 Öffnen Sie den *_psd*-Ordner und importieren Sie die folgenden Photoshop-Dateien. Achten Sie darauf, dass im Dialogfeld »Footage interpretieren« immer die Option »Direkt - ohne Maske« gewählt ist. Klicken Sie dann auf OK.

- *A.psd*
- *Adobe.psd*
- *R.psd*

4 Importieren Sie aus dem *_aep*-Ordner die folgenden After-Effects-Projektdateien:

- *2DComposite07_work.aep*
- *3DComposite09_work.aep*

5 Klicken Sie auf »Fertig«, um das Dialogfeld »Mehrere Dateien importieren« zu schließen.

Die beiden importierten After-Effects-Projekte werden als Ordner im Projektfenster angezeigt. Sie finden in diesen Ordnern die Kompositionen und Quelldateien, die Sie für das Erstellen dieser Projekte verwendet haben. Einige dieser Dateien benutzen Sie erneut, um neue Bilder für die fertige Komposition bzw. das Schlussprojekt zu erstellen.

Das Projektfenster organisieren

Die Anzahl der Elemente in Ihrem Projektfenster ist größer als in jedem bisherigen Projekt. Wenn Sie das Fenster logisch und effizient ordnen, erleichtern Sie sich die Arbeit erheblich – die kleine Mühe lohnt sich also.

1. Wählen Sie **Datei: Neu: Neuer Ordner**, um einen neuen Ordner im Projektfenster zu erstellen. Geben Sie den Namen **mov files** ein und drücken Sie dann die Eingabetaste.

2. Ziehen Sie die Dateien *3DHexagons.mov*, *3DHexLines.mov*, *LensFlare.mov* und *Squares01.mov* in den *mov files*-Ordner. Klicken Sie auf den Pfeil links neben dem Ordner, um ihn zu öffnen und die im Ordner vorhandenen Dateien anzuzeigen.

3. Erstellen Sie zwei weitere Ordner. Benennen Sie den ersten Ordner mit **psd files** und den zweiten mit **aep files**.

4. Ziehen Sie die Dateien *A.psd*, *R.psd* und *Adobe.psd* in den *psd files*-Ordner.

5. Ziehen Sie die Dateien *3DComposite09_work.aep* und *2DComposite07_work.aep* in den *aep files*-Ordner.

6. Öffnen Sie die Ordner, um deren Inhalt anzuzeigen.

7 Öffnen Sie im *aep files*-Ordner die einzelnen Projektordner. Alle in diesen Projekten verwendeten Kompositionen und Quelldateien sind in diesem Ordner gespeichert. Übernehmen Sie die Organisation innerhalb dieser Ordner.

8 Um Platz im Projektfenster zu schaffen, schließen Sie alle Ordner.

Die für das Projekt benötigten Dateien wurden importiert und Sie verfügen über ein gut organisiertes Projektfenster.

Hinweis: *Dadurch, dass die Original-Quelldateien in den beiden importierten Projekten verschachtelt sind, wissen Sie genau, welche Dateien zu welchem Projekt gehören. Der Speicherort der Dateien im Projektfenster hat keinen Einfluss auf das, was in Ihren Kompositionen passiert.*

Eine Reflexion erstellen

In diesem Abschnitt erstellen Sie ein reflektierendes Element und weisen es der glühenden Kugel in den Händen der Schauspielerin zu. Diese Reflexion des Kompositionsbildes macht die Kugelform realistischer und lässt sie spiegeln. Außerdem fügen Sie der Reflexion noch einen *Light Burst* hinzu.

Duplizieren für eine neue Komposition

Sie erstellen die Reflexion, indem Sie einige Einstellungen an einem Duplikat der Komposition *3D Composite Comp* vornehmen, die Sie bereits in den Lektionen 8 und 9 erstellt haben.

1 Öffnen Sie im Projektfenster sowohl den *aep files*-Ordner als auch den Ordner *3DComposite09_work.aep* und wählen Sie die Komposition *3D Composite Comp*.

2 Drücken Sie die Tasten Strg+D (Windows) oder Befehl+D (Mac OS), um die Komposition zu duplizieren.

3 Wählen Sie das Duplikat (*3D Composite Comp**) und drücken Sie die Tasten Strg+K (Windows) bzw. Befehl+K (Mac OS), um das Dialogfeld »Kompositionseinstellungen« zu öffnen.

4 Geben Sie den Namen **Reflection Comp** ein. Übernehmen Sie alle anderen Einstellungen und klicken Sie auf OK.

362 | LEKTION 10
Die fertige Animation zusammenstellen

5   Ziehen Sie *Reflection Comp* ganz nach unten im Projektfenster.

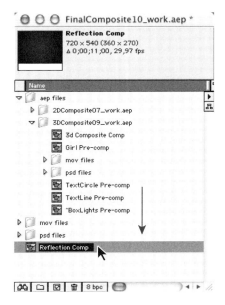

Sie haben die Komposition dupliziert, um einfach eine Kamera-Ebene und deren Bewegung zu erzeugen, die von dem ungültigen Objekt kontrolliert wird.

Dateien in einer Komposition hinzufügen und entfernen

Sie können nicht benötigte Ebenen in der duplizierten Komposition löschen und andere für die Gestaltung erforderliche Dateien hinzufügen und Sie fügen derselben Szene einen weiteren Film hinzu. Dieser Film wird die Reflexion in der glühenden Kugel.

1   Doppelklicken Sie im Projektfenster auf *Reflection Comp*, um die Komposition im Kompositionsfenster und in der Zeitleiste zu öffnen. Achten Sie darauf, dass die Zeitmarke auf 0:00 gesetzt ist.

2   Löschen Sie alle Ebenen in der Komposition, ausgenommen die Ebenen *Kamera 1* und *Ungültig 1*.

3   Öffnen Sie im Projektfenster den Ordner *3DComposite09_work.aep* und den darin vorhandenen Ordner *_mov*. Ziehen Sie den Film *3DComposite.mov* in die Zeitleiste, so dass die Datei die *Ebene 1* im Ebenenstapel ist.

4   Wählen Sie die Ebene *3DComposite.mov* und dann **Bearbeiten: Duplizieren**.

5   Drücken Sie die Eingabetaste und geben Sie **Reflection** ein. Drücken Sie erneut die Eingabetaste.

6   Setzen Sie die Zeitmarke auf 3:21, wählen Sie *Ebene 1* und drücken Sie die Ü-Taste, um bei diesem Frame den In-Point zu setzen.

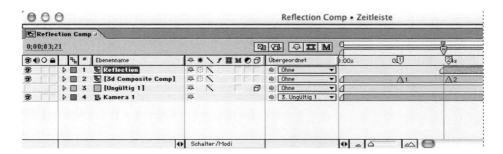

Eine Maske zeichnen

Sie maskieren nun die Ebene *Reflection*, um eine kreisförmige Form für das Bild zu erzeugen. Wenn Sie dann die Reflexion in der Komposition auf dem Bild mit der glühenden Kugel platzieren, scheint die Reflexion direkt von der Kugeloberfläche zu kommen.

1   Wählen Sie in der Werkzeugpalette das Werkzeug »Ovale Maske«. Die Ebene *Reflection* ist noch in der Zeitleiste ausgewählt.

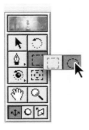

2   Bewegen Sie das Werkzeug in die Mitte des Kompositionsfensters. Beginnen Sie zu ziehen und drücken Sie dann die Tasten Strg+Umschalt (Windows) bzw. Befehl+Umschalt (Mac OS), um einen Kreis von der Mitte aus zu zeichnen. Der Kreis soll etwas kleiner als die Höhe des Kompositionsframes sein.

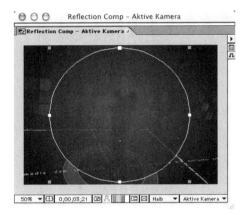

3   Wählen Sie in der Werkzeugpalette das Auswahlwerkzeug ().

4   Die *Reflection*-Ebene ist ausgewählt. Drücken Sie die F-Taste, um in der Zeitleiste die Eigenschaft *Weiche Maskenkante* anzuzeigen.

5   Geben Sie den Wert **20** ein oder ziehen Sie, um eine 20-Pixel-Kante festzulegen. Die Maskenkante wird entsprechend weichgezeichnet.

Transformieren-Eigenschaften für die *Reflection*-Ebene festlegen

Sie haben die zweite Version (*Reflection*) von *3DComposite.mov* auf der Original-Ebene platziert. Sie erscheint als Reflexion auf der glühenden Kugel, und zwar durch die Maskierung in der passenden Form. Die *Reflection*-Ebene erfordert noch einige Einstellungen.

1   Die *Reflection*-Ebene ist ausgewählt. Klicken Sie auf den Schalter »3D-Ebene« (), um eine 3D-Ebene zu erzeugen. Achten Sie darauf, dass im Kompositionsfenster die Ansicht *Aktive Kamera* gewählt ist. Der gelbe Maskenkreis bewegt sich etwas oben links aus dem Kompositionsframe heraus.

2   Drücken Sie die S-Taste, um die *Skalierung*-Eigenschaft für die *Reflection*-Ebene anzuzeigen. Geben Sie den Wert **1,4%** ein.

3   Drücken Sie die P-Taste, um die *Position*-Eigenschaft anzuzeigen. Geben Sie die Werte **383,3**, **291,9** und **932,3** für die Koordinaten ein. Die Maske ist jetzt wieder vollständig zu sehen.

Hinweis: An dieser Stelle muss genau gearbeitet werden, damit die Reflexion exakt mit der Position des glühenden Balls übereinstimmt.

4   Drücken Sie die R-Taste, um für die Eigenschaften *Drehung* und *Ausrichtung* die Werte anzuzeigen. Geben Sie für *Ausrichtung* die Werte **35°**, **20°** und **0°** ein. Im Kompositionsfenster weisen kleine gelbe Griffe auf die Ebenenposition der Hand der Schauspielerin hin. Ein zweites Bild der Schauspielerin wird innerhalb des glühenden Balls angezeigt.

5   Setzen Sie die Zeitmarke auf 5:00 und drücken Sie die T-Taste, um die *Deckkraft*-Eigenschaft für die *Reflection*-Ebene anzuzeigen. Geben Sie den Wert **0%** ein und setzen Sie einen Keyframe.

6   Setzen Sie die Zeitmarke auf 6:00 und ändern Sie den *Deckkraft*-Wert in **60%**. Ein zweiter Keyframe wird angezeigt. Drücken Sie die T-Taste, um die *Deckkraft*-Eigenschaft wieder auszublenden. Speichern Sie das Projekt.

Sie können jetzt in einer Vorschau die Reflexion auf der glühenden Kugel erkennen. Allerdings sieht das noch aus, als würde die Reflexion von einem flachen Spiegel kommen und nicht von einer gekrümmten Oberfläche. Es sind also noch einige Änderungen erforderlich.

Die *Reflection*-Ebene mit Effekten versehen

Jetzt weisen Sie dieser Ebene drei Effekte zu und nehmen entsprechende Einstellungen vor, damit die Ebene wie eine Kugel aussieht.

1 Setzen Sie die Zeitmarke auf etwa 9:00, damit Sie die Ergebnisse Ihrer Arbeit sehen können.

2 Wählen Sie die *Reflection*-Ebene und dann den Befehl **Effekt: Verzerren: Wölben**.

3 Geben Sie im Effektfenster unter *Wölben* für *Radius* den Wert **250** ein. Übernehmen Sie die Werte für *Mittelpunkt*. Das Bild ist jetzt gewölbt und sieht so aus, als sei es um die Kugel gewickelt.

4 Wählen Sie **Effekt: Rendering-Filter: Blendenflecke** (After Effects 5.5) bzw. **PS+ Blendenflecke** (After Effects 5).

5 Nehmen Sie im Effektfenster unter »Blendenflecke« (After Effects 5.5) bzw. im Dialogfenster »Blendenflecke« (After Effects 5) die folgenden Einstellungen vor:

- Ziehen Sie den Helligkeitsregler auf **116%**.
- Wählen Sie unter »Objektivart« die Option »35mm«.
- Klicken Sie auf OK (nur After Effects 5)

6 Achten Sie im Effektfenster unter *Blendenflecke* (After Effects 5.5) bzw. *PS+ Blendenflecke* (After Effects 5) darauf, dass *Mittelpunkt der Lichtbrechung* auf 288/216 und *Mit Original mischen* auf 0% eingestellt sind. Ein Blendenfleck erscheint auf der *Reflection*-Ebene.

7 Wählen Sie **Effekt: Perspektive: Bevel Alpha**.

8 Nehmen Sie im Effektfenster unter *Bevel Alpha* die folgenden Einstellungen vor:

- Geben Sie für *Kantenbreite* den Wert **20** ein.
- Geben Sie für *Lichteinfallswinkel* den Wert **-139°** ein.
- Wählen Sie die Pipette für *Lichtfarbe* und klicken Sie im Kompositionsfenster auf die Kante des *Starburst*-Elements, um ein helles Braun aufzunehmen.

- Geben Sie für *Lichtstärke* den Wert **0,50** ein.

9 Schließen Sie das Effektfenster und blenden Sie die Eigenschaften für die *Reflection*-Ebene aus. Speichern Sie das Projekt.

Hinweis: *Um die Auswirkungen des Effektes* Bevel Alpha *einfacher erkennen zu können, wählen Sie die* Reflection-*Ebene jetzt ab.*

Der *Wölben*-Effekt verbiegt Bilder, während der Effekt *Bevel Alpha* die Bildkanten definiert – in diesem Fall die reflektierende Oberfläche des glühenden Balls. Der Effekt *Blendenflecke* ist Ihnen schon aus Lektion 2 geläufig. Er unterstützt die Realitätsnähe eines Bildes mit einer dreidimensionalen reflektierenden Oberfläche.

Damit haben Sie die Arbeit an dem reflektierenden Element abgeschlossen.

Das *Light Burst*-Element erstellen

Um die Reflexion mit einigen Glitzern zu versehen, benutzen Sie jetzt die Filme *LightRays.mov* und *LensFlare.mov*, die Sie bereits in früheren Lektionen erstellt haben. Sie platzieren diese Elemente in einer neuen Komposition und weisen eine *Bewegte Maske* zu, um beide Elemente zu mischen. Sie setzen diese Elemente in der endgültigen Komposition ein, um ein glühendes Licht zu erstellen. Die Lichtstrahlen entstammen der Reflexion auf der glühenden Kugel. Zuerst erstellen Sie die Komposition.

1 Wählen Sie **Komposition: Neue Komposition** und geben Sie im Dialogfeld »Kompositionseinstellungen« Folgendes ein:

- Name: **Light Burst Comp**
- Breite: **720**
- Höhe: **540**
- Pixel-Seitenverhältnis: Quadratische Pixel
- Framerate: **29,97**
- (Optional) Wählen Sie je nach vorhandenem Computersystem unter »Auflösung« die Option »Halb« oder niedriger.
- Dauer: **400** für vier Sekunden

2 Klicken Sie auf OK, um das Dialogfeld »Kompositionseinstellungen« zu schließen. Die Komposition wird automatisch im Kompositionsfenster und in der Zeitleiste geöffnet.

3 Ziehen Sie im Projektfenster diese Komposition ganz nach oben in der Fenster-Hierarchie.

Hinweis: Wenn die Hintergrundfarbe der Komposition nicht Schwarz ist, wählen Sie den Befehl »Komposition: Hintergrundfarbe« und wählen Sie die Farbe Schwarz.

Ebenen hinzufügen und die Arbeitsansicht vorbereiten

Nun fügen Sie der Komposition *Light Burst Comp* zwei Ebenen hinzu und überprüfen diese dann. Außerdem ändern Sie die Arbeitsansicht, um die Unterschiede im Alpha-Kanal erkennen zu können.

1 Die Zeitmarke ist auf 0:00 gesetzt.

2 Öffnen Sie im Projektfenster den Ordner *mov files* und ziehen Sie die Datei *LensFlare.mov* in die Zeitleiste.

3 Öffnen bzw. erweitern Sie im Projektfenster den *2DComposite07_work.aep*-Ordner und dann den darin befindlichen Ordner *mov files*.

4 Ziehen Sie *LightRays.mov* in die Zeitleiste und ordnen Sie den Film als *Ebene 1* an, d.h. über *LensFlare.mov*. Das Kompositionsfenster ist jetzt vollständig schwarz.

5   Setzen Sie die Zeitmarke auf etwa 2:15, so dass Sie die Ergebnisse Ihrer Arbeit sehen können.

6   Klicken Sie in der Audio-/Video-Spalte auf den Solo-Schalter (○) für *Ebene 1*, so dass nur *LightRays.mov* im Kompositionsfenster angezeigt wird.

7   Klicken Sie unten im Kompositionsfenster auf die Schaltfläche »Nur ALPHA-Kanal anzeigen«. Sie sehen jetzt die Ebene in Schwarz (was die Bereiche mit Transparenz repräsentiert) und Weiß (Bereiche mit 100% Deckkraft, d.h., wo das Ebenenbild sichtbar ist).

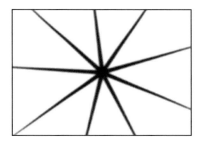

8   Klicken Sie erneut auf die Schaltfläche »Nur ALPHA-Kanal anzeigen«, um die Anzeige zu deaktivieren. Deaktivieren Sie in der Audio-/Video-Spalte den Solo-Schalter.

Im nächsten Abschnitt benutzen Sie die *LightRays*-Ebene als Alpha-Maske, so dass das Bild dahinter nur in den transparenten Bereichen der *LightRays*-Ebene angezeigt wird.

Eine bewegte Maske und einen Effekt zuweisen

Sie richten jetzt eine spezielle Abhängigkeit zwischen den Ebenen *LightRays* und *LensFlare* ein, so dass die Ebene *LightRays* als invertierte *Bewegte Maske* agiert – wie eine Stanze, hinter der die Ebene *LensFlare* erscheint. Obwohl die Anfangs- und Endansicht des Bildes gleich zu sein scheint, stellt der Einsatz der bewegten Maske sicher, dass der Alpha-Kanal der kombinierten Ebenen dann korrekt ist, wenn Sie das *Light Burst*-Element in der *Reflection*-Komposition platzieren.

1   Öffnen Sie in der Zeitleiste die Modi-Spalte.

2   Wählen Sie für *LensFlare.mov* (*Ebene 2*) unter »TrkMat« (Bewegte Maske) aus dem Einblendmenü die Option *Umgekehrte Alpha Matte 'LightRays.mov'*. *LensFlare.mov* ist nur durch den invertierten Alpha-Kanal der Ebene *LightRays.mov* zu sehen. Ein Symbol (◘) neben dem Ebenennamen weist darauf hin, das diese Ebene jetzt eine bewegte Maske enthält.

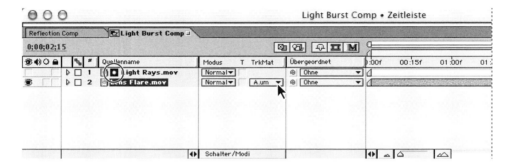

Hinweis: Der Video-Schalter (☻) für die LightRays-Ebene ist ausgeschaltet. Das passiert automatisch dann, wenn Sie eine bewegte Maske zuweisen. Die obere Ebene in der Abhängigkeit der bewegten Maske wird nur für die Alpha- oder Luma-Werte benutzt. Die Ebene selbst wird im Kompositionsfenster nicht angezeigt.

3   Wählen Sie *LensFlare.mov* und dann den Befehl **Effekt: Weich- & Scharfzeichnen: Schneller Weichzeichner**.

4   Geben Sie im Effektfenster für Stärke den Wert **15** ein, um das *LensFlare*-Bild weichzuzeichnen.

5   Sehen Sie sich eine Vorschau der Animation an. Schließen Sie dann das Kompositionsfenster, die Zeitleiste und das Effektfenster für *Light Burst Comp* (klicken Sie auf das kleine Quadrat im Register der Komposition) und speichern Sie das Projekt.

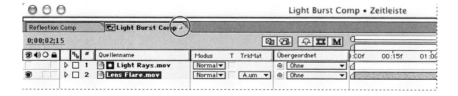

Weitere Informationen über bewegte Masken finden Sie unter »Erstellen bewegter Masken und animierter Matten« in der After-Effects-Online-Hilfe.

Die Kompositionen *Light Burst* und *Reflection* kombinieren

Als Nächstes fügen Sie der Komposition *Reflection Comp* die Komposition *Light Burst Comp* hinzu und erstellen eine animierte Lichtquelle, die aus der glühenden Kugel in den Händen der Schauspielerin strahlt. Anschließend stellen Sie die Deckkraft und die Skalierung für die Ebene *Light Burst Comp* ein.

1   Setzen Sie die Zeitmarke auf 5:00.

2   Ziehen Sie *Light Burst Comp* aus dem Projektfenster in die Zeitleiste, und zwar als *Ebene 1* im Ebenenstapel.

Hinweis: Dieses Element ist im Kompositionsfenster noch nicht zu sehen.

3   Klicken Sie in der Schalter-Spalte auf den Schalter »3D-Ebene« (⊟), um aus *Light Burst Comp* eine 3D-Ebene zu machen. Achten Sie darauf, dass im Kompositionsfenster die Ansicht *Aktive Kamera* eingestellt ist.

4   Drücken Sie die T-Taste, um die *Deckkraft*-Eigenschaft für die *Light Burst Comp*-Ebene anzuzeigen. Geben Sie den *Deckkraft*-Wert **40%** ein.

5   Drücken Sie die S-Taste, um die *Skalierung*-Eigenschaft anzuzeigen. Geben Sie den Wert **10%** ein. Drücken Sie erneut die S-Taste, um die *Skalierung*-Eigenschaft auszublenden.

6   Klicken Sie unten in der Zeitleiste auf die »Schalter/Modi«, um die Modi-Spalte zu öffnen.

7   Wählen Sie für *Ebene 1* den Transfermodus *Addieren*.

Expressionen hinzufügen und den Arbeitsbereich einstellen

Sie benutzen jetzt Expressionen, um die Position und Ausrichtung von *Light Burst* mit der *Reflection*-Ebene zu verknüpfen. *Light Burst* muss an der glühenden Kugel ausgerichtet sein. Diese Bewegung ist bereits in der *Reflection*-Ebene enthalten, da sie das ungültige Objekt und die Kamera aus Lektion 8 enthält.

1   Wählen Sie in der Zeitleiste die Ebenen *Light Burst Comp* und *Reflection*. Drücken Sie die P-Taste, um die *Position*-Eigenschaften anzuzeigen. Wählen Sie anschließend beide Ebenen ab.

2   Wählen Sie das Wort *Position* unter der *Light Burst Comp*-Ebene und dann den Befehl **Animation: Expression hinzufügen**.

3   Ziehen Sie das Auswahlsymbol für *Expression: Position* von der *Light Burst Comp*-Ebene zur *Position*-Eigenschaft der *Reflection*-Ebene, um eine Expression zu erstellen. Ziehen Sie zum Wort *Position* und nicht zu einem der Werte für die *Position*-Koordinaten.

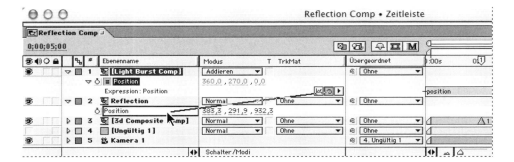

4   Wählen Sie erneut die Ebenen *Light Burst Comp* und *Reflection* und drücken Sie die R-Taste, um die Eigenschaften *Ausrichtung* und *Drehung* anzuzeigen. Wählen Sie anschließend beide Ebenen wieder ab.

5   Wählen Sie das Wort *Ausrichtung* unter der *Light Burst Comp*-Ebene und dann den Befehl **Animation: Expression hinzufügen**.

6   Ziehen Sie das Auswahlsymbol für *Expression: Ausrichtung* zur *Ausrichtung*-Eigenschaft der *Reflection*-Ebene.

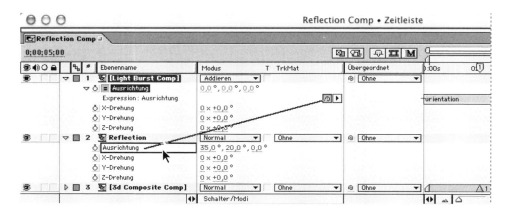

7   Klicken Sie in einem hellgrauen, freien Bereich der Zeitleiste, um die Expression abzuwählen. Wählen Sie alle Ebenen und drücken Sie die ^-Taste, um alle Ebeneneigenschaften auszublenden. Wählen Sie anschließend alle Ebenen wieder ab.

8   Die Zeitmarke ist auf 5:00 gesetzt. Drücken Sie die B-Taste, um den Anfang des Arbeitsbereichs festzulegen.

9   Setzen Sie die Zeitmarke auf 9:00 und drücken Sie die N-Taste, um das Ende des Arbeitsbereichs festzulegen.

10 Sehen Sie sich eine Vorschau der Animation an und speichern Sie dann das Projekt.

Die erste Expression bewirkt, dass das *Light Burst*-Element die *Position*-Werte der *Reflection*-Ebene übernimmt, was bei der perfekten Ausrichtung der Reflexion auf der glühenden Kugel hilft. Die zweite Expression lässt das Licht entsprechend den *Ausrichtung*-Werten der *Reflection*-Ebene strahlen.

Die Komposition *Reflection Comp* rendern

Jetzt kann die Komposition *3D Composite* gerendert werden. Dazu gehören auch die gerade erstellten *Reflection*-Elemente. Indem Sie dem Filmnamen ein Wort hinzufügen, können Sie dieses Rendering schnell als das mit der reflektierenden Kugel identifizieren.

1   Schließen Sie das Kompositionsfenster und die Zeitleiste für die Komposition *Reflection Comp*.

2   Wählen Sie im Projektfenster die Komposition *Reflection Comp* und drücken Sie die Tasten Strg+M (Windows) bzw. Befehl+M (Mac OS), um den Film zu erstellen.

3   Klicken Sie auf den unterstrichenen Text neben »Sichern unter«, geben Sie den Dateinamen **3DComposite_ball.mov** ein und speichern Sie den Film im Ordner _mov innerhalb des Ordners *AE_CIB job*. Klicken Sie auf OK. Das Element wird in der Renderliste angezeigt.

Hinweis: Vielleicht sind noch andere Elemente in der Renderliste aufgeführt. Das sind Filme, die Sie in den Projekten 2DComposite07_work.aep und 3DComposite09_work.aep *gerendert haben, bevor Sie diese in die Komposition* Reflection Comp *importiert hatten.*

4   Wählen Sie aus dem Einblendmenü »Rendereinstellungen« die Option »Optimale Einstellungen« und klicken Sie dann auf die unterstrichenen Wörter *Optimale Einstellungen,* um das Dialogfeld »Rendereinstellungen« zu öffnen.

5   Wählen Sie für »Zeitspanne« die Option »Länge der Komposition« und klicken Sie dann auf OK, um das Dialogfeld zu schließen.

6   Wählen Sie aus dem Einblendmenü »Ausgabemodul« die Option »Andere«, um das Dialogfeld »Einstellungen für Ausgabemodule« zu öffnen. Nehmen Sie die folgenden Einstellungen vor:

- Wählen Sie für »Format« die Option »QuickTime-Film«.
- Wählen Sie im Einblendmenü »Vorgang nach dem Rendern« die Option »Importieren« (After Effects 5.5) bzw. aktivieren Sie die Option »Nach Fertigstellung in Projekt importieren« (After Effects 5).
- Klicken Sie auf die Schaltfläche »Formatoptionen«.

7   Wählen Sie im Dialogfeld »Komprimierung« die Optionen »Animation« und »Über 16,7 Mill. Farben«. Klicken Sie auf OK.

8   Überprüfen Sie im Dialogfeld »Einstellungen für Ausgabemodule« die folgenden Einstellungen: Die Kanäle sind auf »RGB« und die Tiefe ist auf »Über 16,7 Mill. Farben« eingestellt. Klicken Sie auf OK.

9   Speichern Sie das Projekt und klicken Sie auf »Rendern«.

Wenn der Renderprozess abgeschlossen ist, schließen Sie die Renderliste und ziehen Sie im Projektfenster den Film *3DComposite_ball.mov* in den *mov files*-Ordner.

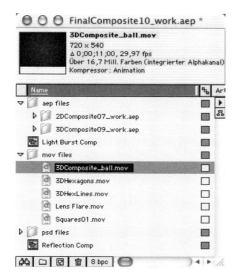

Sie können auf den Film doppelklicken, um ihn abzuspielen. Schließen Sie anschließend den Player.

Die fertige Komposition erstellen

Sie können jetzt damit beginnen, die fertige, alles zusammenfassende Komposition zu erstellen. Sie beginnen mit der Komposition aus Lektion 7 und fügen dann die weiteren Elemente hinzu. Gleichzeitig verfeinern Sie die Gesamtgestaltung, um ein wirklich überzeugendes Gesamtprojekt präsentieren zu können.

1 Wählen Sie im Projektfenster die Komposition *2DComposite Comp* innerhalb des Ordners *2DComposite07_work.aep* und dann den Befehl **Bearbeiten: Duplizieren**. Die Kopie dieser Komposition ist am Ende des Namens mit einem Sternchen (*) gekennzeichnet.

LEKTION 10
Die fertige Animation zusammenstellen

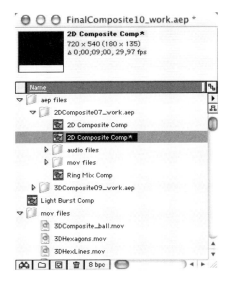

2   Drücken Sie die Tasten Strg+K (Windows) bzw. Befehl+K (Mac OS), um die Kompositionseinstellungen für die duplizierte Komposition zu öffnen.

3   Geben Sie als Namen **Final Composite Comp** ein.

4   Geben Sie für »Dauer« **18:00** ein.

5   Übernehmen Sie alle anderen Einstellungen und klicken Sie auf OK, um das Dialogfeld »Kompositionseinstellungen« zu schließen.

6   Ziehen Sie im Projektfenster die Komposition *Final Composite Comp* aus dem Ordner *2DComposite07_work.aep* in die oberste Hierarchie des Projektfensters. Doppelklicken Sie auf *Final Composite Comp*, um die Komposition im Kompositionsfenster und in der Zeitleiste zu öffnen.

Ein Standbild speichern

Sie speichern einen einzelnen Frame aus dieser Komposition als Standbild (im .psd-Dateiformat). Dieser Frame sieht ziemlich leer aus – nur ein schwarzes Feld mit einem subtilen radialen Grün. Dieser Hintergrund dient als Überblendungselement, damit sich die Szene weicher verändert.

Sie erstellen dieses Bild, indem Sie einen einzelnen Frame rendern. Dieser Vorgang ähnelt dem Rendern eines Filmes.

1   Ziehen Sie *3DComposite_ball.mov* aus dem Projektfenster in der Zeitleiste auf die Position *Ebene 1* und ziehen Sie weiter nach rechts, bis die aktuelle Zeitanzeige auf 7:07 steht. Lassen Sie jetzt die Maus los.

Hinweis: Bei dieser Technik verschiebt sich die Zeitmarke nicht.

2   Drücken Sie die I-Taste, um die Zeitmarke auf den aktuellen In-Point (7:07) zu setzen.

3   Wählen Sie **Komposition: Frame speichern unter: Datei**, um diesen Frame als Standbild zu speichern.

4   Klicken Sie auf den Text Final Composite Comp (0;00;07;0) neben »Speichern unter«, geben Sie den Dateinamen **3DComp_still.psd** ein und speichern Sie die Datei im *_psd*-Ordner innerhalb des Ordners *AE_CIB job* (After Effects 5.5) bzw. geben Sie im automatisch aufgerufenen Dialogfeld »Speichern unter« den Dateinamen **3DComp_still.psd** ein (After Effects 5). Das Element wird anschließend in der Renderliste angezeigt.

5   Wählen Sie aus dem Einblendmenü »Rendereinstellungen« die Option »Optimale Einstellungen«.

6   Wählen Sie aus dem Einblendmenü »Ausgabemodul« die Option »Andere«.

7   Nehmen Sie im Dialogfeld »Einstellungen für Ausgabemodule« die folgenden Einstellungen vor:

- Wählen Sie für »Format« die Option »Photoshop Sequence«, um eine einzelne Photoshop-Datei zu speichern.
- Wählen Sie für »Vorgang nach dem Rendern« die Option »Importieren« und klicken Sie auf OK, um das Dialogfeld zu schließen.

8 Speichern Sie das Projekt und klicken Sie auf »Rendern«.

Sie werden Sie Zeitposition 7:07 noch öfter benutzen, deshalb sollten Sie an dieser Stelle eine Kompositionszeitmarke setzen. Ziehen Sie in der Zeitleiste eine Marke von der Zeitmarkenschaltfläche ( ) über der vertikalen Bildlaufleiste und drücken Sie an der gewünschten Position die Umschalttaste, damit die neue Marke an der Zeitmarke einrastet. Sie können die Zeitmarke jederzeit an diese Position der Kompositionsmarke setzen, indem Sie die 1 auf der Haupttastatur drücken. Es lassen sich bis zu zehn Kompositionszeitmarken setzen.

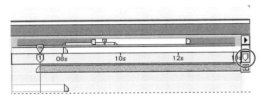

Zeitmarkenschaltfläche

Schließen Sie die Renderliste, sobald das Rendern abgeschlossen ist. Das Standbild wurde gerendert und importiert und wird im Projektfenster als *3DComp_still.psd* angezeigt. Ziehen Sie diese Datei in den *psd files*-Ordner im Projektfenster. Sie können auf die Datei doppelklicken, um sie im Footage-Fenster anzuzeigen. Schließen Sie anschließend wieder dieses Fenster.

Weitere Elemente der Komposition *Final Composite Comp* hinzufügen

Nun fügen Sie der Komposition *Final Composite Comp* weitere Elemente hinzufügen. Das Standbild dient als Übergangsbild, wenn sich die Komposition vom zwei- in den dreidimensionalen Teil ändert.

1 Setzen Sie die Zeitmarke auf 5:05.

2   Ziehen Sie *3DComp_still.psd* aus dem Projektfenster in die Zeitleiste, und zwar als *Ebene 8* im Ebenenstapel unter *Starburst.mov*. Der In-Point wird automatisch an der Zeitmarke (5:05) ausgerichtet.

3   Setzen Sie die Zeitmarke auf 7:07 und drücken Sie die Tasten Alt+Pluszeichen (Windows) oder Wahl+Pluszeichen (Mac OS), um den Out-Point der Ebene *3DComp_still.psd* auf die aktuelle Zeit (7:07) zu trimmen.

4   Wählen Sie die Ebene *Starburst.mov*, drücken Sie die T-Taste für die *Deckkraft*-Eigenschaft und setzen Sie folgende Keyframes:

- Setzen Sie die Zeitmarke auf 6:11 und klicken Sie auf das Stoppuhrsymbol, um einen Keyframe mit 100% Deckkraft zu setzen.

- Setzen Sie die Zeitmarke auf 6:22 und geben Sie den Wert **0%** ein. Ein zweiter Keyframe wird angezeigt. Es wird eine 11 Frames lange Ausblendung von *Starburst.mov* erzeugt. Drücken Sie erneut die T-Taste, um die *Deckkraft*-Eigenschaft auszublenden.

5   *Starburst.mov* ist noch ausgewählt. Drücken Sie die Tasten Alt+Pluszeichen (Windows) oder Wahl+Pluszeichen (Mac OS), um den Out-Point der Ebene zu trimmen.

6   Setzen Sie die Zeitmarke auf 6:00 und drücken Sie die B-Taste, um den Anfang des Arbeitsbereichs festzulegen.

7   Setzen Sie die Zeitmarke auf 8:00 und drücken Sie die N-Taste für das Ende des Arbeitsbereichs.

8   Schauen Sie sich die Vorschau der Animation an und speichern Sie anschließend das Projekt.

3DComp_still.psd bietet einen Hintergrund für den Übergang und befindet sich zwischen dem Ende von *Starburst.mov* (bei 6:22) und dem Anfang von *3DComposite_ball.mov* (bei 7:07). Da die Starburst-Deckkraft nach 6:22 den Wert 0 hat, ist dieses Bild nach diesem Zeitpunkt nicht mehr sichtbar – das Footage sollte also getrimmt werden. Das Trimmen von leeren Ebenen-Frames macht die Zeitleiste übersichtlicher und liefert eine klare Information darüber, welche Ebenen was zu welchem Zeitpunkt zur Verfügung stellen.

HexOutlines.mov mit Kanten versehen

Sie arbeiten nun mit dem *HexLines*-Element, das sich bereits in der Komposition befindet. Sie verwenden einen der Perspektive-Effekte in After Effects, um *HexOutlines.mov* mit einer Textur zu versehen.

1 Wählen Sie in der Zeitleiste das Element *HexOutlines.mov* und ziehen Sie es im Ebenenstapel über *3DComposite_ball.mov*. Lassen Sie die *HexOutlines*-Ebene ausgewählt.

💡 *Es kann hilfreich sein, in der Zeitleiste die Spalte mit den Namen der Quelldateien breiter einzustellen, um die Ebenen besser identifizieren zu können. Ziehen Sie dazu einfach den Trennbalken rechts in der Spaltenüberschrift.*

2 Wählen Sie **Effekt: Perspektive: Bevel Alpha**.

3 Der Effekt *Bevel Alpha* wird im Effektfenster unter dem Effekt *Einfärben* (bereits in einer früheren Lektion zugewiesen) angezeigt. Nehmen Sie folgende Einstellungen für *Bevel Alpha* vor:

- Geben Sie für *Kantenbreite* den Wert **10** ein.

- Geben Sie für *Lichteinfallswinkel* den Wert **60°** ein. Achten Sie darauf, dass dieser Wert positiv ist.

- Klicken Sie für *Lichtfarbe* im Farbfeld und wählen Sie mit der Pipette eine graue Farbe. Im Beispiel haben wir jeweils den Wert 128 (50%) für die R-, G- und B-Werte gewählt.

- Geben Sie für *Lichtstärke* den Wert **1,00** ein.

4   Sehen Sie sich eine Vorschau des aktuellen Arbeitsbereichs (zwischen 5:00 und 8:00) an. Speichern Sie anschließend das Projekt.

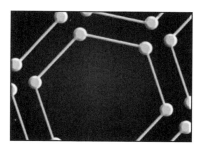

Das Erscheinungsbild von *HexOutlines.mov* ist jetzt stärker betont. Der Effekt *Bevel Alpha* gibt den Sechseck-Konturen ein reliefartiges Aussehen fast wie bei 3D-Objekten.

Hexagons.mov überblenden

Eine weitere Einstellung ist noch für das *Hexagons.mov*-Element erforderlich.

1   Drücken Sie die 1 auf der Haupttastatur, um die Zeitmarke auf 7:07 zu setzen (oder benutzen Sie eine andere Methode, falls Sie an dieser Stelle keine Kompositionsmarke gesetzt haben).

2   Wählen Sie die *Hexagons.mov*-Ebene und drücken Sie die T-Taste, um die *Deckkraft*-Eigenschaft anzuzeigen. Bereits früher erstellte Keyframes werden in der Zeitleiste angezeigt.

3   Wählen Sie den vierten *Deckkraft*-Keyframe (bei 7:21) und ziehen Sie diesen auf die Zeitmarke (bei 7:07). Drücken Sie beim Ziehen die Umschalttaste, damit der Keyframe an der Zeitmarke einrastet.

4   Drücken Sie wieder die T-Taste, um die *Deckkraft*-Eigenschaft auszublenden.

5   Drücken Sie die Tasten Alt+Pluszeichen (Windows) bzw. Wahl+Pluszeichen (Mac OS), um den Out-Point der Ebene zu trimmen.

6 Ziehen Sie die *Hexagons.mov*-Ebene von der *Ebene 4*-Position zur *Ebene 3*-Position über *Numbers.mov* im Ebenenstapel.

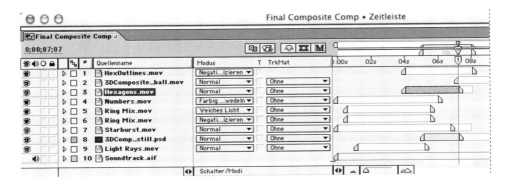

7 Verwenden Sie den aktuellen Arbeitsbereich (zwischen 5:00 und 8:00) und erzeugen Sie eine RAM-Vorschau. Speichern Sie anschließend das Projekt.

Diese Änderung bewirkt einen besseren Übergang zwischen den Sechsecken und der Ebene *3DComposite_ball.mov*.

Zeitverzerrung für die Ebene *3DComposite_ball.mov*

Nun weisen Sie eine *Zeitverzerrung* der Ebene *3DComposite_ball.mov* zu. Im vorliegenden Fall benutzen Sie Zeitverzerrung, um die Wiedergabe des Films zu beschleunigen und um den letzten Frame einzufrieren (anzuhalten). Danach spielt der komplette Film über 6 Sekunden und 13 Frames ab, d.h. doppelt so schnell wie das Original mit 11 Sekunden.

1 Setzen Sie in der Zeitleiste die Zeitmarke auf 7:07 und wählen Sie die Ebene *3DComposite_ball.mov*.

2 Wählen Sie **Ebene: Zeitverzerrung aktivieren**.

3 Erweitern Sie in der Zeitleiste die Ebene *3DComposite_ball.mov*, um die Kategorie *Zeitverzerrung* anzuzeigen. Zwei Zeitverzerrung-Keyframes sind bereits gesetzt und stehen für den Anfangs- und End-Frame des 11-Sekunden-Films: einer bei 7:07 mit einem Timecode-Wert von 0:00 (angezeigt als

unterstrichene Zeile bei den *Zeitverzerrung*-Eigenschaften) und der andere bei 18:07 mit dem Timecode-Wert 11:00.

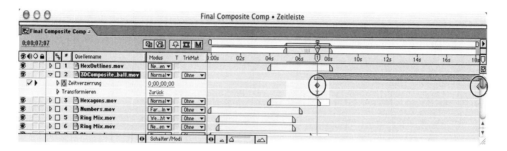

Hinweis: *Der Out-Point bei 18:07 befindet sich außerhalb der festgelegten Dauer für die Komposition.*

4   Setzen Sie die Zeitmarke auf 13:20, klicken Sie auf den unterstrichenen Timecode-Wert und geben Sie **1100** ein. Ein neuer Keyframe wird angezeigt.

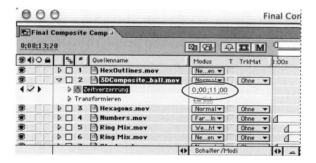

5   Die Zeitmarke ist noch auf 13:20 gesetzt. Drücken Sie die N-Taste, um das Ende des Arbeitsbereichs zu bestimmen.

6   Setzen Sie die Zeitmarke auf 7:00 und drücken Sie die B-Taste, um den Anfang des Arbeitsbereichs zu bestimmen.

7   Erstellen Sie eine RAM-Vorschau. Wählen Sie anschließend die Ebene aus und drücken Sie die ^-Taste, um die Ebeneneigenschaften auszublenden. Speichern Sie das Projekt.

Die *Zeitverzerrung*-Keyframes bei 7:07 und 13:20 bewirken, dass der 11 Sekunden lange Film innerhalb der 6:13-Zeitspanne zwischen den beiden Keyframes abgespielt wird. Beachten Sie, dass die Dauerleiste der Ebene über den Keyframe bei 13:20 hinausgeht. Das weist darauf hin, dass der letzte Frame des Films bis zum Out-Point der Ebene eingefroren (angehalten) wird. Und genau diesen Effekt wollten Sie erreichen.

Eine weitere Ebene mit Zahlen hinzufügen

Sie fügen der fertigen Komposition eine zweite *Numbers*-Ebene hinzu, die erscheint, sobald *Hexagons.mov* den Frame verlässt.

1 Setzen Sie die Zeitmarke auf 7:20.

2 Ziehen Sie *Numbers.mov* (im *mov files*-Ordner innerhalb des Ordners *2DComposite07_work.aep*) aus dem Projektordner in die Zeitleiste und platzieren Sie das Element als *Ebene 1* im Ebenenstapel.

3 Klicken Sie in der Zeitleiste auf die Doppelpfeil-Schaltfläche (◆), um die In/Out-Spalte zu öffnen. Klicken Sie auf den Dehnung-Wert für die Ebene *Numbers.mov*.

4 Geben Sie im Dialogfeld »Zeitdehnung« den Dehnfaktor **15%** ein, um die Dauerleiste der Ebene zu kürzen, und so den Film schneller abspielen zu lassen. Klicken Sie anschließend auf OK.

5 Wählen Sie in der Zeitleiste in der Modus-Spalte für *Numbers.mov* den Modus *Farbig abwedeln*, um für den Film ein dunkles Glühen zu erzeugen.

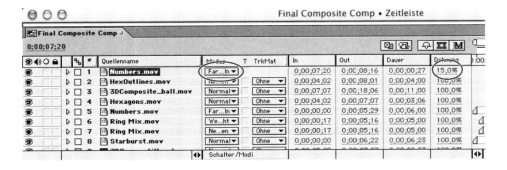

Lassen Sie die In/Out-Spalte geöffnet, da Sie diese bald wieder benötigen werden.

Transformationen dem zweiten Zahlenset hinzufügen

Nun benutzen Sie verschiedene Dialogfelder, um die *Skalierung*-Werte für die Zahlen einzustellen und diese entsprechend zu verzerren.

1 Die Zeitmarke ist noch bei 7:20 und die *Numbers.mov*-Ebene ist noch ausgewählt. Drücken Sie die T-Taste, um die *Deckkraft*-Eigenschaft anzuzeigen. Stellen Sie den Wert auf **0%** ein und erstellen Sie einen Keyframe.

2 Setzen Sie die Zeitmarke auf 8:16 und ändern Sie die Deckkraft in **100%**. *Numbers.mov* wird nun über die Länge von einer Sekunde eingeblendet.

3 Drücken Sie die Tasten Umschalt+S, um die *Skalierung*-Eigenschaft anzuzeigen. Klicken Sie auf den linken Keyframe-Navigationspfeil neben *Deckkraft*, um auf die Position 7:20 gelangen. Oder drücken Sie die J-Taste.

4 Drücken Sie die Tastenkombination Strg+Umschalt+S (Windows) bzw. Befehl+Umschalt+S (Mac OS) um das Dialogfeld »Skalierung« zu öffnen. Legen Sie die folgenden Optionen fest:

- Wählen Sie für »Erhalten« die Option »Ohne«. (Sie müssen diese Option zuerst festlegen.)
- Geben Sie für »Breite« den Wert **100%** ein.
- Geben Sie für »Höhe« den Wert **800%** ein.
- Achten Sie darauf, dass für »Einheiten« die Option »% der Quelle« gewählt ist. Überprüfen Sie noch einmal diese Einstellungen und klicken Sie auf OK.

5 Setzen Sie einen Keyframe für *Skalierung*.

6 Setzen Sie die Zeitmarke auf 8:16. Die Zahlen sehen jetzt wie neongrüne Rauchfahnen aus, die im Kompositionsframe aufsteigen.

7 Geben Sie die *Skalierung*-Werte mit **100%** für die Breite und mit **30%** für die Höhe ein. Ein zweiter Keyframe wird gesetzt.

8 Setzen Sie die Zeitmarke auf 7:00 und drücken Sie die B-Taste, um den Anfang des Arbeitsbereichs festzulegen.

9 Setzen Sie die Zeitmarke auf 10:00 und drücken Sie die N-Taste, um das Ende des Arbeitsbereichs festzulegen.

10 Reduzieren Sie die Ebene. Sehen Sie sich eine Vorschau der Animation an und speichern Sie anschließend das Projekt.

Die von Ihnen gesetzten *Skalierung*-Keyframes bewirken, dass beim Einblenden der Ebene deren Höhe reduziert wird. Die Zahlenelemente erzeugen in der Komposition einen kurzen, aber interessanten Übergang zur Schauspielerin in ihrer dreidimensionalen Welt.

Quadrate hinzufügen

Jetzt fügen Sie *Squares01.mov* aus Lektion 2 hinzu. Sie ändern die Dehnung und weisen einen Effekt zu, so dass aus der Ebene eine Textur wird.

1 Setzen Sie die Zeitmarke auf 1:14 und ziehen Sie *Squares01.mov* aus dem Projektfenster in die Zeitleiste, so dass dieser Film die *Ebene 2* im Ebenenstapel ist (unter *Numbers.mov*).

2 Die In/Out-Spalte ist noch geöffnet.

3 Geben Sie unter *Dehnung* für die Ebene *Squares01.mov* den Wert **50%** ein, um die Animation doppelt so schnell wie ursprünglich abzuspielen.

4 Klicken Sie auf die Doppelpfeil-Schaltfläche unten in der Zeitleiste, um die In/Out-Spalte zu schließen.

5 Wählen Sie in der Modus-Spalte für *Ebene 2* den Transfermodus *Ineinanderkopieren*.

6 Die Ebene *Squares01.mov* ist noch ausgewählt. Wählen Sie **Effekt: Kanäle: Umkehren**. Übernehmen Sie die standardmäßigen Einstellungen.

Der *Umkehren*-Effekt wirkt sich auf die RGB-Kanäle aus und erzeugt ein dunkles Glühen, sobald *Squares01.mov* die *Starburst*- und *Ring*-Ebenen überlappt.

Lassen Sie die *Squares01.mov*-Ebene noch ausgewählt.

Transformieren-Eigenschaften einstellen und die Quadrate duplizieren

Nun erstellen Sie für die Quadrate eine Überblendung. Danach duplizieren Sie die *Squares*-Ebenen und positionieren sie neu, so dass sie über die Breite des Kompositionsframes reichen.

1. Drücken Sie die S-Taste, um für die *Squares01.mov*-Ebene die *Skalierung*-Eigenschaft zu öffnen. Geben Sie den Wert **13%** ein. Die Quadrate sind jetzt sehr klein hinter den Ringen und dem *Starburst* zu sehen.

2. Drücken Sie die P-Taste, um die *Position*-Eigenschaft anzuzeigen. Geben Sie die Koordinaten **180/270** ein, so dass sich die Ebene nach links im Kompositionsframe verschiebt.

3. Drücken Sie die T-Taste, um die *Deckkraft*-Eigenschaft anzuzeigen. Geben Sie den Wert **0%** ein und klicken Sie auf das Stoppuhrsymbol, um einen *Deckkraft*-Keyframe zu setzen.

4. Setzen Sie die Zeitmarke auf 2:08 und ändern Sie den *Deckkraft*-Wert in **100%**.

5. Setzen Sie die Zeitmarke auf 2:29 und ändern Sie den *Deckkraft*-Wert in **0%**.

6. Drücken Sie die Tasten Strg+D (Windows) bzw. Befehl+D (Mac OS), um die *Squares*-Ebene zu duplizieren.

7. Ziehen Sie im Kompositionsfenster die ausgewählte *Squares01.mov*-Ebene (*Ebene 2*) nach rechts auf die Koordinaten 540/270. Drücken Sie beim Ziehen die Umschalttaste, um die Bewegung einzuschränken. Die jeweiligen Koordinaten werden während des Ziehens in der Info-Palette angezeigt.

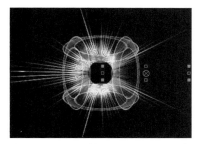

Ebene 2 *ausgewählt im Kompositionsfenster*

8 Setzen Sie die Zeitmarke auf 1:14 und drücken Sie die B-Taste, um den Anfang des Arbeitsbereichs festzulegen.

9 Setzen Sie die Zeitmarke auf 3:00 und drücken Sie die N-Taste, um das Ende des Arbeitsbereichs festzulegen.

10 Wählen Sie *Ebene 3* und drücken Sie die T-Taste, um die Ebene zu reduzieren. Schauen Sie sich eine Vorschau der Komposition an und speichern Sie anschließend das Projekt.

Sie haben damit ein weiteres sehr subtiles und kurzes Übergangselement hinzugefügt. Das Ergebnis ist jedoch nur dann gut zu erkennen, wenn Sie sich die Komposition in voller Größe und höchster Auflösung ansehen. Um diese Einschränkung zu umgehen, können Sie den Video-Schalter (☻) in der Audio/ Video-Spalte für die Ebene *Squares01.mov* bei Zuweisen der Änderungen ausschalten. Versuchen Sie auch, die Vergrößerung auf 200% einzustellen. Danach sollten Sie die leichten Veränderungen im Kompositionsfenster erkennen können.

Eine blaue Farbfläche erstellen

Sie erstellen nun eine blaue Farbflächen-Ebene, die den letzten Animationsframes vor dem Beginn der *3DHexagon*-Ebenen Farbe geben soll.

1 Setzen Sie die Zeitmarke auf 11:21 und wählen Sie **Ebene: Neu: Farbfläche**.

2 Nehmen Sie im Dialogfeld »Einstellungen für Farbfläche« die folgenden Einstellungen vor:

- Geben Sie als Namen **Blue Solid** ein.
- Klicken Sie auf die Schaltfläche »Wie Kompositionsgröße«, um die Größe auf 720 x 540 einzustellen.
- Klicken Sie auf das Farbfeld und wählen Sie im Farbwähler ein dunkles Blau. Das Beispiel verwendet die Einstellung R=13 (5%), G=51 (20%) und B=107 (42%).

3 Klicken Sie auf OK, um das Dialogfeld »Einstellungen für Farbfläche« wieder zu schließen.

4 Ziehen Sie in der Zeitleiste die *Blue Solid*-Ebene so unter die Ebene *3DComposite_ball.mov*, dass *Blue Solid* die *Ebene 6* im Ebenenstapel ist.

5   Speichern Sie das Projekt.

Hinweis: Diese Ebene wird erst dann im Kompositionsfenster angezeigt, wenn Sie eine Maske hinzufügen – das geschieht im folgenden Abschnitt.

Die glühende Kugel maskieren

Für die folgende Aufgabe arbeiten Sie im Ebenenfenster. Ein Vorteil des Ebenenfensters ist, dass Sie die Ebene, an der Sie gerade arbeiten, im Ebenenfenster sehen können und gleichzeitig diese Ebene mit allen anderen im Kompositionsfenster betrachten können. Ein weiterer Vorteil ist, dass Details meist besser zu erkennen sind (wie z.B. die Kante der reflektierenden Kugel).

1   Setzen Sie die Zeitmarke auf 11:28 und doppelklicken Sie in der Zeitleiste auf die Ebene *3DComposite_ball.mov*, um sie im Ebenenfenster zu öffnen. Ordnen Sie die Fenster so an, dass Sie das Kompositionsfenster und das Ebenenfester sehen können.

💡 *Sollte Ihr Bildschirm unübersichtlich werden, können Sie das Ebenenfenster einfach auf das Projektfenster schieben. Dieses Fenster wird für die Arbeit im Ebenenfenster nicht benötigt. Sie sollten die Vergrößerung im Ebenenfenster auf 100% oder mehr einstellen. Die Fenstergröße selber können Sie beibehalten, da Sie nicht das komplette Bild sehen müssen. Wichtig ist nur der Bereich mit der reflektierenden Kugel.*

2   Wählen Sie in der Werkzeugpalette das Werkzeug »Ovale Maske« und zeichnen Sie im Ebenenfenster eine Maske für die reflektierende Kugel. Sie können die Tasten Strg+Umschalt (Windows) bzw. Befehl+Umschalt (Mac OS) drücken, um die Maske vom Mittelpunkt aus zu zeichnen. Die Farbfläche *Blue Solid* füllt im Kompositionsfenster den Bereich außerhalb der Maske.

3   Drücken Sie die M-Taste, um die Masken-Eigenschaft für die Ebene *3DComposite_ball.mov* anzuzeigen. Klicken Sie auf das Stoppuhrsymbol, um einen Keyframe bei 11:28 zu setzen.

4   Wählen Sie in der Modus-Spalte für *Maske 1* aus dem Einblendmenü die Option *Subtrahieren*.

Ihre Maske legt jetzt die blaue Farbfläche innerhalb der glühenden Kugel frei. Lassen Sie das Ebenenfenster mit der angezeigten Ebene *3DComposite_ball.mov* geöffnet.

Statt nur den Bereich innerhalb der Maskenform anzuzeigen (wie mit *Addieren*), entfernt *Subtrahieren* das, was sich vom Originalbild innerhalb der Maske befindet, und zeigt den übrigen Bildbereich an.

Rotoscoping für die Reflexion auf der glühenden Kugel

Rotoscoping verweist auf das frameweise Malen oder Ändern in einem Bild. Diese Vorgehensweise folgt damit der manuellen Bild-Erzeugung (wie z.B. in Trickfilmen). Sie schalten jetzt jeweils um einige Frames weiter, setzen in der Zeitleiste die Keyframes für *Maskenform* und stellen dann im Ebenenfenster die Maske so ein, dass sie in allen Frames mit der Form der glühenden Kugel übereinstimmt. Diese Feinarbeit erzeugt genau die von Ihnen gewünschten optischen Interaktionen.

Sie verfügen zurzeit nur über einen Keyframe für die Eigenschaft Maskenform, die Sie gerade erstellt haben. Sie fügen jetzt weitere Keyframes hinzu.

1   Die Zeitmarke ist auf 11:28 gesetzt. Wählen Sie in der Zeitleiste *Maske 1* unterhalb der Ebene *3DComposite_ball.mov*.

2   Achten Sie darauf, dass *Maske 1* im Zielmenü unten rechts im Ebenenfenster ausgewählt ist.

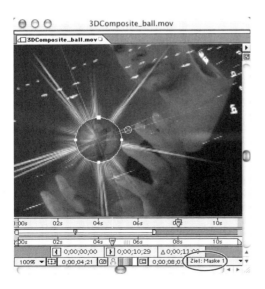

3   Drücken Sie die Tasten Strg+A (Windows) bzw. Befehl+A (Mac OS), um alle Maskenpunkte auszuwählen. Drücken Sie dann die Tasten Strg+T (Windows) bzw. Befehl+T (Mac OS), um die Steuerungspunkte für *Maskenform* anzuzeigen. Stellen Sie im Ebenenfenster diese Punkte so ein, dass die Form mit der Form der reflektierenden Kugel übereinstimmt.

4   Drücken Sie zweimal die Seite-nach-unten-Taste, um die Zeitmarke zwei Frames weiter zu bewegen (auf 12:00). Gleichen Sie die Maske erneut gemäß Schritt 2 (*Maske 1* muss ausgewählt sein) und Schritt 3 an (Maskenform an die reflektierende Kugel angleichen).

5   Wiederholen Sie Schritt 4 bei jedem zweiten Frame bis zur Zeitposition 12:25, um über ein Dutzend Keyframes zu setzen. Vielleicht müssen Sie die Vergrößerung im Ebenenfenster verringern, wenn die Kugel außerhalb des Ansichtsbereichs ist. An der Position 12:25 können die Ränder der glühenden Kugel und der Form *Maske 1* völlig außerhalb des Kompositionsframes sein.

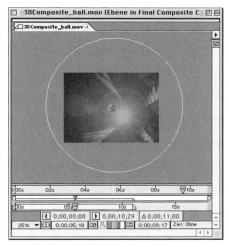

Maskengröße bei 12:25

6   Schließen Sie das Ebenenfenster. Reduzieren Sie in der Zeitleiste die Ebene *3DComposite_ball.mov*.

7   Setzen Sie den Anfang des Arbeitsbereichs auf 11:28 und das Ende auf etwa 14:00.

8 Sehen Sie sich die Vorschau der Animation an und speichern Sie die Arbeit. Lassen Sie das Ebenenfenster geöffnet und *3DComposite_ball.mov* ausgewählt.

Jetzt ist die Kugel mit der blauen Farbfläche gefüllt.

Die Eigenschaft *Weiche Maskenkante* animieren

Jetzt versehen Sie die Maske mit einer weichen Kante.

1 Setzen Sie die Zeitmarke auf 11:28.

2 Die Ebene *3DComposite_ball.mov* ist ausgewählt. Drücken Sie die F-Taste, um die Eigenschaft *Weiche Maskenkante* anzuzeigen.

3 Geben Sie für *Weiche Maskenkante* den Wert **600** ein und klicken Sie auf das Stoppuhrsymbol, um einen Keyframe zu setzen.

Hinweis: Beachten Sie, wie die Kante der maskierten Ebene weicher wird. Im vorliegenden Fall wird sie so weich, dass das Bild innerhalb der Maske noch zu sehen ist. Sie werden jetzt die weiche Kante animieren, um den Übergang zu optimieren.

4 Setzen Sie die Zeitmarke auf 12:21 und geben Sie für *Weiche Maskenkante* den Wert **24** ein. Drücken Sie die F-Taste, um die Eigenschaft *Weiche Maskenkante* auszublenden.

5 Sehen Sie sich die Vorschau der Animation an und speichern Sie das Projekt.

3D-Sechseck-Elemente hinzufügen und Zeitverzerrung zuweisen

Nun fügen Sie die 3D-Sechseck-Elemente aus Lektion 6 hinzu. Damit erhalten Sie einen idealen Übergang zwischen diesen beiden Szenen: Das Einzoomen in die reflektierende sowie glühende Kugel und die Animation, die zum Adobe-Logo und damit zum Ende führt.

1 Setzen Sie die Zeitmarke auf 12:09.

2 Ziehen Sie *3DHexagons.mov* und *3DHexLines.mov* aus dem *mov files*-Ordner im Projektfenster in die Zeitleiste. Platzieren Sie beide Elemente direkt unterhalb von *3DComposite_ball.mov*. Achten Sie darauf, dass *3DHexagons* zur *Ebene 6* und *3DHexLines* zur *Ebene 7* wird.

3 Wählen Sie nur die *3DHexagons.mov*-Ebene und dann den Befehl **Ebene: Zeitverzerrung aktivieren**.

4 Klicken Sie auf den Pfeil, um die Ebeneneigenschaften anzuzeigen. Die beiden Keyframes für den Anfang und das Ende des Films sind bereits platziert – einer bei 12:09 (Zeit) für 0:00 (Timecode) und einer bei 15:09 (Zeit) für 3:00 (Timecode).

5 Klicken Sie auf das rechte Ende der Dauerleiste und ziehen Sie den Anfasser auf die Zeitposition 17:29. Der aktuelle Wert wird in der Info-Palette angezeigt. Damit wird der letzte Frame von *3DHexagons.mov* bis zum Ende der Komposition beibehalten. Dieser letzte Frame wird so lange auf dem Bildschirm angezeigt, bis der Out-Point der Ebene erreicht ist.

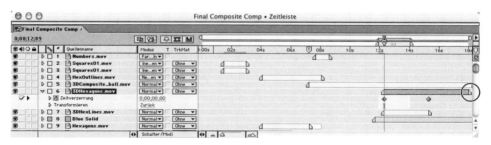

Dauerleiste bis auf 17:29 ausgeweitet

6 Wählen Sie *3DHexLines.mov* und wiederholen Sie die Schritte 3 bis 5 für diese Ebene, d.h. die Zeitverzerrung aktivieren und die Länge der Dauerleiste ändern. Blenden Sie anschließend alle Ebeneneigenschaften wieder aus.

3DHexagon.mov duplizieren und einstellen

Sie erstellen jetzt ein weiches Glühen für die Sechsecke mit Hilfe eines Effektes und eines Transfermodus.

1   Wählen Sie die Ebene *3DHexagons.mov* und duplizieren Sie diese Ebene.

2   Die oberste *3DHexagons.mov*-Ebene (*Ebene 6*) ist ausgewählt. Wählen Sie **Effekt: Weich- & Scharfzeichnen: Schneller Weichzeichner**.

3   Stellen Sie im Effektfenster für *Stärke* den Wert **40** ein. Schließen Sie anschließend das Effektfenster.

4   Wählen Sie in der Modus-Spalte für beide *3DHexagons.mov*-Ebenen den Transfermodus *Ineinanderkopieren*, um die Ebenen mit den im Ebenenstapel darunter befindlichen Ebenen zu mischen.

Option und Effekte für *3DHexLines.mov* einstellen

Nachdem Sie die flächigen Sechsecke eingestellt haben, weisen Sie jetzt Effekte zu und animieren die Deckkraft für die Konturversion dieser beiden Bilder.

1   Ziehen Sie die *3DHexLines.mov*-Ebene an die *Ebene 6*-Position, d.h. über die *3D Hexagons*-Ebenen.

2   Wählen Sie **Effekt: Kanäle: Umkehren**. Übernehmen Sie die vorgegebenen Einstellungen und schließen Sie das Effektfenster.

3   Wählen Sie in der Modus-Spalte für *Ebene 8* den Transfermodus *Hartes Licht*.

4   Drücken Sie die T-Taste, um die *Deckkraft*-Eigenschaft für *Ebene 8* anzuzeigen. Setzen Sie die folgenden *Deckkraft*-Keyframes:

- Die Zeitmarke ist auf 12:23 gesetzt. Geben Sie den Wert **0%** ein oder ziehen Sie. Klicken Sie auf das *Deckkraft*-Stoppuhrsymbol, um einen Keyframe zu setzen.

- Die Zeitmarke ist auf 13:14 gesetzt. Geben Sie den Wert **64%** ein oder ziehen Sie.

- Geben Sie an der Position 14:04 den Wert **0%** ein. Drücken Sie dann die T-Taste, um die *Deckkraft*-Eigenschaft auszublenden.

5   Drücken Sie die Tasten Alt+Pluszeichen (Windows) bzw. Wahl+Pluszeichen (Mac OS), um den Out-Point der Ebenen an der aktuellen Position (14:04) zu trimmen.

6   Benutzen Sie die Zeitmarke und die B- und N-Taste, um den Arbeitsbereich von 12:09 bis 16:00 einzustellen.

7   Sehen Sie sich eine Vorschau der Komposition an und speichern Sie das Projekt.

Die *3DHexagons*-Elemente für einen Übergang positionieren

Während die *Reflection*-Ebene ausblendet, kommen die *3DHexagons* in Position und füllen den Frame. Sie setzen jetzt die notwendigen *Position*-Keyframes, die sich zusammen mit der glühenden Kugel verschieben.

1   Setzen Sie die Zeitmarke auf 12:09.

2   Wählen Sie in der Zeitleiste die beiden Ebenen *3DHexagon.mov* und drücken Sie die P-Taste, um die *Position*-Eigenschaften anzuzeigen.

3   Beide Ebenen sind ausgewählt. Geben Sie **288** und **234** ein, um die *Position*-Koordinaten für beide Ebenen einzustellen.

4   Drücken Sie die Tasten Alt+Umschalt+P (Windows) bzw. Wahl+P (Mac OS), um die Keyframes für beide Ebenen zu setzen.

5   Setzen Sie die Zeitmarke auf 12:22 und dann beide Ebenen auf die Koordinaten **360/270** (in der Mitte des Frames). Drücken Sie die P-Taste, um die *Position*-Eigenschaften für beide Ebenen auszublenden.

6   Sehen Sie sich die Vorschau der Animation an und speichern Sie das Projekt.

Die *3DHexagons* sind jetzt auf ihrer Position verschoben worden, d.h. vom Zentrum der glühenden Kugel zum Mittelpunkt des Kompositionsframes. Das Ganze passiert sehr schnell, ist aber wichtig für einen weichen Übergang zwischen den jeweiligen Elementen.

Ein weiteres Starburst-Element hinzufügen

Sie fügen jetzt ein weiteres Starburst-Element der Komposition hinzu. Dieser Starburst erstellt eine animierte Textur hinter den *3DHexagons*, sobald das Adobe-Logo erscheint.

Normalerweise ist es keine gute Idee, ein Bild über dessen Originalgröße hinaus zu skalieren. In diesem Fall gibt es jedoch zwei besondere Umstände, die dafür sprechen: Das zu vergrößernde Bild ist weitestgehend Teil des Hintergrunds und wird nur durch die Transfermodi freigelegt. Und Sie weisen noch eine Weichzeichnung zu, mit der die treppenförmigen Kanten der Vergrößerung reduziert werden.

1. Setzen Sie die Zeitmarke auf 11:21.

2. Erweitern Sie im Projektfenster den *mov files*-Ordner innerhalb des Ordners *2DComposite07_work.aep* und ziehen Sie die Datei *Starburst.mov* in die Zeitleiste zwischen die Ebenen *3DHexagon.mov* und *Blue Solid* im Ebenenstapel. *Starburst.mov* ist jetzt *Ebene 9*.

3. Setzen Sie die Zeitmarke auf 14:11. Drücken Sie anschließend die S-Taste und geben Sie den *Skalierung*-Wert **300%** ein. Die Kanten des Starburst-Elements sind jetzt treppenförmig, da Sie die Skalierung erhöht haben.

4. Drücken Sie die T-Taste, um einen *Deckkraft*-Keyframe zu setzen (bei 100%). Lassen Sie die *Deckkraft*-Eigenschaft geöffnet.

5. Wählen Sie in der Modus-Spalte für *Starburst.mov* den Transfermodus *Ineinanderkopieren*, um den Starburst mit den Hintergrundebenen zu mischen.

6. Wählen Sie **Effekt: Weich- & Scharfzeichnen: Schneller Weichzeichner**.

7   Geben Sie im Effektfenster für *Stärke* den Wert **10** ein oder ziehen Sie. Die Weichzeichnung eliminiert die treppenförmigen Kanten des Bildes.

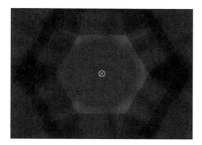

8   Drücken Sie die Ende-Taste, um zur Position 17:29 zu gelangen. Geben Sie den *Deckkraft*-Wert **0%** ein. Drücken Sie die T-Taste, um die *Deckkraft*-Eigenschaft auszublenden.

9   Benutzen Sie den aktuellen Arbeitsbereich (12:09 bis 16:00), sehen Sie sich die Vorschau der Animation an und speichern Sie das Projekt.

Der Starburst blinkt jetzt hinter den blauen Sechsecken.

Die Schluss-Szene zusammenstellen

In diesem Abschnitt integrieren Sie das Logo als Abschluss der Animation. In diesem Teil der Komposition kombinieren Sie den blauen Hintergrund und ein Sechseck-Tunnel mit drei Photoshop-Dateien, was zusammen das Adobe-Logo ergibt. Sie erzeugen aus den drei Photoshop-Dateien 3D-Ebenen, so dass diese mit einem Spotlight interagieren können. Das Spotlight lassen Sie als krönenden Abschluss über die Dateien kreisen.

Das *A* für das Logo erstellen

Sie erstellen zuerst das Adobe-Logo mit einem großen A auf einem roten Hintergrund.

1   Setzen Sie die Zeitmarke auf 13:28.

2   Ziehen Sie die Datei *A.psd* (im *psd files*-Ordner) aus dem Projektfenster in die Zeitleiste ganz nach oben im Ebenenstapel (*Ebene 1*). Der Ebenen-In-Point ist automatisch auf 13:28 gesetzt.

3 Klicken Sie in der Schalter-Spalte auf den Schalter »3D-Ebene« (⬚), um aus *A.psd* eine 3D-Ebene zu machen.

4 Drücken Sie die P-Taste und geben Sie die Positionskoordinaten **360/234/0** ein, so dass sich das Bild geringfügig über dem Mittelpunkt des Frames befindet.

5 Drücken Sie die S-Taste und geben Sie den *Skalierung*-Wert **0%** ein. Setzen Sie dann einen *Skalierung*-Keyframe.

6 Setzen Sie die Zeitmarke auf 14:09 und geben Sie den *Skalierung*-Wert **62%** ein. Das Logo vergrößert sich jetzt im Verlauf von 11 Frames.

Das *R* für das Logo erstellen

Die Datei *R.psd* ist ein Photoshop-Bild mit dem Symbol für ein eingetragenes Warenzeichen (®). Obwohl es sich um ein kleines Element innerhalb der Komposition handelt, ist es für die Kunden meist äußerst wichtig. Sie kommen dem Kundenwunsch nach und integrieren dieses Zeichen elegant in die Gesamtgestaltung.

1 Setzen Sie die Zeitmarke auf 15:04 und ziehen Sie die Datei *R.psd* aus dem Projektfenster in die Zeitleiste ganz oben in den Ebenenstapel (*Ebene 1*). Der Ebenen-In-Point wird automatisch auf 15:04 gesetzt.

2 Klicken Sie in der Schalter-Spalte auf den Schalter »3D-Ebene« (⬚), um aus *R.psd* eine 3D-Ebene zu machen.

3 Drücken Sie die P-Taste und geben Sie die Positionskoordinaten **451/165/ 0** ein. *R.psd* befindet sich jetzt in der oberen rechten Ecke von *A.psd*.

4 Drücken Sie die S-Taste und geben Sie den *Skalierung*-Wert **60%** ein.

5 Drücken Sie die T-Taste und geben Sie den *Deckkraft*-Wert **0%** ein. Klicken Sie dann auf das Stoppuhrsymbol, um einen Keyframe zu setzen.

6 Setzen Sie die Zeitmarke auf 16:04 und geben Sie den *Deckkraft*-Wert **100%** ein.

R.psd blendet nun über den Zeitraum von einer Sekunde ein.

Den Schriftzug *Adobe* für das Logo erstellen

Der letzte Teil im Adobe-Logo ist das weiß gesetzte Wort *Adobe*.

1   Setzen Sie die Zeitmarke auf 14:11 und ziehen Sie *Adobe.psd* aus dem Projektfenster in die Zeitleiste ganz nach oben im Ebenenstapel (*Ebene 1*). Der Ebenen-In-Point ist automatisch auf 14:11 gesetzt.

2   Klicken Sie in der Schalter-Spalte auf den Schalter »3D-Ebene« (⌐), um aus *Adobe.psd* eine 3D-Ebene zu machen.

3   Drücken Sie die S-Taste und geben Sie den *Skalierung*-Wert **62%** ein.

4   Drücken Sie die P-Taste und geben Sie die Positionskoordinaten **362/355/0** ein.

5   Drücken Sie die T-Taste und geben Sie den *Deckkraft*-Wert **0%** ein. Klicken Sie dann auf das Stoppuhrsymbol, um einen Keyframe zu setzen.

6   Setzen Sie die Zeitmarke auf 15:11 und geben Sie den *Deckkraft*-Wert **100%** ein.

💡 *Um genau um eine Sekunde nach vorne zu springen, klicken Sie auf die Anzeige des aktuellen Zeitpunkts links oben in der Zeitleiste, um das Dialogfeld »Gehe zu Zeitpunkt« zu öffnen. Drücken Sie auf dem Zahlenfeld die Plustaste (+) und geben Sie **100** ein, um eine Sekunde nach vorne zu springen. Wenn Sie um eine Sekunde zurück springen möchten, drücken Sie im Dialogfeld die Plustaste(+), dann die Minustaste (-) und geben Sie den Wert **100** ein.*

7   Reduzieren Sie alle drei Logo-Ebenen (*A.psd*, *R.psd* und *Adobe.psd*).

8   Benutzen Sie die Zeitmarke und die B- und N-Taste, um den Arbeitsbereich von 12:00 bis 17:29 einzustellen.

9   Sehen Sie sich die Vorschau der Animation an und speichern Sie das Projekt.

Das Logo bewegt sich nun zum Betrachter (das Logo wird größer), während der Name Adobe und das Warenzeichen (®) eingeblendet werden. Das verwendete Timing passt optimal zum Ton.

Das Streiflicht hinzufügen

Jetzt setzen Sie noch ein Streiflicht über das Logo. Dazu erstellen Sie ein einfaches Spotlight in der Komposition und animieren dessen Point of Interest. Der Point of Interest gibt an, in welche Richtung das Licht scheint. Sie werden das Licht so einstellen, dass es über den Kompositionsframe geht und am Schluss das Adobe-Logo mit Farbe versieht.

1 Die Zeitmarke ist auf 13:28 gesetzt. Wählen Sie **Ebene: Neu: Licht**. Das Dialogfeld »Lichteinstellungen« wird angezeigt.

2 Klicken Sie auf OK, um die folgenden Standardeinstellungen zu übernehmen (Sie können die Einstellungen auch ändern):

- Name: Licht 1
- Lichtart: Spot
- Intensität: 100%
- Lichtkegel: 90°
- Weiche Kegelkante: 50%
- Farbe: Weiß
- Wirft Schatten: (nicht aktiviert)

3 Erweitern Sie in der Zeitleiste die Ebene *Licht 1* und dann deren *Transformieren*-Eigenschaften.

4 Geben Sie für *Position* die Koordinaten **156/163/-334** ein (der letzte Wert ist negativ). Das Licht bewegt sich in den oberen linken Bereich des Kompositonsframes.

Hinweis: Es ist möglich, einfach Licht 1 *auszuwählen und dann in das Kompositionsfenster zu ziehen – wir möchten jedoch die genauen Zahlenwerte für die Position, d.h., in diesem Fall ist die Eingabe oder das Ziehen die bessere Lösung. Das gilt auch für den nächsten Schritt, in dem Sie den Point of Interest ändern.*

5 Geben Sie für *Point of Interest* die Positionswerte **-37/204/-50** ein (achten Sie auf die negativen Werte) und klicken Sie auf das Stoppuhrsymbol, um einen Keyframe zu setzen. Das Licht kommt jetzt gerade außerhalb der oberen linken Begrenzung des Kompositionsframes.

6 Setzen Sie die Zeitmarke auf 15:00 und ändern Sie die Koordinaten für *Point of Interest* in **357/202/-58**, um das Licht direkt auf das Adobe-Logo zu richten. Blenden Sie anschließend die Eigenschaften für die Ebene *Licht 1* aus.

7 Benutzen Sie die Zeitmarke und die B- und N-Taste, um den Arbeitsbereich von 13:15 bis 16:00 festzulegen.

8 Erstellen Sie eine RAM-Vorschau und speichern Sie anschließend das Projekt.

Glückwunsch! Sie haben jetzt alle Elemente platziert. Um das fertige Ergebnis zu sehen, können Sie eine Vorschau der Komposition erstellen. Da die Animation jedoch umfangreich und komplex ist, könnte der vorhandene Arbeitsspeicher für eine RAM-Vorschau der kompletten Komposition nicht ausreichen. Reduzieren Sie deshalb einfach den Arbeitsbereich und sehen Sie sich Ihre Arbeit als Einzelteile mit jeweils vier Sekunden Länge an.

Mit der Lektion 10 ist Ihre Animation komplett. Sie werden in der letzten Lektion diese Komposition in verschiedenen Ausgabeformaten rendern.

Lektion 11

11 | Renderliste und Ausgabeformate

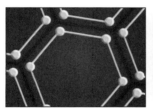

Der Erfolg Ihres Projekts hängt davon ab, dass Sie Ihren Kunden die Arbeit im gewünschten Format liefern. Sie werden in dieser abschließenden Lektion Zeit sparende Vorlagen erstellen und dann Ihre fertige Komposition in verschiedenen Formaten und Auflösungen für das Fernsehen und das Internet rendern.

LEKTION 11
Renderliste und Ausgabeformate

In dieser Lektion lernen Sie Folgendes:

- Rendereinstellungen-Vorlagen erstellen
- Ausgabemodule-Vorlagen erstellen
- Mehrere Ausgabemodule gleichzeitig rendern
- Den passenden Kompressor für das jeweilige Format auswählen
- Pixel-Seitenverhältnis-Korrektur anwenden
- Die fertige Animation für ein sendefähiges NTSC-Video rendern
- Eine Testversion der Komposition rendern
- Eine Web-Version der fertigen Komposition rendern

Sie beschäftigen sich in dieser Lektion besonders intensiv mit dem Rendern. Um den Kundenwunsch nach verschiedenen Versionen dieser Animation zu erfüllen (siehe »Vorgehen bei den Lektionen« auf Seite 16), werden Sie sich mit den in der Renderliste zur Verfügung stehenden Optionen auseinander setzen. Nachdem Sie Rendereinstellungen- und Ausgabemodule-Vorlagen erstellt haben, produzieren Sie eine sendefähige TV- und eine Web-Version des fertigen Films.

Die gesamte für diese Lektion benötigte Zeit hängt zum Teil auch von der Geschwindigkeit des Prozessors und von dem für das Rendern zur Verfügung stehenden Arbeitsspeicher ab. Dennoch wird diese Lektion nur etwa eine Stunde in Anspruch nehmen.

Vorbereitungen

Sie müssen für diese Lektion keine neuen Dateien kopieren, da Sie die komplette finale Komposition bereits in Lektion 10 fertig gestellt haben. Dennoch sollten Sie die Beispielfilme aus dem Ordner *Sample_Movies/Lektion11* auf der Buch-CD in den Ordner *Sample_Movies* auf Ihrer Festplatte kopieren und dann abspielen:

- *Final_Sorenson_final.mov*
- *Final_Cinepak_final.mov*
- *Final_NTSC_final.mov*

Diese Lektion fängt da an, wo Lektion 10 endete – alles ist vorbereitet, um die Komposition *Final Composite Comp* zu rendern. Sie öffnen also erst einmal die Datei *FinalComposite10_work.aep* aus Lektion 10.

1   Starten Sie After Effects.
2   Wählen Sie **Datei: Projekt öffnen**.
3   Öffnen Sie den *_aep*-Ordner innerhalb des Ordners *AE_CIB job* und wählen Sie die Datei *FinalComposite10_work.aep*.
4   Klicken Sie auf »Öffnen«.

Falls Sie Lektion 10 erst vor kurzem beendet haben, können Sie auch »Datei: Letztes Projekt öffnen« wählen und dann aus dem Untermenü die Datei FinalComposite10_work.aep auswählen.

Das Projekt wird mit den Fenster- und Palettenpositionen geöffnet, die beim letzten Speichern dieses Projekts auf Ihrem Bildschirm vorhanden waren. Falls das Kompositionsfenster, die Zeitleiste oder das Effektfenster geöffnet sind, sollten Sie diese Fenster jetzt schließen.

Vorlagen für das Rendern erstellen

Sie haben in den vorangegangenen Lektionen die Rendereinstellungen und die Einstellungen für die Ausgabemodule für jede Komposition einzeln festgelegt. In diesem Abschnitt erstellen Sie Vorlagen sowohl für die Rendereinstellungen als auch für die Einstellungen der Ausgabemodule. Diese Vorlagen können Sie dann für alle Elemente anwenden, die im gleichen Format ausgegeben bzw. geliefert werden sollen. Sie werden nach ihrer Definition im Fenster der Renderliste im entsprechenden Einblendmenü (Rendereinstellungen oder Ausgabemodul) angezeigt. Sobald Sie dann einen Job rendern möchten, wählen Sie einfach die entsprechende Vorlage für den jeweiligen Job aus. Danach werden alle erforderlichen Einstellungen automatisch aus der Vorlage übernommen.

Eine Rendereinstellungen-Vorlage für beste Qualität erzeugen

Die erste von Ihnen erstellte Vorlage enthält die Rendereinstellungen für beste Qualität bzw. höchste Auflösung.

1. Wählen Sie **Bearbeiten: Vorlagen: Rendereinstellungen**, um das Dialogfeld »Vorlagen für Rendereinstellungen« zu öffnen.

2. Klicken Sie unter »Einstellungen« auf die Schaltfläche »Neu«, um das Dialogfeld »Rendereinstellungen« zu öffnen.

3. Wählen Sie unter »Rendereinstellungen« für »Qualität« die Option »Beste« und für »Auflösung« die Option »Voll«.

4. Nehmen Sie unter »Zeitsampling« die folgenden Einstellungen vor:

   - Wählen Sie für »Frame-Überblendung« die Option »Ein für aktivierte Ebenen«.
   - Wählen Sie für »Bew.-Unschärfe« die Option »Ein für aktivierte Ebenen«.
   - Wählen Sie unter Zeitspanne »Länge der Komposition«.
   - Aktiveren Sie unter »Framerate« die Option »Von Komposition«.

5. Klicken Sie auf OK, um wieder zum Dialogfeld »Vorlagen für Rendereinstellungen« zu gelangen. Die aktuellen Einstellungen werden in der unteren Hälfte des Dialogfelds angezeigt. Falls noch Änderungen vorgenommen werden sollen, klicken Sie auf die Schaltfläche »Bearbeiten«.

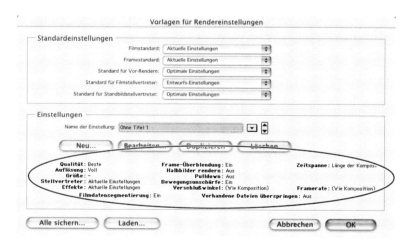

6. Geben Sie unter »Name der Einstellung« den Namen **Final Render_fullres** (für volle Auflösung) ein.

7 Wählen Sie oben im Dialogfeld unter »Filmstandard« die Option »Final Render_fullres«. Klicken Sie anschließend auf OK, um das Dialogfeld zu schließen.

Final Render_fullres ist jetzt die standardmäßige Rendereinstellung und wird beim Öffnen der Renderliste statt *Aktuelle Einstellungen* angezeigt.

💡 *Wenn Sie die Rendereinstellungen-Vorlage für ein anderes Computersystem speichern möchten, können Sie im Dialogfeld »Vorlagen für Rendereinstellungen« auf die Schaltfläche »Alle Speichern« klicken, bevor Sie das Dialogfeld in Schritt 7 schließen oder später mit dem Befehl »Bearbeiten: Vorlagen: Rendereinstellungen« wieder öffnen. Speichern Sie die Datei auf Ihrer Festplatte – beispielsweise im After-Effects-Programmordner. Alle aktuell geladenen Rendereinstellungen werden in einer Datei mit der Erweiterung .ars gespeichert. Kopieren Sie diese Datei dann auf die Festplatte des anderen Computersystems. Wenn Sie danach After Effects auf diesem System starten, wählen Sie »Bearbeiten: Vorlagen: Rendereinstellungen« und klicken Sie auf die Schaltfläche »Laden«. Wählen Sie die neue .ars-Datei, um die zuvor gespeicherten Einstellungen wieder zu laden.*

Eine Rendereinstellungen-Vorlage für Tests erstellen

Jetzt erstellen Sie eine zweite Rendereinstellungen-Vorlage und legen dafür die Einstellungen fest, die Sie für das Rendern einer Testversion Ihres fertigen Films benötigen. Die Testversion ist kleiner als ein voll auflösender Film und wird deshalb auch schneller gerendert. Wenn Sie mit komplexen Kompositionen arbeiten, sparen Sie durch das Rendern einer Testversion viel Zeit ein. Eventuelle Fehler sind dennoch zu erkennen und können vor dem Rendern des fertigen Film schnell behoben werden.

1 Wählen Sie **Bearbeiten: Vorlagen: Rendereinstellungen**. Das Dialogfeld »Vorlagen für Rendereinstellungen« wird angezeigt.

2. Klicken Sie unter »Einstellungen« auf die Schaltfläche »Neu«, um das Dialogfeld »Rendereinstellungen« zu öffnen.

3. Nehmen Sie die folgenden Einstellungen vor:
   - Wählen Sie für »Qualität« die Option »Beste«.
   - Wählen Sie für »Auflösung« die Option »Drittel«, um den Film mit einem Drittel der Kompositionsgröße zu rendern.

4. Nehmen Sie unter »Zeitsampling« die folgenden Einstellungen vor:
   - Wählen Sie für »Frame-Überblendung« die Option »Aktuelle Einstellungen«.
   - Wählen Sie für »Bew.-Unschärfe »Aktuelle Einstellungen«.
   - Wählen Sie unter Zeitspanne »Länge der Komposition«.

5. Aktiveren Sie unter »Framerate« die Option »Diese Rate« und geben Sie den Wert **12** (fps) ein. Klicken Sie auf OK, um wieder zum Dialogfeld »Vorlagen für Rendereinstellungen« zu gelangen.

6. Geben Sie unter »Name der Einstellung« den Namen **Test_lowres** (für *geringe Auflösung*) ein.

7. Prüfen Sie Ihre Einstellungen, die jetzt in der unteren Hälfte des Dialogfelds angezeigt werden. Falls Sie noch Änderungen vornehmen möchten, klicken Sie auf die Schaltfläche »Bearbeiten«. Klicken Sie anschließend auf OK.

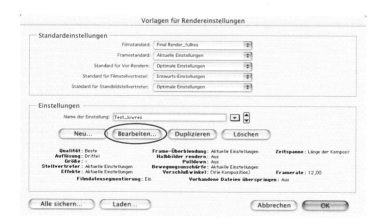

Die Option »Test_lowres« wird jetzt in der Renderliste im Einblendmenü »Rendereinstellungen« angezeigt.

Sie haben jetzt zwei Rendereinstellungen-Vorlagen erstellt – eine für die fertige Version des voll auflösenden Films und eine für eine niedrig auflösende Version der fertigen Komposition.

Vorlagen für Ausgabemodule erstellen

Nun erzeugen Sie ähnlich wie im vorherigen Abschnitt die Vorlagen für Ausgabemodule-Einstellungen. Jede Vorlage enthält die Einstellungen, die für den jeweiligen Ausgabetyp benötigt werden.

Eine Ausgabemodule- Vorlage für das Fernsehen

Die erste Vorlage erstellen Sie für Ausgabemodule-Einstellungen, die für eine NTSC-TV-Version Ihres fertigen Films benötigt werden.

1 Wählen Sie **Bearbeiten: Vorlagen: Ausgabemodul**.

2 Klicken Sie unter »Einstellungen« auf die Schaltfläche »Neu«, um das Dialogfeld »Einstellungen für Ausgabemodule« zu öffnen.

3 Nehmen Sie im Dialogfeld »Einstellungen für Ausgabemodule« unter »Ausgabe-Modul« die folgenden Einstellungen vor:

- Wählen Sie unter »Format« die Option »QuickTime-Film«.
- Wählen Sie unter »Vorgang nach dem Rendern« die Option »Importieren«.
- Klicken Sie unter »Video-Ausgabe« auf die Schaltfläche »Formatoptionen«, um das Dialogfeld »Komprimierung« zu öffnen.

4 Wählen Sie unter »Kompression« die Optionen »Animation« und »Über 16,7 Mill. Farben«. Klicken Sie auf OK, um dieses Dialogfeld wieder zu schließen, und sehen Sie sich die Einstellungen im Dialogfeld »Einstellungen für Ausgabemodule« an. Achten Sie darauf, dass unter »Kanäle« die Option »RGB« und unter »Tiefe« die Option »16,7 Millionen Farben« ausgewählt ist.

5   Aktivieren Sie unten im Dialogfeld die Option »Audioausgabe« und wählen Sie für die Sample-Rate aus den entsprechenden Einblendmenüs die Optionen »44,100 kHz«, »16 Bit« und »Stereo«.

6   Klicken Sie auf OK, um wieder zum Dialogfeld »Vorlagen für Ausgabemodule« zurückzukehren. Prüfen Sie die Einstellungen in der unteren Hälfte des Dialogfelds und klicken Sie auf die Schaltfläche »Bearbeiten«, falls Sie noch Änderungen vornehmen möchten.

7   Geben Sie unter »Name der Einstellung« den Namen **Final Render_QT_audio** (QuickTime mit Audio) ein.

8   Wählen Sie unter »Standardeinstellungen« aus dem Einblendmenü »Filmstandard« die Option »Final Render_QT_audio«. Klicken Sie anschließend auf OK.

Die Vorlage *Final Render_ QT_audio* ist jetzt die standardmäßige Auswahl im Einblendmenü »Ausgabemodus« und wird immer statt »Verlustfrei« angezeigt, wenn Sie der Renderliste ein Element einer Komposition zum Rendern als Film hinzufügen.

Sie können wie bei den Rendereinstellungen-Vorlagen auch Ausgabemodule-Vorlagen für andere Systeme speichern. Klicken Sie im Dialogfeld »Vorlagen für Ausgabemodule« auf die Schaltfläche »Alle Speichern«. Benennen Sie die Datei und speichern Sie die Datei auf Ihrer Festplatte – beispielsweise im After-Effects-Programmordner. Alle aktuell geladenen Ausgabemodule werden in einer Datei mit der Erweiterung .aom gespeichert. Kopieren Sie diese Datei dann auf die Festplatte des anderen Computersystems und starten Sie After Effects. Wählen Sie »Bearbeiten: Vorlagen: Ausgabemodul«, klicken Sie auf die Schaltfläche »Laden« und wählen Sie die entsprechende .aom-Datei mit den Einstellungen aus.

Eine niedrig auflösende Ausgabemodule-Vorlage erstellen

Nun erstellen Sie eine zweite Ausgabemodule-Vorlage mit Einstellungen für eine niedrig auflösende Testversion des Films. Im vorliegenden Falls passen die Einstellungen auch für eine Web-Version des Films.

1 Wählen Sie **Bearbeiten: Vorlagen: Ausgabemodul**, um das Dialogfeld »Vorlagen für Ausgabemodule« zu öffnen.

2 Klicken Sie unter »Einstellungen« auf die Schaltfläche »Neu«, um das Dialogfeld »Einstellungen für Ausgabemodule« zu öffnen.

3 Wählen Sie unter »Format« die Option »QuickTime-Film«.

4 Wählen Sie unter »Vorgang nach dem Rendern« die Option »Importieren«.

5 Klicken Sie unter »Video-Ausgabe« auf die Schaltfläche »Formatoptionen«, um das Dialogfeld »Komprimierung« zu öffnen. Nehmen Sie folgende Einstellungen vor:

   • Wählen Sie aus dem Einblendmenü »Kompression« die Option »Sorenson Video«. Dieser Kompressor bestimmt automatisch die Farbeinstellung.

   • Schieben Sie den Qualitätsregler auf »Höchste«.

- Aktivieren Sie die Option »Basisbild alle« und geben Sie den Wert **30** ein.
- Aktivieren Sie die Option »Datenrate« und geben Sie den Wert **150** ein.

6 Klicken Sie auf OK, um das Dialogfeld »Videokomprimierung« zu schließen und wieder zum Dialogfeld »Einstellungen für Ausgabemodule« zurückzukehren.

7 Aktivieren Sie die Option »Audioausgabe« und klicken Sie auf die Schaltfläche »Formatoptionen«, um das Dialogfeld »Toneinstellungen« zu öffnen. Nehmen Sie folgende Einstellungen vor:

- Wählen Sie unter »Kompression« die Option »IMA 4:1«.
- Wählen Sie unter »Abtastrate« die Option »22,050«.
- Aktivieren Sie das Dateiformat »16 Bit«.
- Wählen Sie unter »Kanäle« die Option »Stereo« und klicken Sie auf OK, um das Dialogfeld »Toneinstellungen« zu schließen. Die Toneinstellungen werden nun im Dialogfeld »Einstellungen für Ausgabemodule« unter »Audioausgabe« angezeigt. Klicken Sie auf OK, um das Dialogfeld zu schließen.

8 Prüfen Sie in der unteren Hälfte des Dialogfelds »Vorlagen für Ausgabemodule« die Einstellungen und klicken Sie auf die Schaltfläche »Bearbeiten«, falls Sie noch Änderungen vornehmen möchten.

9 Geben Sie unter »Name der Einstellungen« den Namen **Test_Sorenson** ein und klicken Sie anschließend auf OK.

Hinweis: Der Kompressor Sorenson Video *ist mit QuickTime 4.0 oder aktueller verfügbar. QuickTime gehört zum Lieferumfang von After Effects und lässt sich auch von der Apple-Website kostenlos herunterladen. Der IMA-4:1-Kompressor wird eingesetzt, um Audio für die Wiedergabe im Internet oder auf dem Computer zu komprimieren.*

Eine größere Kompression und eine niedrigere Audio-Sample-Rate erzeugen kleinere Dateien, verringern aber auch die Ausgabequalität. Dennoch ist unsere Vorlage für eine niedrig auflösende Qualität ideal zum Testen von Filmen und für deren Verbreitung über das Internet.

Weitere Informationen über spezielle Kompressionseinstellungen finden Sie unter »Einstellen von QuickTime-Komprimierungsoptionen« und unter »Festlegen der Komprimierungsoptionen für Video für Windows« in der After-Effects-Online-Hilfe.

Für verschiedene Ausgabemedien rendern

Sie haben jetzt Vorlagen für Ihre Rendereinstellungen und Ausgabemodule erstellt und können diese Vorlagen für das Rendern der endgültigen Filme verwenden.

Rendern eines Testfilms vorbereiten

Jetzt rendern Sie zuerst die Testversion und wählen dazu die Rendereinstellungen-Vorlagen für die *Test_lowres*-Rendereinstellungen und das *Test_Sorenson*-Ausgabemodul aus.

1   Doppelklicken Sie im Projektfenster auf die Komposition *Final Composite Comp*, um sie im Kompositionsfenster und in der Zeitleiste zu öffnen.

2   Prüfen Sie die Schalter in der Audio-/Video-Spalte, um sicherzustellen, dass der Video-Schalter (👁) für alle optischen Ebenen und der Audio-Schalter für die Audio-Ebene (🔊) eingeschaltet ist. Schließen Sie anschließend das Kompositionsfenster und die Zeitleiste.

3   Wählen Sie im Projektfenster die Komposition *Final Composite Comp* und dann **Komposition: Film erstellen**.

4 Klicken Sie auf den Text *Final Composite Comp.mov* neben »Sichern unter«, suchen Sie nach dem Ordner *AE_CIB job* und klicken Sie dann auf die Schaltfläche »Neuen Ordner erstellen« (F5) (After Effects 5.5) bzw. suchen Sie im automatisch aufgerufenen Dialogfenster »Film ausgeben unter« nach dem Ordner *AE_CIB job* und klicken Sie dann auf die Schaltfläche »Neuen Ordner erstellen« (F5) (After Effects 5).

5 Geben Sie für den neuen Ordner den Namen **Final_Renders** ein und öffnen Sie den Ordner.

6 Geben Sie als Dateinamen **Final_Sorenson.mov** ein und klicken Sie dann auf »Speichern«. Die Renderliste wird mit diesem Element geöffnet.

7 Wählen Sie aus dem Einblendmenü »Rendereinstellungen« die Option »Test_lowres«.

8 Wählen Sie aus dem Einblendmenü »Ausgabemodul« die Option »Test_Sorenson«.

9 Speichern Sie das Projekt.

Sie werden noch einige andere Dinge regeln, bevor Sie den Film rendern. Lassen Sie die Renderliste geöffnet.

Mehr zur Komprimierung

Komprimierung ist ein wichtiger Vorgang zur Reduzierung des Datenumfangs eines Films, der ansonsten zu umfangreich für eine effektive Wiedergabe wäre. Wenn Sie eine Filmdatei komprimieren, können Sie sie für die optimale Wiedergabe auf einem Computer, auf einem Videowiedergabegerät, vom Internet oder von einem CD-ROM-Laufwerk feineinstellen. Das gilt insbesondere bei einem begrenzten Durchsatz, d.h. die Datenmenge, die ein Laufwerk pro Sekunde verarbeiten kann. Eine interne Festplatte oder ein CD-ROM-Laufwerk können die Daten nicht schnell genug verarbeiten, um einen voll auflösenden Film in Echtzeit abspielen zu können. Das Gleiche gilt für das Abspielen von Filmen auf einer Website.

Komprimierung ist immer ein Kompromiss zwischen Qualität und Größe. Wenn Sie die Größe einer Datei reduzieren (die Datei kann dann schneller abgespielt werden), geht das immer zu Lasten der Bildqualität.

Der verwendete Kompressor bestimmt, welche Informationen beim Komprimieren der Datei entfernt werden, und das hat wiederum Einfluss auf das Bild. Die einzelnen Kompressoren beeinflussen das Bild unterschiedlich. Einige Kompressoren eignen sich besser für eine bestimmte Animation – je nach den vorhandenen Bildern und Farben. Andere Kompressoren unterstützen Alpha-Kanäle. Wichtig ist, den Kompressor auszuwählen, der eine maximale Bildqualität bei möglichst geringer Dateigröße liefert. Meist müssen Sie selber erst experimentieren, d.h. Filme mit unterschiedlichen Kompressoren und verschiedenen Einstellungen rendern. Erst dann verfügen Sie über die richtige Kombination für Ihre Belange.

Internet- und Computer-Wiedergabe: *Die Kompressoren* Sorenson Video *und* Cinepak *sind Standardkompressoren für Elemente, die auf einem Computer, von einer CD oder über eine Website abgespielt werden sollen. Beide Kompressoren reduzieren die Dateigröße, so dass der Film ohne allzu große Verluste bei der Bildqualität effizient abgespielt werden kann. Eine Verringerung der Framerate (wie bei der Rendereinstellungen-Vorlage* Test_lowres *) und der Auflösung (die Größe des Films) hilft ebenfalls bei der Produktion von Filmen für eine Wiedergabe mit geringen Datenraten.*

Video-Wiedergabe oder Ausgabe auf Video: *Wenn Sie über eine Video-Schnittkarte für die Aufnahme und/oder Wiedergabe von Videos in Ihrem System verfügen, sollten Sie Ihre Animation unter Verwendung des Kompressors bzw. des Codecs für die entsprechende Karte rendern. Die meisten Karten basieren auf diesen Komprimierungsalgorithmen: DV-Komprimierung, Motion JPG, MPEG 2 oder unkomprimierte serielle Digital-Ausgabe. Indem Sie mit dem entsprechenden Kompressor oder Codes komprimieren (und die vom Kompressor benötigte Frame-Größe einstellen), können Sie die installierte Hardware nutzen – Wiedergabe der Animation in Echtzeit und in Videoauflösung auf einem externen NTSC- oder PAL-Monitor. Sie können auch über die analogen und/oder digitalen Ausgänge der Videokarte die Animation direkt auf Videoband überspielen.*

Mit mehreren Ausgabemodulen arbeiten

Jetzt fügen Sie der Renderliste ein weiteres Ausgabemodul hinzu, so dass Sie die beiden Komprimierungsarten vergleichen können. Dieses Ausgabemodul stellen Sie für den Cinepak-Kompressor ein.

1 Die Komposition *Final Composite Comp* ist noch in der Renderliste ausgewählt. Wählen Sie **Komposition: An die Renderliste anfügen**. Ein zweiter Satz mit den Optionen »Ausgabemodul« und »Sichern unter« wird direkt unter dem ersten Satz angezeigt.

2 Wählen Sie aus dem unteren Einblendmenü »Ausgabemodul« die Option »Test_Sorenson«.

3 Klicken Sie auf die unterstrichenen Wörter *Test_Sorenson*, um das Dialogfeld »Einstellungen für Ausgabemodule« zu öffnen. Klicken Sie anschließend auf die Schaltfläche »Formatoptionen«.

4 Nehmen Sie im Dialogfeld »Komprimierung« die folgenden Einstellungen vor:

- Wählen Sie aus dem oberen Einblendmenü die Option »Cinepak«.
- Wählen Sie aus dem unteren Einblendemenü die Option »16,7 Mill. Farben«.
- Achten Sie darauf, dass die folgenden Einstellungen gewählt sind: Qualitätsregler auf »Höchste«, 12 Bilder pro Sekunde, Basisbild alle 30 Bilder und eine maximale Datenrate von 150KB/Sek. Klicken Sie dann auf OK, um das Dialogfeld zu schließen.

5   Klicken Sie erneut auf OK, um das Dialogfeld »Einstellungen für Ausgabemodule« zu schließen.

6   Klicken Sie neben »Sichern unter« auf die Wörter *Final Composite.mov,* um das Dialogfeld »Film ausgeben unter« zu öffnen.

7   Geben Sie als Dateinamen **Final_Cinepak.mov** ein und speichern Sie den Film im Ordner *Final_Renders* innerhalb des *AE_CIB*-Ordners.

8   Speichern Sie das Projekt in der Renderliste und klicken Sie auf »Rendern«. After Effects rendert beide Formate gleichzeitig.

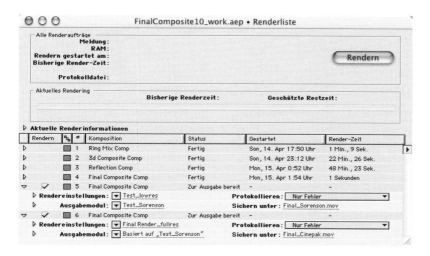

Schließen Sie die Renderliste, nachdem das Rendern abgeschlossen ist. Die beiden Filme *Final_Sorenson.mov* und *Final_Cinepak.mov* werden im Projektfenster angezeigt. Sie können auf die einzelnen Filme doppelklicken, um sie im Footage-Fenster anzusehen und zu vergleichen. Wählen Sie den Film mit der besten Qualität und benennen Sie ihn außerhalb von After Effects (d.h. auf dem Desktop) in **Final_Web.mov** um. Diese Version könnten Sie jetzt Ihrem Auftraggeber übergeben.

Hinweis: Es könnte vielleicht nach dem Rendern hilfreich sein, die Filmgröße noch weiter zu reduzieren und ihn erst dann in eine Website zu stellen. Eventuell möchten Sie auch ein Streaming Video erstellen oder einfach nur die Größe des Films verringern, um einigermaßen vernünftige Download-Zeiten zu erzielen. Das bewerkstelligen Sie am besten mit speziellen Komprimierungsprogrammen, die speziell für diesen Zweck angeboten werden.

Falls Sie noch Änderungen an der Animation vornehmen möchten, öffnen Sie die entsprechende Komposition und ändern Sie die jeweiligen Einstellungen. Speichern Sie Ihre Arbeit, bevor Sie den Testfilm erneut rendern. Wenn jetzt alles zu Ihrer Zufriedenheit ausgefallen ist, sollten Sie mit dem Rendern der hoch auflösenden Version beginnen.

> **Exportieren als SWF**
>
> Sie können aus After Effects heraus Kompositionen im Format MacroMedia Flash (.swf) exportieren. Allerdings eignen sich bestimmte Grafiken bzw. Bilder besser und andere schlechter für den Export als SWF. Gerasterte Bilder und einige Effekte lassen sich nicht mit Vektoren darstellen und sind deshalb im SWF-Format alles andere als effizient. Der Export ist zwar möglich, aber dann ist die Datei einfach zu groß.
>
> Wenn Sie Elemente in SWF exportieren, sollten Sie alle Ebenen in einer einzelnen Komposition platzieren und nicht in Unterkompositionen oder verschachtelten Kompositionen. Wird mit einer einzelnen Komposition gearbeitet, verringert sich meist auch die Größe der exportierten Datei.
>
> Im vorliegenden Projekt sind viele gerasterte Bilder vorhanden – das SWF-Format bietet sich hier also nicht an. Weitere Informationen finden Sie unter »Exportieren in das Macromedia-Flash-Format (SWF)« in der After-Effects-Online-Hilfe.

Rendern der Komposition in voller Auflösung vorbereiten

Nun bereiten Sie das Rendern der Komposition *Final Composite Comp* vor. Diese Animation soll dem Kunden als NTSC-Video abgeliefert werden. Dazu platzieren Sie zuerst die Komposition *Final Composite Comp* in einer neuen Komposition, die das Format für das gewünschte Ausgabeformat besitzt.

1   Falls das Kompositionsfenster, die Zeitleiste und das Effektfenster noch geöffnet sind, sollten Sie diese Fenster jetzt schließen.

2 Wählen Sie **Komposition: Neue Komposition** und nehmen Sie folgende Einstellungen vor:

- Geben Sie den Namen **Final Comp NTSC** ein.

- Wählen Sie die Voreinstellung »NTSC D1, 720 x 486«, um automatisch die richtigen Maße festzulegen, und dann das Pixel-Seitenverhältnis »D1/DV NTSC 0,9« und die Framerate »29,97«.

- Wählen Sie die volle Auflösung oder je nach System eine niedrigere Auflösung.

- Achten Sie darauf, dass der Timecode bei 0:00 startet.

• Geben Sie im Feld »Dauer« den Wert **18:00** für 18 Sekunden ein und klicken Sie dann auf OK. Die Komposition wird im Kompositionsfenster und in der Zeitleiste geöffnet.

3 Wählen Sie im Projektfenster die Komposition *Final Composite Comp* und platzieren Sie sie in die neue Komposition durch Ziehen auf das Symbol F*inal Comp NTSC*. Lassen Sie die Maustaste los, sobald das Symbol *Final Comp NTSC* hervorgehoben ist.

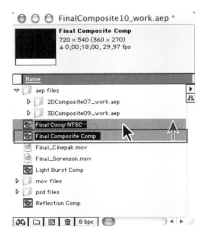

Pixel-Seitenverhältnis-Korrektur

Beim Betrachten der Vorschau dieser Animation werden Sie feststellen, dass die Elemente im Kompositionsfenster etwas breiter als vorher angezeigt erscheinen. Diese *D1 NTSC*-Komposition hat ein nicht-quadratisches Pixel-Seitenverhältnis und der Computer zeigt Bilder unter Verwendung quadratischer Pixel an. Deshalb werden die Bilder im Kompositionsfenster in die Länge gezogen, es sei denn, Sie aktivieren die Option »Pixel-Seitenverhältnis-Korrektur«. Dadurch erscheint das Kompositionsfenster etwas »zusammengedrückt«, um das Bild so anzuzeigen, wie es auf dem Computermonitor erscheint. Diese Option ist standardmäßig ausgeschaltet. Folgen Sie diesen Schritten für eine Pixel-Seitenverhältnis-Korrektur:

1 Setzen Sie die Zeitmarke auf 6:00, d.h. an die Stelle, wo die Sechsecke den Kompositionsrahmen ausfüllen. Schauen Sie sich sorgfältig die Form des Bildes im Kompositionsfenster an.

2 Sofern diese Option noch nicht ausgewählt ist, wählen Sie aus dem Menü des Kompositionsfensters die Option »Anzeigeoptionen« und aktivieren Sie im aufgerufenen Dialogfenster die Option »Pixel-Seitenverhältnis-Korrektur« (After Effects 5.5) bzw. wählen Sie unmittelbar im Kompositionsfenstermenü die Option »Pixel-Seitenverhältnis-Korrektur« (After Effects 5).

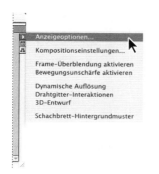 

3 Danach wird der Hinweis »Diese Korrektur des Pixel-Seitenverhältnisses dient nur Vorschauzwecken« angezeigt. Deaktivieren Sie ihn, um eine maximale Bildqualität zu erzielen. Sie können wählen, ob diese Warnung einmal pro Sitzung oder nie wieder angezeigt werden soll. Klicken Sie anschließend auf OK.

Das Bild wird im Kompositionsfenster jetzt so angezeigt, wie es nach dem Rendern nach der Überspielung auf Band auf einem Videomonitor angezeigt wird. Die Ebenen im Kompositionsfenster können in dieser Ansicht treppenförmige Kanten haben. Wenn Sie also Bilder mit vollem Anti-Aliasing sehen möchten, müssen Sie die Option »Pixel-Seitenverhältnis-Korrektur« wieder deaktivieren. Keine der Ansichten hat Einfluss auf das Rendern.

Hinweis: Wenn die Option »Pixel-Seitenverhältnis-Korrektur« bereits auf Ihrem System aktiviert ist, wurde sie für die zuletzt geöffnete Komposition aktiviert. Deaktivieren Sie die Option jetzt im Menü des Kompositionsfensters. Beachten Sie den Unterschied bei den Sechseckformen. Deaktivieren Sie wieder die Option »Pixel-Seitenverhältnis-Korrektur«.

Unter Verwendung der Pixel-Seitenverhältnis-Korrektur können Sie in einer Komposition mit einem nicht-quadratischen Pixel-Seitenverhältnis arbeiten und dennoch die Bilder so wie auf einem Videomonitor sehen. Das ist ein äußerst hilfreiches Feature, da die meisten Sendeformate für ein nicht-quadratisches Pixelformat (NTSC D1 = 720 x 486, PAL D1/DV = 720 x 576) ausgelegt sind.

In diesen Lektionen erstellen Sie die Vollbild-Kompositionen aus zwei Gründen im quadratischen Pixelverhältnis (720 x 540):
1. Sie arbeiten mit Elementen in den verschiedensten Größen.
2. Sie können Ihre Arbeit im richtigen Seitenverhältnis (also nicht auseinander gezogen) und in höchster Auflösung mit vollen Anti-Aliasing sehen.

Den fertigen Film für das Fernsehen rendern

Jetzt erstellen Sie eine sendefähige NTSC-Version Ihrer fertigen Animation. Das kann durchaus je nach Computersystem eine halbe Stunde und länger dauern.

1   Schließen Sie das Kompositionsfenster und die Zeitleiste.

2   Wählen Sie im Projektfenster die Komposition *Final Comp NTSC* und drücken Sie die Tasten Strg+M (Windows) bzw. Befehl+M (Mac OS), um die Renderliste aufzurufen (After Effects 5.5) bzw. das Dialogfeld »Film ausgeben unter« zu öffnen (After Effects 5).

3   Klicken Sie auf *Final Comp NTSC.mov*, geben Sie als Dateinamen **Final_NTSC** (dieses Element wird mit der Auflösung NTSC D1 gerendert) ein und wählen Sie den Ordner *Final_Renders* innerhalb des *AE_CIB job*-Ordners. Klicken Sie auf »Speichern«. Die Elemente werden in der Renderliste angezeigt.

4   Die Rendereinstellung *Final Render_fullres* ist bereits im Einblendmenü »Rendereinstellungen« ausgewählt, da Sie diese Einstellung bereits beim Erstellen der Vorlage als die standardmäßige Filmeinstellung festgelegt haben.

5   Die Einstellung *Final Render_QT_audio* ist bereits im Einblendmenü »Ausgabemodul« aufgeführt, da auch sie in dieser Lektion als standardmäßige Einstellung festgelegt wurde. Die beiden Elemente können jetzt gerendert werden.

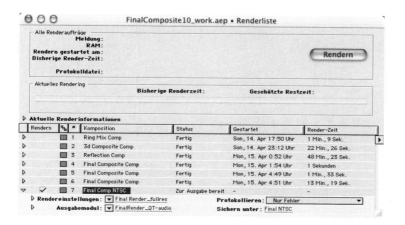

6   Speichern Sie noch einmal das Projekt und klicken Sie auf »Rendern«.

7   Schließen Sie nach dem Rendern die Renderliste.

8   Doppelklicken Sie im Projektfenster auf den Film *Final_NTSC.mov*, um ihn im Footage-Fenster zu öffnen.

Vergleichen Sie beim Abspielen diesen Film mit dem Beispielfilm, den Sie sich zu Beginn dieser Lektion angesehen haben. Falls erforderlich sollten Sie die jeweilige Komposition öffnen und noch eventuelle Änderungen vornehmen. Speichern Sie anschließend das Projekt und rendern Sie den Film noch einmal.

Hinweis: Da dieser Film relativ groß ist, kann er auf dem QuickTime Player nicht in Echtzeit abgespielt werden. Wenn Sie in Ihrem System z.B. eine Videoschnittkarte mit Echtzeitwiedergabe installiert haben, sollten Sie den Film mit dem entsprechenden Kompressor und in der erforderlichen Frame-Größe rendern. Importieren Sie den Film anschließend in Ihr Schnittprogramm und spielen Sie ihn mit Ihrer Hardware in Echtzeit bzw. Realtime ab.

Sie verfügen jetzt über eine Web-Version und über eine sendefähige Version der fertigen Animation.

Glückwunsch! Damit haben Sie das Ziel dieses Buchs erreicht.

Index

3D-Ansichten 246, 256
3D-Auswahlwerkzeug 250
3D-Drehungs-Werkzeug 248
3D-Ebene (Schalter) 246
3D-Ebenen
    Ansichten 317
    erstellen 246
3D-Effekte 158
3DHexagons.mov
    erstellen 270
    verwenden 357, 392
3DHexLines.mov
    erstellen 270
    verwenden 357, 392

A

_aep (Ordner) 14
_ai (Ordner) 14
_audio (Ordner) 14
Abgeschnittene Namen 54
Abhängigkeiten *siehe* Expressionen, übergeordnete Ebenen
Abspielen-Schaltfläche 38
    Animationen 38
Adobe After Effects 5.0
    installieren 10
    RAM zuweisen 10
    Standardeinstellungen wiederherstellen 12
Adobe Type Manager 11
Adobe-Illustrator-Dateien 174
Adobe-Photoshop-Dateien 26, 104
Adobe-Zertifizierungsprogramm 17
AE_CIB job (Ordner) 13
Aktive Kamera (Ansicht) 256
Aktueller Zeitpunkt 31
Alles auswählen (Befehl) 43
Alphakanäle 26, 174
Alphaschablone (Transfermodus) 189
Ändern
    Hintergrundfarbe 32

Werte, Techniken 34
    In-Point von Ebenen 47
Anfangszeit (In-Point) 47
Animationen
    Rotoscoping 390
    Setzen von Keyframes 36
    Strich (Effekt) 149
    Vorschau 38
Ankerpunkt (Eigenschaft) 33, 63
Ankerpunkte 62, 156
Ankerpunktpfad (Befehl) 62
Ansehen, Beispielfilme 15
Ansichten
    3D-Ebenen 246, 317
    einzelne Ebene 323
Anzeigen, Transformationseigenschaften 33
Arbeitsbereich
    Definition 95
    Tastaturbefehle 338
ATM (Adobe Type Manager) 11
Audio/Video (Spalte) 163, 323
Audiodateien
    anhören 175
    importieren 174
Audioschalter 178
Audiospektrum (Effekt) 180
Auflösung, Kompositionsfenster 29–32
Aus- und Einblenden von Elementen in Fenstern 33
Ausblenden (Befehl) 30
Ausblenden *siehe* Deckkraft, Video-Schalter
Ausgabeformate
    NTSC-TV 411
    Web 413
Ausgabemodule, mehrere 418
Ausgefranste Kanten 60
Ausrichtung 248
Auswahl aufheben (Befehl) 43
Auswahlrechteck für Keyframes 94
Auswahlsymbol 156–157, 312

Auswahlwerkzeug, 3D 250
Auszoomen (Befehl) 318

B

Basic Text (Effekt) 205
Bearbeiten
    Expressionen 230
    Text 207
    Vorlagen 408
Bearbeiten (Schaltfläche) 408
Beispielfilme:
2DComposite_final.mov 276
3DComp08_final.mov 302
3DComp09_final.mov 334
3DHexagons_final.mov 242
3DHexLines_final.mov 242
BoxLightsLine_final.mov 82
DotCircles_final.mov 140
Final_Cinepak_final.mov 406
Final_NTSC_final.mov 406
Final_Sorenson_final.mov 406
FinalComposite_final.mov 357
Hexagon_final.mov 24
HexOutlines_final.mov 24
LensFlare_final.mov 82
LightRays_final.mov 172
LineCircles_final.mov 140
Numbers_final.mov 202
RingMix_final.mov 276
Rings_final.mov 140
Squares01_final.mov 82
Starburst_final.mov 172
TextCircles_final.mov 202
TextLine_final.mov 202
Beispielfilme
    abspielen 24
    entsperren (Windows) 15, 406
    kopieren und löschen 15
Sample_Movies (Ordner) 14
Beispielprojekte:
2DComposite07_finished.aep 276
3DComposite08_finished.aep 302
3DComposite09_finished.aep 334

3DHexagons06_finished.aep 242
Boxes02_finished.aep 82
Circle03_finished.aep 140
FinalComposite10_finished.
  aep 357
Hexagons01_finished.aep 23
Starshapes04_finished.aep 172
Text05_finished.aep 202
Beispielprojekte
  kopieren und löschen 15
  verwenden 15
Beste (Qualitätsschalter) 88
Betriebssysteme und Vorlagen
  409
Bevel Alpha (Effekt) 366, 380
Bewegen
  Dauerleiste 292
  Ebenen im 2D-Raum 42
  Ebenen im Ebenenstapel 115
  Effekte im Effektfenster 295
  Masken 187
Bewegte Masken 369
Bewegung
  beschleunigen 66
  einschränken 42, 93
  in Animationen 93
Bewegungsunschärfe 211
Bewegungsunschärfe (Schalter)
  211
Bewegungsunschärfe aktivieren
  (Schaltfläche) 211–212
Bezeichneter Alphakanal 174
Bilder vergrößern 108
Bildqualität 54
  ausgefranste Kanten 60
  im Kompositionsfenster 29
  Kompositionsgröße 108
  niedrig auflösende Filme 78
  Schalter 88
  Vergrößerung 396
Blau 388
  Z-Achse und Pfeil 250
Blendenflecke 123
Blendenflecke (Dialogfeld) 123
Blickpunkt, 3D-Ebenen 246
BoxLights Line.mov
  erstellen 133
  verwenden 335

C

CameraData.txt 302
Cinepak 417
Classroom in a Book 9
  Dateien kopieren 13
  Voraussetzungen 10
  Vorgehensweise 16

D

Dateien
  entsperren (Windows) 15
  mit Ebenen importieren 104
Dauer einstellen 106
Dauerleiste
  bewegen 292
  trimmen 292, 393
Deckkraft (Eigenschaft) 33
  siehe auch Transfermodi
  animieren 49
  Werte- und Geschwindig-
    keitskurve 283
Direkt - ohne Maske (Option) 27
DotCircles.mov
  erstellen 167
  verwenden 278
Drahtgitter, Kamera 315
Drehen und Kippen 162
Drehung (Eigenschaft) 33, 37
Drehen-Werkzeug, 3D 248
Duplizieren *siehe auch* Kopieren
  Ebenen 39
  Effekte 124
  Kompositionen 151
Dynamische Auflösung (Vorein-
  stellung) 91
Dynamische Auflösung verwen-
  den (Voreinstellung) 265

E

Easy Ease In (Befehl) 209
Easy Ease In (Keyframe-
  Assistent) 265
Ebenen
  Ankerpunkte 62
  Begrenzungsrahmen 40
  Einzelansicht 323
  erstellen aus Footage-
    Dateien 31
  Expressionen 156–159
  Farbflächen 122

Größe ändern 36
In-Point 47
konsolidieren 51
Lichter 400
Namen ändern 55, 97
trimmen 292
übergeordnete 311
ungültige Objekte 155
Unterkomposition 51
Zeitdiagramm 47
Ebenenfenster 62
Ebenengriffe 40
Ebenen-Keyframes (Befehl) 111
Ebenenname (Spalte) 71
Ebenenstapel 39, 115
Echo (Effekt) 325
Effekt (Schalter) 325
Effekte
  3D-Effekte 158
  Audiospektrum 180
  Basic Text 205
  Bevel Alpha 366, 380
  duplizieren 124
  Echo 325
  Einfärben 292
  Farbton/Sättigung 324
  Gaußscher Weichzeichner
    296
  Irisblende 194
  Kanal-Weichzeichner 295
  Kopieren und einfügen 293
  Lineare Blende 328
  neue Reihenfolge 295
  nur für Ebenen 122
  PS+ Blendenflecke 123, 366
  Radialer Weichzeichner 185
  Rauschen 309
  Schneller Weichzeichner 230
  Umkehren 128
  Verlauf 308
  Wölben 366
Effekte (Kategorie) 33, 149
Effektfenster 123
  Anzeige zusammenklappen
    183
  Keyframes einstellen 149
Eigenschaften 33
  Ankerpunkt 63
  Ausrichtung 248
  Deckkraft 49
  Drehung 37

INDEX

Position 34
Skalieren 36
Text 207
Ein- und Ausblenden von Elementen in Fenstern 28
Einblenden *siehe* Deckkraft
Ordner im Projektfenster 28
Eine neue Komposition erstellen (Schaltfläche) 192, 215, 287
Einfärben (Effekt) 292
Einfrieren von Frames 377
Einfügen
    Effekte 293
    Kameradaten 313
    Keyframes 49
    Text 206
Eingabe
    um Werte zu ändern 34
    von Text in Ebenen 205
Einrichten der Job-Ordner 13
Einschränken der Bewegung beim Ziehen 42
Einstellungen für Farbflächen (Dialogfeld) 179
Ende-Taste 60
Entwurf (Qualitätsschalter) 88
Ermitteln (Schaltfläche) 27
Ersetzen von Footage 69
Erstellen
    Alphakanäle 26
    Animationen 36
    Ebenen aus Footage-Dateien 31
    Expressionen 156–159
    Farbdefinitionen 292
    Farbflächenebenen 122
    Hilfslinien 87
    Kompositionen 28
    Lichter 400
    Linien 147–148
        gepunktete 153
    Masken 145–147, 389
    Ordner im Projektfenster 28
    Ordnerstruktur für Dateien 13–14
    Pfade über Masken 145
    Projekte 24
    RAM-Vorschau 45–46
    schwarzweiße Elemente 294
    Standbilder 377
    ungültige Objekte 155

Vorlagen für das Rendern 407
Erweitern
    Audio-Wellenformgrafik 180
    Spaltenbreite 54
Erzeugen *siehe* Erstellen
Expressionen
    bearbeiten 230
    hinzufügen 156–159, 371
Expressionen hinzufügen (Befehl) 157

F

F10-, F11- und F12-Tasten 256
Farbabwedler (Transfermodus) 384
Farben
    definieren 292
    Hintergrund 121
    korrigieren 324
    RGB-Werte 292
    Schwarzweiß 294
    Verlauf 308
    X-, Y- und Z-Achse im 3D-Raum 248–250
    zuweisen auf schwarz-weiße Ebenen 292
Farbfläche erstellen 122
Farbkorrektur 324
Farbton/Sättigung (Effekt) 324
Farbabwedler (Transfermodus) 297
Fehler
    Verknüpfungsprobleme 83
    verschachtelte Ordner im Projektfenster 176
    versehentliches Löschen von Keyframes 38
Fenster *siehe auch* auch Paletten
    Ebene 62
    Footage 85, 103
    Komposition 30, 32
    Projekt 24, 28
    QuickTime-Player 24
    Zeitleiste 30, 31
Fenstergröße 389
Fenstermenüs 41, 116
Fernsehen, Lieferformate 29
Filme
    abspielen im Footage-Fenster 119

ansehen 15
niedrige Auflösung 78
rendern 72–76
Vorschau 24
Filmkamera 306, 314
Finished_Projects (Ordner) 14
Flash, Macromedia (Dateiformat) 420
Footage-Dateien
    entsperren (Windows) 15
    ersetzen 69
    Keying 307
    kopieren 13
    Miniaturansichten 106
    mit Ebenen 104
    platzieren in Kompositionen 31
    Thumbnail-Bilder 26
Footage-Fenster
    Audiodateien abspielen 175
    Dateien anzeigen 85
    Film abspielen in 119
Footage interpretieren (Dialogfeld) 26
Formatieren, Text 205
Frame speichern unter (Befehl) 377
Frames
    einfrieren 382
    Kamera 315, 316
    Rotoscoping 390
    Standbild speichern 377
Frame-Rate einstellen 106

G

Gaußscher Weichzeichner (Effekt) 296
Gehe zu Zeitpunkt (Dialogfeld) 31
Geradlinige Bewegung 93
Geschützte Dateien (Windows) 15
Geschwindigkeit
    Filmwiedergabe 384, 386
    QuickTime-Filme 24
    RAM-Vorschau 45
    Video ausschalten 339
Geschwindigkeitskurve 66, 209, 283
Größe
    für Kompositionen 108

von Masken ändern 151
Grün
    Festlegen im Farbwähler 294
    Hintergrund 306
    Linie über Zeitleiste 38
    Y-Achse und Pfeil 249

H

Halbe Auflösung 29
Hartes Licht (Transfermodus) 338
Hexagons.mov
    erstellen 73
    verwenden 278
HexOutlines.mov
    erstellen 77
    verwenden 278
Hilfslinien
    ausblenden (Befehl) 88
    einblenden (Befehl) 88, 253
    erstellen 87
Hintergrund 323, 377
Hintergrundfarbe
    ändern 32, 121
    (Befehl) 32
Home-Taste 31

I

Ignorieren (Option) 27
Illustrator-Dateien *siehe* Adobe-Illustrator-Dateien
Importieren
    Adobe-Illustrator-Dateien 174
    Adobe-Photoshop-Dateien 26, 104
    Audiodateien 174
    bezeichnete Alphakanäle 174
    Dateien mit Ebenen 104
    Kameradaten 312
    Projekte mit verschachtelten Dateien 360
Importieren als Komposition (Option) 104
Importieren Datei (Dialogfeld) 26
In/Out-Spalte 47
Ineinanderkopieren (Transfermodus) 321, 394
Informationspalette 25, 112

In-Point 47, 292
Installieren
    Adobe After Effects 5.0 10
    Footage-Dateien für Lektionen 13
    QuickTime 4.0 10
    Schriften 202
Integriert - maskiert mit Farbe (Option) 27
Internet, rendern 413
Interpretieren von Alphakanälen 27
Irisblende (Effekt) 194

J

JavaScript und Expressionen 156–159
Jog-Steuerung 316

K

Kamera 310–317
    Daten importieren 312
    Drahtgitter 315
    Film 306
    Frames 315–316
    hinzufügen 262
    Point of Interest 316
    Werkzeuge 264
Kamera drehen (Werkzeug) 264
Kanal-Weichzeichner (Effekt) 295
Keyframe-Assistent 209, 265
    Interpolation 67, 93, 209
    (Befehl) 94
    Kontrollkästchen 92
    Navigator-Pfeile 61
Keyframes
    Definition 36
    einstellen im Effektfenster 149
    Formen 209
    für vorhandene Werte 92
    im Kompositionsfenster 110
    kopieren und einfügen 49
    löschen 38
    mehrere auswählen 94
    Stoppuhrsymbol zurücksetzen 38
    Symbole 149

Wertekurve 284
    ziehen 110, 284
Keying von Footage 307
Kippen und Drehen 162
Kippen, Einstellungen 158
Kompositionen 28
    als Ebenen verwenden 115
    Ändern der Hintergrundfarbe 32
    duplizieren 151
    erstellen 28
    Größe 108
    einstellen 85
    hinzufügen von Ebenen 31
    rendern 72
    wiederverwenden 70
Kompositionsfenster
    Auflösung 29
    Masken erstellen 145
    Menü 41, 111
    schließen 95
    Vergrößerung 32
Kompositionszeitmarken 319, 378
Komprimierung 417
Kontextmenüs 30, 312
Kopieren
    Beispielfilme und Projekte 15
    Effekte 293
    Kameradaten 313
    Keyframes 49
    Text 206
    Quelldateien 14
Kreise zeichnen 145, 364
Kurven
    Deckkraftwert und Geschwindigkeit 283
    Skalierung und Geschwindigkeit 66, 209

L

Lautstärke einstellen 175
LensFlare.mov
    erstellen 126
    verwenden 128, 357
Letztes Projekt öffnen 407
    (Befehl) 53
Lichter erstellen 400
Lieferformate 29, 415–420, 424

LightRays.mov
  erstellen 197
  verwenden 278, 368
Lineale einblenden 88
  (Befehl) 88
Lineare Blende (Effekt) 328
Lineare Keyframe-Interpolation 94
LineCircles.mov
  erstellen 167
  verwenden 278
Linien *siehe auch* Hilfslinien, 153
Löschen von Keyframes 38

M
_mov (Ordner) 14
MacroMedia-Flash-Dateien 420
Marken
  Kompositionszeit 319
  Zeitmarke 31
Masken
  bewegen 187
  bewegte 370
  Größe ändern 151
  (Kategorie) 33
  Rotoscoping 390
  weiche Kante 392
  zeichnen 145, 363, 389
    im Ebenenfenster 389
Maskenform (Eigenschaft) 151
Maskengröße verändern 390
Maskenwerkzeuge 146
Menüs
  Auflösung des Kompositionsfensters 32
  Kontextmenüs 30, 312
  Vergrößern des Kompositionsfensters 32
  von Fenstern 116, 41
Miniaturansichten 106
  von Footage 26
Modi (Befehl) 116
Modus (Spalte) 88, 115
Multiplizieren (Transfermodus) 128

N
Namen
  abgeschnittene 54
  für Projektdateien 84
  von Ebenen ändern 55, 97

Unterkompositionen 58
Negativ multiplizieren (Transfermodus) 117
Neu öffnen, Projekte 53
Neuer Ordner (Schaltfläche) 416
Niedrig auflösende Filme 78, 409
Numbers.mov
  erstellen 236
  verwenden 278
Nur Alphakanal anzeigen (Schaltfläche) 175

O
Oben (Ansicht) 257
Ohne Bezeichnung 26
Ordner erstellen für
  Footage-Dateien und Beispiele 13–14
  Footage-Dateien mit Ebenen 105
  Projektfenster 28
Organisieren, Projektfenster-Ordner 28
Orthogonale Ansichten 246
Ovale Maske (Werkzeug) 146

P
_psd (Ordner) 14
Paletten
  Information 25
  öffnen 25
  Werkzeuge 146
  Zeitsteuerung 25
Pfeile
  Aus- und Einblenden von Elementen 28
  Effektfenster 183
  Fenstermenüs 41
  Keyframe-Navigation 61
  X-Achse (rot) 248
  Y-Achse (grün) 249
  Z-Achse (blau) 250
Pfeiltasten 34
Photoshop-Dateien *siehe* Adobe-Photoshop-Dateien
Pipette 121
Pixel-Seitenverhältnis-Korrektur 422
Point of Interest
  Kamera 316

Lichter 400
Pos1-Taste 31
Position (Eigenschaft) 33, 34
Projekte
  erstellen 24
  importieren 358
  neu öffnen 53
Projektfenster
  Ordner 28
  Thumbnail-Bilder 26
PS+ Blendenflecke (Effekt) 123, 366

Q
Qualitätsschalter 88
Quelldateien *siehe* Footage-Dateien
Quellenname (Spalte) 71
QuickInfos einstellen in Voreinstellungen 39
QuickTime 4.0 10
QuickTime-Filme
  niedrige Auflösung 78
  rendern 72–76
  Wiedergabe beschleunigen 24

R
Radialer Weichzeichner (Effekt) 185
RAM zuweisen für After Effects 10
RAM-Vorschau 45–46
RAM-Vorschau (Schaltfläche) 46
Rauschen (Effekt) 309
Rechteckige Maske (Werkzeug) 146
Rechts (Ansicht) 316
Register zum Schließen von Fenstern 95
Rendereinstellungen (Vorlagen) 408
Renderliste erneut öffnen 167
Rendern 72–76
  Ausgabemodule-Einstellungen (Vorlagen) 411–415
  mehrere Filme in einem Durchgang 165
  niedrig auflösende Vorlagen 409

Rendereinstellungen
(Vorlagen) 407
RGB-Farbe einstellen 292
Rings.mov
    erstellen 167
    verwenden 278
Rohmaterial *siehe* Footage 26
Rote X-Achse und Pfeil 248
Rotoscoping 390

S

Schalter 54
    3D-Ebene 246
    Audio 178
    Bewegungsunschärfe 211
    Effekt 325
    Qualität 88
    Schützen 246
    Solo 323
    Spalte 88
    Transformationen falten 54, 342
    Video 163
Schalter/Modi (Schaltfläche) 116, 125
Schneller Weichzeichner (Effekt) 230
Schriften
    angeben 206
    installieren 202
Schützen-Schalter 246
Shuttle-Steuerung 316
Sicherer Titelbereich (Schaltfläche) 253
Skalieren (Eigenschaft) 33, 36
Scrubben 34
Solo (Schalter) 323
Sorenson Video 417
Spalten
    Audio/Video 323
    Dehnung 384
    Ebenenname 71
    In/Out 47
    Kontextmenüs 312
    Modus 88, 116, 125
    öffnen und schließen 30, 47, 116, 145, 312
    Quellenname 71
    Schalter 88, 116, 125
    Schalter/Modi (Schaltfläche) 116, 125
    Übergeordnet 312

Squares01.mov
    erstellen 100
    verwenden 335, 357, 386
Standardeinstellungen 12
Standbilder 377
Starburst.mov
    erstellen 190
    verwenden 278
Stil (Schriften) angeben 206
Stoppuhrsymbol 37, 38
Streaming Video 419
Strich (Effekt) 147, 153
SWF (MacroMedia-Flash-Dateien) 420
Systemvoraussetzungen 10

T

_txt (Ordner) 14
Tastaturbefehle *siehe auch* »Windows-Tastaturbefehle« und »Macintosh-Tastaturbefehle« in der After-Effects-5.0-Online-Hilfe
    ändern für 3D-Ansichten 256
    Arbeitsbereich 338
    Ende der Zeitlinie 60
    Keyframes setzen 43
    positionieren 34
    Transformationseigenschaften 33
    Vergrößerung 32
Tastaturbefehl für 3D-Ansicht festlegen (Befehl) 257
Testen mit niedrig auflösenden Filmen 409
Text
    bearbeiten 207
    Datendatei für Kamera 313
    Eigenschaften 207
    formatieren 205
    im 3D-Raum 343
Textausrichtung 206
TextCircle.mov
    erstellen 224
    verwenden 335
TextLine.mov
    erstellen 213
    verwenden 335
Thumbnail von Footage 26
Thumbnails *siehe* Miniaturansichten
Ton einstellen 175

Transfermodi 115
    Alphaschablone 189
    Farbabwedler 297, 384
    Hartes Licht 338
    Ineinanderkopieren 321
    Multiplizieren 128
    Negativ multiplizieren 117
Transfermodus (Untermenü) 282
Transformationen falten (Schalter) 54, 342
Transformationseigenschaften 33
    Ankerpunkt 63
    Ausrichtung 248
    Deckkraft 49
    Drehung 37
    Position 34
    Skalieren 36
Transformieren (Kategorie) 33
Transparenz *siehe auch* Transfermodi, Masken
    Alphakanäle 26
    Deckkrafteigenschaft einstellen 49
Trimmen von Ebenen 292
TrkMat 370

U

Überblendungen *siehe* Deckkraft
Überblendungseffekte 328
Übergeordnete Ebenen 311
Übergeordnet-Spalte 312
Umbenennen, Ebenen 55
Umgekehrte Alpha-Matte (Option) 370
Umkehren (Effekt) 128, 386
Umschalten zwischen Modus- und Schalterspalte 88
Ungültige Objekte 155, 311
Unterkomposition 51, 54

V

Vergrößerung
    Bilder 108, 396
    Einblendmenü 32
    Fenstergröße 174
    Zoom-Befehle 64
Verkleinern von QuickTime-Filmen 24
Verknüpfungsprobleme 83

Verlauf (Effekt) 308
Verschieben
　　Ebenen im 2D-Raum 40
　　Elemente im Projektfenster 28
　　Zeitdiagramm 47
Video (Schalter) 163, 323
Voraussetzungen für Classroom in a Book 10
Voreinstellungen
　　Audiovorschau 178
　　Dynamische Auflösung 91, 265
　　Quickinfos 39
Vorgaben, Standardeinstellungen 12
Vorlagen
　　für Ausgabemodule 411–415
　　für Rendereinstellungen 407–411
Vorne (Ansicht) 247
Vorrendern 72
Vorschau *siehe auch* RAM-Vorschau
　　Animationen 38
　　Audiodauer 178
　　Beispielfilme 24
　　Textformatierung 206
Vorschau (Voreinstellungen) 178

W

Web-Lieferformat 29
Weiche Maskenkante (Eigenschaft) 364
Weichzeichnen von Maskenkanten 392
Wellenform-Grafik 180–181
Werkzeuge, Kamera 264
Werkzeugpalette 146, 248, 250, 264
Wertekurve 66, 283
Wiederherstellen der Standardeinstellungen 12
Wiederverwenden von Kompositionen 70
Wölben (Effekt) 366
WWW, rendern 413

X

X-, Y- und Z-Drehungseigenschaften 248
X-Achse 248
XY-Kamera verfolgen (Werkzeug) 264

Y

Y-Achse 249

Z

Z-Achse 250
Zeichensätze 11
Zeichnen von Masken 363
　　im Kompositionsfenster 145
　　von der Mitte aus 364
Zeitdehnung 384-386
Zeitdiagramm 47
Zeitleiste 95
Zeitleiste (Fenster) 31
Zeitleistenmenü 116
Zeitmarke 31
Zeitsteuerung (Palette) 25, 112
　　Abspielen-Schaltfläche 38
　　Jog- und Shuttle-Steuerung 316
　　RAM-Vorschau (Schaltfläche) 46
Zeitverzerrung 382, 393
Ziehen *siehe auch* Scrubben
　　Achsenlinien 250
　　Dauerleiste 292
　　Ebenen 31, 34
　　Effekte im Effektfenster 295
　　Keyframes 110
　　Keyframe-Wertekurve 284
　　Maskenform ändern 152
　　Richtung einschränken 42
　　Schalter in mehreren Ebenen 88
Z-Kamera verfolgen (Werkzeug) 264
Zoomen (Ansicht Kompositionsfenster) 64
Zusammenfalten
　　(Befehl) 54
　　Transformationen 54
Zusammenklappen und Erweitern von Elementen in Fenstern 183
Zuweisen von RAM für After Effects 10